FRAGMENTOS SETECENTISTAS

SILVIA HUNOLD LARA

Fragmentos setecentistas

Escravidão, cultura e poder na América portuguesa

COMPANHIA DAS LETRAS

Capa
Rita da Costa Aguiar

Preparação
Marcos Luiz Fernandes

Índice remissivo
Luciano Marchiori

Revisão
Valquíria Della Pozza
Cláudia Cantarin

Dados Internacionais de Catalogação na Publicação (CIP)
Câmara Brasileira do Livro, SP, Brasil

Lara, Silvia Hunold
Fragmentos setecentistas : escravidão, cultura e poder na América portuguesa / Silvia Hunold Lara. — São Paulo : Companhia das Letras, 2007.

Bibliografia.
ISBN 978-85-359-1033-9

1. Brasil – História – Século 18 2. Cultura – Brasil 3. Escravidão – Brasil 4. Poder (Ciências sociais) – Brasil I. Título.

07-3062 CDD-981.03

Índice para catálogo sistemático:
1. Brasil : História : Século 18 981.03

[2007]

EDITORA SCHWARCZ LTDA.
Rua Bandeira Paulista 702 cj. 32
04532-002 — São Paulo — SP
Telefone (11) 3707-3500
Fax (11) 3707-3501
www.companhiadasletras.com.br

Para Walkyria e Francisco,
meus pais.

Sumário

Agradecimentos

Elaborado ao longo de mais de dez anos, este livro foi inicialmente apresentado como tese de livre-docência na área de História do Brasil I, na Universidade Estadual de Campinas. Muitos colegas de profissão — como Andrea Daher, Carlos R. Galvão Sobrinho, Cristina Meneguello, Iara Lis Franco Schiavinatto, John M. Monteiro, Júnia F. Furtado, Luís Nicolau Parés, Manolo Florentino, Maria Cristina Wiessenbach, Maria Fernanda Bicalho, Marina de Mello e Souza, Mariza de Carvalho Soares, Michael Hall, Monika Kittiya Lee, Ronald Raminelli, Silvia Escorel e Stuart B. Schwartz —, bem como vários alunos do Programa de Pós-graduação em História na Unicamp, me brindaram com dicas e comentários que não raro se tornaram preciosos. Talvez alguns já nem se lembrem mais da informação dada ou da pequena sugestão feita há tantos anos. Mesmo assim, quero registrar meus agradecimentos, pois guardo a lembrança do gesto amigo e da cumplicidade dos que gostam de fuçar novidades em bibliotecas e arquivos, ou daqueles que souberam temperar a convivência profissional com a camaradagem e a amizade.

Meus colegas do Centro de Pesquisa em História Social da Cultura (Cecult/Unicamp) Sidney Chalhoub, Robert W. Slenes, Maria Clementina Pereira Cunha e Cláudio H. M. Batalha, assim como Leonardo Pereira, Elciene Azevedo e Jefferson Cano, participaram de modo mais intenso desse longo percurso. Companheiros de profissão e de discussões vigorosas, me agraciaram com "severas críticas" e uma amizade de fazer inveja a muita gente. Deixo aqui também uma palavra de reconhecimento e agradecimento por todo o trabalho realizado pelo pessoal de apoio técnico do Cecult, em particular Luciana Barbeiro, Uliana Ferlin, Flávia Peral, Loyane Ferreira e, mais recentemente, Leca Pedro.

Nos arquivos, bibliotecas e museus que visitei, contei com a ajuda de vários arquivistas e bibliotecários dedicados. Registro, mais uma vez, meu reconhecimento pelo trabalho que realizam — tão necessário e indispensável para os pesquisadores curiosos, que querem ver muitas coisas ao mesmo tempo, como eu. Agradeço também a FAPESP, Capes, CNPq e Faepex/Funcamp, que, em momentos diferentes e de formas diversas, apoiaram esta pesquisa, financiando viagens para consultas em arquivos e bibliotecas ou apresentação de resultados parciais em congressos, seminários e simpósios.

A tese foi examinada por Fernando Antonio Novais, Laura de Mello e Souza, Leila Mezan Algranti, João José Reis e João Adolfo Hansen. Para eles, há mais que agradecimentos: profissionais rigorosos e colegas de muitos anos, realizaram leituras apuradas e me levaram a descobrir mais coisas naquilo que eu mesma tinha escrito. Na revisão do texto, procurei seguir suas críticas e sugestões, assim como as feitas por A.J.R. Russell-Wood em um estimulante seminário em Baltimore, e as de Lilia M. Schwarcz, já na fase editorial, aproveitando-as da melhor forma possível.

Finalmente, uma palavra sobre minha família. Meu pai orgulhou-se pela tese, mas não chegou a ver o livro. Com ele e minha mãe, eu e meus irmãos aprendemos a dar valor ao conhecimento, a transformar a curiosidade em aventura e a gostar do que escolhemos como profissão. Para agradecer um pouquinho esse grande presente, o livro é dedicado aos dois. Tenho certeza, porém, de que não se importarão em dividir com tantos amigos, irmãos e colegas os bons frutos que meus esforços possam ter produzido. Espero que essas qualidades sejam suficientes para retribuir, de alguma forma, a alegria que sempre senti em tê-los por perto.

Introdução

No início de abril de 1796, depois de seis anos como vice-rei do Estado do Brasil, o conde de Resende escreveu uma longa carta ao secretário dos Negócios Estrangeiros e da Guerra, Luís Pinto de Souza Coutinho.[1] Estava preocupado com os "inumeráveis e prejudiciais inconvenientes" que vinha observando na cidade do Rio de Janeiro, causados pelo "grande número de escravos" ociosos e pela "imensa quantidade de mulatos e pretos forros" vadios ali existentes. Souza Coutinho tornara-se importante na corte de Lisboa, mas já havia governado a capitania de Mato Grosso e talvez pudesse entender suas inquietações.

Segundo o conde, o costume dos senhores "mais opulentos" de ter um grande número de cativos, mais que o necessário, e de colocar muitos deles "ao ganho" pelas ruas da cidade gerava graves problemas: sem serem alugados ou empregados nas fábricas e lavouras, e sem acharem meios de buscar o próprio sustento, acabavam desocupados, entregando-se "ao ócio, à bebedice e a todo gênero de vícios". Adoeciam ou cometiam crimes, e então fugiam com medo dos castigos ou metiam-se "pelos matos, onde muitos passam toda a vida, causando aos lavradores danos muito consideráveis". O mesmo acontecia com as escravas, que ficavam ociosas nas casas ou andavam a vender "coisas insignificantes" pelas ruas, completando seus jornais "com escandalosas ofensas de Deus [...] [e] péssimo exemplo às famílias". A esse "defeituoso e terrível costume segue-se outro mal, não menos considerável, na multidão de filhos destas mesmas escravas, porque, sendo criados com demasiado mimo, se fazem depois altivos, insolentes e propensos a toda a qualidade de crimes". Com isso, aquela escravaria, em vez de concorrer para consolidar a posição senhorial, acabava trazendo a "ruína" e até a "desonra" para seus proprietários, além de prejudicar o bem comum.

Mais perniciosa era, entretanto, a "multidão inumerável de mulatos, crioulos e pretos forros" que havia naquela cidade. Ela era fruto da facilidade com que os senhores libertavam os escravos nascidos e criados em casa, concediam alforria aos que lhes entregassem seu valor ("adquirido quase sempre por meios criminosos") ou ainda permitiam que ficassem libertos depois de seu falecimento. Livres, "todos estes indivíduos [...], sem meios de poderem subsistir ou com desprezo daqueles que lhes facilitam os ofícios [...] entregam-se a todo o gênero de vícios, tornando-se facinorosos, lascivos, ébrios e irreligiosos". As mulatas eram ainda piores, pois as que viviam "agregadas à família de seus antigos senhores" tornavam-se nocivas pela "má conduta ou pelas intrigas" que geravam e, quando moravam "sobre si ou em companhia de outras da mesma classe", levavam uma "vida escandalosa e libertina".

Clamando contra essa multidão que só servia para inquietar o "sossego dos outros moradores", ele ponderava ainda, ao final de seu diagnóstico, que aquele "grande número de pessoas vadias" na cidade contribuía para o aumento da carestia: além de consumir os alimentos, esse contingente tirava as esmolas daqueles que realmente as mereciam. Havia, portanto, "defeitos" políticos e materiais graves que precisavam ser sanados com urgência.

Até aqui, a descrição feita pelo conde não destoa de muitos outros documentos produzidos ao longo do período colonial. Na segunda metade do século XVIII, esse tipo de crítica começou a se fazer mais presente: vários letrados e diversas autoridades coloniais manifestavam preocupação com o número excessivo de escravos, condenavam o modo como os senhores governavam seus cativos e mostravam-se incomodados com os pecados e vícios que acompanhavam o domínio escravista. A carta escrita pelo conde de Resende possui algumas características que a tornam particularmente interessante para introduzir o tema deste livro, que discute os significados políticos da presença cada vez maior de escravos e libertos nos centros urbanos da América portuguesa.

Colocando-se na posição paternal daquele que deve zelar pelo bem comum, o conde procurava indicar como esses desregramentos, que redundavam em tantos prejuízos aos senhores e à Coroa, podiam ser remediados. Baseado em sua experiência de governo, fazia um balanço político do problema. A "multidão de escravos" era, sem dúvida, um grande inconveniente — mas não havia como intervir no domínio senhorial e "arbitrar a cada morador aqueles [cativos] que lhe sejam indispensáveis para o serviço de sua casa e subsistência de sua família". A impossibilidade era de tal ordem que a hipótese não mereceu mais que duas breves linhas em sua longa carta. Nessa direção, pouco havia a fazer. Mas, "quanto aos libertos", a coisa era diferente. Valia a pena aprofundar o diagnóstico e propor medidas mais eficazes.

Ponderando sobre temas que deviam sensibilizar Souza Coutinho, como a grande desproporção entre "esta qualidade de gente [liberta] e a força militar" da cidade e o perigo de ter tantos soldados arruinados pelas doenças contraídas com as libertas entregues à prostituição, ele propôs um conjunto de medidas. Recomendou primeiramente a feitura de uma "relação de todos os mulatos, crioulos e pretos forros, da qual constassem as suas idades, ocupações e estado", bem como do registro de todas as cartas de liberdade — tarefa que deveria ficar a cargo de um ministro, especialmente encarregado "deste importantíssimo objeto de polícia". Depois de investigar "o modo de vida, procedimento e conduta" daqueles homens, ele decidiria quais deveriam continuar a viver dentro da cidade: os que não tivessem ofício, fossem solteiros e de idade competente seriam recolhidos em uma "casa de correção", onde residiriam, aprenderiam um ofício e trabalhariam para seu próprio sustento; os "vadios e viciosos" seriam remetidos para o continente do Rio Grande, Santa Catarina e Cantagalo, para serem empregados na agricultura e na criação de gado; os casados também seriam empregados "fora da cidade", à semelhança do procedimento adotado com os casais vindos das Ilhas e enviados para as regiões do sul. As mulheres seriam igualmente registradas. As que fossem honradas e estivessem ligadas a uma família poderiam permanecer como estavam. As que vivessem "sobre si" seriam enviadas para outra casa de correção, para aprender "alguma ocupação própria do seu sexo". Sob os cuidados de "pessoas capazes e de probidade", podiam depois casar com aqueles formados em instituição semelhante, permanecendo na cidade ou indo para as partes do sul, com ajuda semelhante à concedida aos casais das Ilhas.[2]

As propostas do conde de Resende, pela rapidez com que trataram dos escravos e pela riqueza de detalhes em relação aos libertos, são surpreendentes. Sua preocupação maior não era com a escravidão propriamente dita, já que não havia como interferir no poder dos senhores sobre seus cativos, assunto restrito ao âmbito do domínio particular. Era, sim, com os homens e mulheres "pretos, crioulos e mulatos" que haviam obtido a liberdade. Não mais sujeitos ao domínio de seus senhores, eles deviam ser objeto de um domínio de outra natureza: deviam ser registrados, triados e classificados conforme suas respectivas índoles, e a vida deles tinha que ser encaminhada segundo os interesses do bem comum.

Realizando uma leitura política do espaço urbano e da concentração desses homens e mulheres que julgava ociosos, o conde procurava estabelecer mecanismos para inseri-los naquela sociedade. Pretendia transformar essa "classe de gente" em seres úteis, socialmente aceitáveis, com ofícios e casados. Sua fórmula, ao mesmo tempo em que evitava a dissolução dos costumes, tentava contribuir para a produção de alimentos, para a fixação e o aumento da população e para o reequilíbrio entre os poderes no principal palco político do Estado do Brasil.

Sua preocupação estava diretamente associada ao "grande número", à "imensa quantidade" de gente não branca existente no Rio de Janeiro. De fato, ao longo do século XVIII, o aumento do número de escravos e de negros e pardos libertos e livres foi especialmente significativo nas cidades da América portuguesa. Durante todo o período colonial, levas e levas de africanos foram obrigadas a atravessar o Atlântico para trabalhar como escravos nas lavouras, engenhos e lavras minerais. As estimativas mais aceitas atualmente informam que chegaram ao Brasil 50 mil africanos escravizados até 1600, 160 mil no período entre 1600 e 1640, 400 mil entre 1640 e 1700, 960 mil entre 1700 e 1760 e 726 mil entre 1760 e 1800.[3] Crescendo em volume mais rapidamente no século XVIII, o tráfico alimentava uma concentração de escravos que em geral representava entre 30% e 50% do total da população, mas que podia chegar a mais de 70% em algumas regiões açucareiras e mineradoras.

O desequilíbrio demográfico não era causado apenas pela existência dos escravos. Havia ainda os negros e mulatos livres e libertos, que também compunham essa "multidão" problemática, a exigir soluções urgentes. Os dados demográficos para o período colonial, mesmo para a segunda metade do século XVIII, são bastante imprecisos e rarefeitos, mas as porcentagens são significativas.

Em 1798, dois anos depois de o conde de Resende escrever sua carta, a população do Brasil era estimada em cerca de 3,25 milhões de pessoas, sem incluir os índios considerados "bravios".[4] Desse total, os índios "pacificados" perfaziam 7,7%, os brancos chegavam a 31,1%, os libertos somavam 12,5% e os escravos 48,7%.[5] A cidade do Rio de Janeiro acompanhava *grosso modo* essas proporções. Censos realizados em 1779, 1789 e 1797 indicam que no período cerca de 55% dos habitantes da cidade não eram brancos: os escravos oscilavam entre 34% e 43% da população e os pardos e pretos livres, quando foram contados, ficaram entre 18% e 20% do total.[6] Em algumas freguesias, como São José, onde ficava o palácio dos vice-reis, os brancos não ultrapassavam a casa dos 30%.[7]

Certamente os números levantados pelas autoridades coloniais destinavam-se à análise de questões práticas, militares e econômicas. Na historiografia, a desproporção entre negros e brancos é geralmente explicada por aspectos econômicos: a escravidão cresceu e se adensou ao longo do século XVIII, com o desenvolvimento da mineração e de novas áreas de cultivo de açúcar, bem como com o incremento do volume do tráfico negreiro. Os estudiosos chamam também a atenção para o crescimento significativo do número de libertos e, neste grupo, para uma proporção maior de mulatos do que de pretos. Apesar das diferenças regionais e das oscilações ao longo do tempo, as explicações mais freqüentes para esse fenômeno referem-se às altas taxas de manumissão que caracterizaram o escravismo brasileiro e chamam a atenção para a larga incidência da mestiçagem.[8]

O exame empreendido pelo vice-rei conde de Resende em sua carta de 1796 era, entretanto, eminentemente político. Ao detectar problemas no comportamento senhorial, como a tendência à ostentação e à liberalidade em conceder alforrias, e ao apontar os perigos da concentração daquela multidão de libertos viciosos e libertinos, ele estava preocupado com o governo da cidade do Rio de Janeiro e do próprio Estado do Brasil. Seus alvos eram a ruína das famílias, a dissolução dos costumes, os prejuízos ao bem comum acarretados pela diminuição das riquezas agrícolas e, sobretudo, pelo aumento do número de escravos libertos malnascidos, desobedientes e desocupados.

Seguindo o caminho aberto pelas avaliações do conde de Resende, este livro discute como esse fenômeno foi percebido por letrados e autoridades coloniais. Antes de indicar os parâmetros da análise empreendida, é preciso situar essa opção nos quadros mais amplos dos movimentos historiográficos pelos quais vem passando o estudo do período colonial.

Não é o caso de historiar aqui a longa trajetória que, forjada desde meados do século XIX, constituiu a área dos estudos do período colonial no Brasil. Nem é necessário voltar às obras matriciais de Gilberto Freyre, Caio Prado Jr. e Sérgio Buarque de Holanda, nem aos debates que marcaram os anos 1960 e 1970 — questões já suficientemente exploradas por diversos autores.[9] Podemos começar com os desdobramentos historiográficos que se desenvolveram a partir do final da década de 1970 e que constituem a base para a reflexão que será empreendida a seguir.

Depois das disputas teóricas que visitavam o período em busca de matrizes explicativas para interpretar o Brasil, o desenvolvimento dos programas de pós-graduação deu origem a várias monografias sobre conjunturas precisas ou temas específicos. No interior das diversas opções teóricas que haviam marcado o debate nos anos 1970, esses trabalhos foram alargando os horizontes da historiografia colonial.[10] Paralelamente aos temas clássicos da história econômica (da produção açucareira, da mineração e do comércio colonial) ou da demografia histórica (incluindo aí a análise das relações familiares), a influência da escola francesa fez surgir novos temas e áreas de pesquisa.[11] Abriu-se, assim, um leque de obras que, incorporando fontes inquisitoriais e cartoriais, passou a explorar aspectos ligados às mentalidades e ao cotidiano, como as crenças religiosas, as sexualidades, as "heresias" sociais, as formas de viver e sentir.[12] Ao mesmo tempo, combinadas com outros desenvolvimentos historiográficos, como no caso dos estudos feministas ou daqueles sobre as cidades, começaram a aparecer análises que focalizavam novos personagens e experiências sociais diversificadas.[13] Índios aldeados, administradores coloniais, homens livres pobres, comerciantes de pequeno e grosso trato, lavradores de cana e de alimentos foram sendo investigados no Norte, no Sul, nas minas, nas áreas de lavoura e nos sertões.[14]

No mesmo período, embora fruto de outros desdobramentos, a produção internacional sobre o Brasil também se fortaleceu, com a publicação de obras importantes. Na França e sobretudo nos Estados Unidos, o grande interesse pela história do Brasil observado nos anos 1970 ajudou a consolidar uma produção continuada sobre a história colonial da América portuguesa. Muitas vezes desenvolvido no interior de uma reflexão sobre a América Latina, aos poucos o conjunto foi delimitando um campo de trabalho com áreas e especialistas de destaque. Obras importantes sobre diversos aspectos da economia e da sociedade na América portuguesa, algumas de síntese, outras de caráter monográfico, foram publicadas e muitas delas logo traduzidas para o português.[15]

Enfatizando continuidades, muitos pesquisadores buscaram elementos comuns capazes de caracterizar práticas especificamente coloniais, enquanto outros procuravam diferenciar as experiências sociais e culturais em tempos e espaços diversos. Cada vez mais conhecido em suas dimensões políticas, sociais e culturais, o universo colonial ganhou densidade, variações, nuances. Quase simultaneamente, as análises também passaram a inquirir as projeções políticas presentes nas várias interpretações produzidas ao longo do tempo e a própria historiografia começou a ser posta em causa.[16] Os elos que durante muito tempo levavam à concepção da colônia como uma unidade temporal, espacial e social foram rompidos e a história começou a escapar do império da nação.

Esse movimento também se beneficiou de modificações experimentadas em outras áreas de estudo. Nos anos 1980, a história da escravidão no Brasil passou por transformações significativas, que redimensionaram a abordagem das relações entre senhores e escravos nessa parte do mundo. Recuperando nuances e ambigüidades que antes poderiam parecer surpreendentes, a experiência da escravidão começou a ser inquirida de modo a recuperar a perspectiva dos sujeitos em confronto.[17] Temas como a família, as fugas e revoltas, as lutas por alforria, as irmandades, as relações dos escravos com as instituições senhoriais e tantos outros passaram a ser objeto de vários estudos, configurando terrenos historiográficos com debates próprios. Já não bastava mostrar que os escravos haviam se rebelado ao longo de toda a vigência da escravidão, por exemplo. Era preciso descobrir as variantes das ações de resistência, compreender seus significados, perceber mudanças e variações ao longo do tempo, conforme os contextos demográficos, econômicos etc.

Se inicialmente o volume das pesquisas sobre a escravidão esteve centrado no século XIX, aos poucos as novas questões e os novos procedimentos de análise foram sendo incorporados às possibilidades da pesquisa que se dedicava ao período colonial.[18] A tendência foi reforçada por estudos em áreas próximas, como nos trabalhos sobre o cativeiro indígena, fazendo com que uma perspectiva centrada nos sujeitos se consolidasse cada vez mais.[19]

Assim, o interesse pelas relações entre os colonizadores e as diversas nações indígenas ou o modo como estas conviveram ou reagiram diante do processo colonizador combinou-se à preocupação com as diferenças culturais entre os africanos trazidos como escravos para as terras da América.[20]

A partir dos anos 1990, a história política, que até então havia passado praticamente incólume diante de tantas transformações, começou a se mover com velocidade. Acompanhando a renovação dos estudos sobre a sociedade do Antigo Regime português, surgiram novas abordagens sobre as relações de poder no mundo colonial, especialmente sobre as tensões entre os interesses "centrais" e "locais".[21] As pesquisas sobre as formas de governar os domínios ultramarinos, o funcionamento das diversas instituições que agregavam e davam consistência às redes hierárquicas que ligavam horizontal e verticalmente a sociedade colonial foram se desenvolvendo, em conexão com estudos realizados para outras áreas do Império português.[22]

Aos poucos, os nexos imperiais das políticas metropolitanas e das dinâmicas coloniais foram se impondo nas análises, fazendo com que eventos "brasileiros" pudessem ser analisados em conexão com outros ocorridos na África ou na Índia. Assim, a dualidade Brasil-Portugal, que havia presidido boa parte de nossa produção historiográfica, passou a conectar-se às dimensões do Império português. As trocas comerciais passaram a ser examinadas em perspectiva mais ampla, os mecanismos da dominação escravista começaram a aparecer imbricados em dinâmicas sociais e políticas mais complexas, e os movimentos sociais ocorridos deste lado do Atlântico foram comparados com seus contemporâneos na África ou na Índia.[23]

Este livro se situa na confluência desses vários desdobramentos historiográficos, narrados aqui de modo propositalmente resumido. Diante de tantos desafios interpretativos, é oportuno retomar antigas perguntas e verificar se e como elas podem ter novas respostas. Duas delas me parecem mais importantes e podem ser formuladas de modo bem sintético, pois estão intimamente articuladas e constituem o pano de fundo de quase todas as páginas deste livro. Trata-se, em primeiro lugar, de buscar os elementos capazes de caracterizar aquilo que distinguia o mundo colonial do metropolitano. A questão, evidentemente, não é nova. Ela constituiu o centro dos debates empreendidos nos anos 1970 e esteve na base de muitas análises sobre o período colonial. O caráter estrutural da escravidão no mundo colonial, ainda que analisado de formas e a partir de formulações conceituais diversas, tem sido apontado como o diferencial mais importante a separar o mundo colonial do metropolitano.[24] Certamente havia cativos em Portugal, mas nunca na proporção e com a importância que essa forma de exploração do trabalho assumiu no Brasil. Entretanto, se o cerne da resposta continua a ser o modo como a escravidão se tornou o centro da vida econômica e social da colônia, é preciso se perguntar sobre os significados políticos dessa diferença para os que viveram naquele período.

Em segundo lugar, é preciso compreender se e como os escravos foram integrados à rede hierárquica que ordenava as relações sociais na América portuguesa. As teses sobre a rigidez das relações sociais na colônia e as que afirmavam a incompatibilidade entre as estruturas do Antigo Regime e a escravidão já não se sustentam diante dos conhecimentos acumulados nos últimos anos sobre a sociedade e a política coloniais. Não se pode continuar a afirmar que a estrutura da sociedade colonial era "extremamente simples", nem que o universo das relações sociais no período colonial se reduzia à polaridade entre senhores e escravos.[25] Como então seguir adiante?

Sem dúvida, essas questões podem se desdobrar em muitas outras e há muitos caminhos para procurar respostas. O escolhido aqui foi buscar entender os significados políticos da escravidão e da presença massiva dos africanos e seus descendentes na América portuguesa na segunda metade do século XVIII. Esse é o tema central deste livro e os limites do desafio a ser enfrentado nas próximas páginas.

Realizada nos últimos dez anos, a pesquisa orientou-se de forma estratégica, combinando ventos de ocasião com uma perspectiva analítica deliberada.[26] Em vez de seguir os métodos clássicos da história social, partindo da demografia e das configurações sociais, ou da história cultural, lidando com idéias e valores, procurei um procedimento que me pareceu mais adequado para os estudos das percepções políticas.[27] Tendo por inspiração procedimentos da micro-história,[28] a análise buscou seguir elementos oferecidos por documentos bastante circunscritos, selecionados por conterem aspectos que pareciam inicialmente estranhos. Seguindo a lição oferecida por Robert Darnton, a pesquisa procurou desvendar enigmas, entender significados e abrir possibilidades de interpretação.[29] Não se visou a cultura em termos gerais, os modos de pensar e agir mais coletivos, mas as formas de percepção do social e de suas tensões, em circunstâncias e contextos bastante precisos. Puxando os fios e trilhando caminhos pouco comuns, tais fragmentos foram aos poucos permitindo vislumbrar nexos e processos importantes. Como pequenas frestas por onde se pode divisar um ambiente mais amplo, eles permitiram iluminar significados da experiência humana em uma sociedade fundamentalmente diversa da que vivemos hoje em dia.

A metáfora, aqui, é proposital. As fontes não apenas revelam fragmentos de práticas e fenômenos diversos, mas possuem elementos materiais que devem necessariamente integrar a análise. A retórica que molda os textos setecentistas e os códigos visuais operados nas representações iconográficas não apenas "interferem" no modo como o historiador pode ter acesso ao passado. Eles podem ser objetos mesmos da análise histórica. Tanto quanto fontes de informações, os documentos revelam modos de pensar e interpretar a realidade que eram próprios dos sujeitos históricos que os produziram. Se a história é interpretação de interpretações, é preciso lidar com as conexões entre cultura e poder tanto na história que se quer compreender quanto na constituição dos vestígios que nos permitem chegar até ela. O *que* é dito, escrito, desenhado está diretamente relacionado ao modo *como*, em determinada sociedade, as coisas podem ser ditas, escritas, faladas: os nexos que conformam um período histórico estão presentes também no movimento que dá origem às próprias fontes da história.

Assim, por exemplo, uma pequena série de ordens legais sobre o vestuário das escravas pode permitir o acesso ao universo hierarquizado das relações sociais da colônia, às formas de articulação entre o público e o doméstico, aos modos do exercício do poder na vida cotidiana das cidades coloniais. Textos encomiásticos que narram festas públicas dinásticas ou pranchas cartográficas e aquarelas produzidas por um engenheiro militar permitem refletir sobre as formas de teatralização do poder no espaço urbano e sobre a diversidade de olhares e identidades no mundo colonial. Por isso, à semelhança de muitos trabalhos históricos, a iconografia pode servir de ilustração — mas também integra a análise como fonte de informação e chega, em alguns momentos, a constituir a base da argumentação desenvolvida, como no capítulo 5.

Certamente, a maior parte dos documentos informa o ponto de vista "senhorial", metropolitano, das autoridades coloniais ou dos senhores propriamente ditos, facilitando a análise do modo como a escravidão e os negros foram incorporados à teia hierárquica que ordenava e codificava as relações sociais na América portuguesa. O ponto de vista dos escravos e dos libertos aparece pouco nas fontes aqui utilizadas e demanda outros procedimentos analíticos para ser conhecido. São as percepções expressas por letrados, viajantes, autoridades da administração colonial e metropolitana que servem de ponto de partida, mesmo quando se quer ir além, em busca das ações e dos valores dos que são falados e representados em seus textos e imagens. Trabalhando no interior desses limites e lidando com os filtros das fontes, é possível apreender as tensões presentes em situações nas quais as desigualdades sociais e as diferenças culturais estavam profundamente imbricadas.

A pesquisa deliberadamente se restringiu a fontes setecentistas, privilegiando a segunda metade do século XVIII. Ainda que algumas vezes a análise recorra a fontes produzidas em momentos anteriores, não avança pela virada do século, de modo a evitar que as transformações do início do XIX possam nela interferir. Isso está presente no elenco dos documentos textuais examinados e foi particularmente importante na seleção do material iconográfico. Assim, o nascimento da nação não penetra na abordagem da história colonial, nem as imagens de Debret servem de parâmetro para investigar a sociedade setecentista.

Do mesmo modo, essas páginas focalizam as cidades do Rio de Janeiro e Salvador, as maiores da América portuguesa na segunda metade do século XVIII, respectivamente com cerca de 45 mil e 50 mil habitantes.[30] As Minas Gerais aparecem aqui de forma subsidiária, não apenas porque já possuem farta bibliografia, mas porque os elementos que muitos julgaram ser mais agudos nas vilas mineiras setecentistas, ou delas quase exclusivos, também conformam aspectos significativos da vida de outras cidades coloniais.

O resultado aparece agrupado em cinco capítulos. Cada um deles está articulado por um ou dois documentos centrais, em torno dos quais a interpretação vai se construindo. Redigidos de maneira a apresentar um aspecto da análise mais global, podem ser lidos de forma quase independente. O primeiro oferece um panorama dos nexos que conformavam os espaços urbanos, tema tão caro ao conde de Resende, mas que aqui é retomado de forma mais ampla. A análise trata especialmente do modo como se articulavam as diversas instâncias de poder no mundo colonial e como as estruturas hierárquicas estendiam-se desde a metrópole até as vilas e cidades coloniais. O Rio de Janeiro é o cenário principal para essa discussão dos usos e sentidos políticos do espaço urbano.

O segundo capítulo avança no sentido de integrar a escravidão a esse universo de reflexões. Tomando como ponto de partida algumas determinações legais sobre as roupas das escravas, a análise procura mostrar como a escravidão se integrava ao sistema hierarquizado das relações sociais e quais os significados que a presença de cativos e de negros e mulatos livres ou libertos adquiria naquele contexto. O exame de situações específicas permite discutir as aproximações e os dissensos entre os poderes locais e metropolitanos, e o lugar conferido aos negros e mulatos, livres ou escravos, na maneira de apreender alguns temas de governo e encaminhar soluções para o que aparecia como problemático.

Os capítulos seguintes aprofundam os elementos surgidos nos anteriores. O terceiro se dedica a interrogar mais detalhadamente as formas de percepção e os sentidos diversos atribuídos por senhores, autoridades coloniais e viajantes à multidão de negros e mulatos que se concentrava na América portuguesa. Os significados dos termos empregados para designar as pessoas e as marcas neles impressas pela dominação escravista e colonial constituem elementos importantes da discussão ali empreendida. O quarto capítulo explora outras dimensões desse mesmo tema, retomando as festas públicas dinásticas e outras ocasiões solenes em que negros e mulatos ganhavam as ruas das cidades. Escandindo interpretações diversas sobre os espetáculos negros nos espaços urbanos, privilegiam-se aqui as tensões internas à sociedade colonial. Por fim, o último capítulo abre a perspectiva da análise, procurando apreender o olhar metropolitano, mais genérico, sobre as Conquistas e seus habitantes. A escravidão e a mestiçagem aparecem sob outra chave, para acentuar distâncias geográficas, sociais e culturais.

Os argumentos do conde de Resende são retomados no texto que arremata o livro. Ao mesmo tempo em que os elementos discutidos ao longo dos capítulos ajudam a desvendar as implicações de suas propostas, os temores do conde servem de fio condutor para algumas considerações finais, que apontam para os nexos mais amplos da articulação entre escravidão, cultura e poder no final do século XVIII. De certa forma, os fragmentos são ali misturados e rearranjados, para possibilitar um balanço das tensões que a dominação escravista fez surgir nesta parte do Império português.

1. O teatro do poder

O mais importante dicionário do início do século XVIII define *cidade* como uma "multidão de casas, distribuídas em ruas e praças, cercadas de muros e habitadas de homens que vivem com sociedade e subordinação".[1] Ainda que o aspecto espacial esteja bem contemplado, há nessa concepção algo que escapa ao modo como tradicionalmente a vida urbana no Brasil colonial vem sendo analisada pela bibliografia. Mais que a quantidade de construções juntas ou a existência de ruas e muros (aspectos que hoje poderíamos classificar sob a rubrica do urbanismo), o que chama a atenção é o fato de ela incluir a política. As casas são habitadas por "homens que vivem com sociedade e subordinação". É de se perguntar: subordinados a quem e vivendo segundo quais regras?

A resposta pode ser facilmente encontrada em outro verbete do mesmo dicionário. *Vila* é uma "povoação aberta ou cercada, que nem chega a cidade nem é tão pequena como [a] aldeia. Tem juiz e Senado da Câmara e seu pelourinho".[2] Nesta definição, as características arquitetônicas praticamente desapareceram, ganhando relevo a presença de autoridades locais responsáveis pelo exercício da justiça e do governo.

De fato, a política parece ter sido tão importante, que as vilas e cidades na época moderna constituíam-se como unidades administrativas não a partir de seu núcleo arruado, mas pela jurisdição abrangida pelas Câmaras. Ela englobava tanto o núcleo arruado, que sediava o poder, quanto seu *termo*, isto é:

> o distrito ou espaço de terra aonde chega a jurisdição dos juízes ordinários ou de fora, ou outras justiças. Chama-se assim dos marcos ou padrões de pedra que têm os títulos das vilas ou cidades e terminam ou põem termo à extensão da dita jurisdição.[3]

Recorrendo a outros verbetes, pode-se concluir que as vilas eram consideradas o elemento central da hierarquia que vai da aldeia à cidade, passando pelo *lugar* e pela *povoação*. No ato de criação das vilas, mais que o reconhecimento formal da existência de um núcleo de povoamento, o que importava era certa atribuição de poder aos moradores de determinada área.[4] A circunscrição espacial aparecia, portanto, subordinada à idéia da existência de uma *jurisdição*[5] — o que nos remete, mais uma vez, para a necessidade de uma leitura política da vida urbana setecentista.

No início da expansão ultramarina, o estabelecimento de núcleos portugueses nas margens do Atlântico destinou-se, sobretudo, a apoiar a navegação e a marcar a posse sobre as novas Conquistas. Aos poucos, porém, as povoações ganharam características que iam além da simples defesa do território, servindo de apoio e instrumento para o domínio colonial propriamente dito.[6] Sem dúvida, as recomendações governamentais sobre o local de implantação dos núcleos urbanos estavam ligadas às necessidades de posse e defesa das terras conquistadas, mas o empenho urbanizador da Coroa em terras ultramarinas ia bem além disso.[7] Guardadas por fortalezas, as vilas e cidades significavam o estabelecimento de uma jurisdição portuguesa sobre as novas terras: marcavam o domínio do monarca e dos homens que, em seu nome, passavam a governar o território que ali se instaurava. A ocupação física dos espaços coloniais e o aparecimento dos núcleos urbanos não se faziam sem uma distribuição de poder. Assim como no Reino, os conselhos municipais espalhados por todas as partes do Império constituíam uma teia na qual se apoiava a política metropolitana e que servia de mediação entre os funcionários reais e os poderes locais.[8]

As vilas eram criadas por meio de atos régios diretos ou que revalidavam decisões de governadores e capitães-mores. A tríade referida por Raphael Bluteau, "juiz e Senado da Câmara e seu pelourinho", significava a conexão direta entre esses poderes locais e o domínio metropolitano.[9] A instalação das Câmaras fazia-se sob o beneplácito real, mas a eleição dos vereadores significava a abertura de um espaço de autonomia importante para os moradores. O juiz era ao mesmo tempo presidente da Câmara, composta pelos homens bons do lugar, e executor da Justiça régia. O pelourinho, coluna de madeira ou pedra erguida sempre numa das praças centrais, servia para punir criminosos julgados conforme as *Ordenações* portuguesas ou os que infringiam as posturas municipais. Símbolo da autoridade e da Justiça régias, ao seu pé liam-se também as determinações da Câmara e as proclamações de diversas autoridades locais.[10]

A construção da casa da Câmara e da cadeia e a implantação do pelourinho marcavam, portanto, as vilas e cidades como sedes e abrigos do poder. Nas mais simples, o pelourinho ou o edifício único que reunia a Câmara e a cadeia era o que bastava. Nas cabeças de capitanias ou estados, somavam-se a eles os prédios que sediavam as mais diversas autoridades administrativas, eclesiásticas, militares e fiscais.

1. Praça central de Vila Rica, Minas Gerais, por volta de 1780.

2. A vila de Cachoeira, no Recôncavo da Bahia, por volta de 1792.

Diversos autores já salientaram que as vilas e cidades da América portuguesa possuíam caráter eminentemente político-administrativo.[11] No entanto, esse aspecto foi geralmente desconsiderado, pois se acreditava que a vida urbana não tinha muita importância no mundo colonial, em que predominavam as atividades rurais.[12] Para muitos autores, menos importantes que as fazendas e engenhos, as cidades teriam se "restringido" a abrigar comerciantes e autoridades régias, sem que se registrasse uma vida econômica, social ou política digna de nota, a não ser já tardiamente, em fins do século XVIII.[13]

Nas últimas décadas, no entanto, um conjunto de trabalhos sobre as vilas e cidades coloniais, produzido sobretudo por arquitetos e urbanistas, tem chamado a atenção para outros elementos. Ainda que mais preocupados com o traçado das ruas e a forma física dos núcleos urbanos, esses autores vêm combatendo a idéia da pouca importância das cidades coloniais, não só evidenciando a existência de um planejamento urbano português nas áreas coloniais como também mostrando o quanto tal política urbanizadora esteve a serviço dos interesses administrativos do governo metropolitano.

Nestor Goulart Reis Filho, um dos primeiros a trilhar esse caminho, mostrou que o incremento da política urbanizadora portuguesa no final do século XVII correspondia às necessidades metropolitanas de aprimorar seu controle sobre a área colonial. Em um livro pioneiro, ele mostrou como esse movimento foi acompanhado por uma ampliação dos quadros técnicos enviados do Reino para a colônia e pela abertura de aulas de engenharia militar no Estado do Maranhão e no do Brasil (Bahia, Rio de Janeiro e Recife). A partir de 1720, as tendências centralizadoras na ação colonial portuguesa fizeram-se sentir também na implantação de cidades e nas políticas de controle da vida urbana.[14] Seguindo na mesma direção, mas examinando mais detalhadamente o século

XVIII, Roberta Marx Delson verificou que, nesse período, cada vez mais os administradores passaram a contar com um corpo especializado de engenheiros e planejadores urbanos, gerenciando um programa de ocupação, controle e desenvolvimento das regiões interioranas da América.[15] Essa perspectiva de análise foi aprofundada, mais recentemente, pelos estudos realizados por Renata Malcher de Araújo, sobre os diversos aspectos da política urbana pombalina em relação à Amazônia, e por Cláudia Damasceno Fonseca, sobre o processo de ocupação dos sertões mineiros e de implantação de uma rede de núcleos urbanos.[16]

Decerto os termos urbanismo e planejamento são empregados aqui de forma descritiva, já que suas acepções contemporâneas são um tanto anacrônicas em relação ao período estudado.[17] Caminhando em direção contrária ao paradigma do semeador fixado por Sérgio Buarque de Holanda,[18] esses estudos indicam de forma inequívoca não apenas que os interesses metropolitanos estiveram presentes no modo como as cidades surgiram e se desenvolveram na América portuguesa, mas também que a criação de vilas e cidades era uma das estratégias de domínio e ocupação das novas terras conquistadas.

Mais recentemente, a idéia de que os aspectos políticos e administrativos da vida urbana tenham significado secundário no período colonial também vem sendo contestada a partir de outras abordagens. Retomando afirmações clássicas de Charles Boxer e aproveitando sugestões de pesquisas que focalizam as instituições locais no Reino e na administração do Império português,[19] vários autores têm evidenciado a importância dos conselhos municipais na conformação da política colonial, abrindo perspectivas importantes para a renovação da história política na América portuguesa.[20]

As Câmaras eram geralmente compostas por um presidente (o juiz ordinário — ou de fora, quando havia — ou ainda o vereador mais velho), dois ou três vereadores e um procurador, eleitos anualmente entre os homens das melhores famílias da terra, e mais alguns oficiais provisionados (com competências específicas, como fiscalizar pesos e medidas, vigiar preços etc.). Com alçadas e privilégios confirmados pelo Reino, elas constituíam o centro da vida política local, mas funcionavam também como elos de uma corrente que mantinha os vários territórios conquistados ligados entre si e submetidos ao poder da Coroa. Muitas vezes entravam em conflito com outras instâncias administrativas do Império, mas esses atritos acabavam por reforçar essa malha administrativa, colocando em movimento suas diversas instâncias. Equilibrando autonomia e submissão ao poder central, funcionando como canais administrativos e de cobrança de impostos e contribuições financeiras, ou sendo responsáveis por encargos militares e jurídicos, as Câmaras constituíam elementos fundamentais da vida colonial. Vistas com novos olhos pela historiografia, elas deixaram de ser entendidas como instituições que obstaculizavam o domínio metropolitano ou em que prevalecia o particularismo, para serem consideradas o coração do governo das gentes e da própria governabilidade do Império português.[21]

A renovação trazida por esses estudos fez reacender o interesse pela vida urbana, sobretudo em relação aos aspectos administrativos e políticos das cidades nas áreas coloniais. Como resultado desses desdobramentos historiográficos, hoje é possível compreender as vilas e cidades coloniais como espaços físicos que não apenas "abrigavam" poderes políticos, econômicos, religiosos e militares do Estado português, mas que eram entranhados por eles e também pela atuação dos potentados locais.

A junção dessas duas perspectivas historiográficas abre novas possibilidades para o estudo da vida urbana colonial, nas quais a política constitui um elemento central. Próximas da definição de Bluteau, elas permitem uma análise mais densa do movimento de criação e transformação das vilas e cidades nas áreas coloniais, captando os vários sentidos da vida urbana e o modo como as instituições municipais faziam parte dos mecanismos da administração do Império português.

Caminhando no mesmo sentido, mas acrescentando alguns elementos da história social, este capítulo examinará como os espaços urbanos eram conformados por investimentos políticos muitas vezes conflitantes e apropriados de modos e com sentidos diversos, tendo em vista o exercício do domínio colonial. Passamos, assim, da política urbana ou da política administrativa para as questões que dizem respeito ao exercício da dominação — trabalhando, portanto, com uma acepção mais alargada da política. Analisando o caso da cidade do Rio de Janeiro, que se tornou o grande centro urbano da América portuguesa na segunda metade do século XVIII, veremos como havia um uso político das cidades, diretamente ligado à forma como o poder real se fazia presente nas terras de além-mar.

Comecemos pelo exame das obras públicas e das regulamentações que visavam ao controle da vida nas vilas e cidades coloniais, pois ele permite aproximar o olhar que busca as dimensões físicas e cartográficas dos espaços urbanos e aquele que focaliza o exercício dos poderes locais. Realizadas pelas Câmaras, pelos moradores ou pelos delegados do governo metropolitano, que contavam muitas vezes com um corpo de engenheiros especializados, as obras urbanas eram ao mesmo tempo fruto de necessidades práticas (abastecimento de água, aterramentos de várzeas, manutenção física da malha urbana etc.) e objeto de intensas disputas.[22] Por isso mesmo, ao observar as mudanças no traçado das ruas ou examinar as obras realizadas em diversos momentos, é importante atentar para os investimentos políticos que elas significaram.

No Rio de Janeiro, a escolha do local de assentamento da cidade foi determinada por regulamentações reais e obedeceu a uma estratégia que visava tanto à defesa contra eventuais ataques por mar quanto à ocupação política do território entre a Bahia e São Vicente, fazendo frente aos interesses de franceses e de grupos indígenas arredios ao controle português.[23] Se as preocupações com a defesa justificavam de forma quase consensual as constantes obras de fortificação da cidade e da baía, a correspondência entre as diversas autoridades revela a existência de várias disputas e conflitos.[24]

É bem conhecida a localização inicial da cidade no alto do morro do Castelo, onde se situavam o Colégio dos Jesuítas, a catedral e o forte de São Sebastião. Aos poucos, ela foi se alargando, descendo em direção ao mar e ocupando a várzea, até chegar ao pé dos morros de São Bento e Nossa Senhora da Conceição. Essa expansão, tida por muitos como natural, foi acompanhada também por um deslocamento dos símbolos de poder.[25] Em 1637, quando o morro do Castelo já era considerado "cidade velha", os vereadores deliberaram construir a casa da Câmara e cadeia na parte baixa da cidade.[26] Do mesmo modo, o pelourinho foi removido do morro do Castelo para o lugar onde depois se ergueu o palácio do conde de Bobadela, mudando-se daí para o largo da Sé do Rosário, depois para o do Rossio, e mais tarde para o do Capim.[27]

Por outro lado, o crescimento da cidade foi também objeto de várias disputas entre o governador da capitania, o Conselho Ultramarino, o provedor da Fazenda Real e a Câmara. Cada um deles, com argumentos baseados em uma alternativa defensiva ou segundo interesses diversos, pretendia legislar de um certo modo sobre o lugar das edificações, o deslocamento das pessoas, as demolições etc.

O lugar de residência das autoridades, a ocupação de terrenos defronte ao mar, o comércio de produtos vindos do recôncavo da Guanabara, o acesso desimpedido aos edifícios da Alfândega ou aos Armazéns reais constituíram objeto de várias regulamentações, cartas, condenações e petições. Naquelas examinadas por Maria Fernanda Bicalho, de fins do século XVII e início do XVIII, os argumentos mesclavam-se a outros, mais políticos: passando pela "defesa da praça", tocavam nos benefícios para os cofres régios, nos interesses dos moradores e nas necessidades da cidade, e vinham emoldurados por lembranças de lealdades, vassalagens e serviços prestados à Coroa.[28] Demarcar qual dos poderes podia legislar sobre o uso dos terrenos urbanos, sobretudo das praias e marinhas, não só constituía um ato político, mas também garantia uma posição estratégica do ponto de vista econômico. A jurisdição sobre terras e edifícios significava rendimentos em foros, licenças e outras taxas municipais e, sobre aqueles próximos ao mar, permitia ainda controlar o comércio legal ou ilegal na colônia.[29]

Nesse sentido, pode-se lembrar a disputa entre a Câmara e o provedor da Fazenda Real em torno da construção do curral para recolher o gado destinado ao açougue no rossio da cidade, entre 1739 e 1741. Patrocinado pela Câmara, o curral foi "despoticamente" destruído pelo provedor, que alegava ser impróprio o local onde estava, pois, além de atrapalhar a movimentação das rondas militares, ficava "debaixo da casa da Câmara, junto à da Moeda, a dos Contos e Vedoria, à cadeia pública e quase no meio desta cidade".[30] Os argumentos do provedor incluíam comparações entre o Rio de Janeiro e Lisboa e expressavam juízos sobre a cidade e sua importância, bem como sobre as condições ideais de defesa em caso de ataques. Os meios de prover a boa administração de todas essas necessidades mesclavam-se a considerações urbanísticas sobre os locais mais apropriados para a guarda do gado: tudo indicava que o curral era algo inconveniente para ocupar um lugar tão central...

Mas talvez o melhor exemplo das relações entre a ocupação dos espaços e a política seja o dos embates entre a Companhia de Jesus e o Senado da Câmara sobre a posse e o controle de terras na "área urbana" do Rio de Janeiro. Inacianos e portugueses podem ter se associado nas lutas que deram origem à cidade, mas a delimitação das sesmarias que foram concedidas em 1565 à Companhia de Jesus deu início a séculos de disputas. Nireu Cavalcanti, ao tratar do tema, chega a afirmar que foi somente com a expulsão dos jesuítas e o confisco de seus bens que a cidade pôde crescer "naturalmente" em direção ao interior, expandindo-se ao longo do século XVIII por São Cristóvão, Tijuca, Andaraí, Pedregulho, São Francisco Xavier e Engenho Novo.[31]

A luta pela terra, porém, não envolveu apenas esses dois contendores, mas também outros grandes proprietários de áreas urbanas — e seus foreiros e arrendatários, já que a posse de terras significava direito de cobrança de aforamentos e impostos. Por isso, o Senado da Câmara, os religiosos da Companhia, sesmeiros grandes e pequenos, vizinhos e moradores se digladiaram durante mais de século, recorrendo a diversos expedientes legais. Algumas dessas disputas chegaram a ser acompanhadas de denúncias à corte, como a realizada em 1769, que deu origem a várias consultas do Conselho Ultramarino, cobrando informações, explicações e relatórios, e arrastou-se por décadas, até o reinado de d. Maria I.[32]

Essa breve descrição das transformações urbanas do Rio de Janeiro indica com nitidez que apenas a conformação geográfica ou o simples aumento populacional, que evidentemente devem ser levados em conta, não são suficientes para uma análise do espaço urbano colonial. O próprio crescimento do núcleo arruado e a distribuição das ruas e edifícios envolvem questões políticas e delas resultam. Por outro lado, conformando a dimensão espacial, o desenho das vilas e cidades e a vida urbana também não devem ser entendidos apenas como simples derivação dos interesses metropolitanos. Efetivando-se através de projetos diversos — locais, corporativos ou imperiais — e envolvendo conflitos e embates entre poderes vários, a política fez nascer e governou o ambiente urbano, que também foi ocupado de várias formas e ressignificado ao longo do tempo.

A análise desses aspectos pode ser realizada tomando-se as próprias representações cartográficas das vilas e cidades setecentistas. Utilizando uma linguagem bastante codificada,[33] os mapas, as perspectivas e os levantamentos topográficos não deixam de constituir um discurso que é, também, político.[34] Longe de qualquer neutralidade, o olhar que mapeia e desenha os núcleos urbanos coloniais esteve quase sempre ligado às autoridades metropolitanas, foi instruído em aulas patrocinadas direta ou indiretamente pela Coroa e a ela pagou seu tributo, assinalando as construções maiores do poder (igrejas, colégios e conventos; palácios e fortes).[35]

Um apressado esboço de um panorama da cidade do Rio de Janeiro, feito por um desconhecido em 1772, é significativo nesse sentido. O traço rápido no registro da paisagem urbana contrasta, aqui, com o cuidado em detalhar as duas rosas-dos-ventos. O provável interesse maior em avaliar as condições de implantação da cidade não diminuiu o cuidado em registrar e nomear as principais construções religiosas e públicas. A legenda anota com precisão a direção do olhar do observador, que identifica os arcos da Carioca — obra grandiosa que reuniu grandes investimentos e constituiu um dos marcos da administração de Bobadela na cidade —, o mosteiro dos beneditinos, a fortaleza do morro do Castelo e a Ponta do Calabouço. O restante do casario da cidade praticamente desaparece, confundido com o contorno dos morros, com exceção de um ou outro edifício mais imponente.

3. Vista do Rio de Janeiro, feita do adro da igreja da Glória, em 1772.

Poucos, no entanto, são os registros da paisagem urbana na América portuguesa setecentista que estiveram desligados de projetos administrativos ou militares. A preocupação com a defesa da cidade, em especial, parece ter sido o principal motivo para a maior parte da produção cartográfica referente ao Rio de Janeiro ao longo do século XVIII. Na conjuntura imediatamente posterior às invasões de Du Clerc e Duguay-Trouin, o governo português empenhou-se em defender seus domínios. O brigadeiro João Massé foi encarregado de projetar fortificações para as cidades do Rio de Janeiro, Bahia e Pernambuco. A "Planta da cidade de São Sebastião do Rio de Janeiro", desenhada em 1714, indica o muro projetado por ele e o estágio em que se encontravam as obras, bem como as fortificações existentes.[36] Mais que registrar o traçado urbano ou seu desenvolvimento, a planta de Massé respondia à necessidade de assegurar medidas defensivas depois da experiência e do medo vivenciado por ocasião de duas invasões quase consecutivas. Mas é também o registro de um projeto cuja execução foi cercada de polêmicas envolvendo o governador Francisco Távora e alguns conselheiros do Ultramarino, além de vereadores e moradores, que discutiam não apenas o sentido das obras, mas também seus custos e financiamento.[37]

Certamente podemos observar nela a conformação da cidade, com sua área urbana limitada pelos morros do Castelo (onde se situava a fortaleza de São Sebastião) e o morro de São Bento, com o convento de mesmo nome. A construção de casas além do muro projetado por Massé também dividiu opiniões, opondo o governador Vahia Monteiro (1725-32) à Câmara. Na época de Gomes Freire de Andrade (1733-63), entretanto, essa delimitação já estava praticamente abandonada.[38] É o que se pode constatar pelo desenho de outra carta topográfica, elaborada em 1750 pelo capitão André Vaz Figueira. Nela o muro já aparece aberto em vários pontos e o traçado das ruas do Rio de Janeiro já ocupa áreas situadas bem além do muro que delimitara a cidade na primeira metade do século.[39]

Em levantamento feito em 1767 para evidenciar a circunscrição dos terços da cidade, o muro nem é registrado — talvez porque o maior interesse aqui tenha sido o de focalizar as freguesias de São José, Candelária e Santa Rita, a que correspondiam, respectivamente, aqueles corpos auxiliares. Menos detalhada que a de Vaz Figueira, a planta de 1767 focaliza de modo diferente o ordenamento do espaço urbano e permite — por isso mesmo — vislumbrar um arruamento que se concentra mais nas proximidades dos morros da Conceição e São Bento que nos largos quarteirões ao pé do morro do Castelo.

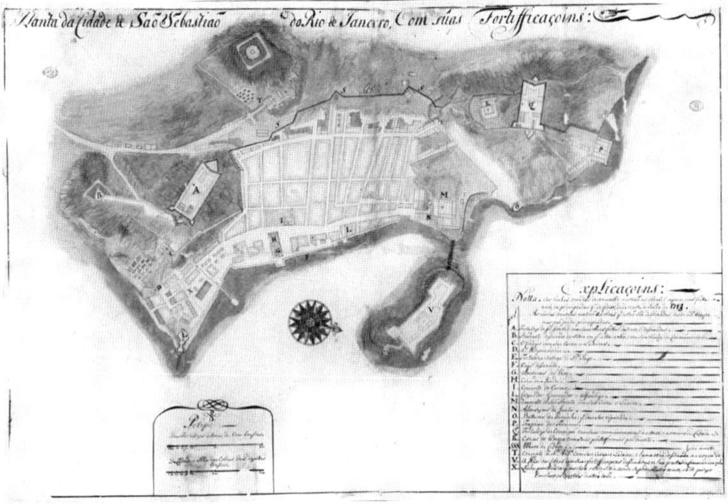

4. *João Massé, planta do Rio de Janeiro, 1714.*

5. *André Vaz Figueira, carta topográfica do Rio de Janeiro, 1750.*

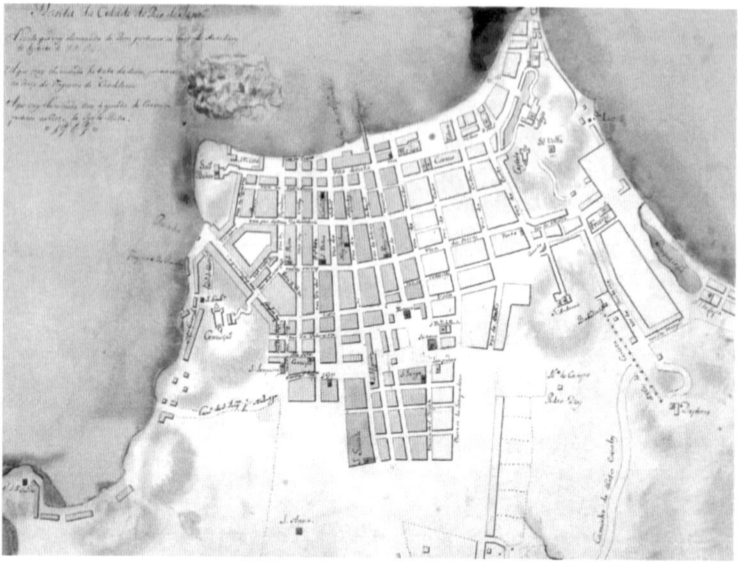

6. Planta da cidade do Rio de Janeiro, 1767.

Este, aliás, é um ponto que merece ser enfatizado: regidas por interesses diversos, essas plantas e mapas não descrevem a cidade tal como era. Trata-se, de modo geral, de um olhar que seleciona e projeta, anota ou controla, a partir de registros cartográficos muitas vezes já existentes e adaptados para servir de base para o novo desenho. Preocupados mais com muros, fossos e outras fortificações, ou com a circunscrição das tropas, como nos exemplos citados anteriormente, indicam os marcos da paisagem urbana nas legendas ou nos próprios desenhos, revelando uma leitura da cidade que julga o que é ou não mais importante, o que deve ou não ser detalhado.

Entre 1768 e 1769, foram elaborados novos levantamentos para melhorar a fortificação da cidade, numa conjuntura em que se fazia preciso defender a capital do Estado do Brasil diante das possibilidades de guerra com a Espanha. As primeiras medidas foram tomadas pelo conde de Azambuja (1767-69), mas foi o marquês do Lavradio (1769-79) que empreendeu uma ampla reforma nos fortes e construiu novos baluartes defensivos.

Pretendendo edificar uma nova muralha, Lavradio encomendou projetos ao brigadeiro Jacques Funck, ao coronel José Custódio Sá e Faria e ao sargento-mor Francisco João Roscio, que seriam avaliados pelo tenente-general Henrique Böhn. Desse "concurso" resultaram diversas plantas da cidade, que, obviamente, preocuparam-se mais com os pormenores das obras militares do que com um registro preciso da malha urbana. A própria escala cartográfica desses mapas está de acordo com essa intenção, permitindo visualizar o contexto geográfico da implantação da cidade e os planos de defesa. Mesmo assim, nem sempre o registro pode ser considerado objetivo. Lavradio acabou preferindo um dos projetos elaborados por Roscio, considerado por ele "talvez o único em toda esta capitania de quem se possa acreditar as cartas e plantas que tem feito porque põe em papel senão o que ele viu, mediu e examinou, o que todos os outros fazem pelo contrário, riscando a maior parte das vezes por informação ou estimação".[40]

Ainda que a perspectiva militar seja predominante e os desenhos muitas vezes imprecisos, a comparação entre esses registros cartográficos da cidade produzidos na segunda metade do século XVIII permite perceber as principais modificações urbanas no Rio de Janeiro. Nelas, de uma forma ou de outra, estão indicados o aterramento de lagoas, a drenagem de mangues e de ruas, as alterações no uso dos edifícios e a mudança dos lugares do poder.[41] Em parte da bibliografia, esse é o aspecto que mais chama a atenção dos estudiosos, pois lhes permite datar as várias obras ou indicar lacunas e deslizes dos cartógrafos.[42] Contudo, para ir além da crítica das fontes, é preciso lembrar que cada uma dessas obras envolvia grandes investimentos em mão-de-obra, equipamentos e conhecimentos técnicos, e também muitas disputas em torno da origem das verbas: era preciso saber quem pagaria por elas e usufruiria seus efeitos reais e simbólicos.

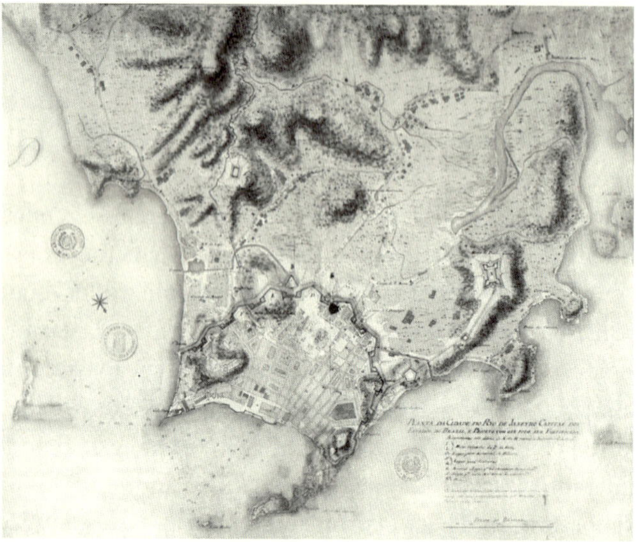

7. Francisco João Roscio, primeiro projeto de fortificação da cidade do Rio de Janeiro, 1769.

8. Francisco João Roscio, segundo projeto de fortificação da cidade do Rio de Janeiro, 1769.

A construção de fontes e encanamentos para levar água até locais mais próximos dos moradores, por exemplo, é um tema que pode ser abordado como simples decorrência das necessidades do crescente aglomerado de pessoas e atividades urbanas. Muitas dessas obras foram descritas em detalhes, com seus projetos, autores e efeitos estéticos analisados e discutidos por vários estudiosos. Mas elas são bem mais que isso. Muitas se transformaram em marcas da gestão dos vários governadores, como o chafariz de dezesseis bicas de bronze, construído no largo de Santo Antônio no tempo de Aires de Saldanha (1717-23), ou as grandes reformas do aqueduto da Carioca realizadas na época do conde de Bobadela (1733-63), com desenho de José Fernandes Pinto Alpoim. Foi nesse tempo, aliás, que se remodelou o largo do Carmo, no centro do qual foi construído um novo chafariz — considerado mais adequado para ser visto das sacadas do palácio (também desenhado por Alpoim) que o pelourinho, dali removido para as proximidades da rua da Vala, no largo da Sé do Rosário.[43] Essa pequena peça urbana, com sua bacia circular, desenho, pedras e canos vindos do Reino,[44] tornou-se importante a ponto de figurar com destaque nos registros cartográficos, como símbolo da nova cidade que resultava das reformas e inovações urbanas.

Um bom exemplo pode ser colhido no conjunto composto por uma perspectiva da cidade, uma planta com o traçado das ruas e um mapa da baía da Guanabara, produzido para ilustrar o famoso livro de Luís dos Santos Vilhena.[45] O desenho das ruas foi provavelmente copiado daquele feito por André Vaz Figueira em 1750, guardando com ele muitas semelhanças gráficas e cartográficas. Pequenas alterações foram introduzidas e a legenda atualizada, para identificar o "palácio dos vice-reis", no largo do Carmo, e a "fonte que se mudou para o meio da praça". De fato, essas obras parecem ter merecido destaque e aparecem claramente indicadas na bela perspectiva, elaborada por volta de 1775, essa, sim, "executada com perfeição e fidelidade pouquíssimas vezes alcançadas até esta época", como observa Ferrez.[46] Nela, ainda que as montanhas tenham sido desenhadas sem intenção de semelhança (seguindo convenções cartográficas da época), a imponência dos edifícios militares, administrativos e eclesiásticos domina a paisagem, na qual se destacam as enormes bandeiras a assinalar os três fortes da cidade (da esquerda para a direita, São Tiago, São Sebastião e Conceição). No centro, destaca-se a "praça do palácio com sua fonte", designando ao mesmo tempo o paço, a casa dos governadores reformada por Alpoim e o chafariz no meio do espaço aberto e voltado para a beira-mar — todos indicativos dos melhoramentos introduzidos na cidade.

Mesmo que Bobadela tenha feito da construção de chafarizes e do aqueduto da Carioca marcos de sua gestão, essas obras não impediram que o marquês do Lavradio reclamasse, numa de suas cartas de amizade, escrita em junho de 1773, que no início de seu governo o Rio de Janeiro contava apenas com "duas fontes", ambas vindas da mesma nascente. Segundo ele, diante dos muitos problemas de abastecimento de água na cidade, era preciso providenciar "em parte este negócio". Foi o que fez, com a abertura, "com muito trabalho [e] com bem moderada despesa", de duas outras fontes, colhidas cada uma de nascimentos diversos. Assim o "povo" não precisaria mais passar sede à espera de seus criados, que tinham de ir buscar água nos "subúrbios da cidade [e] em partes distantes"...[47] Recorrendo aos meios retóricos tradicionais para sublinhar a importância de seus feitos (ao salientar o grande empenho e o benefício do "povo"), Lavradio buscava superar a grandiloqüência das obras de Bobadela, que sem dúvida marcavam a paisagem da cidade.

No tempo do vice-rei Luís de Vasconcelos e Souza o largo do Carmo passou novamente por transformações, com a constru-

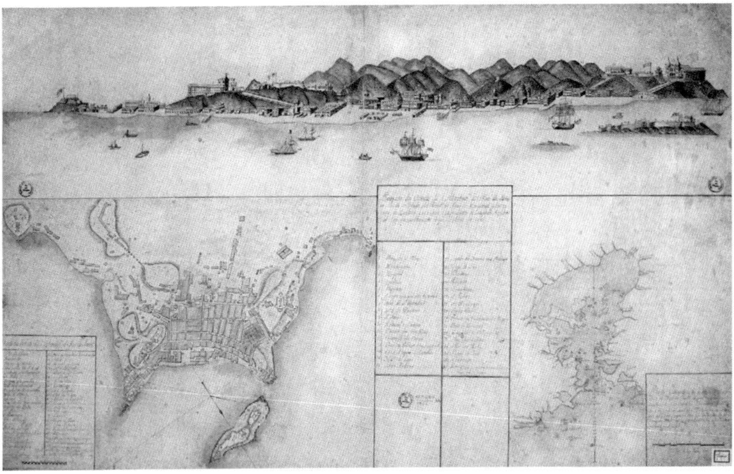

9. Prospecto da cidade de São Sebastião do Rio de Janeiro, fins do século XVIII.

ção de um cais de cantaria, com imponentes escadas para o acesso ao mar, à imitação do de Lisboa, com o calçamento de várias passagens e outro chafariz, erguido para substituir o antigo, que já se encontrava em ruínas. Mas este não foi o único motivo para a obra, bem desenhada por mestre Valentim. Além de facilitar a aguada dos navios, o novo local do chafariz, agora deslocado para situar-se à beira do mar, permitia que o largo ficasse mais livre, deixando espaço para a realização das paradas militares.[48] Os cenários modificavam-se conforme as novas necessidades do exercício da política.

À semelhança do ocorrido em Lisboa no período de d. João V e sobretudo depois do terremoto de 1755, também no Rio de Janeiro um corpo de engenheiros e administradores da cidade, tornada capital do Estado do Brasil em 1763, empenhava-se em produzir um novo cenário urbano para o poder.[49] No tempo de Bobadela, Alpoim esteve à frente de numerosos projetos militares e civis, destacando-se a construção do palácio dos governadores e dos arcos da Carioca. Com Lavradio, foi a vez do tenente-general Böhn e do brigadeiro Funck, mas os investimentos enfatizaram a reforma das fortalezas e outras instalações militares. Foi sobretudo Luís de Vasconcelos e Souza, que contou com grandes engenheiros como Funck, Sá e Faria e Roscio, quem realizou alterações mais significativas: desmanchou o morro das Mangueiras para aterrar a lagoa do Boqueirão e ali construiu um jardim arborizado e ajardinado. Na seqüência, o conde de Resende aterrou os campos da Lampadosa e Santana e prolongou o cais do largo do Palácio, abrindo ruas e cuidando da iluminação da cidade com quatro lampiões nas vias principais e dois nas secundárias.[50]

Sem dúvida, o espaço urbano transformava-se segundo os desígnios do poder. Atendendo a diferentes interesses locais e metropolitanos, as obras públicas e os novos edifícios estavam diretamente ligados aos movimentos da política.[51] Não por acaso, os engenheiros que elaboraram os projetos dessas obras estavam engajados nos trabalhos de registro do território colonial, nas comissões demarcatórias, na produção de fortificações das cidades litorâneas e no planejamento da rede urbana para ocupação e controle dos sertões.[52] Os investimentos e as obras urbanas realizadas na capital, portanto, não possuíam um sentido simples e neutro de melhoramento das condições de vida, de progresso material ou de civilização. Ligados ao poder e dele dependentes, estavam diretamente associados ao fortalecimento do domínio colonial.

É preciso lembrar, entretanto, que a política não se resumia aos projetos dos governantes, locais ou reinóis, nem se concretizava apenas em espaços, ruas, edifícios e monumentos. No relatório que fez para seu sucessor, ao deixar o governo em 1777, o marquês do Lavradio anotou diversos aspectos de sua administração, destacando os investimentos defensivos, com reformas nas fortalezas e diversos projetos de muralhas para a cidade. Mas não deixou de explicitar também sua preocupação com o controle da população urbana. Ainda que possamos ser atraídos pelas esplêndidas alterações no cenário urbano, não podemos esquecer que uma cidade não é vivenciada da mesma forma por todos os seus habitantes — assim como eles também não conformam um conjunto homogêneo nem regular.

Na segunda metade do século XVIII, o Rio de Janeiro possuía pelo menos dois espaços socialmente distintos.[53] De um lado estavam os terrenos de ocupação mais antiga, próximos ao mar, onde se localizavam os principais edifícios da cidade. Ali estavam as construções mais antigas, as casas imponentes que abrigavam os órgãos administrativos e fiscais, os estabelecimentos dos grandes negociantes, as lojas e os sobrados mais importantes. Entre a rua Direita e a dos Ourives ficavam as vias centrais da cidade e por elas passavam senhores engalanados, senhoras em suas cadeirinhas e serpentinas, funcionários régios e da administração local. Certamente havia também os escravos e negros livres que vendiam seus objetos e quitandas pelas ruas ou transportavam mercadorias, e os pedintes, pois era onde estava a maior parte da freguesia.[54] Parte das investidas de modernização empreendidas por Luís de Vasconcelos e Souza visava essa região da cidade: a construção do cais de pedra à beira do largo do Paço foi quase concomitante às tentativas de ordenar as barracas do mercado da praia do Peixe, que ficava bem próximo, quase em frente da casa dos Teles.[55]

De outro lado, para além da rua da Vala, estavam as áreas recentemente incorporadas ao núcleo arruado, com o arroteamento dos brejos e alagados. Ali se localizavam as populações mais pobres, os ciganos, as irmandades negras.[56] De arruamento mais incerto, com áreas mais abertas (como o campo de São Domingos, de Nossa Senhora da Lampadosa, do Capim ou da Forca, dos Ciganos e de Santana), essa era a região onde se realizavam as festividades mais populares, os exercícios da tropa de linha e, a partir da metade do século, os enforcamentos. Não sem motivo, foi visando à população dessa área que o marquês do Lavradio criou e implementou as rondas. Elas percorriam toda a cidade "de dia, nos domingos e dias santos, para evitar os ajuntamentos e desordens que naqueles dias costumavam fazer os pretos e os mulatos". Essa parte da cidade, no entanto, demandava maiores cuidados. Para ela havia rondas específicas, feitas com mais freqüência, "nas más noites [e] ainda nos dias em que não são de guarda", pois era nos "subúrbios da cidade, onde [se] costumavam fazer os mesmos ajuntamentos".[57]

É bem verdade que a igreja do Rosário, construída no começo do século, abrigou a Sé desde 1739 até a chegada da família real, em 1808.[58] Isso significa que muitas cerimônias oficiais e procissões solenes levavam com certa freqüência os homens bons até a região além da rua da Vala, onde ficava o largo daquela igreja.[59] Mas eram ocasiões especiais. Os investimentos mais perenes na cidade se fizeram na região mais próxima do mar, e o largo do Paço foi durante a maior parte do século o "cenário privilegiado das dramatizações do poder".[60]

Havia, portanto, formas de ocupação do espaço urbano que também precisam ser levadas em conta nesta análise. Podemos, entretanto, ir além da distribuição das pessoas e dos edifícios pelas regiões da cidade.

De fato, o núcleo arruado constituía um espaço largamente utilizado em diferentes situações e por sujeitos diversos.[61] Assim como a casa da Câmara e cadeia e o pelourinho marcavam a existência de uma jurisdição efetivada por poderes locais ou situados além-mar, era preciso também que seus agentes se mostrassem em ação, aos olhos do "povo". Os juízes, por exemplo, quando saíam às ruas para executar suas atribuições, portavam insígnias específicas (varas brancas para os juízes de fora e vermelhas para os ordinários) e eram acompanhados pelos oficiais da Justiça. Desfilando pela cidade, o séquito de juízes e seus oficiais reiterava, para todos os moradores, a presença do poder real e das instituições cujos cargos eram distribuídos entre a nobreza da terra.

Os desfiles dos juízes ou dos oficiais da Câmara não eram uma exceção. Ao contrário: tratava-se de um modo de exibição do poder, que não podia prescindir do espaço urbano. Eram praticados por todos os níveis políticos, a começar pelos mais altos. As entradas régias ou as procissões eram momentos solenes e importantes, em que não apenas o corpo social se expunha, mas também o rei e sua corte mostravam-se ao povo, reforçando o poder da monarquia.[62] Escrevendo sobre a iconologia do poder no período manuelino, Ana Maria Alves assinala como o "dar-se a ver" era um dever real, a fim de "tornar evidentes aos sentidos as qualidades da figura régia".[63]

De todas as cerimônias em que a monarquia se mostrava "em espetáculo", porém, as mais importantes eram as que celebravam eventos dinásticos diretamente ligados à continuidade da casa reinante: nascimentos, casamentos e mortes de membros da família real. Destinadas a glorificar o poder do monarca, e a reavivar publicamente seu domínio sobre terras e gentes, as diversas manifestações coletivas de júbilo ou tristeza serviam também para reativar a hierarquia social e política que ordenava aquela sociedade. Configuravam-se, portanto, como eventos ao mesmo tempo políticos, judiciais, militares e eclesiásticos.[64]

No caso das vilas e cidades coloniais, tais cerimônias faziam com que os elos hierárquicos do poder também fossem reafirmados por todo o Império.[65] Além do poder do monarca, reiterava-se a dominação metropolitana. Seguindo as praxes dos rituais políticos, expunham a todos o poder do soberano e de seus representantes. Ao envolver a participação das Câmaras e das principais autoridades locais, também se fortaleciam as autonomias e potências que cresciam nas Conquistas.[66] Algumas vezes, esses eventos eram ainda ocasiões em que as diversas instâncias de poder entravam em confronto, lutando por prerrogativas e precedências nas procissões e festas.[67] O próprio conflito, no entanto, servia para reforçar a cadeia hierárquica de poderes, que submetia as instâncias coloniais aos tribunais e conselhos metropolitanos.

Vejamos o caso das festas dinásticas de júbilo por casamentos ou nascimentos.[68]

Transmitida por meio de cartas dirigidas às principais autoridades ultramarinas, a notícia era espalhada através da rede burocrática do Império, chegando até as Câmaras das vilas e cidades, que tomavam providências para a realização de atos públicos de alegria e regozijo.[69] Às vezes, mandava-se iluminar festivamente as ruas e casas (as chamadas *luminárias*) ou rezar uma missa solene, na matriz ou em outra igreja importante do lugar. Outras vezes, organizavam-se festas e cerimônias que podiam durar mais de mês. Nesses casos, a seqüência dramática encenada coletivamente em geral requeria a construção de gigantescos cenários e sofisticados adereços urbanos.[70] As vilas e cidades transformavam-se, então, em palco para os rituais de reafirmação do domínio colonial, atualizando a presença do rei em terras distantes da corte.[71]

Espetáculos solenes, tais eventos estendiam-se no tempo e no espaço, ocupando e transformando toda a cidade. As atividades cotidianas das praças, quando não eram suspensas, espremiam-se durante bom tempo, dividindo lugar com pórticos, armações para os fogos de artifício ou arquibancadas e arenas de madeira. Construídos em escala grandiosa, esses elementos arquitetônicos — assim como o cerimonial das procissões e cortejos, os espetáculos de dança e música — eram concebidos para impressionar os sentidos. Autoridades civis, eclesiásticas, judiciais e militares, devidamente paramentadas, desfilavam pelas ruas da cidade ou ocupavam tribunas e sacadas para assistir às danças e aos préstitos em homenagem à Coroa. Sob o comando da Câmara, toda a cidade se envolvia nesses festejos: agrupados em corporações, ordenados pelas irmandades e terços militares, divididos conforme cargos e lugares sociais, todos saíam "incorporados". Em suas melhores roupas de gala, acompanhados de artifícios rebuscados, mostravam-se nas procissões, danças e banquetes que compunham tais cerimônias. Operando códigos específicos da retórica barroca, os espetáculos registravam (com figuras trágicas ou burlescas) o poderio europeu. Em geral suntuosas e revestidas de pompa, as cerimônias envolviam vereadores, a nobreza local, as patentes militares, os juízes e oficiais togados, que, em cortejo público, ostentavam a hierarquia social e política na qual estavam inseridos e que faziam funcionar.

Ao mesmo tempo espectadores e parte do espetáculo, as autoridades e a nobreza local eram vistas e reverenciadas pelo "povo". A plebe e os escravos, que dificilmente podiam ser incluídos no corpo social, também precisavam participar desses eventos, apinhando-se pelas ruas e praças por onde as procissões e carros circulavam. É nesse contexto que se pode compreender a constante presença dos cânticos religiosos e profanos, das danças e mascaradas, das procissões triunfais e dos cortejos solenes, dos espetáculos dramáticos e de pirotecnia, promovidos pelas corporações de ofício, irmandades ou Câmaras. Expondo-se em espetáculo, a ordem social podia ser público de si mesma. Mas também necessitava da presença da multidão da plebe para atestar sua nobreza, marcar sua glória e afirmar seu poder. Assim, o cortejo era pomposo para bem poder marcar a hierarquia entre as partes do corpo político, mas não podia prescindir da ostentação e do espetáculo para atrair uma platéia mais indiferenciada, que, por contraste, confirmava o ordenamento que regia aquela sociedade.

Bastante codificados, tais rituais políticos envolviam igualmente um controle sobre a memória. Impactando os sentidos, os festejos se faziam nas ruas e igrejas, mas também eram atualizados repetitivamente na correspondência entre as autoridades e se perpetuavam em textos panegíricos. Culminância do procedimento laudatório, a passagem das festividades das ruas e praças públicas para as páginas de uma relação caminhava no mesmo sentido, reatualizando e perpetuando a celebração da casa real e os laços com os poderes locais.[72] Esse era também um momento em que se homenageavam as autoridades coloniais, em que os poderes locais se reativavam na reiteração das redes hierárquicas que os ligavam ao Reino.

Além das festas motivadas por eventos dinásticos, como casamentos e nascimentos de membros da família real, havia outras ocasiões festivas incorporadas ao calendário oficial das comemorações públicas das vilas e cidades. As páginas iniciais do *Almanaque histórico da cidade de São Sebastião do Rio de Janeiro* de 1799, por exemplo, contêm uma relação dos 21 dias de gala observados por seus habitantes, onze dos quais dedicados à comemoração de aniversários de pessoas da casa real.[73] Os espetáculos do poder faziam-se, assim, presentes ao longo do ano, espalhando-se e embaralhando-se com procissões importantes para a monarquia portuguesa, como a do Corpo de Deus.[74] Havia ainda outras festividades de caráter cívico-religioso, mas locais, como as que comemoravam o dia de São Sebastião, em homenagem ao padroeiro da cidade, por exemplo. Muitas vezes, a participação nessas festividades era compulsória.[75]

Elas não eram apenas festas ou manifestações simplesmente religiosas, mas eventos eminentemente políticos. Ocupando toda a cidade, reforçavam os principais lugares do poder (como o largo do Rossio, a casa do bispo, o palácio dos vice-reis etc.) e engajavam todos os seus habitantes. Todos os "cidadãos" eram convocados pelas Câmaras, por meio de editais,[76] para participar da realização das festas e desfiles.

Somavam-se a elas outras ocasiões solenes, de caráter religioso, como as procissões e festas das várias irmandades, que percorriam as ruas em torno das principais igrejas da cidade: Santa Luzia, São José, Candelária, São Domingos e Santa Rita. Havia também aquelas mais diretamente relacionadas ao calendário litúrgico. A procissão de Cinzas, por exemplo, era composta por diversos andores, várias figuras de anjos e virgens, estandartes levados pelos membros das irmandades e do clero, acompanhados por devotos com tochas. Ela saía da igreja do convento de Santo Antônio e atravessava o largo da Carioca para percorrer as principais ruas do centro e deter-se à frente de diversos templos. Depois havia a procissão do Senhor dos Passos, na segunda-feira da Quaresma, e as cerimônias da Semana Santa (com as procissões das Endoenças, a do Enterro ou do Senhor Morto), entre tantas outras.[77]

Todas essas procissões combinavam motivos e símbolos religiosos à hierarquia eclesiástica e administrativa da cidade: os lugares atribuídos aos membros das diversas confrarias e irmandades, aos oficiais régios e às autoridades eclesiásticas eram minuciosamente determinados. Até mesmo a ordem das visitas aos templos durante os cortejos era regulamentada. Segundo um acórdão de 1685, que punha fim a vários conflitos sobre precedências na realização do cortejo, a procissão de Endoenças devia sair da Santa Casa, ir ao Colégio dos Jesuítas e à Sé, descer a ladeira, ir à igreja da Candelária e, virando ao Carmo, regressar à rua da Misericórdia.[78]

Aliás, a presença e a importância da Igreja não se faziam sentir apenas nas procissões. A associação entre a estrutura eclesiástica e o poder, além de ser constitutiva da sociedade portuguesa no Antigo Regime,[79] marcava e mesmo ordenava a vida nos núcleos urbanos coloniais.[80] As freguesias constituíam, de certo modo, a circunscrição espacial mais usada para localizar os moradores nas vilas e cidades. Definidas a partir da existência das igrejas paroquiais,[81] elas serviam como elemento de identificação das pessoas. Num processo criminal ou civil, por exemplo, cada testemunha era identificada segundo seu nome, idade, local de nascimento, meio de vida, condição social, cor e a freguesia onde morava: eis os elementos formais que caracterizavam uma pessoa nos documentos coloniais.[82]

Era também a partir do local de moradia que se alistavam as pessoas, e muitas vezes os nomes das companhias eram os mesmos das freguesias. Os nomes das devoções das igrejas e capelas associavam-se, assim, aos dos terços de Auxiliares e companhias de Ordenanças. As tropas, por sua vez, tinham presença constante pelas ruas da cidade. Ainda que diversos registros indiquem a pobreza dos fardamentos,[83] elas realizavam exercícios regulares, muitas vezes nos subúrbios da cidade.[84] Havia ainda as paradas militares, como a representada num dos painéis elípticos de Leandro Joaquim: preenchendo todo o largo do Carmo, a tropa aparece ali perfilada, acentuando a simetria dos edifícios que abrigavam os delegados régios (os vice-reis) e os potentados locais (a casa da Câmara, nos sobrados sobre o arco do Teles).[85]

10. Leandro Joaquim, revista militar no largo do Paço, por volta de 1785.

Importantes do ponto de vista político e militar eram também as execuções públicas. Esses eventos envolviam um rigoroso cerimonial e não podiam prescindir do espaço urbano. No caso dos condenados à morte, cabia à Irmandade da Misericórdia acompanhar o réu, que saía em procissão da cadeia até a forca. Operando do mesmo modo que as festividades dinásticas, o suplício penal marcava a glória do monarca e, fazendo privilegiar sua vontade sobre o corpo do criminoso, impressionava de modo pedagógico os demais súditos e vassalos.[86]

O lugar do patíbulo, o dia da execução e o roteiro por onde passaria o cortejo penal, bem como os lugares a serem ocupados pelos membros da nobreza e pelos corpos militares — tudo era minuciosamente prescrito. Um bom exemplo pode ser colhido na execução do alferes Joaquim José da Silva Xavier, chamado Tiradentes. Condenado depois de três anos de processo pelo crime de lesa-majestade, ele foi o único dos réus condenado à morte. Em 21 de abril de 1792, foi conduzido pelas ruas, com baraço e pregão, até o lugar da forca, para que nela morresse "morte natural para sempre".[87]

Sua cabeça foi levada a Vila Rica, para ficar pregada em um poste alto "no lugar mais público dela", até que o tempo a consumisse. O corpo, dividido em quartos, foi pregado em postes pelo caminho das Minas, onde Tiradentes estivera. Declarado réu infame, teve sua casa em Vila Rica arrasada e o terreno salgado, para "que nunca mais no chão se edifique" coisa alguma. No local, foi levantado um padrão para conservar na memória "a infâmia deste abominável réu".[88] Como se vê, a sentença incluía determinações que incidiam sobre uma espacialidade eminentemente urbana: essa era a condição para que a vontade régia se tornasse pública e fosse sempre e por todos lembrada.

A execução seguia os mesmos princípios. O patíbulo do campo de São Domingos chegou a ser reformado para o evento, ficando mais alto, e o cortejo ritual que levou o condenado da cadeia à forca foi rigorosamente cumprido. As igrejas foram decoradas especialmente para as missas em regozijo pela execução do criminoso e em louvor da benignidade da rainha, que perdoara os demais envolvidos. Uma pintura alegórica colocada sobre o arco do cruzeiro em frente da igreja da Ordem Terceira do Carmo, por exemplo, sintetiza os elementos do espetáculo. Era um emblema, assim descrito:

> A rainha nossa senhora [estava] assentada no seu trono; ao seu lado direito se viam as armas do reino de Portugal, com estandartes, caixas de guerra, peças, balas e outros instrumentos bélicos, tudo isso guardava Hércules, que estava com a maça sobre o ombro, mostrando não só a força mas também a segurança da mo-

> narquia. Ao lado esquerdo de sua majestade estava Astréia com todas as insígnias da justiça, olhando para a soberana, como manifestando-lhe a sua prontidão na execução das suas leis. Sua majestade com a mão esquerda tocava o próprio peito, e com o cetro, que tinha na mão direita, apontava para a figura da América, que aos pés do trono, posta de joelhos, muito reverentemente lhe oferecia uma bandeja de corações, que significavam o amor e fidelidade dos americanos. Mais ao longe e como em campo muito distante, se viam os sublevados, representados na figura de um índio, posto de joelhos, despojados de seus vestidos e armas, com as mãos erguidas e em um braço uma cobra enrolada, protestando eterna vassalagem e suplicando a piedade da soberana: a qual dava a conhecer que atendia mais aos influxos da sua clemência do que aos impulsos da justiça, porque com muita alegria se via que a fama levava a todas as partes do mundo a glória do seu imortal nome.[89]

A reforçar os elos entre o rigor e a mercê reais, nas ruas por onde passou o condenado postaram-se perfilados os soldados dos regimentos pagos da cidade, e os edifícios tiveram suas janelas enfeitadas com colchas e tapetes. Tiradentes percorreu o caminho da cadeia ao cadafalso a pé, com a corda no pescoço, com paradas para leitura do pregão judicial. À frente iam os soldados da guarda do vice-rei, seguidos pelas autoridades religiosas. Depois vinham os membros da Irmandade da Misericórdia, os religiosos confessores e o réu. Atrás dele, os ministros da Justiça, os meirinhos e o carrasco. A cavalo, logo depois, vinham as autoridades judiciais e da administração régia e, finalmente, mais soldados da guarda do vice-rei. A procissão demorou cerca de três horas para percorrer as ruas que separavam a cadeia do largo de São Domingos do local da forca, incluindo uma parada na igreja da Lampadosa, para que o condenado pudesse fazer sua oração. Durante a execução, discursos foram proferidos por autoridades civis e eclesiásticas; deram-se vivas à rainha, respondidos pela tropa e pela assistência com lenços e gritos. As luminárias prolongaram-se por três dias, várias missas foram rezadas e cantou-se o *Te Deum*.[90]

Rituais políticos em sua plenitude, as paradas militares, a execução exemplar de um único réu e as festividades dinásticas constituíam modos diversos de afirmação da glória e do poder dos soberanos. Seu cenário era a cidade: lá eram expostos os corpos dos supliciados, levantados os emblemas laudatórios da mercê real, realizados os pregões judiciais, as cerimônias encomiásticas, as danças e mascaradas, os cortejos e missas solenes; como em um teatro, as encenações pretendiam sempre afirmar a plenitude do poder instituído, naquele momento e também "para sempre". Imprimindo sua marca sobre os sentidos, elas eram concebidas não apenas para impressionar os que participavam diretamente das festas e cerimônias. O interesse popular, o burburinho e a acorrida do povo para ver a novidade eram sempre indicadores da magnificência dos festejos, reiterados ritualisticamente nos relatos escritos e publicados a seguir.

Na maior parte das vezes, o "povo" exercia papel secundário, de um público atento, que acompanha, aplaude e referenda o espetáculo do poder. Mas algumas vezes podia atuar em sentido contrário. Ainda que possa integrar o movimento de reabilitação da memória de Tiradentes, em curso na virada do século, Vieira Fazenda oferece o registro do testemunho de uma ex-escrava que teria dezesseis anos quando da execução de 1792.[91] Segundo ela, na noite seguinte ao enforcamento, apesar das luminárias e manifestações de louvor à rainha, sua "senhora e a gente da casa dizia à boca pequena que o padecente era um inocente — um santo". Ela comenta ainda que o cortejo transcorreu muito vagaroso, parando mais de trinta vezes, mais parecendo uma "procissão de enterro", e que os irmãos da Misericórdia pediram esmolas para missas pela alma do condenado, chegando a recolher 64 mil réis — quantia nada desprezível no período.[92]

Lugar por excelência do exercício do poder, as vilas e cidades eram ocupadas por rituais diversos, em que se faziam presentes as várias hierarquias da administração pública local e metropolitana, da Igreja secular e das irmandades, dos regimentos portugueses e das tropas locais. Se o espaço urbano era, portanto, eminentemente político, e a política, naquele período, não podia prescindir do espaço urbano para se realizar, podemos nos perguntar por demais significados das políticas urbanas: que outros elementos e sentidos estariam presentes em medidas que visavam ao espaço urbano ou que o modificavam, como no caso das obras públicas, por exemplo?

A partir dos anos 1780 e 1790, a Câmara começou a demarcar terras e ruas no antigo campo de São Domingos e a definir os contornos do que veio a ser o largo do Rossio. A cidade se expandia, não apenas em decorrência de seu desenvolvimento econômico e populacional, mas também porque surgiam espaços que ganhavam atribuições específicas. Evidentemente, esse não foi um processo linear nem planejado, mas esteve diretamente ligado a outras políticas de utilização e ordenação do espaço urbano.

É o caso das medidas para tirar o comércio de escravos recém-chegados das ruas centrais da cidade. Em fevereiro de 1758, baseada em recomendação médica para evitar epidemias, especialmente as vindas da África, a Câmara do Rio de Janeiro determinou que ele não poderia mais ser feito "dentro dos muros da cidade". A proibição valia para todos os escravos desembarcados no Rio, com exceção dos vindos da Bahia e Pernambuco. Os comerciantes e capitães de navios negreiros reclamaram, apelando para a Relação do Rio de Janeiro, sob a alegação de que as ruas andavam cheias de escravos ladinos, que os novos não causavam distúrbios e eram lavados todos os dias, e que

> suposto [...] se diga que da extração dos escravos novos para fora da cidade se aformoseia esta, é isto contra a verdade [...] [pois] como o maior tráfico dela é o comércio de escravos, não pode haver maior formosura que o aumento do mesmo tráfico e comércio.[93]

O edital da Câmara foi suspenso pelo Tribunal da Relação em 1767, mas as polêmicas continuaram no ano seguinte e a medida só acabou sendo implementada por ordem do marquês do Lavradio, que determinou a transferência e centralização de todo o comércio de escravos no Valongo, "subúrbio da cidade, separado de toda a comunicação". Segundo informa em seu relatório de governo, a determinação visava deixar o núcleo arruado livre das levas de "negros que chegavam da costa da África" e que, tão logo desembarcavam, "vinham para as ruas públicas e principais" da cidade "não só cheios de infinitas moléstias mas nus", oferecendo "o espetáculo mais horroroso que se podia apresentar aos olhos".[94] A partir de então, apenas grupos de quatro ou cinco negros poderiam entrar na cidade, devidamente vestidos, quando comprados para permanecer no Rio de Janeiro. Os vendidos para as Minas deveriam seguir até o campo de São Domingos, "onde tinham todas as comodidades e livravam a cidade dos incômodos e prejuízos que há tantos anos recebia por causa da sobredita desordem".[95]

Em 1798, a Câmara realizou um debate com alguns médicos da cidade, no qual foram abordados vários pontos parecidos com os que haviam servido de argumento para as determinações do marquês. Estabelecendo a correlação entre as condições climáticas e sanitárias da cidade e as epidemias, eles propunham drenar e aterrar várias áreas alagadiças, arrasar os morros do Castelo e Santo Antônio para maior ventilação das ruas, realizar obras para escoamento das águas, abrir praças e proibir o lançamento de lixo nos logradouros, entre várias outras medidas profiláticas. Também aqui o comportamento da população e seus hábitos foram analisados e criticados, com avaliações especialmente negativas em relação ao grande número de escravos.[96]

Ainda que muitas dessas providências não tenham sido implementadas, elas indicam o quanto as transformações operadas no cenário urbano incluíam juízos de valor sobre os habitantes da cidade e passavam por propostas que visavam ordenar o uso dos espaços públicos. Mais que uma simples divisão da cidade em termos sociais, as mudanças observadas no final do século indicam diferenças políticas.

A construção do Passeio Público, no local da antiga lagoa do Boqueirão, é significativa, nesse sentido. Desenhado por mestre Valentim, possuía a forma de um hexágono irregular, cortado por aléias retilíneas articuladas em torno de um eixo central, cujo ponto de fuga se abria para a baía da Guanabara. Inaugurado em 1783, foi o primeiro jardim público do Rio de Janeiro. A denominação, no entanto, merece atenção. Construído fora da cidade, em terreno que sempre esteve além dos muros projetados no tempo do marquês do Lavradio, por exemplo, ele foi um dos primeiros espaços nobres a situar-se longe da área que congregava as instituições oficiais.

11. Planta da cidade do Rio de Janeiro, em 1808. Imprensa Régia, 1812.

Como bem observaram Maria Eduarda Marques e Vera Siqueira, ocupando uma área próxima àquela em que iam se instalar as pessoas mais abastadas, ele servia "não aos desfiles pomposos da tropa, mas sim às caminhadas, às pequenas festas e às diversões com fogos e música da gente bem situada".[97] Inspirado nos jardins cortesãos e relacionado às diretrizes iluministas do progresso e da civilidade, o Passeio transformava a paisagem natural em objeto de contemplação.[98] Murado e destinado às "pessoas de qualidade", ele assinalou uma nova maneira de viver a vida urbana, na qual a exclusão era uma matriz importante. Associado a um novo uso do espaço urbano, sua construção indicava ainda um modo diverso de exercício do poder: não mais pela ostentação das diferenças sociais, mas sim pela separação entre ricos e pobres.

Assim, a expulsão da área central de certas práticas e costumes que passaram a ser vistos como danosos, como o comércio de escravos, foi acompanhada pela criação de espaços cênicos para o poder e a ostentação das riquezas. Definiam-se e redefiniam-se os locais públicos e seus usos no interior da cidade — que, cada vez mais, passava a mostrar em seu traçado urbano a importância de ser uma capital.[99]

A relação entre essas modificações e os sentidos políticos atribuídos ao espaço urbano pode se tornar mais explícita se adotarmos lentes que permitam uma observação mais detalhada. Para isso, vamos nos concentrar em alguns exemplos específicos, empreendendo uma análise comparativa de três celebrações dinásticas ocorridas no Rio de Janeiro, em 1760, 1762 e 1786. Interessa, aqui, não só examinar o modo como a cidade foi ocupada nessas ocasiões, mas focalizar, sobretudo, os sentidos sociais e políticos dessas festividades.

Em meados do século XVIII, a sucessão monárquica constituía um problema político delicado em Portugal, já que o trono seria herdado por uma mulher, a princesa d. Maria. Várias propostas de pretendentes ligados a casas reais européias concorriam com outras, feitas por grupos que defendiam a união da princesa com um consorte português. Na decisão real pesaram os interesses nacionais e, depois de negociações com os governos amigos que já haviam indicado candidatos e de obtida a licença papal, d. Maria casou-se com seu tio, em 6 de junho de 1760. A notícia foi logo divulgada por todo o Império.[100]

No Rio de Janeiro, a notícia chegou através de uma carta régia dirigida ao governador Gomes Freire de Andrade, que a anunciou ao Senado, repassando a informação a todas as Câmaras da capitania. Os "felicíssimos desposórios" foram então comemorados na cidade do Rio com um tríduo solene de missas na catedral, três dias de luminárias "com raras e vistosas formas", espetáculos de touros e cavalhadas por seis dias, danças realizadas pelos diversos ofícios, óperas públicas por três noites, espetáculos de fogos de artifício e outros eventos. Depois de realizadas as comemorações, o governador enviou uma carta ao secretário de Estado Francisco Xavier de Mendonça Furtado para relatar os acontecimentos e reiterar a fidelidade dos vassalos ao rei, em fevereiro de 1761.[101]

O nascimento do herdeiro, em agosto de 1761, deu origem a novas festas. A notícia chegou ao Rio de Janeiro em fins de janeiro de 1762 e por três dias os sinos das igrejas repicaram, as fortalezas deram salvas e as ruas encheram-se de luminárias. Durante meses, a cidade preparou-se para a grande festa. No dia 7 de maio elas começaram, com o tríduo de missas solenes rezadas pelo bispo no mosteiro de São Bento. O templo estava todo enfeitado, com várias tribunas de honra, nas quais se sentaram o vice-rei, os ministros togados, os militares de alta patente, os vereadores e a nobreza local. Na tarde do terceiro dia houve procissão de ação de graças, com a presença de todas as ordens religiosas e confrarias da cidade, escoltadas pelos corpos militares. Havia música, as fachadas das casas estavam ornamentadas e iluminadas, e as embarcações fundeadas no porto, embandeiradas, dispararam salvas de tiros, que foram respondidas pela artilharia das fortalezas.

À noite, dentre todos os ornamentos, destacavam-se dois pórticos construídos especialmente para a ocasião: um em frente à casa episcopal, no morro da Conceição, outro em frente ao Paço do vice-rei, com luminárias volantes e fogos de artifício. Outras iluminações, feitas por desembargadores, pelo corregedor da comarca, em conventos e igrejas, ou em casas de morada espalhadas pela cidade, também disputavam a atenção de todos. Algumas, como a do corregedor, tinham emblemas, poesias e eram acompanhadas de músicas. Depois vieram os espetáculos: touradas e jogos de argolinhas, no curro especialmente construído para a ocasião. Antes de começarem os jogos, houve apresentação de "muitas invenções festivas": dança de ciganas, contradança de cajadinhos, dos alfaiates, e desfiles de três carros triunfais, feitos, respectivamente, pelas corporações dos ourives, carpinteiros e sapateiros. Num dos dias, os homens pardos da cidade apresentaram uma farsa, imitando a corte do rei dos congos e, em um teatro construído na praça em frente ao palácio, foram encenadas três óperas, financiadas pelos homens de negócios. No dia 6 de junho, o conde de Bobadela ofereceu "um banquete opíparo" a todos os magistrados, oficiais de guerra e pessoas distintas da cidade. Naquela noite, houve fogos de artifício: no campo de São Domingos foram edificados um castelo e um navio e simulou-se um combate que durou quatro horas de pirotecnia.[102]

O relato dessas festas, publicado em Lisboa em 1763, enfatiza a importância do nascimento do príncipe para a sucessão real, orgulha-se da suntuosidade e do engenho empregados nos festejos cariocas e não deixa de declinar os nomes dos principais protagonistas. Ao mesmo tempo, reitera que a comemoração deu-se por "toda a cidade", que foi grande o "júbilo popular" e que os eventos contaram com o concurso de "muito povo". De fato, todo o núcleo central da cidade tornou-se palco dos festejos realizados naqueles dias. Dos navios no mar à região do campo de Santana ou do Rossio (locais prováveis da construção dos curros),[103] do alto dos morros às praças mais planas próximas ao cais, vários espaços foram ocupados por nobres, cônegos, ministros togados, militares de alta patente, "moradores de melhor porte", mas também pela plebe e o povo. Houve cerimônias em locais fechados, como o banquete final e as missas em São Bento, precedidas de procissões que cobriram curtos percursos. Mas houve também cortejos mais extensos, com a participação de várias confrarias, ordens religiosas, irmandades, pálios e andores, que passearam por diversas ruas — todas ricamente ornamentadas. Para alguns espetáculos, construíram-se teatros em praça pública, como o edificado no largo do Paço, para as três óperas, ou os curros, para os touros, jogos e danças. Os lugares nobres do poder ou os campos mais afastados "além muros" foram tomados pelas festividades em homenagem à casa real e à sua continuidade.

Esse modo de ocupação do espaço urbano, com festejos que se espalhavam por toda a cidade, possuía larga tradição no Reino português e também na cidade do Rio de Janeiro. Fora assim nos festejos pela aclamação de d. João IV, em 1641, por exemplo.[104] A chegada da primeira notícia deu-se em março de 1641 e, depois da cerimônia no Colégio dos Jesuítas, houve procissão e missa na Sé matriz. Vivas espalharam-se por "todas as praças da cidade", culminando numa última cerimônia à frente da casa da Câmara. Por três noites "todos os moradores" ornaram suas janelas com luminárias e os navios e fortalezas dispararam sua artilharia. Alguns dias depois, a chegada de uma carta régia deu motivo a novos festejos, com luminárias e uma encamisada de 116 cavaleiros, que desfilaram por "todas as ruas da cidade", seguidos pelo governador e dois carros "ornados de sedas e aparatos de ramos e flores, e tão prenhados de música que em cada princípio de rua parecia que o Coro do Céu se havia humanado". Houve ainda escaramuças encenadas no campo de Nossa Senhora da Ajuda, corrida de touros, quadrilhas, mascaradas e a apresentação de uma comédia na sala do governador, pois a chuva impediu que fosse representada no teatro ao ar livre que havia sido construído para esse fim.[105]

Em janeiro e fevereiro de 1786, quase 25 anos depois do nascimento do príncipe da Beira, as festas para comemorar o casamento de d. João com a princesa espanhola Carlota Joaquina, então com dez anos, pareciam manter a tradição. Rezou-se o tradicional tríduo de missas na igreja de São Bento e apresentaram-se as óperas e os saraus musicais de costume.[106] Agora, no entanto, além das cerimônias tradicionais em espaços fechados, não foram o largo do Paço e o campo de Santana que serviram de palco para as celebrações. O vice-rei Luís de Vasconcelos e Souza promoveu dessa feita uma festa diferente, ocupando uma região afastada do centro, que não mais era lugar freqüentado pela plebe ou pelas classes mais baixas da população. Uma programação especial para o Passeio Público foi preparada, e a Câmara foi encarregada de iluminar suas aléias, todas preparadas para a realização de um desfile de seis carros, construídos especialmente para a ocasião. Desenhados por Antônio Francisco Soares e executados na Casa do Trem por um carpinteiro pago pela Câmara,[107] os carros homenageavam Vulcano, Júpiter, Baco ou traziam mouros e cristãos para as cavalhadas. Orgulhoso de seu trabalho, Soares redigiu um texto laudatório, desenhando e descrevendo minuciosamente os carros e os festejos realizados.[108]

À diferença das descrições analisadas anteriormente, Vasconcelos e Souza destacava-se agora como figura principal. A ele foram dedicados os sonetos e décimas de louvor, que exaltavam a sabedoria, a preeminência e a magnanimidade do então vice-rei do Estado do Brasil. Nos carros, seu estandarte apareceu ao lado dos que ostentavam as armas de Portugal e Espanha. Eram dele os cavalos que, com cavaleiros vestidos com as librés de sua casa, puxavam vários dos carros que desfilaram pelas alamedas do Passeio Público.[109]

Dessa feita, a cidade ficou ao largo. Os carros saíram da Casa do Trem e, contornando o morro de Santo Antônio,[110] dirigiram-se ao Passeio Público, onde estava instalada uma platéia que acomodava o vice-rei, os vereadores e a nobreza da terra. Ali se abriram e se transformaram em verdadeiros palcos para encenações teatrais e declamação de poemas à moda árcade.

O carro de Vulcano, por exemplo, representava uma montanha coberta de musgo e arbustos de mais de seis metros de altura, dentro da qual Vulcano e seus ciclopes trabalhavam em uma forja. A serpente que o conduzia media mais de três metros de comprimento e soltava fogo pela boca, "movendo a cabeça, mãos e pés com uma naturalidade que parecia propriamente viva". No interior do monte iam músicos a tocar todo o tempo. Ao chegar diante da platéia, dezesseis bacantes saíram de dentro do monte, executando uma contradança, ao som das quatro orquestras que ali se encontravam. Depois o carro dirigiu-se ao adro da igreja da Nossa Senhora da Lapa e "começou o monte a abrasar em fogos de artifício" e mais doze montanheses saíram de dentro dele para simular uma peleja com espadas e rodelas de fogo.

12. Carro de Vulcano. Antônio Francisco Soares,
Relação dos magníficos carros, *1786.*

13. Carro de Júpiter. Antônio Francisco Soares,
Relação dos magníficos carros, *1786.*

O morro do carro de Júpiter era ainda um pouco mais elevado e trazia no alto uma esfera de cerca de dois metros, chegando a medir um total de sete metros de altura. A esfera ia fechada, para abrir-se em frente à platéia, depois de um ataque dos gigantes que ladeavam o carro. Dele saiu Júpiter, para declamar um poema e lançar raios. Os músicos deram vivas a seu triunfo e dezesseis "figuras da gentilidade" fizeram uma "admirável dança". No adro da Lapa, novo espetáculo de fogos e um letreiro flamejante que dizia "A Luís se deve tudo". Na terceira noite, foi a vez do carro de Baco, que chegava a dezesseis metros de altura, com figuras representando Baco e seus sátiros. Depois dos poemas, em frente à platéia, derramaram-se garrafas de licores pelo chão e abriram-se dois repuxos do monte que espirraram vinho por "todo o terreno".

Em maio, realizaram-se as cavalhadas na praça de curros, onde houve danças, jogos de sorte e argolinhas, além de touros. Os

14. Carro das cavalhadas. Antônio Francisco Soares,
Relação dos magníficos carros, *1786.*

imperadores mouriscos seguiram em um carro de sete metros de comprimento e mais de cinco de altura, acompanhados de vários mouros. Havia também um carro que levava a figura de Himeneu, acompanhado de outras representando a Prudência, a Concórdia, a Temperança, o Triunfo, a Paz etc. Soares orgulhava-se tanto desse carro, que iniciou seu relato por ele, embora tenha sido o último a se apresentar, gastando seis páginas para descrevê-lo. De fato, parece ter sido um espetáculo e tanto, já que foi o único a apresentar-se por dois dias seguidos. No segundo dia, a figura de Himeneu veio "coberta com um globo de nuvens brancas", que se abriu ao chegar ao curro para que ele aparecesse portando na mão esquerda "dois corações atados com uma fita verde guarnecida de ouro e deles saindo flamas de fogo artificial", enquanto dutos lançavam perfumes "cujos cheiros se espalhavam pelas ruas onde passava o carro".

Não há como precisar o local em que foi construída a arena para os touros, se no adro de Nossa Senhora da Lapa, como quer

Vieira Fazenda, ou no campo de Santana — o que parece mais provável. De qualquer modo, as festividades aqui aparecem circunscritas a espaços definidos, realizadas em momentos distintos. Os custos para "todo o preparatório e adorno da iluminação" do Passeio foram altos: por ele, o mestre carpinteiro recebeu 2:839$000 réis.[111] Não por acaso, a narrativa de Soares enfatiza a figura do vice-rei e a suntuosidade do espetáculo realizado "na praça mais lustrosa e pública do passeio desta cidade".[112] Ainda que faça referência aos touros e jogos realizados em maio, seu empenho em descrever os acontecimentos, ao contrário dos textos congêneres, é mínimo.

Diferentemente das festividades anteriores, ao ser realizada em um espaço fechado, embora público, a encenação se tornava mais seletiva: podia incluir poderes locais quase em pé de igualdade com os membros da casa real e seu público era outro, não mais os habitantes da cidade, mas a nobreza e os homens ricos que estavam nas platéias especialmente construídas para eles. A circulação mais restrita dos carros e os festejos, feitos como apresentações para uma platéia mais seleta, modificavam o sentido político do evento. Ainda que continuassem a louvar a monarquia, os elos com os poderes locais e com a cidade (tanto do ponto de vista do espaço urbano quanto em termos sociais) mostravam-se diversos.

É bem verdade que grandes festejos dinásticos posteriores à década de 1780 voltaram a se espalhar pela cidade. Em 1795, por ocasião do nascimento do príncipe d. Antônio, por exemplo, o programa seguiu a velha tradição: em junho rezou-se o tríduo de missas solenes, fez-se a procissão, cuidou-se da iluminação, com destaque para a decoração da Sé e da casa da Câmara, além das apresentações de ópera e vivas. Depois, até fevereiro do ano seguinte, a cidade ainda pôde contar com touradas no campo de Santana, e danças, desfiles de carros e espetáculos de fogos no campo de São Domingos.[113] Mas a possibilidade de novos sentidos políticos já estava dada, com um belo ensaio de outras formas de ostentar e exercitar o poder.

Podemos voltar, agora, às questões mais gerais. A bibliografia mais recente sobre a história política portuguesa no Antigo Regime tem enfatizado que, nesse período, o poder era exercido de modo essencialmente corporativo, no qual o rei precisava partilhar espaços políticos com outros poderes (de maior ou menor hierarquia, como as Câmaras, as instituições eclesiásticas ou senhoriais).[114] Nesse contexto, as vilas e cidades nas áreas coloniais constituíam um lugar em que vários tipos de dominação se articulavam. De um lado estava o poder régio, que se expunha e encontrava seus interlocutores mais diretos, das instituições da administração e do governo às autoridades e membros do corpo político. Associando-se aos funcionários régios, a nobreza da terra e as famílias de fortuna também se mostravam, concorrendo entre si pelos privilégios reais, mas se esforçando igualmente por afirmar, cada qual, seus privilégios e direitos locais.

A cada procissão ou festa dinástica, as grades jurídicas e as redes hierárquicas que ligavam os vários grupos e instituições sociais também se exibiam, reforçando seus elos. Ao mesmo tempo, em graus diversos e com mediações várias, as mais altas categorias sociais mantinham-se ligadas ao rei — mas, além disso, reafirmavam as relações de amizade, serviço e clientela que as uniam horizontalmente e sedimentavam os poderes locais. Lugar do exercício de uma dominação que precisava se mostrar publicamente para ser eficaz, os espaços urbanos da América portuguesa constituíam, portanto, um cenário que comportava tanto os poderes metropolitanos quanto os coloniais.

O monarca, cabeça de todo o corpo social, não podia governar sem seus membros. Por isso mesmo, quando se tratava de governar o Império, não apenas precisava trançar interesses públicos e particulares, mas delegava poderes às Câmaras, fazendo com que nelas nobres, fidalgos e homens bons decidissem por si, e em nome do rei.[115] Numa via de mão dupla, era também através do Império que muitas fortunas se faziam e vários se enobreciam, galgando postos da Justiça e cargos da administração, ou requisitando títulos pelos serviços prestados.[116] Concentrando grande parcela de poder, exercendo funções que hoje se costumam atribuir a instâncias diversas, as Câmaras reinavam sobre os núcleos urbanos coloniais, criando condições para que uma "economia política de privilégios" — condição mesma da governabilidade no Império — se efetivasse.[117] Em nome do bem comum, as Câmaras também concediam privilégios e mercês, canalizando riquezas e benefícios políticos,[118] repetindo no nível local os mecanismos mais amplos das comendas e mercês outorgadas diretamente pelo monarca aos homens de destaque no âmbito do Império português. Evidentemente, poder local e imperial não se confundem, podendo ser complementares ou contrastantes, conforme os interesses mais restritos das elites locais e o alcance mais amplo dos interesses monárquicos. Mesmo em momentos de tensão, no entanto, os localismos não eram contraditórios com o domínio metropolitano, que precisava deles para governar e dominar tão vastas regiões.

Por isso mesmo, a definição das vilas e cidades — como vimos no início deste capítulo — estava tão mergulhada na política. A concentração de gente, distribuída pelas casas, ruas e praças, constituía um cenário importante para a reafirmação dos laços que mantinham aqueles homens e mulheres em "subordinação": ali estavam os sinais da existência do poder monárquico e de sua rede de funcionários e delegados reais, ali se mostravam e se exercitavam potências e jurisdições articuladas (embora nem sempre convergentes) que estruturavam as hierarquias sociais. Operando por meio dos poderes locais, mostrando-se no espaço em que se exercitavam as jurisdições das Câmaras, o poder monárquico se concretizava por todo o Império.

Ao mesmo tempo, a vida urbana oferecia um contraponto público aos poderes domésticos dos senhores de terras, engenhos, lavras minerais e escravos. Nas ruas e praças das vilas e cidades, eles apareciam não como poderes isolados, assentados no domínio sobre terras e gentes, mas como partes do corpo social. Com sua riqueza e poder, participavam dos séquitos municipais, das procissões, dos cortejos das irmandades, das cerimônias públicas e oficiais que corporificavam a dinâmica social e política da colônia.

Assim, nos espaços urbanos coloniais articulavam-se jurisdições, exibiam-se potências e hierarquias, concretizavam-se dominações de naturezas diversas. Lugar político por excelência, as vilas e cidades eram mais que um simples cenário: constituíam o próprio teatro do poder. Nas festas dinásticas e em ocasiões solenes, como em um emblema, as ruas e praças eram palcos privilegiados para que jurisdições diversas pudessem se exibir e se articular, reforçando os laços da dominação colonial e das redes hierárquicas que ligavam todos os membros daquela sociedade.

Todos ou quase todos. A análise empreendida até aqui não tocou em todas as relações de poder existentes no mundo colonial, nem examinou todas as categorias sociais, restringindo-se às pessoas de maior qualidade. Deixou de lado outras gentes, sem tantas galas, que também ocupavam as praças e becos, andavam pelas ruas e se aglomeravam para ver passar os desfiles. Não podemos esquecer que, no caso das vilas e cidades da América portuguesa, a plebe e o povo não eram compostos apenas pelos chamados "peões" do Reino. Ao longo do século XVIII, cada vez mais, a presença da multidão de escravos e homens negros livres e libertos se fazia notar, incomodava e se tornava, também ela, uma questão política.

2. Diferentes e desiguais

Nos últimos anos, vários autores têm se dedicado a estudar o ordenamento político e o modo das relações sociais no Antigo Regime. Geralmente, tais trabalhos se debruçam sobre a corte e a vida cortesã, com todo o seu aparato de rituais e cerimônias, que se tornaram objetos privilegiados para a análise da política na Europa moderna.[1] Também a historiografia portuguesa tem seguido nessa trilha, produzindo diversas obras importantes que permitiram redimensionar a interpretação da natureza do poder no Portugal dos séculos XVII e XVIII.[2]

Esses trabalhos, no entanto, não têm aprofundado uma discussão mais pormenorizada sobre a natureza das relações sociais. Geralmente preocupados com a ação do rei e as limitações que lhe são impostas pelos diversos poderes senhoriais e institucionais, acabaram dedicando mais tempo à análise dos mecanismos do poder e dos aspectos referentes à nobreza e às casas senhoriais que ao estudo dos modos da dominação social e das experiências de outros grupos sociais.[3] A idéia de que as relações sociais no Antigo Regime eram essencialmente definidas a partir de uma cultura "juridizada"[4] trouxe grandes contribuições analíticas, mas também impôs algumas restrições.

Como bem observou António Manuel Hespanha, até o século XVIII a reflexão sobre as formas de organização social, sobre a própria sociedade e seu governo, era produzida essencialmente pelos juristas. Retomadas pelos historiadores, tais definições e idéias foram fundamentais para uma reavaliação da política no Antigo Regime, que deixou de ser vista a partir de noções abstratas de absolutismo (e julgada segundo valores do liberalismo oitocentista) para ser desvendada historicamente, ganhando os contornos de uma densa e peculiar arquitetura de poderes corporativos.[5]

Contudo, talvez por força das circunstâncias desses ganhos analíticos e das próprias fontes utilizadas, as análises permaneceram restritas à auto-representação expressa nos textos consultados. Assim, a sociedade no Antigo Regime continuou a ser pensada como sendo composta por estados ou ordens, cada uma delas regrada por um conjunto de privilégios e jurisdições, tal como definidos pelas leis e pelos costumes. Na maior parte das vezes, as pessoas sem privilégios nem distinções permaneceram pouco estudadas, ficando difícil estabelecer diferenciações no interior do chamado terceiro estado — tão importantes para a investigação da história social e também da história política. Mesmo que levemos em conta o conteúdo político das oposições entre povo e vassalos do reino ou entre nobreza e plebe, que aparecem em vários textos nos séculos XVII e XVIII, certamente esse tem sido um universo historiográfico no qual a dominação e as desigualdades sociais (tais como as entendemos hoje) não costumam ser abordadas.

Não pretendo enveredar sobre o debate acerca das possibilidades de uma análise classista da chamada sociedade de ordens. Seguindo uma das vertentes nesse debate, creio que perguntas sobre as relações de dominação podem sim presidir uma investigação a respeito do tema.[6] Não é de pouco interesse inquirir sobre as relações de poder que estão diretamente ligadas ao modo da produção e da distribuição das riquezas numa certa sociedade, ainda que essas relações não se expressem em termos classistas. As tensões e os conflitos que podem ser descobertos a partir desse tipo de pergunta permitem desvendar relações de poder que nem sempre foram abordadas pelos discursos intencionalmente políticos produzidos por aqueles que se dedicavam a pensar o tema. Dito de outro modo, elas permitem passar da análise da política para a das relações de dominação — tema central para os que se dedicam à história social.

No caso português e de suas colônias na América, há pelo menos duas dimensões importantes a considerar: a das relações constitutivas do Império colonial português e a das relações escravistas propriamente ditas. Certamente elas nos levam para universos distantes da nobreza e dos grandes pela distinção e pela fortuna, mas não alheios a eles. O desafio enfrentado neste capítulo, que não tem a ambição de encontrar todas as respostas, é caminhar de uma dimensão a outra, mostrando como estavam articuladas. Partindo das análises que contemplam as distinções baseadas no nascimento e na distribuição dos privilégios, pretendo discutir a diferença imposta pela presença da escravidão em terras coloniais.

Segundo o *Vocabulário* do padre Raphael Bluteau, as Cortes portuguesas reuniam

> os três estados, eclesiástico, nobre e popular. No eclesiástico entram os arcebispos, bispos e os priores-mores das ordens militares de Santiago e Avis; no da nobreza os duques, marqueses, condes conselheiros, senhores de terras e alcaides-mores; e no do povo os procuradores de dezoito cidades e 75 vilas principais do Reino.[7]

Juntas, essas diversas partes do corpo social, cada qual com suas hierarquias e costumes, votavam as matérias concernentes ao "bem comum do Reino e particular do rei".[8] Representavam, assim, o próprio Reino.[9] Nas palavras de Bluteau, os três estados aparecem claramente nomeados e o povo está relacionado à existência das vilas e cidades. O termo, aliás, aparece definido como "os moradores de uma cidade, vila ou lugar".[10] Mas é preciso notar, como o faz Pedro Cardim, que o povo presente nas Cortes eram os procuradores das Câmaras municipais — que, assim como outras autoridades locais, bem o sabemos, eram escolhidos entre os membros da "oligarquia local".[11] Isso significa dizer que a noção de cidadania, no Antigo Regime, estava diretamente associada à prática do poder: os cidadãos eram aqueles que ocupavam os cargos da governança, os "homens bons" e suas famílias.

Na maior parte das vezes, no entanto, povo era uma palavra equivalente a plebeu, a "gente popular". Nas *Ordenações* do Reino, o termo utilizado para designar os grupos mais destituídos era "peão", originalmente equivalente a "homem de pé", ou, segundo Bluteau, "homem do povo, homem plebeu, que não tem ofício algum militar nem civil, nem chegou a ser (sequer) [*sic*] vereador da Câmara da cidade ou vila".[12] Muitas vezes, a palavra *povo* foi usada também como oposta a *vassalo*, criando um sentido de oposição entre o conjunto dos que pertencem ao corpo social e aqueles que, em determinadas situações, criavam "tumultos", agiam de forma "ignorante" etc.[13] Essas fontes revelam uma concepção que supunha um ordenamento harmônico entre os vassalos e uma solidariedade que caminhava verticalmente em direção ao soberano.[14]

Como já se observou, a idéia de uma sociedade composta básica e simplesmente por três estados, no entanto, não comporta diversas outras formas de distinção social existentes no Antigo Regime, e que se superpõem àquela repartição. No interior de cada uma dessas categorias, é possível encontrar diferenciações importantes. Entre os nobres, por exemplo, Bluteau descreve pelo menos cinco graus de nobreza:

> o primeiro são os vassalos que têm cavalos; o segundo, os escudeiros; o terceiro, os cavaleiros; o quarto, os fidalgos de cota de armas e geração, que têm insígnias de nobreza; o quinto é dos fidalgos, que têm assentamento e foro na casa d'el rei. Entre estes também há diferença, porque as leis do Reino fazem menção de três gêneros de solares, que são solar conhecido, solar com jurisdição e solar grande.[15]

Como se vê, a distinção e a hierarquia entre os diversos tipos de nobres dependem do nascimento, das posses e dos serviços prestados ao rei. Mas havia também diferenças de outra natureza. Nobre, para continuar com o exemplo, foi definido como "aquele que por sangue ou alvará do príncipe se diferencia em honra e estimação dos plebeus e mecânicos".[16] Assim, para além do sangue, das insígnias e da fortuna, temos aqui valores e juízos sociais (honra e estimação) que se associavam para distinguir uma condição das duas outras — que, aliás, não combinavam exatamente com a definição de "povo" ou "braço popular" presente nas Cortes, já que nem "plebeus" nem "mecânicos",[17] até meados do XVIII, podiam ser eleitos para os conselhos municipais. Por outro lado, o mesmo Bluteau, em outro verbete, indica haver um "estado do meio", situado "entre os mecânicos e os nobres":

> uma classe de gente que não pode chamar-se verdadeiramente nobre por não haver nela a nobreza política ou civil, nem a hereditária; nem pode chamar-se rigorosamente mecânicos, por se diferenciar dos que o são ou pelo trato da pessoa, andando a cavalo e servindo-se com criados [...] ou pelo privilégio e estimação da ar-

> te, como são os pintores, cirurgiões e boticários, que por muitas sentenças dos Senados foram em vários tempos escusos de pagar jugadas e de outros encargos a que os mecânicos estão sujeitos.[18]

Evidentemente, apesar da fama e das qualidades intelectuais de seu autor, o *Vocabulário* não é um tratado político a descrever ou comentar a estrutura da sociedade portuguesa. Os elementos ali apresentados para explicar os diversos termos evidenciam, no entanto, que, além dos critérios jurídicos mais amplos (que levam a diferenças políticas, civis ou herdadas), a distinção entre as ordens estava baseada também em comportamentos e valores que diziam respeito à dominação e a privilégios claramente econômicos, como ser servido por criados e não pagar certos impostos. Esses aspectos, mantendo o tom comum a esse tipo de fonte, aparecem nomeados como diferenças de trato e privilégio.

A comparação entre os vários verbetes do *Vocabulário* revela ainda uma dificuldade em apresentar definições lógicas e coerentes entre si — que não deixa de ser reveladora. A imprecisão na terminologia utilizada para designar as diversas condições indica a extrema complexidade das formas de diferenciação social, derivada exatamente da multiplicação de critérios superpostos.[19] Fundadas no nascimento, nas concessões distribuídas a partir de cima, pelo rei ou por seus delegados, e mostradas a cada passo por um "gênero de vida" ou "modo de viver",[20] as diferenças, de certo modo, estruturavam e davam visibilidade à sociedade do Antigo Regime.

Ao contrário do mundo em que vivemos, no qual há uma preocupação constante em afirmar a igualdade entre os homens (apesar das desigualdades sociais), nas sociedades do Antigo Regime imperavam as diferenças: concebida a partir desse princípio, a arquitetura social previa para cada um o seu lugar, numa rede ordenada e hierarquizada de posições. Na vida cortesã, essa estrutura era visível através de um minucioso cerimonial,[21] mas também se espraiava por todo o conjunto das relações sociais — representadas à imagem e semelhança do círculo mais privilegiado à volta do rei. Todos possuíam seus direitos, privilégios, deveres e atribuições, distribuídos de modo diverso conforme o lugar ocupado na rede hierárquica.

Bons exemplos podem ser colhidos na legislação penal, na qual a natureza e a proporção da pena para cada crime ou infração variavam conforme a qualidade, o estado e a condição do criminoso e da vítima. Assim, o adultério era punido com a morte, mas, se o adúltero fosse de condição maior que a do marido (um fidalgo e o outro escudeiro), a sentença deveria ser confirmada antes de executada.[22] As *Ordenações* permitiam ao homem casado que achasse sua mulher nos braços de outro matar os dois amantes; a regra não se aplicava, entretanto, se o marido fosse um peão e o adúltero um fidalgo ou "pessoa de maior qualidade". Nesse caso, o adúltero deveria ser degredado para a África, com pregão público em audiência — o que pressupunha a realização de um processo, e não a execução sumária dos "réus" pelas mãos do marido traído.[23] No caso de sedução de mulher virgem, se o sedutor fosse fidalgo ou "pessoa posta em dignidade ou honra grande" e o pai da moça "pessoa plebéia e de baixa maneira ou oficial, assim como alfaiate, sapateiro ou outro semelhante", a pena era de degredo para a África. Mas, se fosse de menor condição que isso, pagava seu crime com a morte.[24]

Como se vê, distinções e privilégios eram distribuídos a cada um de modos diferentes. Isso não significa, entretanto, um relativismo completo. Definindo-se umas em relação às outras, e conforme as diversas situações, as marcações sociais no Antigo Regime português eram, de certo modo, fixas. Possuíam definições jurídicas e apareciam na legislação sobre vários assuntos distinguindo e separando as diversas "qualidades" de pessoas, tanto do ponto de vista civil quanto político. Poucas vezes elas podiam ser consideradas iguais: talvez somente quando tratadas todas como vassalos de um mesmo soberano ou diante de Deus, como cristãs.[25]

Apesar disso, as distinções eram também maleáveis, porque sempre consideradas em relação à rede hierarquizada de posições. Cada lugar social derivava sua posição a partir de uma comparação com outros, imediatamente acima e abaixo dele. Caminhando de cima para baixo, a submissão a uma pessoa "de mais qualidade" estava diretamente relacionada ao domínio sobre outras, inferiores, e o aumento de poder só era concebido através de um registro que envolvia o consentimento e a concessão.[26] As regras sociais pressupunham a rede hierarquizada e o próprio modo das relações envolvia cerimônias e rituais que levavam em conta essas diferenças.

A ostentação pública do lugar ocupado por cada um e de suas prerrogativas tinha importante significado político. As relações de poder se mostravam nos pequenos gestos e nas grandes cerimônias, e a linguagem das relações sociais estava toda permeada de prerrogativas e distinções, de deveres e obrigações — todos estavam sempre acima e abaixo de alguém. Daí os freqüentes conflitos de precedência nas procissões, os adjetivos e hipérboles na correspondência oficial, os constantes rituais de afirmação do poder (qualquer que fosse ele, em todas as instâncias ou níveis hierárquicos em que se efetivasse). Daí também a importância das marcas físicas (do vestuário, dos brasões) e cerimoniais (expressos em gestos, formas de tratamento etc.): essa era uma sociedade que se mostrava e precisava ser vista. Num mundo em que a maior parte das pessoas era analfabeta, ver era experiência das mais importantes: o poder e o prestígio deviam saltar aos olhos.[27]

Por isso mesmo, as formas de tratamento e outras marcações visuais atribuídas a cada categoria social eram cuidadosamente pensadas por legisladores e supervisionadas por diversas instâncias de controle. Dentre todas as regulamentações, destacavam-se aquelas referentes ao vestuário. Os que já se dedicaram ao estudo do tema observam que a linguagem dos trajes tornava visível e exibia aos sentidos a hierarquia social.[28] Revelador dos jogos hierárquicos no interior dos quais as diferenças eram mostradas, o tema das roupas e ornatos torna-se particularmente interessante para a análise que pretenda avançar em busca dos modos de dominação social e das distinções situadas além daquelas praticadas por nobres e pessoas de maior qualidade.

A tradição legislativa portuguesa a respeito das roupas permitidas às diversas categorias sociais é bastante antiga. A bibliografia indica que as primeiras determinações legais a fixarem o tipo e a qualidade dos tecidos e materiais para a confecção das roupas e das armas que cada grupo social poderia usar datam da segunda metade do século XV. Desde os tempos mais antigos, a necessidade de regular a questão caminhou junto com aquela de reprimir os excessos — sempre no sentido de manter e controlar as marcas visíveis das distinções sociais. Tanto Costa Lobo quanto Vitorino Magalhães Godinho mencionam a insistência dos representantes dos estados nas Cortes de 1472 e 1481-2 com relação aos "desregramentos do vestuário luxuoso, [que] não somente progrediram na aristocracia, mas alastraram-se pelo povo".[29] A preocupação fica evidente em um poema do *Cancioneiro geral* (1516), em que um poeta se lamenta, lembrando nostalgicamente um passado no qual todos viviam "ordenados [e] compassados", "cada um segundo sua qualidade", para denunciar os "trajos demasiados" que vinham tornando "confusos os três estados".[30]

Outros dispositivos legais ligados ao controle e manutenção das distinções sociais eram as determinações relativas às armas e insígnias utilizadas pelos nobres ou às formas de tratamento permitidas às diferentes "qualidades" de pessoas, cuja tradição legislativa parece iniciar-se no final do século XVI.[31] Dentre essas leis mais antigas, e apesar do perigo de confusão entre os três estados apontado pelo poeta, apenas as que se referiam ao uso de máscaras, de trajes femininos pelos homens e vice-versa, e de armas e insígnias foram incorporadas às *Ordenações manuelinas* e, depois, às *Ordenações filipinas*.[32]

Isso não significa, porém, que não tenha havido reiteradas leis a respeito dos tecidos e ornatos anteriores e posteriores às *Ordenações*. Os principais documentos legais do século XVI e do início do século XVII sobre essa questão seguem um mesmo padrão legislativo: proíbem o uso de capuzes, de guarnições de ouro nas armas e selas; determinam tipos e qualidade de tecidos para o vestuário e as alfaias domésticas, conforme a condição social das pessoas, além de estipular o número de criados e a quantidade de gente nos vários séquitos particulares etc.[33]

Como em textos anteriores, as partes introdutórias das leis de 1566, 1582 e 1609, nas quais o legislador expõe seus motivos, indicam claramente que a principal preocupação se refere ao perigo dos "gastos e despesas demasiadas" ou à dificuldade de "manejo das próprias pessoas" que o luxo poderia ocasionar aos "vassalos e naturais" do Reino. Na lei e pragmática de 25 de janeiro de 1677, o rei pretendia fazer face às

> extraordinárias profusões, ostentações vanglórias, e imoderadas despesas, [com que os vassalos] empenhavam os patrimônios, arruinavam os sucessores, e se viam empobrecer, e envilecer [...] com a introdução da gravidade dos trajes, e esplendor honestamente aparatoso, que conduzem à restrição dos gastos, e à melhora dos costumes.[34]

Associando a necessidade de conter os abusos à de proteger da ruína as "famílias mais nobres e facultosas", o rei zelava também pelos costumes, evitando que a vaidade e o envilecimento causassem "grande desserviço de Deus, [e] dano da honestidade". Argumentos de mesma natureza podem ser encontrados também na pragmática de 1749[35] — a primeira legislação de caráter geral que se seguiu à lei de 1677. Embora de modo menos explícito que em 1677, ela menciona mais uma vez a necessidade real de "atalhar os prejuízos dos [...] vassalos", de adverti-los, "com desprazer, quanto lhes tem sido pernicioso o luxo", causador da "ruína não só da fazenda, mas dos bons costumes".[36] A preocupação com a fortuna e a moral das famílias significava ter em vista o bem comum, ou seja, cuidar para que o equilíbrio entre os diversos poderes senhoriais fosse mantido e o bom ordenamento social observado.[37] O bom costume, aqui, refere-se a uma ética social (enquanto conjunto de valores e princípios a ser seguido) que estava assentada na afirmação das diferenças e no respeito aos privilégios atribuídos a cada categoria social, e que precisava ser defendida.

Nessas leis, várias prescrições eram gerais, proibindo que qualquer pessoa "de qualquer graduação e sexo" usasse, por exemplo, enfeites, botões, fivelas, fitas ou tecidos feitos de ouro ou prata em seus trajes, ou determinando que ninguém mais pudesse usar "carapuças de rebuço" ou andasse "embuçado em capote, de sorte que se lhe não veja a cara". Às vezes, havia regras específicas, como a que determinava a exclusividade da "cor encarnada" para as "casacas, capotes e reguingotes das librés da casa real" ou a que impedia que os "aprendizes de ofícios mecânicos, lacaios, mochilas, marinheiros, barqueiros e fragateiros, negros e outras pessoas de igual ou inferior condição" usassem espadas ou espadins. Confirma-se, portanto, a necessidade de estabelecer critérios visuais que permitissem identificar, rapidamente, as diferentes categorias sociais ou marcassem exclusividades, geralmente para membros da corte ou da casa real.

Nem sempre, no entanto, a preocupação se distribuía de modo igualitário. Ainda que enunciassem um propósito mais geral, as determinações lidavam essencialmente com as diferenças entre os homens bons e as famílias que podiam dispor de algum recurso para marcar sua distinção e fortuna. Por isso, não havia apenas um cuidado com os custos de tais hábitos ou com a defesa das manufaturas do Reino (já que vários tecidos estrangeiros eram proibidos). Também — e sobretudo — se pretendia evitar que as pessoas com algumas posses se fizessem iguais entre si ou se igualassem aos nobres através de ricos trajes, enfeites e calçados.

Ao enfatizar as diferenças entre as pessoas de maior qualidade, para que os estados não se fizessem confusos, como reclamava o poeta do *Cancioneiro*, essas determinações acabavam tratando os peões ou as pessoas de "inferior condição" de modo mais coletivo, juntando gente diversa (como os oficiais mecânicos, lacaios e negros, no exemplo anterior) numa mesma categoria. Para elas, quase tudo era proibido, e a legislação pouco se debruçou sobre os destituídos de privilégios e distinções. Algumas vezes podemos encontrar, aqui e ali, determinações que se referiam exclusivamente a elas. Um bom exemplo, nesse sentido, é a obrigação, existente desde o final do século XVI, de judeus e mouros, livres ou cativos, andarem com um sinal em sua indumentária: os primeiros com um chapéu amarelo e os segundos com uma lua de pano vermelho costurada à altura do ombro direito nas capas e pelotes:[38] aqui, mais do que nunca, a condição social estava inscrita no vestuário, numa linguagem que não permitia dúvidas a quem encontrasse com aquelas pessoas, dada a força das alegorias.

Ao longo do tempo, muitas marcações e distinções foram se alterando. Tais mudanças podem ser observadas em relação a vários dispositivos, tanto para roupas, armas e ornamentos quanto para formas de tratamento, uso da linguagem, distribuição no espaço em rituais e cerimônias públicas etc. A lei que regulamentou as formas de tratamento em 1739, por exemplo, menciona que, "com a diuturnidade do tempo", foi se introduzindo o costume de "dar tratamentos maiores" aos permitidos pelas determinações feitas em 1597. Tratava-se por "senhoria" gente que nem sequer havia sido mencionada naquela primeira lei, "chegando este [tratamento] a estender-se com tanto excesso e vulgaridade, que se confunde a ordem e se perverte a distinção que faz os tratamentos estimáveis".[39] Por isso, estabelecia-se em 1739 que a excelência deveria ficar reservada aos grandes (eclesiásticos ou seculares) do Reino e aos que ocupavam os cargos mais altos da administração pública, e a senhoria aos bispos, cônegos, viscondes e barões, fidalgos do Paço etc.; todos os que não haviam sido mencionados na longa e detalhada lista de tratamentos só poderiam ser chamados de vossa mercê. As mudanças revelam que mais gente podia ser agora incluída entre as categorias merecedoras de alguma distinção.

Fixando posições, mas maleáveis e incorporando alterações, essas leis — quando olhadas em conjunto — mostram como essa linguagem simbólica (dos trajes, das armas ou das formas de tratamento) interessava aos diferentes grupos sociais. Pequenas variações podiam indicar a condição social de alguém, já que o "trato da pessoa" podia aproximá-la da nobreza ou simplesmente afastá-la dos mecânicos. Transformando alguns excessos e abusos em regras, o princípio geral da observância das diferenças se mantinha. Ele era o principal objetivo a ser defendido e preservado em toda essa série de leis e determinações.

Todavia, essa legislação não estava presente apenas no Reino. Como todas as determinações régias, as leis, alvarás e pragmáticas eram distribuídos pelas diversas instâncias de governo, e também por todo o Império. Por isso mesmo, podemos encontrar cópias de várias delas registradas nos livros das Câmaras municipais e das secretarias das capitanias na América portuguesa. Ainda que suas aplicações não tenham gerado muitos documentos, é possível seguir alguns indícios de como ecoavam deste lado do Atlântico.

Em 1754, por exemplo, poucos anos depois de promulgada a pragmática de 1749 sobre o vestuário, uma carta régia dirigida ao conde de Atouguia, vice-rei do Brasil, mandou suspender uma sentença dada pelo juiz do crime da cidade da Bahia "contra quatro escravos do padre Manoel Veloso Pais, condenando a cada um em 20$000 réis e dois meses de cadeia por [serem] transgressores da lei novíssima da pragmática". Eles haviam sido encontrados "andando de luto por morte da mãe do dito padre, [e foram presos] por trazerem de libré [um] pano escuro e uma fita preta por gravata". Além de suspender a sentença, o rei mandou que o juiz restituísse às partes a condenação pecuniária, já que "este caso não foi de nenhum modo compreendido na referida pragmática", nem se aplicavam ali as suas penas.[40] Embora o motivo da divergência não tenha ficado claro, o caso revela que os dispositivos da pragmática eram conhecidos e foram considerados para justificar prisões e sustentar uma decisão judicial, mesmo que o julgamento tenha sido considerado nulo posteriormente.

Dez anos mais tarde, pode-se encontrar o conde da Cunha, também vice-rei do Estado do Brasil, descontente com a forma com que a pragmática de 1749 era ignorada no Rio de Janeiro. Diante do fato de que "a cada passo se encontram pelas ruas desta cidade homens embuçados com chapéus desabados contra o disposto na mesma lei [de 1749] e ordens reais", determinou que esse "abuso" fosse rigorosamente castigado com prisão e outras penas a seu arbítrio, não importando a "qualidade ou condição" do infrator.[41]

O jogo entre observância e inobservância das determinações dessa lei e de outras ordens régias não é, entretanto, o aspecto mais significativo quando se examina a aplicação da legislação de caráter geral na América portuguesa. Vejamos o caso da "lei novíssima sobre as facas e outras armas", de 29 de março de 1719, por exemplo, que regulamentou os tipos e tamanhos de facas permitidos, impondo penas de degredo e multa pecuniária para nobres e fidalgos e açoites para mecânicos e plebeus que a ela desobedecessem.[42]

Pouco tempo depois de sua promulgação, o governador da capitania do Rio de Janeiro enviou uma representação ao rei informando que a lei não estava sendo cumprida, "não havendo branco nem preto que deixe de usar" as tais armas, sobretudo (justificava ele) porque elas eram necessárias nos campos e matos e porque os escravos que incorriam nesse crime eram penalizados com galés, com grande prejuízo para seus senhores. Em 1726, o rei permitiu apenas que as facas pudessem ser usadas, em caso de necessidade, mas recusou-se a modificar aquela lei geral. Negou-se a comutar as galés por açoites, como queriam os senhores, pois assim ficaria "mais agravante a pena dos brancos que [a] dos negros".[43] A determinação parece ter surtido algum efeito, pois, em 1729, uma certidão passada pelos oficiais da Câmara da vila de São Salvador dos Campos dos Goitacases (ao norte da capitania do Rio de Janeiro) permitiu que um senhor e seus escravos usassem "armas ofensivas e defensivas" no transporte do gado.[44]

As armas foram novamente objeto de proibições na pragmática de 1749, mas, em 1756, uma lei especificou que "os mulatos e pretos escravos" que usassem facas e outras armas proibidas no Estado do Brasil, "em lugar da pena de dez anos de galés", recebessem a "pena de cem açoites no pelourinho e repetidos por dez dias alternados"; se fossem livres, porém, mantinham-se as punições já estabelecidas.[45] Como se vê, os argumentos dos senhores de escravos do Rio de Janeiro parecem ter surtido, finalmente, algum efeito.

Circulando do Reino para as Conquistas, essas ordens régias eram discutidas, aplicadas e, por vezes, adaptadas às circunstâncias.[46] A lei sobre armas, uma determinação de caráter geral que abrangia a metrópole e seus domínios ultramarinos, ganhou regulamentações que adequaram-na a situações particulares e à presença dos escravos. Depois de algumas décadas, essas modificações resultaram na promulgação de outra lei, agora específica e explicitamente voltada para o Estado do Brasil e seus cativos.

No caso da legislação sobre roupas, tecidos e ornamentos, o movimento é um pouco diferente e merece ser examinado com mais detalhes. Até a pragmática de 1749, não houve determinação alguma de caráter geral que tivesse regulado a roupa dos escravos. Apesar de estabelecerem o número de criados nos séquitos particulares e reduzirem o luxo de suas librés, as leis gerais dos séculos XVI e XVII nunca chegaram a mencionar em algum de seus parágrafos ou capítulos a questão do traje dos cativos. O tema, contudo, foi tratado com certa freqüência em cartas régias e provisões que passaram pelo Conselho Ultramarino no início do século XVIII, em resposta a demandas vindas do Estado do Brasil. Vejamos esses documentos com mais atenção.

Em 20 de setembro de 1702, o bispo do Rio de Janeiro escreveu uma carta ao rei de Portugal pedindo providências contra as "pretas, pardas, e ainda mulheres de outra cor" que costumavam andar à noite pelas ruas daquela cidade.[47] Lamentava-se ele:

> tanto que anoitece [...] [elas saem às ruas] dilatando-se por elas a maior parte da noite sem temor de Deus, nem vergonha do mundo e ainda com consentimento dos seus donos, que vendo-as ves-

> tidas, e enfeitadas com as ofensas de Deus, não o encontram, e nem se pejam, que suas mulheres de dia se acompanhem à missa das escravas, que ofendem a Deus de noite.

O bispo pedia então ao rei que todas "as escravas ou livres" ficassem proibidas, sob pena de prisão e pagamento de multa pecuniária, de circular pelas ruas depois de "acabado o sino (e seria conveniente que acabasse antes)".[48] Solicitava ainda que se lhes proibisse "vestirem sedas, garças, e trazerem ouro, mais que as publicamente expostas, porque estes enfeites que vêem em outras, as move poderosamente a imitá-las nos erros".

A carta foi encaminhada à apreciação do Conselho Ultramarino. O parecer dos conselheiros foi dado quase um ano depois.[49] Eles começavam por louvar o zelo do bispo em querer evitar desordens e pecados, mas argumentavam que proibir aquela circulação noturna causaria "muita perturbação da república, porque a pobreza de muitos moradores de que se compõe o Brasil de noite os obrigava a solicitarem o sustento, ora comprando o que comem e ora carregando a água que bebem".

Há aqui, evidentemente, interpretações diversas sobre os motivos que levavam aquelas mulheres a andarem pelas ruas do Rio durante a noite. Em nenhum momento de sua carta, o bispo mencionara qualquer questão relativa ao trabalho noturno. Confundindo inicialmente livres e escravas, o prelado centrara sua catilinária contra o "escândalo", o "pecaminoso abuso", o "triste e miserável costume" que acarretava tanto "desserviço" e "ofensas a Deus". Nem mesmo chegara a insinuar que tais práticas pudessem trazer lucros para os senhores: o bispo distinguia as mulheres enfeitadas das prostitutas (as "publicamente expostas"), temendo que aquelas pudessem "imitá-las nos erros" — que estavam longe de poderem ser considerados trabalho pelos conselheiros do Ultramarino.

Em seguida, os conselheiros lembravam que, pelos mesmos motivos, o arcebispo e governador interino da Bahia[50] havia mandado que as rondas prendessem todas as mulheres encontradas à noite pelas ruas — mas fora obrigado a revogar a ordem "porque o clamor do povo ia passando a tumulto". Ponderavam ainda que as *Ordenações* possuíam os dispositivos necessários "para a quietação e sossego das gentes [e] dos que andam à noite e bastaria com a sua observância tirar-se a devassidão de que o bispo se queixa".[51] Portanto, aconselhavam o rei a não promulgar nenhuma nova determinação a esse respeito.

Com relação ao traje das escravas, porém, eles concordaram com o bispo do Rio de Janeiro. Afirmando que "a experiência tem mostrado que dos trajes de que usam as escravas se seguem muitas ofensas contra Nosso Senhor", aconselhavam o rei a "mandar que de nenhuma maneira usem, nem de sedas nem de telas e ouro porque será tirar-lhes a ocasião de poderem incitar para os pecados com os adornos custosos de que se vestem".

O rei expressou sua concordância com o parecer do Conselho Ultramarino somente em 1704.[52] Bem antes disso, no entanto, em 23 de setembro de 1703 (dezenove dias depois de emitido o parecer do Conselho), uma carta régia havia sido enviada ao governador da capitania do Rio de Janeiro, mandando guardar a *Ordenação* para o caso das mulheres que costumam andar de noite e proibindo o uso de seda e ouro pelas escravas.[53]

Ora, a questão das roupas das escravas não era novidade. Em 1696, em resposta a um pedido do governador-geral do Estado do Brasil, duas cartas régias de conteúdo semelhante já haviam proibido que elas usassem vestidos de seda, cambraias, holandas com ou sem rendas e brincos de ouro ou prata, como forma de reprimir "a demasia do luxo, de que usam no vestir as escravas desse Estado, e devendo evitar-se este excesso, e o ruim exemplo que deles pode seguir, à modéstia e compostura dos senhores das mesmas escravas e suas famílias e outros prejuízos igualmente graves".[54]

1. O pormenor do retábulo principal da Capela Real do Paço da Bemposta mostra a família de d. Maria I. Os detalhes do vestuário evidenciavam a hierarquia social e distinguiam os membros da nobreza.

2. Um viajante inglês que esteve em Lisboa entre 1788 e 1790 registra a cena de uma família burguesa indo à igreja: a mantilha diferencia a esposa da criada, que aparece coberta apenas por um manto.

3, 4 e 5. Seguindo os procedimentos do registro de costumes, as ilustrações do livro de J. H. van Linschoten mostram a opulência e a ostentação dos portugueses na Índia do final do século XVI.

6. O vestuário bem composto, assim como a espada, a main-gauche *e a bengala compõem a representação desse distinto membro da nobreza em terras baianas, de modo a tornar evidente sua condição senhorial.*

7 e 8. Típicas do registro de costumes, as aquarelas de Carlos Julião são compostas por figuras isoladas, em poses estáticas, que mostram os trajes e os adornos usados por pessoas de variada condição social.

9. A falha na perspectiva e no registro do tamanho das pessoas não consegue esconder a desproporção numérica entre brancos e negros e o impacto do comércio de escravos na vida do Recife no tempo dos holandeses.

10. Nas vilas e cidades, as senhoras se faziam transportar em cadeirinhas "bem douradas", sustentadas por escravos de librés e seguidas por mucamas luxuosamente vestidas.

11. O escravo que vende o leite pode até estar bem vestido, mas os pés descalços tornam evidente sua condição social.

12 e 13. Apesar do vestuário esmerado e do recato feminino, a cor escura da pele, mesmo que revelada só pelo rosto, podia ser suficiente para diferenciar essas mulheres.

14. Wasth Rodrigues identifica o oficial de casaca azul como sendo do Terço Auxiliar dos Pardos. O de uniforme verde seria do Terço Auxiliar dos Pretos Forros – ambos do Rio de Janeiro.

15. O esmero no vestuário poderia ter a intenção de marcar um afastamento da escravidão. Mas a cor da pele e os elementos africanos seriam lidos em sentido contrário por quem quisesse apartá-la da liberdade.

16. Os pés descalços, os instrumentos de trabalho e a pobreza dos trajes identificam estes homens como escravos. Na figura da direita, a condição cativa é reforçada pela presença do libambo *e da peia, castigos aplicados aos fugitivos.*

17. Os trajes são semelhantes, mesclando elementos de origem européia e africana, como o pano bamburo *que amarra a criança. Os amuletos presos à cintura e a ausência das chinelinhas permitem identificar a escrava.*

18. Os feitores, com seus longos chicotes, ocupam o lugar central dessa aquarela de Carlos Julião, que registra atividades simultâneas numa área de mineração.

19. Vestida com trajes africanos que incluíam uma coroa e tecidos europeus, a rainha Nzinga vem acompanhada por um séquito composto de soldados e músicos.

20. Na gravura que ilustra a obra de Cavazzi da Montecuccolo, Garcia II, rei do Congo, recebe a primeira missão de capuchinhos, em 1645.

21. D. Miguel de Castro, embaixador do Reino do Sonho, esteve no Recife em 1642 buscando apoio de Nassau para resolver suas rivalidades com o rei do Congo. Ele é representado nesta tela de Albert Eckhout com todos os signos da nobreza européia.

22. *Zacharias Wagener, que permaneceu no Recife durante o domínio holandês, informa que os escravos, depois de uma "duríssima semana de trabalho", reuniam-se aos domingos e dias santos para beber aguardente ou dançar "ao som de tambores e pífaros".*

23. O aparato do casal real, o estandarte e os músicos evocam as festividades de coroação dos reis negros nas irmandades, analisadas no capítulo 4.

24, 25 e 26. Os cortejos, representados de acordo com as regras do registro de costumes, remetem às encenações festivas oficiais. Chamam a atenção pela riqueza dos trajes do rei e da rainha e de seus acompanhantes e pela mescla de instrumentos africanos e europeus.

27. Pintada em 1787 ou 1788, esta mascarada nupcial mostra os anões da corte de d. Maria I. Ana e Sebastião, o casal vindo de Moçambique, aparecem tocando pandeiro e flauta. Rosa está no alto, vestida de branco e com o leque na mão.

28, 29, 30 e 31. Nas alegorias pintadas por José Theóphilo de Jesus, são especialmente os animais e as plantas, assim como os trajes, que compõem a simbologia da representação dos quatro continentes.

32. No retrato de d. Joana de Áustria, pintado em 1553, as jóias e os adornos no traje constituem sinais evidentes de distinção e nobreza, que são complementados pelo pajem negro que lhe serve de apoio.

33. Prospectos de Goa, Diu, Rio de Janeiro e Moçambique, Carlos Julião, último quartel do século XVIII.

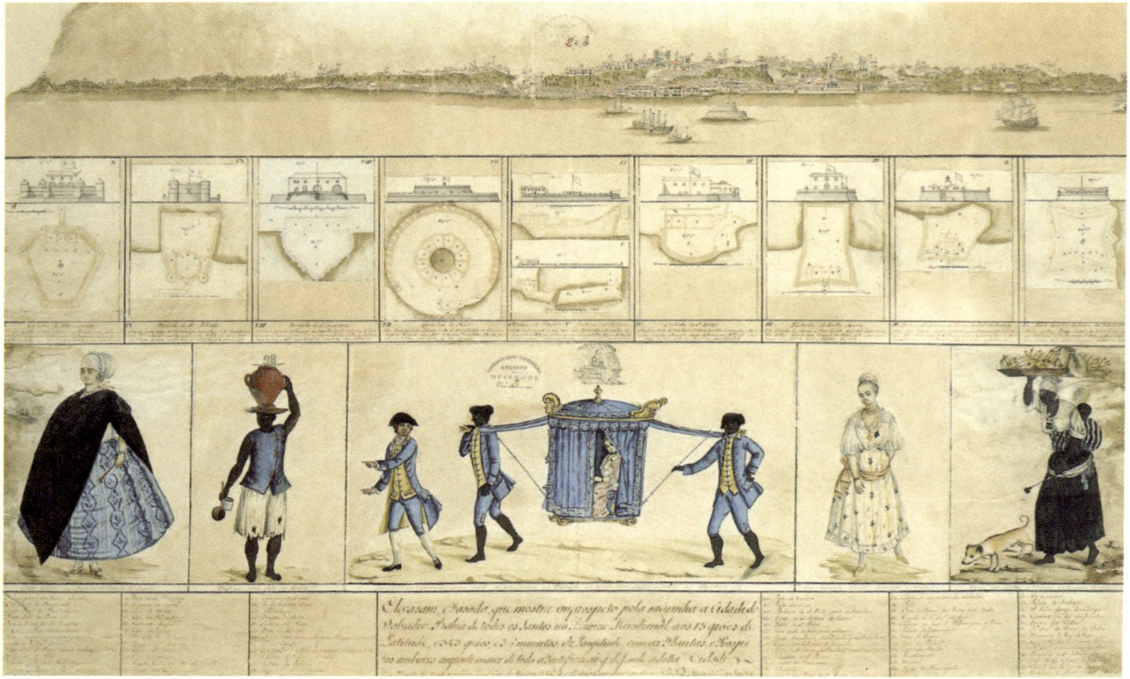

34. Elevação e prospecto da cidade do Salvador, Carlos Julião, 1779.

Em 1709, a questão reapareceu no Conselho Ultramarino, motivada por uma representação dos oficiais da Câmara da Bahia, que reclamavam do "prejuízo que se segue ao bem público do excesso e luxo com que os negros e mulatos se vestem naquela terra". Os conselheiros concordaram que o "luxo nas mulatas e mais escravos" levava à "ruína [...] muitas casas", dando "ocasião a muitos pecados". Por isso, recomendavam ao rei estender para todo o Estado do Brasil as determinações expedidas para o Rio de Janeiro.[55] A concordância real foi dada em poucos meses[56] e as necessárias cartas foram expedidas para o Brasil.[57] Apesar de mencionar a "soltura com que as escravas e [os] escravos costumam viver e trajar" nas "conquistas ultramarinas", as determinações de 1709 mandavam proibir "em todas as capitanias" do Estado do Brasil que as escravas usassem sedas, telas e ouro, tirando-lhes assim "a ocasião de poderem incitar para os pecados com os adornos custosos de que se vestem". Ao mesmo tempo, mandavam, mais uma vez, observar as restrições constantes nas *Ordenações* sobre a circulação de pessoas depois do toque do sino de recolher.

Os procedimentos que deram origem a essas determinações são bastante semelhantes: as representações das autoridades coloniais foram apreciadas pelo Conselho Ultramarino e os pareceres emitidos serviram de base para a redação de cartas régias enviadas à colônia. A relativa insistência na matéria por parte de governantes civis e eclesiásticos do Rio de Janeiro e da Bahia levou à generalização das determinações para todo o Estado do Brasil, no prazo de poucos anos, reiterando a lógica hierárquica das relações entre o poder real e as autoridades coloniais.

Essa lógica fica patente em uma carta régia de 1734, dirigida ao governador do Estado do Maranhão, repreendendo-o por ter lançado bandos que proibiam o uso de sedas, veludos, ouro, prata ou pedras preciosas pelas escravas. Mais que uma discordância em relação às medidas repressivas, o que se questionava ali era o fato de aquela autoridade colonial ter exorbitado sua jurisdição e não ter competência para tomar tal decisão.[58] Ainda que o tema parecesse candente, era preciso seguir um procedimento hierárquico na produção das determinações, respeitar a necessidade de afirmação do poder real.[59]

Por outro lado, os deslocamentos no modo de nomear os sujeitos que foram objeto dessas determinações não deixam de ser interessantes. Em 1702, o bispo do Rio de Janeiro havia solicitado providências ao rei contra as *mulheres* que circulavam à noite pelas ruas da cidade (confundindo livres e escravas, chamou-as de "pretas, pardas e ainda [...] de outra cor"). Ao final de sua carta, porém, acabou pedindo medidas contra as *escravas ou livres* que andavam à noite pelas ruas e contra as *escravas* que usavam sedas e ouro.[60] Os conselheiros do Ultramarino que discutiram seu pedido pensaram na pobreza dos *moradores* do Brasil, ponderaram que "a ação de uma *mulher* andar de noite era um ato indiferente de que se não seguia necessariamente pecado" e terminaram por recomendar medidas contra as *escravas* (sem mencionar-lhes a cor), proibindo-as de usar sedas e ouro.[61] Anos mais tarde, em 1709, a Câmara da Bahia investiu contra o excesso nos trajes de *negros e mulatos* (sem diferenciar homens e mulheres), mas o Conselho Ultramarino sugeriu medidas contra o luxo das *mulatas e mais escravos*.[62] O rei, apesar de mencionar também o traje dos *escravos*, resolveu apenar apenas as *escravas* que usassem sedas e adornos de ouro.[63]

A indefinição entre homens e mulheres, brancos e negros, livres e escravos, subjacente aos vários enunciados das autoridades coloniais e aos pareceres do Conselho Ultramarino, levou a determinações reais que incidiram sempre sobre as *escravas*. Nas falas coloniais, no entanto, a tendência à generalização caminhava acompanhada pela associação entre cor e condição social. O incômodo parecia ser causado pelo luxo e pelos hábitos das mulheres que, não sendo brancas, ostentavam ricas vestes ou saíam à noite. Na metrópole, porém, a necessidade de separar mais claramente os livres dos escravos, sem que a cor fosse um critério, parece ter prevalecido.

À semelhança das leis gerais sobre o luxo nos tecidos e ornamentos nos trajes e alfaias, também aqui as autoridades coloniais e metropolitanas estavam motivadas pela necessidade de cuidar dos costumes e zelar pelas qualidades morais de seus súditos, visando ao bem público. Nesse caso, porém, a proibição do luxo estava ligada a outros elementos significativos. Tratava-se de evitar a "soltura" do comportamento das escravas e regrar a circulação noturna — ora das mulheres, ora das escravas, ou mesmo de todos os moradores das Conquistas. Mais importante que isso, entretanto, é que o problema a ser solucionado não era o desacordo entre trajes suntuosos e a qualidade das pessoas que os usavam. Diferentemente da legislação de caráter mais geral, examinada há pouco, nessas cartas régias e pareceres do Conselho Ultramarino não há nenhuma referência ao perigo de confusão na forma de marcar as diferenças sociais.

Operando no interior de algumas indistinções (entre mulheres, negras e cativas), o problema reiterado nesses textos é o da luxúria, tornado evidente pelo uso de trajes suntuosos pelas escravas. Na fala de bispos e governadores coloniais, os ricos ornamentos usados por mulheres de pele escura não poderiam ter outra origem senão aquele pecado. Impróprio do ponto de vista da religião e dos costumes, o luxo dessas mulheres não oferecia nenhum risco de embaralhar as distinções sociais. Havia, para eles, um elemento diferenciador, que funcionava como uma chave, a comutar o luxo em luxúria: a cor da pele e a condição (livre ou escrava) daquela que portasse sedas e jóias de ouro. Garantida por um elemento visual que permitia inferir a condição social dessas mulheres, a regra podia ser generalizada, associando todas as negras e mulatas ao universo da escravidão. Para além dos motivos pelos quais saíram pelas ruas, a condição escrava parece ter sido, para aquelas autoridades coloniais (e também para as da metrópole), o elemento capaz de aproximar as diferenças. Eis por que, mesmo começando a tratar de *mulheres* ou de *negras* e *mulatas*, as medidas terminavam por legislar sobre as *escravas*.

Assim como as roupas, os tecidos e os adornos usados pelas pessoas eram lidos como símbolos da presença ou ausência de riqueza e poder, como signos de comportamentos e costumes louváveis ou escandalosos, de domínio ou submissão, a cor da pele e outras marcas físicas foram incorporadas, sobretudo nas Conquistas, à linguagem visual das hierarquias sociais.[64] Associado a tantos outros elementos, perpassando as relações de exploração e dominação, o critério da cor da pele podia inverter sinais, trocar o positivo em negativo, ou vice-versa.

Estranhamente, no entanto, as determinações não caminharam do mesmo modo que as adaptações examinadas há pouco em relação ao uso de facas e outras armas proibidas aos escravos do Estado do Brasil. Produzidas no diálogo entre as autoridades coloniais e metropolitanas, elas não chegaram a constituir uma legislação de caráter mais geral, como uma lei ou um alvará, nem uma lei específica referente às escravas na América portuguesa. Depois da lei de 1677, apenas a pragmática de 1749 voltou a tratar do uso de tecidos, ornamentos e número de criados, com determinações amplas para todas as categorias sociais e referentes a todos os domínios da Coroa. De certo modo, esse documento legal constitui o ponto culminante da série legislativa sobre os trajes, que havia se iniciado no século XV, e é também um dos últimos documentos legais sobre o tema.

Dentre os seus 31 capítulos, há um — o de número IX — inteiramente dedicado aos *negros e mulatos das Conquistas*, proibindo-lhes o uso de certos tecidos e ornamentos, sob pena de pagamento de multa em dinheiro ou açoites, na primeira vez, e degredo para São Tomé na reincidência:

> Por ser informado dos grandes inconvenientes, que resultam nas Conquistas da liberdade de trajarem os negros, e os mulatos, filhos de negro, ou mulato, ou de mãe negra, da mesma sorte que as pessoas brancas, proíbo aos sobreditos, ou sejam de um ou de outro sexo, ainda que se achem forros ou nascessem livres, o uso não só de toda a sorte de seda, mas também de tecidos de lã finos, de holandas, esguiões, e semelhantes, ou mais finos tecidos de linho, ou de algodão; e muito menos lhes será lícito trazerem sobre si ornato de jóias, nem de ouro ou prata, por mínimo que seja. Se depois de um mês da publicação desta lei na cabeça da comarca, onde residirem, trouxerem mais coisa alguma das sobreditas, lhes será confiscada; e pela primeira transgressão, pagarão de mais o valor do mesmo comisso em dinheiro; ou não tendo com que o satisfaçam, serão açoitados no lugar mais público da vila em cujo distrito residirem; e pela segunda transgressão, além das ditas penas, ficarão presos na cadeia pública, até serem transportados em degredo para a ilha de São Tomé por toda a sua vida.[65]

O teor desse texto legal não parece destoar do sentido mais amplo das determinações anteriores sobre o vestuário que proibiam tecidos finos a pessoas de "inferior condição". Ao contrário delas, porém, os negros e mulatos deixavam de aparecer como elemento secundário ou misturados à massa indistinta de peões e pessoas de menor qualidade, para se tornarem objetos mesmos de uma regulamentação inteira e especificamente voltada para eles.[66] O texto parecia incorporar, assim, algo das medidas originadas naquela correspondência entre autoridades do Estado do Brasil e da metrópole do início do século. Trabalhando no interior da associação entre a cor e a condição social das pessoas, generalizava as medidas proibitivas do luxo para todos os negros e mulatos das Conquistas, fossem escravos ou livres. Há aqui, entretanto, um elemento novo, que é a necessidade de distinção entre brancos e negros: mais que marcar a condição social e legislar sobre o vestuário das escravas, temos aqui a idéia de que o luxo era atributo exclusivo dos brancos e os "negros e mulatos, filhos de negro ou mulato, ou de mãe negra" não podiam dele se utilizar sem causar "grandes inconvenientes".

Um parecer que precedeu a promulgação da lei, feito por um desembargador do Paço, chegou a destacar que merecia "particular cuidado, como mais perigoso, o luxo dos pretos e mulatos, ainda que estejam forros e nasçam livres, pela propensão que têm aos crimes e pelo mau exemplo que podem dar aos outros". Por isso, o desembargador defendia que se lhes proibisse "o uso de toda a seda e tecidos finos de lã, de holandas e de esguiões, mesmo de linho e algodão, de jóias de ouro e prata".[67] Mais uma vez, a intenção era incorporar à função simbólica do vestuário o signo da cor: era preciso evitar a confusão entre as pessoas brancas e os negros e mulatos, "ainda que se achem forros ou nascessem livres". Subjacente a esse perigo havia a "propensão" que estes últimos apresentavam para o crime. Proibir o luxo de suas vestes tinha como corolário, segundo o parecer do desembargador, a vantagem de não dar motivos para roubos de tecidos finos e jóias, por exemplo. Sem dúvida, uma argumentação semelhante àquela que discutia o pecado da luxúria cometido pelas escravas que usavam sedas e adornos de ouro nas ruas do Rio de Janeiro ou da Bahia. Mas, agora, a proibição não se restringia às *escravas*, nem aos *escravos*, mas a todos os *negros e mulatos* das Conquistas.[68] O critério da cor havia se tornado prevalente, transformando-se numa categoria genérica, capaz de abarcar gente que, do ponto de vista da condição social, era diferente.

Não deixa de ser interessante observar que o capítulo foi anulado menos de quatro meses depois de promulgado. O alvará com força de lei de 19 de setembro de 1749 suspendeu a aplicação dos capítulos I e IX da pragmática de 24 de maio daquele ano, sem dar razões para tal.[69] O capítulo I dizia respeito ao uso de rendas nos vestidos, enfeites pessoais e alfaias domésticas. No alvará de 19 de setembro o rei declarava que, "por justas considerações do meu serviço, e bem dos meus vassalos", na proibição referente às rendas seria mantida apenas aquelas "de fora" e para os ornatos pessoais, ficando permitido o uso de rendas portuguesas nas alfaias domésticas e nas roupas de uso interno. Com relação ao capítulo IX, a suspensão foi total, "por se me haverem representado novamente algumas razões de igual consideração às que me foram presentes, quando determinei a referida proibição a respeito dos negros e mulatos que assistem nas Conquistas". Sem maiores explicações, portanto, esse capítulo perdia seu efeito "enquanto eu [o rei] não tomar sobre esta matéria as informações, que me parecem convenientes, e a resolução que for servido".

Em 1751, outro alvará com força de lei retomou a questão, modificando e limitando as determinações da pragmática de 1749.[70] Sem dúvida, temos aí o resultado das tais investigações mencionadas pelo alvará de 19 de setembro de 1749: houve alterações quanto ao uso das rendas e mantos, das guarnições nas carruagens e arreios, das meias e chapéus nas librés dos criados, de espadas e espadins, quanto à distinção entre tecidos fabricados no Reino e os importados. Nem uma palavra, porém, sobre o capítulo IX, referente aos "negros e mulatos que assistem nas Conquistas"...

Ao contrário das cartas régias e dispositivos do Conselho Ultramarino dos primeiros anos do século XVIII, que tratavam da questão especificamente para o Brasil, o *modus operandi* legislativo havia sido invertido em 1749 e a ordem real acabou sem efeito: as "inconveniências" foram suplantadas por "justas considerações" e as providências suspensas. Todavia, a simples inversão não parece ter sido motivo suficiente para anular o capítulo, ainda mais porque a ordem caminhava de cima para baixo, no sentido preferencial das hierarquias.

Nos documentos do início do século XVIII, a aparente ambigüidade na identificação dos personagens a serem punidos pelo uso de trajes luxuosos era acompanhada de deslocamentos nos motivos que justificavam as reclamadas providências. O escândalo público e o pecado, o perigo da ruína das casas senhoriais e o mau exemplo para as senhoras referiam-se, como vimos, quase sempre às *mulheres* em geral, especialmente às *negras* e *mulatas*, e sobretudo às *escravas*. Essas indefinições e deslocamentos, que antes pareciam se resolver com a apenação exclusiva das cativas, desapareceram aos olhos metropolitanos de 1749. Restou unicamente a necessidade de impedir, de modo definitivo, que *todos* os negros e mulatos pudessem se equiparar aos brancos, em *todas* as Conquistas. Essa dupla generalização, realizada no texto de maio de 1749, parece ter sido responsável pela rápida anulação do capítulo em setembro do mesmo ano.

Antes, o caminho que levara a súplica colonial à elaboração metropolitana da lei resultara numa determinação, sempre renovada, que incidia sobre o traje das *escravas*, com penas a serem determinadas localmente. Agora, de modo diferente, a norma gerada na metrópole sobre o mesmo tema proibia tecidos finos, ouro ou prata, "por mínimo que seja", nos trajes de todos os "negros e mulatos que assistem nas Conquistas", com penas que incluíam açoites e degredo, mas acabou anulada em poucos meses, diante das "representações coloniais". Percorrendo sentidos inversos na relação entre metrópole e colônia, as vontades coloniais conseguiram prevalecer nos dois casos.

Certamente, a nuance entre o olhar metropolitano e o colonial é um elemento que não deve ser negligenciado. Mais que a inversão no *modus operandi* legislativo, o que parece importar, nesse caso, é a diferença dada pela experiência do "viver em colônia". A expressão de Luiz dos Santos Vilhena[71] é aqui utilizada em sentido bem mais amplo que o original: o capítulo IX da pragmática de 1749 não traz determinações dirigidas a uma capitania ou apenas ao Estado do Brasil, mas a todas as Conquistas. Essa generalização não pode passar despercebida e uma busca de seus efeitos em outra região do Império permite aprofundar a investigação. Vejamos o caso de Goa, no Estado da Índia.

Por volta de 1780, os oficiais da Câmara daquela cidade pediram ao rei que as determinações da pragmática de 1749 não fossem ali aplicadas. Eles argumentavam que o texto nunca havia sido remetido ao Estado da Índia e alegavam que "naquele Estado não havia o dito luxo, nem se verificavam os prejuízos públicos porque a maior parte da plebe, segundo a sua miséria, condição e costume do país e Ásia, andavam (*sic*) quase nus".[72]

A questão deve ter suscitado algum debate entre os conselheiros do Ultramarino, já que há anotação de opiniões divergentes. O Conselho e a rainha, porém, decidiram atender à súplica de Goa, conforme as recomendações dadas pelos procuradores régios e da Fazenda. Eles ponderaram que as leis do Reino, para vigorarem no Ultramar, deviam ser para lá remetidas e que, mesmo assim, havia algumas que não eram cumpridas: "uma das quais nas Conquistas se não costumavam observar eram as suntuárias ou porque lá não podem, ou não devem ter uso".[73]

Sem dúvida, o dilema entre poder e dever se colocava muitas vezes, embora de formas diferentes, nas diversas Conquistas. Como vimos, podemos encontrar o registro de diversas leis gerais sobre o vestuário ou armas proibidas em livros municipais e em documentos que tratam de temas similares no Estado do Brasil. Examinamos como a aplicação de algumas dessas leis, no caso a promulgada em 1719, sobre o uso de facas e outras armas, chegou a ser alterada, em 1756, para contemplar e incluir em suas determinações "os mulatos e pretos escravos". Do mesmo modo, seguindo as praxes administrativas, a pragmática de 1749 foi amplamente difundida pelas instâncias governativas da América portuguesa. Suas determinações podem ter sido burladas algumas vezes ou mesmo gerado problemas em situações específicas, mas estavam longe de ser ignoradas. No entanto, ainda que as proibições do capítulo IX não parecessem especialmente diversas das decisões sobre os trajes das escravas, produzidas por meio da correspondência entre as autoridades coloniais da Bahia e do Rio de Janeiro e as da metrópole, certamente elas não poderiam ser aplicadas no Estado do Brasil. Vejamos os motivos.

Cronistas e viajantes são quase unânimes em apontar a opulência senhorial nas vilas e cidades portuguesas da América, como é o caso de Richard Flecknoe, Nicolas de la Caille, Aeneas Anderson e Thomas Lindley, entre tantos outros.[74] René Courte de La Blanchardière, capelão de um navio que aportou no Rio de Janeiro em dezembro de 1748, descreveu o hábito das pessoas daquela cidade de se fazerem transportar em cadeirinhas "bem douradas", sustentadas por negros:

> Esta cadeira é seguida por um ou dois negros domésticos, vestidos de librés mas com os pés nus. Se é uma mulher que se transporta, ela tem freqüentemente quatro ou cinco negras muito bem vestidas; elas vão enfeitadas com muitos colares e brincos de ouro. Outras são levadas em uma rede; [...] Os que querem andar a pé são

> acompanhados por um negro que leva uma sombrinha ou guarda-chuva, como se queira chamar.[75]

Acompanhando a embaixada de lorde Macartney à China em 1792, em sua permanência de cerca de 15 dias na cidade do Rio de Janeiro, Aeneas Anderson notou que

> os moradores são muito preocupados com seu vestuário; cada classe do povo leva em grande conta o uso de uma espada e nem mesmo as crianças ficam sem ela. [...] As mulheres também usam um grande manto de seda, com uma espécie de cauda que é levada por uma escrava, enquanto outra segura uma sombrinha aberta para preservar o rosto de sua senhora dos raios de sol.[76]

Thomas Lindley chegou a comentar que "a riqueza dessas cadeirinhas e a vistosa libré dos seus carregadores são pontos nos quais a nobreza brasileira se esforça por brilhar, chegando por vezes, no assunto, ao mais extremo ridículo".[77] Os relatos oscilam da simples descrição à crítica veemente contra os exageros e abusos. O depoimento de um viajante que esteve no Rio de Janeiro em 1748 é, nesse sentido, exemplar. Apontando a "puerilidade" dos portugueses daquela cidade, ele comenta que "uma espada e uma roupa elegante seduzem-nos enormemente e a aparência é tudo que consideram ao avaliar a importância de alguém". Observa ainda que eles costumam utilizar bengalas como "marca de distinção", criando uma gradação entre elas:

> [a bengala] quando vem acompanhada de um castão de ouro, é motivo de grande orgulho para o proprietário. Poucos, porém, têm o privilégio de tê-las como tal adereço. As bengalas com o castão de prata são reservadas às autoridades. Os habitantes comuns que

> querem satisfazer a sua vaidade aos olhos do povo, na impossibilidade de utilizar o castão de prata, escondem a sua inferioridade exagerando no brilho das suas roupas e das roupas dos seus acompanhantes. Para tal, são capazes de qualquer sacrifício. Casos há em que a pessoa, depois de transitar entre o povo vestida ricamente e protegida por um guarda-sol carregado por escravos negros igualmente bem trajados, dirige-se para casa ao meio-dia e, escondida da vista de todos, toma uma refeição composta de pão de mandioca, peixe seco e algumas frutas. Em suma, esses mártires da ostentação isolam-se e contentam-se com migalhas [...].[78]

Alguns poderiam atribuir ao olhar estrangeiro o espanto diante do luxo e do cuidado dos habitantes destas partes da América com o vestuário, as praxes e etiquetas sociais. Contudo, essa "mania de nobreza" foi notada também por Vilhena, que viveu muitos anos na Bahia como professor de gramática, no final do século XVIII, e destilou ácidas críticas aos habitantes de Salvador. Segundo ele, entre os soteropolitanos "se encontram bastantes sujeitos que não terão dúvida em tecer sua genealogia mais comprida que a dos hebreus e disputar nobreza com os grandes de todo o mundo", enquanto outros, "cuja fortuna lhes foi propícia e juntaram grandes cabedais", julgavam que "o imperador da China [era] indigno de ser seu criado".[79]

A insistência com que tais descrições aparecem nos textos e o incômodo que elas causavam a seus autores chamam a atenção. Baseado em relatos semelhantes dos séculos XVII e XVIII, A. J. R. Russell-Wood observa que, no ultramar, "as pessoas que embarcavam como plebeus assumiam ares de nobreza quando chegavam à América ou Ásia".[80] O comentário indica sentidos específicos para o exagero do luxo nas Conquistas. Não se tratava simplesmente de um luxo ou de "desregramentos [...] [que] alastravam-se pelo povo" indiscriminadamente, embaralhando as categorias sociais. Eram pessoas de menor condição que queriam ter "tratamentos maiores" e, por isso, assumiam os tais "ares de nobreza" ao cruzarem o Atlântico.

Na América ou na Ásia, havia mais gente querendo participar do que Bluteau designava como "estado do meio". A acumulação de riquezas, no Novo Mundo, permitia que toda "uma classe de gente que não pode chamar-se verdadeiramente [de] nobre" aparentasse ser de maior qualidade, distinguindo-se "pelo trato da pessoa", andando em cavalos ricamente adornados, servindo-se com muitos criados ou vestindo-se com demasiada pompa. A rede hierárquica não se quebrava: era, sim, usada em grau superlativo. Nas Conquistas, as marcas simbólicas da diferenciação social incorporavam categorias que no Reino seriam excluídas de certas distinções e privilégios. Por isso causavam estranheza para olhares estrangeiros ou metropolitanos.

Tratando da arrogância e dos hábitos extravagantes dos fidalgos e nobres portugueses que residiam nas partes orientais do Império no século XVII, registrados em tantos documentos, Russell-Wood observa que lá os colonos não apenas se distinguiam pelo porte e pelo vestuário, como também exageravam, saindo sempre em cavalos muito bem ajaezados e exibindo-se ostensivamente com grandes e ricos cortejos. No Estado da Índia, diz ele, justificando indiretamente a citada observação dos conselheiros do Ultramarino em 1781, tais costumes poderiam ser entendidos como parte das necessidades diplomáticas, já que os portugueses pretendiam (e talvez necessitassem) igualar-se aos potentados locais na exibição de riquezas.[81] Havia, portanto, um sentido político no luxo exibido pelos portugueses nas Conquistas do Oriente.

Não era esse o caso da América, embora também aqui a nobreza da terra e os senhores tenham exagerado na exposição pública de suas riquezas, mesmo no caso daqueles que não tivessem muito que comer quando em suas casas. Se aqui não havia aquela necessidade diplomática, que sentido teria o luxo superlativo entre os habitantes do Estado do Brasil? Seguindo a sugestão contida no comentário de Russell-Wood, é preciso examinar os significados políticos desses excessos, os motivos que levavam aqueles homens e mulheres a serem tão ciosos de suas roupas e bengalas, a cuidarem tanto dos adornos de suas cadeirinhas e serem seguidos por tantos escravos tão ricamente vestidos. Para dar conta dessa tarefa, vamos voltar a ajustar nossas lentes sobre o vestuário das mulheres.

Ecoando as observações de muitos viajantes e cronistas, Vilhena foi um dentre os vários cronistas a comentar a demasia do luxo feminino na cidade de Salvador:

> As peças com que se ornam são de excessivo valor e quando a função o permite aparecem com suas mulatas e pretas vestidas com ricas saias de cetim, becas de lemiste finíssimo, e camisas de cambraia, ou cassa, bordadas de forma tal que vale o lavor três ou quatro vezes mais que a peça e tanto é o ouro que cada uma leva em fivelas, cordões, pulseiras, colares ou braceletes e bentinhos que sem hipérbole basta para comprar duas ou três negras ou mulatas como a que o leva.[82]

O texto de Vilhena é particularmente revelador, na medida em que permite dupla leitura da palavra "peça", que naquela época podia designar tanto um artefato ou objeto (a camisa ou a jóia) quanto a própria escrava. Exercitando a máxima do padre Manoel Ribeiro Rocha de que "o corpo do escravo, ou doméstico, é como parte do corpo do senhor",[83] o "uso" de cativas ricamente vestidas parece ter sido especialmente um costume das *senhoras*. Parte imprescindível de seus séquitos, as escravas parecem desempenhar, para elas, o mesmo papel das espadas e bengalas ostentadas pelos homens. Eram ornamentos necessários no ritual das exibições públicas, nas festas religiosas ou nas ocasiões em que se faziam ou se recebiam visitas de cerimônia.[84]

Lidas isoladamente, observações como as feitas por Vilhena talvez possam servir para confirmar a opinião de que, nas Conquistas, o exagero era constante e as leis suntuárias, sempre difíceis de serem observadas. Contudo, elas podem ser comparadas com situações análogas. No Reino, o luxo no vestuário e nos séquitos senhoriais era uma preocupação sempre mencionada na legislação e nos relatos de viajantes. Como vimos, era constantemente explicitada nas diversas leis suntuárias, do século XV ao XVIII. Também os viajantes que estiveram em Portugal nesse período comentam com estranheza os hábitos dos portugueses e, mesmo quando salientam a sobriedade dos costumes, criticam o excessivo número de criados, destacando o hábito das mulheres de saírem pelas ruas da cidade sempre acompanhadas por várias pessoas.[85]

Uma descrição de Lisboa publicada em 1730 registra que as damas costumavam usar grandes mantos que lhes cobriam a cara e o corpo, e observa que aquelas "de grande categoria saem de liteira seguidas por um escudeiro a cavalo", enquanto "as mulheres e filhas dos burgueses" circulavam "em cadeiras com rodas ou então a pé, acompanhadas por suas criadas".[86] Em uma de suas cartas escritas de Lisboa naquele mesmo ano, outro viajante, César de Saussure, comenta que

> se as senhoras portuguesas vão a pé à igreja, vão sempre acompanhadas por um comprido séquito de escravos, criados e açafatas. Os escravos (em Lisboa há pretos e pretas para ali trazidos de África) vão à frente; seguem-se-lhes as criadas, as açafatas a seguir, depois as meninas da família e finalmente a dona ou senhora. Vão

seguindo umas após outras, muito lentamente, numa fila que chega a atingir a extensão de dez, quinze ou vinte pessoas.[87]

Joseph Barthélemy François Carrère, que esteve em Lisboa a partir de 1796, anota o grande número de criados existentes na cidade e observa que

> uma portuguesa que sai a pé nunca sai só; ela se faz seguir por criadas cobertas de grandes mantos de baeta, que andam atrás dela como lacaios; aquelas que não as têm as alugam quando devem sair, sobretudo nos dias de festa, para ir à missa; são ordinariamente as negras e mulatas que fazem este serviço [...] é um motivo de luxo possuir várias delas.[88]

Ainda que os comentários possam parecer similares aos feitos pelos viajantes que estiveram no Rio de Janeiro ou na Bahia, essas passagens oferecem dados para discutir diferenças importantes entre os hábitos de ostentação das pessoas de maior qualidade no Reino e nas Conquistas — ou, ao menos, explorar algumas de suas particularidades na América portuguesa. A observação de Saussure informa que as escravas iam à frente, mas o cortejo não era composto exclusivamente por cativas, incluindo também criadas, açafatas e meninas de família. Carrère se refere a um séquito composto por criadas (que andavam como lacaios), utilizado pelas mulheres que saíam a pé, como a compensar a falta de um coche ou outro meio de transporte mais distinto. Em ambos os casos, a referência à escravidão é relativamente tênue, ainda que Saussure mencione a existência de escravos ou que Carrère indique a possibilidade de as acompanhantes serem negras e mulatas alugadas.[89]

Ao sul do Equador, os séquitos mencionados pelos viajantes parecem ser de outra natureza. Complementando o uso de capas e sombrinhas, mesmo as senhoras transportadas em cadeirinhas se faziam acompanhar sobretudo e quase exclusivamente por *escravos* ou *escravas*. Eles não compensavam a ausência de outras marcas distintivas, mas constituíam acréscimos, que se sobrepunham à ostentação das vestes, jóias e outros signos senhoriais. Aqui, a presença massiva da escravidão parece não apenas ter constituído um diferencial, mas ter possibilitado e favorecido essa superposição. Como a posse de escravos era uma característica generalizada nessa sociedade, o costume dos séquitos podia ser empregado por mais gente além da nobreza da terra e das camadas mais abastadas. Não apenas um costume simplesmente feminino ou dos grandes do Reino; na América portuguesa, ele se tornou uma prática comum e amplamente difundida entre todas aquelas mulheres que possuíam um número suficiente de escravos e escravas para compor o cortejo. Como no caso das bengalas masculinas, tendo dois escravos que fosse, elas podiam fazer "qualquer sacrifício", e esconder uma eventual inferioridade na hierarquia social "exagerando no brilho das suas roupas e das roupas dos seus acompanhantes".

São dois os elementos a chamar a atenção dos viajantes. De um lado, de modo semelhante à surpresa revelada por vários forasteiros que estiveram em Lisboa, nas vilas e cidades coloniais também havia a presença da escravidão — mas aqui em muito maior grau e de forma bem mais generalizada que na metrópole. De outro, o exagero na quantidade. Não se tratava apenas de observar a existência do luxo ou de séquitos e palanquins, mas de marcar sempre que eram várias as escravas, riquíssimas as sedas e muitas as jóias: é a sobreposição de símbolos de distinção que parece se destacar. Ao luxo das roupas acrescenta-se o das jóias e cadeirinhas senhoriais e, a este, o das vestes das numerosas escravas. Talvez, de forma análoga aos superlativos tão utilizados nos textos do período, o exagero, aqui, tenha tido uma função mais que simbólica.

* * *

Antes de prosseguir, três observações ainda se fazem necessárias. Em primeiro lugar, é preciso notar que a presença pública das mulheres de maior qualidade não era tão freqüente quanto levam a imaginar várias das citações retiradas dos relatos de viajantes. Muitos dos textos que indicam a presença da ostentação senhorial mencionam também que tais práticas eram observadas apenas em determinadas situações públicas, permanecendo a mulher quase sempre reclusa. Escondidas no interior das casas por pais e maridos, as senhoras saíam às ruas trajando freqüentemente grandes mantos de baeta ou seda negras (as famosas mantilhas setecentistas), muitas vezes com chapéus e capuzes para esconder o rosto:[90] aqui, recato e domesticidade femininas diziam respeito, diretamente, à honra dos senhores. Para elas, aplicava-se um código diverso daquele atribuído às mulheres que saíam à noite pelas ruas por necessidade — pobres, negras e mulatas livres, libertas ou escravas. Por isso, nem sempre a condição senhorial se fazia sentir pela ostentação, mas também pelo ocultamento, através do uso de mantos de baeta com capuzes ou ainda das mantilhas que, ao esconderem o traje e os enfeites, acabavam por revelar a condição senhorial.

Também por isso, as mulheres vestidas com tecidos caros e adornadas com brincos e colares de ouro precisavam do acréscimo do séquito de escravas. Operando no interior de códigos que opunham o doméstico ao público,[91] o luxo solitário de uma mulher livre que andasse pelas ruas podia fazer pender a balança para o lado da desonra, ainda mais se a cor de sua pele se mostrasse menos branca: nesses casos, para alguns, como para o bispo do Rio de Janeiro, o luxo rapidamente podia se transformar em sinal de luxúria. Do mesmo modo, a escrava vestida com tecidos caros e adornada com brincos e colares de ouro que estivesse desacompanhada de sua senhora podia transformar-se no símbolo do pecado. Por isso, a constituição dos séquitos e o modo como desfilavam pelas ruas do Rio de Janeiro ou Salvador deviam ainda colocar em evidência as posições ocupadas por seus membros na relação de domínio que eles se encarregavam de mostrar. O lugar nos cortejos senhoriais podia dirimir eventuais leituras atravessadas ou dúvidas sobre o luxo ou a luxúria das mulheres que saíam às ruas ricamente vestidas.

Em segundo lugar, a insistência no luxo das escravas remete a uma leitura bastante contraditória em relação às evidências apresentadas por inúmeras outras fontes (e freqüentemente reiteradas pela bibliografia) a respeito da penúria do vestuário dos escravos. Vários textos coloniais indicam que os escravos, sobretudo nas situações de trabalho, usavam geralmente roupas simples de algodão e andavam descalços, muitas vezes com vestes que não chegavam a cobrir inteiramente o corpo.[92]

Algumas obras escritas no século XVIII indicam ter havido várias concepções senhoriais, nem sempre convergentes, sobre o modo como se devia cobrir o corpo dos escravos.[93] Tanto Jorge Benci quanto André João Antonil e Manoel Ribeiro Rocha exortaram os senhores a não descuidar do vestuário e da alimentação de seus cativos.[94] Antonil, por exemplo, pedia ao senhor que desse vestido suficiente a seu escravo, de modo "que decentemente se cubra e vista, [...] e não [fique] aparecendo quase nu pelas ruas".[95] Como vimos no primeiro capítulo, além das doenças, a nudez dos escravos recém-chegados ao Rio de Janeiro também serviu de argumento para que o marquês do Lavradio transferisse o desembarque dos africanos para o Valongo, nos subúrbios da cidade.[96] Apesar do apelo a valores morais e religiosos, em contraposição à necessidade de máxima exploração do trabalhador escravo — ou à necessidade de marcar e ostentar o poderio dos senhores —, poucas vezes os argumentos apresentados estiveram ligados ao perigo da luxúria apontado pelo bispo do Rio de Janeiro em sua correspondência com o Conselho Ultramarino em 1702.

Todavia, também a nudez podia ser lida de modos diversos, dependendo do lugar, da hora e, sobretudo, de quem a ostentava. O marquês do Lavradio, por exemplo, entusiasmou-se com as "dulcinéias" da Bahia, comentando com um primo que

> este país é ardentíssimo, as mulheres têm infinita liberdade, todas saem à noite sós andam quase nuas a pouco mais de meia cintura para cima, e porque as camisas são feitas em tal desgarre, que um ombro e peito daquela parte é necessário que ande aparecendo todo.[97]

Mesmo que não haja nenhum comentário sobre a cor ou a condição social dessas mulheres, a insinuação do marquês é clara: ele parece não estar se referindo a todas as mulheres e muito menos às brancas e ricas senhoras de Salvador. Vilhena, porém, ao falar sobre as mulheres da Bahia, mostrava-se preocupado em desfazer mal-entendidos, afirmando que, apesar de haver ali "mulheres de tarifa, que em toda parte se encontram", era preciso não confundi-las com as senhoras, justificando:

> São estas [senhoras] criticadas de pouco honestas, por andarem dentro em suas casas em mangas de camisa, com golas tão largas, que muitas vezes caem, e se lhes vêem os peitos, sem que esses maus críticos se lembrem, de que estão debaixo da zona tórrida, onde o grande frio corresponde ao que aí [em Portugal] sentimos em maio.[98]

A comparação entre essas duas opiniões masculinas, relativamente contemporâneas, é reveladora da variedade de significações introduzida na linguagem visual das hierarquias pelo cruzamento de critérios. Para o olhar branco, de jesuítas, senhores, viajantes ou autoridades coloniais, havia gradações e diferenças entre as mulheres com as quais conviviam: o corpo das escravas podia ser exposto publicamente, enquanto o das senhoras brancas devia permanecer recluso no espaço doméstico ou devidamente ataviado para as visitas de cerimônia.[99] Entre os dois extremos, abria-se um enorme espaço para o embate entre intenções e compreensões, para lutas travadas com pedaços de pano e enfeites em busca de identidades e diferenças, de afastamentos e aproximações que envolviam juízos de valor, marcas simbólicas e significados socialmente compartilhados.

Sem dúvida, esse era um terreno escorregadio, pois nele se imbricavam questões de natureza bem diversa. A senhora podia, com seu séquito de escravas bem-compostas, ostentar poder e condição senhorial, mas o padre jesuíta ou o bispo enxergavam apenas luxúria e concupiscência, identificando tanto uma como as outras sob o signo das pecadoras. As brancas recatadas escondiam-se sob os véus pretos das mantilhas para depois, em casa, ficarem em mangas de camisa, igualando-se às escravas que, muitas vezes, andavam quase nuas pelas ruas — certamente provocando, como revela o próprio cuidado do bispo do Rio de Janeiro em 1702, olhares lascivos não apenas dos senhores, mas de homens de todas as cores e condições sociais.

No entanto, a nudez pública das escravas talvez fosse para muitos homens e mulheres um elemento cotidiano. Por isso mesmo, as que iam às ruas na condição de "mulher-dama"[100] enfeitavam-se com sedas e adereços de ouro semelhantes àqueles que eram obrigadas a usar ao compor o séquito senhorial. Os viajantes, por sua vez, alheios aos códigos e significados culturais da colônia, muitas vezes deploravam todos os costumes, de portas afora ou de portas adentro, à semelhança da percepção metropolitana que havia pretendido regrar o vestuário dos negros e negras das Conquistas e limitar a pujança dos colonos.

Por fim, em terceiro lugar, mas não menos importante, é preciso observar que nas tradições africanas os trajes e os adornos corporais possuíam significados identitários inegáveis, e também foram utilizados de modo a marcar diferenças hierárquicas e como sinal de afirmação de poder.[101] Ao longo da época moderna, e sobretudo nos séculos XVII e XVIII, os tecidos vindos da Ásia, Índia e Europa constituíram importante mercadoria de troca no tráfico negreiro. Atendendo a uma demanda africana, os tecidos estrangeiros tornaram-se importantes itens de consumo das elites locais, somando-se aos adornos tradicionais que indicavam distinção e poder (como cetros, pulseiras, turbantes etc.).[102]

No Congo, por exemplo, a conversão do *mani* Mvemba-a-Nzinga ao cristianismo implicou a adoção de nomes portugueses e a troca de cartas, presentes e favores entre os reis africanos e a Coroa portuguesa.[103] O capuchinho italiano Giovanni Antonio Cavazzi da Montecuccolo nota, no século XVII, que, nas capitais dos reinos do Congo, Matamba e Angola, era freqüente o uso de trajes à portuguesa, chegando a haver determinações específicas sobre eles, como a exclusividade do uso de sapatos pela rainha e suas filhas.[104] Ainda que a nudez ou as vestes com peles de animais e as tangas de contas pudessem ser encontradas com facilidade em certas regiões do interior do continente, a túnica de algodão foi se tornando mais comum, e a presença dos trajes muçulmanos e europeus como sinal de distinção podia ser observada em quase toda a zona mais próxima do litoral.

Assim, além dos aspectos identitários, que variavam segundo os grupos de procedência,[105] o uso de adornos e trajes de seda pelas escravas certamente possuía outros significados, bem distantes daqueles vislumbrados pelos olhares de senhores e autoridades coloniais. Várias pulseiras, muitas voltas num colar, vestes de seda com enfeites de ouro ou sapatos podiam significar, aos olhos de africanos e de seus descendentes, outras coisas. Podiam ser sinais de outras distinções, decodificadas a partir de critérios não europeus.[106]

Ao mesmo tempo, também é preciso lembrar que há diferenças no uso de vestes e adornos europeus e de itens de vestuário específicos na Europa ou nas regiões de domínio europeu na África e no Novo Mundo. Em contextos sociais e políticos bem diferentes, nos quais até o acesso a esses artigos era bem diverso, muitos outros elementos podiam estar em jogo.[107] Uma camisa de cambraia holandesa, rendada e bordada, podia significar coisas distintas, em Portugal, no reino de Angola ou no Brasil, se usada sobre corpos brancos ou negros, para negros africanos ou crioulos, para portugueses ou colonos.

Se os estudos sobre a indumentária na América portuguesa são raros, mais raros ainda são os que dedicam atenção específica aos trajes dos africanos, escravos ou livres, no período colonial.[108] Para além da ênfase na carência geral do vestuário dos escravos, a maior parte das análises acaba adotando um olhar mais etnográfico, enfatizando os panos vistosos, as saias rodadas, os xales da Costa, os braceletes e argolões usados pelas mulheres de origem nigeriana, ou os turbantes e rodilhas das muçulmanas, ou ainda as miçangas e balangandãs das provenientes da região Congo-Angola — muitas vezes privilegiando a "beca" ou o "traje de crioula", base do conhecido vestuário característico das "baianas".[109]

Mesmo que tais trabalhos dediquem pouca atenção a determinações de tempo e espaço, eles evocam outros sentidos para o uso de algumas jóias e enfeites pelas africanas e suas descendentes, como no caso dos panos da Costa, dos cachimbos, amuletos, colares e balangandãs.[110] Observando os registros iconográficos referentes aos negros de ganho, por exemplo, Raul Lody comenta a presença de

> "objetos mágicos", uns de cunho propiciatório, outros invocativos e próprios das atividades desempenhadas nas ruas, buscando proteção, lucro material entre outras benesses. Estes objetos, invariavelmente dispostos na cintura por argolas individuais, tiras de couro entre outros materiais, formavam conjuntos intencionalmente organizados, recebendo leitura simbólica por cada peça, suas combinações, cores, texturas, quantidades, materiais [...].[111]

Miniaturas em prata ou ouro (figas, moedas, frutas, sementes, animais, instrumentos de trabalho ou musicais) podiam particularizar a devoção por determinado santo ou culto, ou representar o pagamento de alguma promessa, ser usadas para atrair "bons fados" ou prevenir desgraças, ou ainda simplesmente para evocar uma situação, uma pessoa amada ou fato decorrido.[112] Assim, os balangandãs associam-se a outros berloques, amuletos e patuás, cujos significados nem sempre eram facilmente desvendados pelos senhores. Certamente, alguns desses adornos podiam ser confundidos pelo olhar branco dos senhores, decodificados segundo a simbologia européia do poder e/ou de seus valores morais. Do ponto de vista daquelas mulheres que os levavam à cinta, falavam da vida religiosa, dos amores, desejos e esperanças forjadas do lado de cá do Atlântico e na escravidão.

Para os moradores das Conquistas, entretanto, a profusão de signos não parecia oferecer muitas dificuldades. O olhar branco e senhorial pouco se preocupava com os significados africanos.[113] Podia haver uma flutuante ambigüidade na identificação da personagem que usava trajes luxuosos: ora aparecia mencionada como *mulher*, ora como *mulata* ou *negra*, ou simplesmente *escrava*. Como mulheres, pareciam reunir em si um somatório de pecados: ao andar à noite pelas ruas, quebravam a regra que ligava recato e domesticidade, expunham-se publicamente e podiam ser associadas às prostitutas; por causa disso, senhoras e escravas podiam ser aproximadas, o luxo de uma podia ser visto como indutor da luxúria da outra e vice-versa. Expondo publicamente o poder das senhoras, o séquito de cativas ricamente vestidas acabava, aos olhos de alguns, estabelecendo uma similitude entre mulheres de condições sociais diametralmente opostas.

Mas a menção à cor de algumas mulheres (das pardas, pretas ou mulatas) já as tornava bastante diferentes das senhoras, chegando até mesmo a apagar, sob o signo da negritude, a diferença entre livres, forras e escravas. É justamente essa indistinção que muitas vezes permitia que os moradores do Brasil e as autoridades coloniais aproximassem homens e mulheres *negros* (africanos ou crioulos, pretos, pardos e mulatos), marcando-os, todos, sob o signo da escravidão. A multiplicidade de critérios cruzados podia encarregar-se, sobretudo no universo colonial, de separar os negros e mulatos livres ou forros daqueles que eram escravos.

Certamente não eram essas as preocupações do legislador metropolitano ao redigir o capítulo IX da pragmática de 1749. Nem o exagero nem a escravidão aparecem ali mencionados. Ao contrário, o texto simplesmente pretendia proibir que *todos* os negros e mulatos das Conquistas usassem sedas e outros tecidos finos, jóias de ouro ou prata "por mínimo que seja", sob pena de multas ou açoites, prisão e degredo. Não se tratava mais do perigo apresentado pela ostentação das senhoras em seus passeios públicos, nem pelas escravas que compunham seu séquito ou pelas mulheres negras que andavam pelas ruas, a chamar a atenção dos homens. Não havia preocupação com a ruína das famílias, com o exagero nos costumes, com a quantidade superlativa dos adornos ou com o pecado da luxúria. Diferentemente do que se nota na correspondência entre autoridades coloniais e metropolitanas na primeira metade do século XVIII, os legisladores metropolitanos queriam evitar que os negros e mulatos se vestissem "da mesma sorte que as pessoas brancas". Além da pretensão de estender essas determinações para todas as Conquistas, e da inclusão de livres e escravos sob uma mesma rubrica, como vimos, a intenção de separar negros e brancos também contribuiu para que o capítulo fosse rapidamente anulado.

Tal como praticado nas Conquistas, o luxo havia introduzido modos mais sutis ou mais específicos de diferenciação social. Lindley comenta que

> as mulheres de todas as categorias, até as negras, enfeitam-se ao pescoço com cadeias de ouro, que ficam pendentes. Têm elas geralmente de uma a três jardas de comprimentos e são de três ou quatro voltas, contendo, dependurados, um crucifixo (ou *Agnus Dei*), um santo ou dois escapulários quadrados e de ouro, com querubins etc., entalhados ou em relevo, e que se abrem como se fossem medalhões.

O viajante acrescentava ainda que "os lavores dessas correntes e o peso dos ornamentos estabelecem diferença entre os seus portadores", dando o exemplo de uma rica dama que ostentava "uma coleção completa desses enfeites" e uma pobre mulher que usava "simplesmente um fio de ouro e dois escapulários de seda".[114] Assim como no caso das bengalas masculinas, cujos ornatos mostravam as gradações entre aqueles que as utilizavam, aqui, as voltas dos cordões nos pescoços das mulheres serviam para distinguir as mais ricas das menos ricas e estas das mais pobres. O luxo podia atingir, de modo diferenciado, "mulheres de todas as categorias". Ostentados também pelas negras, os adornos mostravam claramente sua posição na cadeia hierárquica, marcando diferenças importantes, capazes de separar as livres e libertas das que eram escravas.

Do mesmo modo, a observância de outras regras estabelecidas pela pragmática podia ser adaptada a esse contexto. Em 1752, um "homem pardo e filho de homem branco e senhor de engenho" resolveu enviar uma petição ao vice-rei. Explicando ser mestre-de-capela nos Campos dos Goitacases, pessoa instruída "nos estudos da gramática, como também das artes liberais", homem casado e "tratado com [...] estimação" naquela vila, reclamava da determinação da pragmática de 1749 que proibia "aos pardos o uso da espada e espadim". Alegando sua distinta condição social, pedia ao vice-rei que lhe permitisse o uso "do ornato da espada ou espadim, quando sair composto, na forma que se tem concedido a outros muitos pardos de semelhante qualidade de pessoa e exercício". Sua solicitação foi atendida em 7 de outubro de 1752.[115] Certamente não teria sido atendida se o capítulo IX continuasse vigorando.

Em 1753, mulatos letrados do Rio de Janeiro e Minas Gerais pediram ao rei o relaxamento das leis que lhes proibiam portar espadas. Eles mencionavam explicitamente o capítulo XIV dessa pragmática, que impedia "pessoas de baixa condição" de trazer espadas ou espadins, sob pena de multa de 10 mil réis, prisão por dois meses, como meio para evitar "os homicídios, ferimentos e brigas". Apoiados pelo governador Gomes Freire de Andrade, o pedido foi atendido pelo rei em 1759.[116]

Como se pode observar, ao contrário de Goa, não se tratava de ignorar totalmente as determinações vindas do Reino. Aqui, elas foram interpretadas de modo a introduzir diferenciações insuspeitadas na metrópole. Segundo as próprias palavras do jovem de Campos, portar uma espada ou um espadim podia evitar que aquele homem pardo fosse confundido com alguém de "inferior condição" ou mesmo com um escravo.[117] Era o que lhe bastava para ver reconhecida sua condição senhorial — peculiaridade que parece ter escapado completamente à atenção dos legisladores do Reino.

Operando no interior da mesma linguagem visual, a presença generalizada da escravidão acrescia aos sinais utilizados no Reino um significado especial: um simples espadim preso à cinta podia transformar-se em marca de distinção e liberdade.[118] Do lado de cá do Atlântico, muitas mulheres livres e ricas, mas de pele escura, precisaram usar vestes luxuosas e aumentar as voltas de seus colares para que sua aparência não deixasse dúvidas sobre sua condição social. Vestiam-se do mesmo modo que as pessoas brancas, embora ocupando uma posição inferior em relação aos ricos e abastados senhores, com suas roupas cuidadas e seus suntuosos séquitos de escravos. Elas ostentavam sua condição de livres, em gradações diversas, pelo trato de suas pessoas ou "modo de viver" e segundo a maneira de se mostrarem publicamente. Esse era um requisito importante e um critério de diferenciação essencial numa sociedade em que a cor mais escura da pele tendia a identificar as pessoas com o universo da escravidão.

Em um mundo em que "cada classe do povo", como dizia Anderson, prestava muita atenção ao vestuário, e em que os signos eram conjugados em tom superlativo, tais marcas podiam ser facilmente incorporadas e decodificadas. Aos olhos metropolitanos, no entanto, havia "grandes inconvenientes". Visto de forma genérica, o luxo aparecia de modo generalizado, nublando a fronteira que deveria separar brancos e negros. Do ponto de vista dos senhores coloniais, contudo, as inconveniências daí resultantes eram poucas: as proibições podiam ser suspensas ou burladas justamente porque havia essa grande gradação e várias eram as maneiras e os critérios utilizados para que o mundo dos senhores e o dos escravos não pudessem se confundir. Evidentemente, os negros, os pardos e os mulatos, livres ou forros, estavam bastante próximos da fronteira que separava a liberdade da escravidão; por isso precisavam cuidar muito bem de suas roupas e adornos, para não serem identificados como cativos. Os que se encontravam hierarquicamente mais acima exageravam nos trajes, nos gestos e nas distinções, para se afastarem ainda mais dos de menor qualidade e condição. E assim sucessivamente, até que o imperador da China fosse "indigno de ser seu criado".

Se, de um lado, a presença massiva da escravidão havia introduzido novas formas de distinção social, de outro, ela operava de modo a acentuar as desigualdades sociais. Talvez, se pudesse visitar o Rio de Janeiro ou a Bahia, o poeta quinhentista do *Cancioneiro geral* também se espantasse com os abusos e excessos no uso do luxo e se lembrasse novamente com nostalgia do tempo em que os estados viviam "compassados". Em pouco tempo, no entanto, mesmo com tantos grupos intermediários entre a grande nobreza e os da mais ínfima condição, e apesar da superposição de critérios e marcas de distinção social, ele poderia achar uma chave segura para decodificar essa linguagem visual: bastava fazer como aqueles homens que viviam nas colônias e associar a cor da pele das pessoas às marcas essenciais que separavam os livres dos escravos. Rapidamente o poeta descobriria, aqui, que as regras de exposição das hierarquias sociais precisavam incluir também as da dominação escravista. Eis aqui uma diferença significativa, imposta pela experiência colonial.

3. A multidão de pretos e mulatos

"Um verdadeiro formigueiro de negros": assim um oficial francês que aportou no Rio de Janeiro em 1748 descreveu a segunda maior cidade do Estado do Brasil.[1] Ecoando a mesma opinião, James Cook, que ali esteve em 1768, anotou que a população de toda a capitania era composta de "37 mil habitantes brancos e 629 mil negros, muitos deles livres, perfazendo um total de 666 mil pessoas, na proporção de dezessete para um".[2] Friedrich Langstedt, capelão de um navio inglês que ancorou naquele porto em 1782, também registrou que "a população [da cidade] é composta por portugueses, negros e mulatos, sendo a proporção entre brancos e negros de um para catorze".[3]

A impressão deixada pelos estrangeiros é semelhante à registrada por autoridades portuguesas encarregadas da administração colonial e mesmo por letrados autóctones. Depois de mais de um mês de viagem, ao chegar a Pernambuco, em abril de 1768, o marquês do Lavradio ficou impressionado com a "inumerável multidão de negros" e mulatos — tantos que teve dificuldade em "descobrir algum branco [...] que verdadeiramente o fosse".[4] Anos mais tarde, ao entregar o governo do Estado do Brasil a seu sucessor, o vice-rei Luís de Vasconcelos e Souza não deixou de observar, em seu relatório, que a maioria dos habitantes do Rio de Janeiro era composta "de mulatos e negros".[5] Já mais no final do século, Luiz dos Santos Vilhena anotou que a cidade de Salvador e as vilas do Recôncavo baiano (a região de maior densidade demográfica daquela capitania) somavam, naquela altura, cerca de 110 mil habitantes, "a terça parte [...] de brancos e índios, sendo as duas outras partes de negros e mulatos".[6]

Os comentários podem até ser um pouco exagerados, mas não destoam dos dados demográficos disponíveis para o período. Um levantamento da população da cidade do Rio de Janeiro realizado em 1779 contou 19 578 brancos, 4227 pardos libertos, 4585 pretos libertos e 14 986 escravos: quase 55% dos 43 376 habitantes da cidade não eram brancos.[7] Em algumas freguesias, como a de São José, os brancos eram apenas 26% dos habitantes. Um censo feito em 1789, que distinguia apenas livres e escravos, computou 168 709 habitantes para toda a capitania, dos quais 82 448 (48,9%) eram escravos. Na ocasião, a cidade do Rio somava 38 707 habitantes, dos quais 43,4% eram escravos.[8] Em 1797, outra contagem chegou a 13 993 brancos, 3884 pardos livres, 2298 pretos livres e 11 182 escravos. Incluindo as pessoas pertencentes a corporações, que foram contadas separadamente, o total da população da cidade chegava a 32 553 pessoas, das quais certamente quase 54% não eram brancas.[9]

O panorama não era diferente em outras regiões daquelas Conquistas. Especificamente para a cidade do Salvador, por exemplo, o censo de 1775 contou 35 253 habitantes, dos quais 36% eram brancos, 22,4% negros e mulatos livres e 41,7% negros e mulatos escravos. Um censo de 1807, sem distinguir livres de escravos, somou 25 502 negros, 11 350 mulatos e apenas 14 260 (28%) brancos.[10]

Embora encontremos registros que também indiquem grande concentração de negros e mulatos em períodos anteriores,[11] os historiadores são unânimes em apontar um crescimento desse contingente populacional na América portuguesa ao longo do século XVIII.[12] As explicações mais freqüentes referem-se ao desenvolvimento da própria economia escravista, com o descobrimento do ouro, a incorporação de várias regiões do interior ao circuito exportador, a expansão da produção açucareira em novas áreas, e o conseqüente aumento do volume do tráfico negreiro.[13] Seja pelas possibilidades abertas para a acumulação de pecúlio, seja pela política de incentivos por parte dos senhores para manter disciplinados os seus escravos, as alforrias tornaram-se mais freqüentes. Não para todos: as dificuldades eram maiores para os homens africanos do que para os crioulos e mais fáceis para as mulheres, sobretudo as vindas da África Ocidental e empregadas no pequeno comércio urbano.[14] Válvula de escape em contexto de adensamento da escravidão e de fortalecimento do tráfico ou parte importante da política de domínio senhorial, a prática da alforria operava de forma seletiva, libertando em geral mais crioulos que africanos, mais mulheres do que homens, mais mulatos do que pretos. A mestiçagem exercia, sem dúvida, papel importante.[15]

Os dados demográficos e as explicações, no entanto, não esclarecem a surpresa registrada pelos estrangeiros e pelas autoridades coloniais recém-chegadas ao Brasil. O que mais os surpreendia: a presença massiva de negros e mulatos ou a própria escravidão? Para começar a responder essa pergunta, podemos voltar aos números e à forma como eles eram contados no final do século XVIII. Os dados dos censos e mapas populacionais podem ser tomados em termos mais amplos, somados e agregados a partir de critérios como cor ou condição social, como fizemos nos parágrafos anteriores, no sentido de avaliar o julgamento realizado pelos viajantes. Tal procedimento, no entanto, ignora as próprias categorias que geraram aquelas cifras — e que não deixam de ser, também elas, reveladoras.[16]

Ao contar a população das várias freguesias, os levantamentos setecentistas geralmente discriminavam livres de escravos e homens de mulheres — elencando ainda, em alguns casos, os casados, solteiros e viúvos, ou os pretos, brancos e pardos.[17] Minucioso na contagem das várias categorias, o censo de 1779 para o Rio de Janeiro, que mencionamos anteriormente, está estruturado em três grandes categorias: brancos, pardos libertos e pretos libertos, cada qual com onze subdivisões, separando os chefes de família eclesiásticos, os casados, solteiros e viúvos, e discriminando ainda as mulheres e os filhos e filhas com mais ou menos de sete anos e agregados. Os escravos aparecem contados à parte, conforme suas idades — maiores ou menores de sete anos e os nascidos naquele ano —, num total de três subdivisões. Não há indicação de cor para eles.

Os mesmos critérios foram adotados no levantamento realizado por ordem do conde de Resende em 1797, que também contou os escravos em separado, dividindo-os em menores (até quinze anos) e maiores (mais de quinze anos), diferenciando ainda os homens e as mulheres no interior de cada uma dessas categorias. Apesar de um pouco mais detalhado, no entanto, para eles não se aplicavam as subdivisões empregadas na contagem dos brancos, dos pretos libertos e dos pardos libertos, que apareciam computados segundo os chefes de família, suas mulheres, filhos e agregados.

Nesses dois censos, o que ordenava a contagem para brancos e para pardos e pretos libertos era a idéia de chefe de família — ou seja, a existência de uma unidade governada por alguém que tinha poder sobre o conjunto de "pessoas que compõem uma casa, pais, filhos e domésticos".[18] Mais que uma simples consangüinidade, o que importava aqui era uma concepção de poder.[19] Os que realizaram esses levantamentos populacionais não podiam imaginar os escravos como senhores de alguma casa: contados em separado, eram considerados fora do corpo político da cidade.[20] Por isso, para eles, não parecia ser necessário discriminar os casados dos solteiros e viúvos, nem muitas vezes as mulheres dos homens. Constituindo um grupo à parte, a única distinção interna possível para o contingente de cativos parece ter sido a da idade.[21]

Segundo a contagem de 1779, 34,5% da população da cidade do Rio de Janeiro (entendendo-se aí apenas as freguesias da Sé, Candelária, São José e Santa Rita — isto é, o núcleo arruado) era composto por escravos.[22] Podemos inferir a cor desse contingente populacional (que não aparece discriminada no censo) e somá-lo aos 20,3% de pretos e pardos libertos, para calcular o montante da população não branca, como fizemos antes. Mas, na verdade, estamos somando categorias geradas a partir de critérios essencialmente diferentes. Agrupamos pessoas consideradas pertencentes a posições bastante distintas naquela sociedade, que eram contadas de modo diverso e sobre as quais o nível de detalhes conhecidos não era igual.

O mapeamento da população encomendado por Luís de Vasconcelos e Souza, feito em 1789, está estruturado a partir de outros princípios. Nele as principais categorias são livres e escravos, discriminando-se igualmente em cada uma os homens e as mulheres. A grade de cores desapareceu e pode ser inferida apenas pelo número de escravos, cuja proporção havia subido, chegando a 43,4% no total da população daquelas freguesias. Ao contrário da operação classificatória que colocava os cativos como uma espécie de apêndice na contagem dos habitantes da cidade, dessa vez eles constituíam parte da população. Talvez, por isso, no esquadrinhamento dos habitantes do Rio de Janeiro então empreendido, a distinção entre livres e escravos tenha sido mais importante que aquela da cor.

Embora cronologicamente próximos, esses censos resultavam de movimentos de observação diversos e chegaram a resultados numéricos divergentes — ainda que a proporção geral entre os números seja relativamente semelhante.[23] Mesmo sem aprofundar a análise, esses exemplos já são suficientes para indicar que a surpresa com a desproporção entre negros e brancos notada por muitos (portugueses ou estrangeiros) dos que aportavam pela primeira vez na América portuguesa pode conter significados diferentes do que se poderia suspeitar numa primeira leitura. O exame dos critérios de contagem da população em alguns censos revela que é preciso ter cautela antes de associar essa grande concentração de negros e mulatos diretamente à escravidão.

É certo que pretos e pardos podiam ser relacionados imediata ou mediatamente ao cativeiro (afinal, aparecem nomeados nos censos como libertos", não como livres). Mas é preciso investigar com mais cuidado os significados da surpresa causada pela grande concentração de homens e mulheres de pele escura, na maior parte escravos, em terras coloniais.

A idéia de que os brancos eram livres e os negros necessariamente escravos não se aplica à América portuguesa setecentista. Sem dúvida, os brancos eram considerados "naturalmente" livres. Nos censos de 1779 e 1797, brancos constitui uma categoria diametralmente oposta a escravos; entre uma e outra, havia os pardos e pretos libertos. A correspondência entre cor e condição social não caminhava de modo direto, mas transversal, passando por zonas em que os dois aspectos se confundiam ou se afastavam, e em que critérios díspares de identificação social estavam superpostos.

De fato, a sociedade colonial não mais pode ser analisada a partir do binômio que opõe senhores e escravos, ou da oposição simples entre brancos e negros. Já há algum tempo os estudiosos deixaram de postular a existência de uma estrutura social rígida na área colonial,[24] para buscar análises mais cuidadosas, que levem em consideração critérios de classificação cruzados e nem sempre convergentes, mas importantes para a compreensão das relações sociais na América portuguesa.[25]

Um bom caminho para enfrentar o tema é prestar atenção aos termos. Em seu dicionário, Bluteau define homem branco como aquele "bem-nascido e que até na cor se diferencia dos escravos, que de ordinário são pretos e mulatos".[26] O verbete "escravo" não reitera essa afirmação, pois ali o termo aparece definido apenas como "aquele que nasceu cativo ou foi vendido e está debaixo do poder do senhor", sem nenhuma referência à sua cor.[27] Ela indica, no entanto, que a diferença entre escravidão e liberdade passava, entre outras coisas, por um critério visual: os escravos eram, "de ordinário", pretos e mulatos. A escolha dos termos chama a atenção. Por que "pretos", e não "negros"?

Negro, segundo Bluteau, era um designativo de cor, origem e nascimento: trata-se de alguém "natural da terra dos negros" ou "filho de pais negros".[28] Ainda que o termo pudesse ter um de seus sentidos associado à desventura, à tristeza e à desgraça,[29] no seu *Vocabulário*, quando referido a um homem, mulher ou rapaz, aparecia associado a uma origem geográfica precisa. O verbete é detalhado quanto a isso. Descreve a terra dos negros ou "Nigritas" como "uma vastíssima região da África entre o Saara e o [*sic*] Guiné", indicando que os que viviam no litoral comerciavam com os portugueses e, por isso, "perderam a sua natural braveza e muitos deles se fizeram cristãos". Os que viviam

> no sertão [...] andam quase todos em contínuas guerras e feitos prisioneiros o inimigo que os cativou os vende aos africanos, ára-

bes e portugueses, que negociam ao longo da costa e, em troca de escravos que levam, dão cavalos, panos, azeites, vinhos e outras mercancias da Europa.

Como se vê, a escravidão aparece como um dado, resultado de um comércio entre "africanos, árabes e portugueses", e não está diretamente associada à cor da pele.[30] Para essa característica física, o dicionarista, como bom letrado do início do século XVIII e sócio correspondente de diversas academias científicas, apresenta várias hipóteses explicativas. Tomando partido no debate, ele contesta a idéia de que a cor negra da pele pudesse ser atribuída "à força do sol", observando que podia haver tanto brancos na "zona tórrida" quanto "homens tão pretos como na Etiópia" na Groenlândia, e que podiam nascer filhos de brancos em terras de negros e vice-versa. Também descarta a idéia de que os negros não seriam filhos de Adão, ou que "esta negridão de [seus] corpos foi castigo do céu". Discorda ainda de outros, que dizem ter essa cor vindo da maldição de Noé a seu filho, que acreditam que "os descendentes daquele que ofendeu o decoro do pai e o denegriu ficaram negros e o escurecer da fama foi punido com a escuridade do rosto", ou que associam essa "maledicência" ao "cativeiro em que vive em terras alheias a maior parte dos negros, de sorte que a sua escravidão parece conseqüência da sua negridão". Para Bluteau, assim como para os filósofos "que não se satisfazem com moralidades", o "mais acertado" seria dizer que "sem castigo de culpa e só por oculto mistério da natureza pode haver descendentes de Adão naturalmente negros e com diferentes feições das nossas".[31]

O arrazoado do dicionarista não é extraordinário para o período; ao contrário. Ao longo da época moderna, as diferenças de aparência e de costumes entre os homens receberam explicações diversas, que mesclavam aspectos religiosos e mágicos, físicos e naturais. Nem sempre essas diferenças estiveram diretamente associadas à escravidão. No início do século XVII, Brandônio explicou pacientemente a Alviano, em *Diálogo das grandezas do Brasil*, que a cor negra da pele e a aparência do cabelo seriam dadas

> pelo efeito que o Sol produz, visitando duas vezes no ano com raios retos os moradores dessa costa africana [...] e assim esta é a causa verdadeira da cor negra e cabelo retorcido, que vemos em todos os moradores daquela costa [povoada desde tantos séculos pelos descendentes], do perverso Cam e seu filho Canaã.[32]

Em um panfleto anônimo publicado em Lisboa em 1764, também estruturado na forma de um diálogo, um "letrado" conversa com um "mineiro do Brasil", questionando as várias teses sobre a diferença das cores entre os homens, para concluir que todos são filhos de Adão, "sejam pretos, ou pardos, ou fuscos, ou vermelhos, ou verdes, ou azuis", e que "a causa da negrura na gente preta até agora [é coisa que] não se tem podido averiguar".[33] Ainda que encontremos fontes em que o debate apareça silenciado,[34] questionamentos e afirmações semelhantes estão presentes em outros textos, num extenso arco temporal.[35] Mesclando aspectos religiosos e naturais, a maior parte dos padres e letrados que refletiram sobre a escravização dos africanos colocava a questão bem além da aparência física dos escravizados. Alguns chegaram a ser bastante explícitos quanto ao tema: "não é pela cor que os pretos vêm a ser cativos; há outras razões políticas e permitidas para se reputarem como tais", proclamou o letrado do panfleto anônimo de 1764. Para não deixar dúvidas, afirmava ainda que "o homem mais preto de toda a África, em razão de homem, é tão homem como o alemão mais branco da Alemanha", e que havia "homens, e mulheres negras muito célebres nas Histórias".[36]

A palavra "preto", por sua vez, aparece claramente associada à condição escrava. Ainda que Bluteau, em seu *Vocabulário*, marque o termo como equivalente a "negro", ele afirma de modo explícito que "pretinho vale o mesmo que pequeno escravo" e que "preto também se chama o escravo preto".[37] Diferentemente de "negro", portanto, o termo "preto" podia ser considerado equivalente a escravo, sem margens para dúvidas, sem considerações de nascimento ou referenciação geográfica.

Foi nesse registro estrito que o alvará de 19 de setembro de 1761, por exemplo, utilizou o termo, determinando que dos "portos da América, África e Ásia [...] se não possam em algum deles carregar nem descarregar nestes reinos de Portugal e dos Algarves, preto ou preta alguma", sob pena de ficarem eles "libertos e forros, sem necessitarem de outra alguma carta de manumissão ou alforria nem de outro algum despacho". Como se vê, o termo "preto" aparece aqui como sinônimo de escravo. A identidade é tanta que, nesse texto legal, apenas uma única vez a palavra "escravo" aparece, sem nenhum qualificativo.[38] No entanto, o que parecia ser tão certo nesse texto não estava claro para todos. Foi preciso um aviso oficial, emitido pouco mais de seis anos depois, para alertar que o alvará de 1761 se aplicava não só aos "pretos e pretas", como devia também "ampliar-se a favor dos mesmos mulatos e mulatas", justificando "não ser justo que, ficando os pais e mães, sendo pretos, livres e forros, por benefício do mesmo alvará, fiquem os filhos escravos".[39]

A necessidade do esclarecimento revela não apenas a avidez de lucro dos comerciantes de escravos, mas sobretudo as ambigüidades de uma nomenclatura baseada exclusivamente na cor. Por isso a comparação entre as definições dicionarizadas e o uso dos termos em outras fontes se faz necessária e é capaz de revelar elementos importantes para a análise.

Os termos "pardo" e "mulato", por exemplo, mereceram menos cuidados por parte de Bluteau, e aparecem claramente associados no seu *Vocabulário* à mistura de cores. O primeiro é dado como equivalente do segundo, embora ambos sejam definidos a partir de referências a animais diferentes. Pardo é, antes de mais nada, uma cor: a "cor entre branco e preto", que é "própria do pardal, donde parece lhe veio o nome". O homem pardo é simplesmente definido como "mulato" — palavra cuja conceituação remete claramente a pessoas: "Mulata e mulato. Filha e filho de branca e negra [*sic*], ou de negro e de mulher branca. Esse nome de mulato vem de mu ou mulo, animal gerado de dois outros de diferente espécie".[40]

A idéia da geração de dois seres "de diferente espécie" parece ter a ver com a própria origem da palavra. Isabel de Castro Henriques menciona a dificuldade dos franceses que visitavam a Gâmbia, no início do século XVII, para nomear as filhas das ricas africanas, viúvas de portugueses. Vestidas à moda portuguesa mas conservando hábitos africanos, eram descritas por eles como "nem brancas, nem pretas", mas as duas coisas ao mesmo tempo.[41] Fruto da experiência portuguesa nos primeiros séculos de ocupação da África, a palavra parece ter se afirmado na relação com uma política de ocupação de terras conquistadas, que incluía a possibilidade de casamentos entre os colonizadores e as populações nativas como instrumento para assegurar o poder português sobre elas.[42] Nesse contexto, não há nenhuma relação com os animais.

Não há relação, também, com a escravidão. "Mulato" e "pardo" são palavras associadas a gente misturada, mestiça. O adjetivo "mestiço", quando aplicado aos homens, designa alguém "nascido de pais de diferentes nações, por exemplo, filho de português e de índia, ou de pai índio e de mãe portuguesa". A definição remete ao que Stuart B. Schwartz chamou de primeira etapa da mestiçagem no Brasil: aquela predominantemente realizada entre os colonizadores portugueses e a população indígena e que possuía características bem mais integradoras que a ocorrida ao longo do século XVIII.[43] Mas contém um elemento essencial para uma sociedade do Antigo Regime: a distinção do nascimento. Tratava-se de gente híbrida, nascida de pessoas pertencentes a sociedades diversas. A desqualificação é claramente percebida pelo fato de a palavra derivar de sua aplicação para designar os animais nascidos "de pai e mãe de diferentes *espécies*".[44] O sentido dicionarizado por Bluteau parece combinar, assim, com a hipótese de Isabel de Castro Henriques.

A palavra "mulato", porém, deve ter ganhado conotações pejorativas ao longo do tempo, já que podia ser considerada infamante. Os cargos da administração pública e da Justiça, por exemplo, conforme determinava uma ordem de d. João V de 1726, estavam vedados a qualquer negro ou "mulato, dentro dos quatro graus em que o mulatismo é impedimento".[45] A infâmia, aqui, não advinha da associação com os animais, mas de um "baixo nascimento". O "defeito de sangue" dos mestiços constituía evidência de que sua origem estava ligada a uma pessoa de "ínfima condição". Mesmo assim, em regiões de ocupação recente ou mais afastadas dos grandes centros, indivíduos que não eram brancos ocuparam funções públicas, exercendo cargos nas Câmaras ou providos por elas.[46]

Mulato também podia ser eventualmente uma forma de xingamento. Na maioria dos processos de injúria que consultei, no entanto, as ofensas restringiam-se geralmente a "ladrão", "corno", "cachorro" e "filho-da-puta".[47] Muito raramente diziam respeito a um atributo físico dos injuriados. Vejamos alguns casos.

Em 1768, no Rio de Janeiro, um comerciante de gado que costumava vender carne para o açougue da cidade entrou em conflito com um alferes, seu vizinho, aparentemente por uma longa rixa entre os dois.[48] O alferes foi processado, acusado de ter xingado publicamente o comerciante de "cabrão, desavergonhado, velhaco, ladrão e salteador de casa" e a sua mulher de "cadela e desavergonhada", e de ter ameaçado os dois de morte.[49] O conflito arrastou-se por pouco mais de dois anos na Justiça, envolvendo também alguns escravos e agregados dos dois contendores. Na troca de acusações e nas réplicas, ambos reivindicam foros de nobreza, discutindo o modo como as injúrias verbais entre "pessoas mecânicas, plebéias e sem qualidade de nobreza" deviam ser julgadas de modo distinto daquelas "entre pessoas nobres". O comerciante esforçou-se então para demonstrar que o fato de ser um homem pardo não tinha nenhum significado, pois "o acidente da cor não tira nobreza a quem a tem por seus pais". No seu caso, ele reivindicava a condição nobre por herança do pai, o capitão Inácio Rangel de Azeredo Coutinho, e do avô, ilustres representantes de uma "das principais famílias do Rio de Janeiro", que haviam sido almotacés e juízes em diferentes ocasiões, e enobrecidos por terem servido em "cargos da República".

A sentença dada pelo juiz de fora da cidade, em junho de 1769, deu razão ao comerciante, multando o alferes em mais de 70 mil réis. Seis meses depois, a Relação do Rio de Janeiro anulou essa decisão, acatando o argumento de que não se podia atribuir "nobreza alguma" à "qualidade do injuriado". Mesmo assim, o fato é que em nenhum momento desse longo processo — e apesar da lembrança de vários conflitos e injúrias precedentes entre os dois querelantes — a bastardia ou a cor parda do comerciante foi utilizada como epíteto. Ao contrário, a sentença dada no âmbito local, talvez mesmo sob influência do poderio de seus familiares, chegou a reconhecer que, apesar do "acidente da cor", o ofendido podia ser considerado nobre e, como tal, gozar de privilégios processuais.[50]

Ao estipular que o julgamento devia ser diferenciado para nobres e plebeus, o comerciante reiterou uma prática corrente no período, conforme vimos no capítulo anterior. Por outro lado, a observação chama a atenção para o fato de que nenhum dos processos de injúria examinados tenha envolvido conflitos com escravos, mas apenas entre livres ou libertos.[51] Na grande maioria deles, entretanto, a disputa se dava entre gente que não se distinguia "naturalmente" por sua nobreza: homens e mulheres forros, pequenos comerciantes ou artesãos, soldados com postos medianos... Para manter o reconhecimento social arduamente conquistado, não podiam deixar que fossem chamados de qualquer modo. Ainda mais quando o "acidente da cor" podia ser usado para desqualificá-los. Talvez, por isso, precisassem ser tão ciosos dos qualificativos com que eram tratados.[52]

Podemos observar ainda que, mais que o predicado, o diminutivo podia ser empregado como injurioso. Na correspondência entre o juiz ordinário da vila de Santo Antônio do Urubu e o governo da Bahia há uma carta que faz uma consulta sobre procedimentos a serem adotados em uma devassa ex-ofício que tratava das palavras injuriosas proferidas contra Luciano Lopes de Brito, "homem de nação vermelha condutor das cartas citatórias" emitidas pelos juízes daquela vila. Em julho de 1763, Brito fora justamente entregar uma dessas cartas e o convocado para os depoimentos resolvera se vingar, mandando-o prender em cárcere privado e descompondo-o com "palavras injuriosas chamando-lhe tapuinho e falando outras palavras injuriosas contras as ditas justiças". Várias testemunhas haviam sido inquiridas, confirmando a ofensa e acrescentando que o réu era de fato um "homem soberbo e revoltoso". Talvez por isso o juiz tenha se decidido por não concluir os autos, esperando que o corregedor geral proferisse a sentença, por ocasião da correição — demora que deu origem àquela consulta.[53] Traduzindo "nação vermelha" por "tapuio" e colocando o termo no diminutivo, a injúria atingia dois objetivos: desqualificava o oficial de justiça por compará-lo aos índios não domesticados[54] e, mais que isso, por rebaixar sua condição, evidenciava desprezo e acentuava o tom pejorativo atribuído ao termo.[55]

Dentre os vários casos de injúria localizados, em apenas dois a palavra "mulato" aparece como xingamento. Um deles, ocorrido em Cachoeira, em 1757, envolveu um alferes das Ordenanças da vila e dois pardos forros, Matias Pereira e Sebastião Correia. O alferes havia ido visitar Antônia, preta forra que morava nas terras de uma fazenda nos lados do Peruaçu. No começo da noite, Matias e Sebastião apareceram e começaram a desafiar o alferes, chamando-o para "que saísse para fora da dita casa" e xingando-o com palavras injuriosas, como "ladrão, filho-da-puta e mulato". Ao acusar os réus, o alferes se defende afirmando que é

> homem branco, filho legítimo de Gaspar Ribeiro Barbosa e de sua mulher Maria Madalena de Jesus, com irmãos sacerdotes e é alferes da ordenança da companhia do capitão Francisco Pires Lima, e como tal goza de vários privilégios e, pelo contrário, os réus que são uns mulatos forros de ínfima e baixa condição.[56]

Ainda que os autos não explicitem o motivo da contenda entre os três homens, é evidente que o termo foi utilizado como um epíteto injurioso. Associado a um nascimento bastardo, a palavra "mulato" aparece para culminar a sucessão de xingamentos. Mais uma vez, entretanto, não deixa de ser sintomático que isso tenha ocorrido quando um homem branco decidiu pernoitar em casa de uma preta forra e que, em sua defesa, o ofendido tenha recorrido a sua origem como capaz de demonstrar a distância social que o separava de seus ofensores, considerados por ele de "ínfima e baixa condição". Ou seja, o contexto leva a crer que, embora a contenda se expresse em termos da cor dos indivíduos, ela não se faz unicamente nessas bases. O que estava em causa era a posição, alta ou baixa, ocupada por aqueles homens na hierarquia social. Para enfatizar a desqualificação, a referência à cor aparece. Em resposta, a defesa recorre a pormenores sobre as pessoas de sua família, com a intenção de desqualificar seu contendor. Por isso, estamos longe do racismo vigente no século XIX, que associava a cor preta ou mulata a uma origem (africana) considerada inescapavelmente inferior ou que adotava critérios científicos para diferenciar e hierarquizar as "raças". As avaliações aqui seguem critérios classificatórios constitutivos da hierarquia social do Antigo Regime, e é no interior desse contexto que seus significados devem ser compreendidos.

No segundo caso, o procedimento parece se repetir. Trata-se de uma briga ocorrida em 1793, entre dois moradores da vila de Cachoeira. No entrevero, sobraram bofetadas até para a mulher de um deles, que estava próxima, e muitos xingamentos, entre eles o de mulato. No libelo de defesa, o ofendido dispôs-se a provar que "não [era] mulato, mas sim branco bem-nascido e de boa família e não foi jamais infamado de mulatismo, senão pelo réu".[57] Também aqui, os autos e o contexto parecem indicar que a infâmia dizia respeito mais a um nascimento de baixa qualidade, nos marcos da hierarquia setecentista, do que a um prejuízo ou preconceito inerentes ao termo.[58] Mais uma vez, os vocábulos relativos à cor estão mais a indicar posições sociais do que a referir-se especificamente a uma natureza dos indivíduos.

É significativo que, em todos esses documentos, o termo utilizado tenha sido "mulato", e não "pardo". As determinações que limitavam o acesso aos postos eclesiásticos ou administrativos distinguiam os mulatos ou o mulatismo. Foi com esse epíteto que, nos processos de injúria, se tentou diminuir a condição social de alguém. Foi essa, também, a palavra usada por Bluteau para indicar que os brancos até na cor se diferenciavam dos escravos, "de ordinário [...] pretos e mulatos". Ainda que o dicionarista indique a equivalência entre "pardo" e "mulato", havia uma evidente diferença de conotação entre os dois termos. Talvez por ter seu significado mais descritivo, associado a uma cor situada "entre branco e preto", o termo "pardo" pudesse ser tomado de forma mais neutra. Nos usos coloniais, ele ganhava um significado bem menos pejorativo que "mulato".

Foi como pardo que um filho bastardo de uma família senhorial se definiu ao solicitar o privilégio de usar uma espada para fazer valer sua condição de "filho de homem branco e senhor de engenho".[59] Intitulavam-se pardas muitas irmandades que, majoritariamente compostas por não-brancos, desejavam se diferenciar das suas congêneres que aceitavam escravos e negros livres.[60] Eram pardos também os vários terços militares que se formavam e cresciam em número ao longo do século XVIII, distinguindo-se do antigo terço dos Henriques.[61] Como mostra Larissa Viana, ao longo do século XVIII, pardo começava a aparecer como uma *identidade reivindicada*: gente que queria se diferenciar do universo da escravidão, cobrar privilégios e tratamento específicos e, mesmo, constituir-se em corpo social separado.[62] Podia se revestir, portanto, de uma positividade, ao contrário do termo "mulato", geralmente usado para desqualificar ou inferiorizar.

A distância entre as definições dicionarizadas e os usos e acepções mais correntes precisa considerar também as distinções entre a metrópole e as Conquistas. É expressivo, nesse sentido, que se possam encontrar muitos termos nos registros coloniais, alguns dos quais não aparecem dicionarizados. "Cafuzo" e "cabra", por exemplo, são designações constantes e até abundantes em diversos tipos de documentos eclesiásticos ou cartoriais produzidos na colônia — como os registros de batismo, as cartas de alforria —, usados para descrever vários tipos de mestiços.[63] Mas receberam pouca atenção por parte de Bluteau: "cafuzo" não chegou sequer a ser mencionado em seu *Vocabulário* e "cabra" ali aparece com seu significado associado apenas aos índios.[64]

Durante todo o período colonial, os registros indicam ter havido grande flutuação de significados para palavras que apontam critérios classificatórios baseados na cor ou na mestiçagem, como "pardo", "mulato", "cafuzo", "cabra", "preto" e "negro". Ainda que possamos delimitar, através de dicionários e do cruzamento de fontes, os significados preferenciais para os diversos termos, eles muitas vezes podiam ser também empregados de forma bastante ambígua, designando sucessivamente uma mesma pessoa. A oscilação entre "preto" e "negro", quando se tratava de escravos, era muito comum e pode ser observada, por exemplo, em vários processos referentes a fugas de escravos.[65] Podemos encontrar alternâncias mais variadas, algumas vezes, como no caso de Apolinário, acusado de ter matado Maria Angola a facadas em Cachoeira, em 1785, que aparece designado no processo ora como "o escravo Apolinário", como "um preto chamado Apolinário", "um crioulo" ou ainda um "preto escravo".[66]

Embora tais oscilações permaneçam restritas geralmente a um mesmo universo, podemos também encontrar ocasionalmente algumas situações em que uma pessoa tenha sido identificada ora como mulata, ora como branca. É o caso, por exemplo, de um homem que permaneceu preso na cadeia de Salvador por dois anos. Em 1785 ele reclamou ao ouvidor-geral do crime sobre sua situação, identificando-se como Gonçalo de Jesus, "homem pardo forro", que lá estava preso por uma falsa denúncia de bigamia. Várias certidões foram juntadas ao processo, sem que se conseguisse determinar se ele se chamava Gonçalo de Jesus, Gonçalo da Silva ou Gonçalo Francisco da Silva, se era branco ou pardo e se tinha ou não alguma culpa no cartório...[67]

Tais ambigüidades não deixam de ser reveladoras. Elas indicam que, geralmente, a cor da pele estava associada à condição que separava a liberdade da escravidão. Como vimos no capítulo anterior, ela era lida, no Reino e na América portuguesa, como uma dentre as muitas marcas simbólicas de distinção social. Incorporada à linguagem que traduzia visualmente as hierarquias sociais, a cor branca podia funcionar como sinal de distinção e liberdade, enquanto a tez mais escura indicava uma associação direta ou indireta com a escravidão. Ainda que não se pudesse afirmar que todos os negros, pardos e mulatos fossem ou tivessem sido necessariamente escravos, a cor era um importante elemento de identificação e classificação social.

Nesse sentido, nomear as pessoas como negros, cafuzos, pardos, pretos e crioulos era uma forma de afastá-las dos brancos. Em diversas situações, muitos pardos e mulatos, livres ou forros, foram dessa forma empurrados para longe da condição da liberdade, apartados de um possível pertencimento ao mundo senhorial. Podiam ter nascido livres e até possuir escravos, mas estavam, de certo modo, identificados com o universo da escravidão.[68]

Não eram extraordinários os casos de pardos e negros forros ou livres presos sob suspeita de serem escravos. Muitos libertos tinham dificuldade para provar sua liberdade e alguns casos chegaram a dar origem a processos de justificação, como o de Dionísio Ferreira, que em 1796 foi preso como fugitivo pelo filho de seu antigo senhor sob "o falso pretexto de ser cativo". Como a carta de alforria havia sido queimada em um incêndio, Dionísio acabou ficando dez dias na cadeia. Precisou levar testemunhas diante do juiz de fora para atestar que vivia em liberdade há "mais de 30 anos [...] [sem] título algum de escravidão [...] estando publicamente casado com mulher e filhos". Mesmo assim, o juiz solicitou mais provas; ele conseguiu apresentar uma certidão de sua carta de liberdade (na verdade passada em 1782) e finalmente obteve o alvará de soltura.[69]

O mesmo aconteceu com Inácia. Ela havia sido escrava de um pardo chamado Félix, fora por ele libertada e vivia na casa da mãe de Francisco Rodrigues da Costa. Quando esta faleceu, sua liberdade foi posta em dúvida, pois várias pessoas diziam que a carta de alforria não tinha validade (embora estivesse guardada com um capitão amigo da mãe de Inácia), e a história foi parar na Justiça. O libelo em favor de Inácia é uma bela peça judicial, defendendo não apenas a sua condição de mulher livre, mas a liberdade em geral. Infelizmente, no entanto, os autos estão inconclusos e o resultado da contenda não pode ser conhecido por nós.[70]

Nos dois casos, a ruptura de laços herdados na escravidão, mais especificamente do elo entre os ex-escravos e seus ex-senhores, que de certo modo protegia a liberdade conquistada, parece ter sido crucial para esses libertos. Dionísio fora libertado sem ônus, sob justificativa de ser "cria" de uma escrava da casa e "afilhado" do senhor. Sua morte e a abertura do inventário devem ter criado a possibilidade de o filho herdeiro interessar-se em reaver a propriedade, do mesmo modo que no caso de Inácia. Mas algumas vezes bastava deslocar-se um pouco no espaço para que aqueles laços fossem rompidos. E o paraíso rapidamente se transformasse em inferno, para retomar o famoso provérbio citado por Antonil.[71]

Manuel da Silva, por exemplo, era filho legítimo de um casal de forros. Considerava-se um "ingênuo, nascido de pais livres e por tal sempre foi tido, havido e reconhecido nesta vila [de Cachoeira] de donde é natural, sem fama nem rumor em contrário, gozando de sua liberdade desde o seu nascimento". Em 1791, quando foi à vila de Cairu tratar de seus negócios, acabou sendo preso sob "pretexto de ser escravo e andar fugido". Teve que juntar várias testemunhas para provar sua liberdade e conseguir ser solto.[72] O fato de ter se afastado do local onde era conhecido como homem livre fez com que fosse confundido com um escravo fugitivo: a cor de sua pele o colocava sob suspeição.[73]

Tais confusões podiam chegar a extremos. Russell-Wood menciona o caso de Agostinho Pereira, canarim nascido em Goa, que, aos catorze anos, indo para Minas Gerais depois de passar por Lisboa, acabou sendo vendido como escravo. Levou cerca de quarenta anos para conseguir provar sua liberdade: só em 1765, depois de uma "inspeção visual" feita pelo próprio governador da capitania, que considerou ter ele o "cabelo corredio" e merecer portanto o benefício da liberdade dado aos "índios ocidentais".[74] Como observa aquele historiador, o governador das Minas não levou em conta em sua decisão a pigmentação da pele ou sua fisionomia, mas o fato de ter os cabelos lisos — por isso a lei da liberdade dos "índios de cabelo corredio" podia ser aplicada também aos "índios orientais".[75]

Portanto, ainda que se possam identificar nexos evidentes entre cor e condição social, é preciso lembrar que os dispositivos que estabeleciam a relação de identidade entre os dois aspectos não eram empregados de forma mecânica. Sem critérios rígidos, mas superpondo diversas possibilidades de classificação, a sociedade colonial permitia várias opções a cada momento. A decisão entre elas dependia das circunstâncias e do jogo de forças entre os envolvidos. O grande número de termos empregados para designar as pessoas não brancas é um bom indicativo da variedade de nuances possíveis. O leque de possibilidades classificatórias não apenas torna evidente a importância do procedimento como revela as tensões que cada atribuição pode suscitar.[76]

Podemos detectar na documentação uma relativa abertura em relação aos pardos, como a concessão de isenções e de alguns privilégios, em prol da liberdade.[77] Como vimos, também é possível encontrar negros e pardos ocupando cargos e funções públicos, ainda que em certas ocasiões a nomeação dessas pessoas tenha suscitado discussões ou decorrido de contingências específicas.[78] Mas nem sempre isso acontecia. Ao contrário: dependendo da situação, pardos, negros e mulatos podiam ser rapidamente jogados no mundo da escravidão. Nesse contexto, compreende-se o significado político do recurso aos elementos da linguagem visual das hierarquias sociais para fazer pender a balança para o lado da liberdade.

Se os brancos podiam ser indiscutivelmente associados à liberdade, para os *pretos* presumia-se geralmente a condição de cativo. Para todas as outras gradações na cor da pele, a ambigüidade imperava, e a presença da escravidão ou a passagem por ela em tempo não muito remoto era uma suposição que na maior parte das vezes parece ter tido força de verdade. A associação entre cor e condição social não era evidente nem imediata, podendo estar ligada, como bem observou Russell-Wood, a uma "miríade de fatores ou percepções", que além da cor incluíam a riqueza, o nascimento, a ocupação, o grau de crioulização, o modo de apresentar-se publicamente etc.[79] Contudo, ela representava um indicador suficiente para demarcar diferenças e permitir inferências. Ao longo do século, como vimos no capítulo anterior, esses termos foram sendo empregados cada vez mais de modo genérico, amalgamando escravos e libertos (ou mesmo livres) numa massa indistinta, socialmente inferior e, sobretudo, apartada da liberdade. Eis aí um dos sentidos mais amplos do impacto do desequilíbrio demográfico registrado pelo olhar dos visitantes da América portuguesa setecentista.

Certamente, também influía na surpresa dos recém-chegados ao Brasil a presença massiva dos escravos. Mas isso não significa que colocassem em causa a escravidão. No mundo ibérico, desde o início do processo colonizador, missionários, letrados e teólogos envolveram-se em várias polêmicas sobre a legitimidade do cativeiro, mas a instituição nunca chegou a ser efetivamente questionada. Geralmente, os debates diziam respeito ao cativeiro dos indígenas, com o dos africanos ficando em segundo plano. A referenda papal à escravidão como instrumento de conversão criou condições para que o debate girasse em torno do caráter das práticas de escravização dos nativos da América e da África e dos abusos e maus-tratos ministrados pelos senhores aos seus cativos. Tratava-se, sobretudo, de conseguir combinar a consciência cristã e os objetivos proselitistas da Igreja e da Coroa aos interesses mercantis e aos lucros oferecidos pelo trabalho escravo.[80]

Nos séculos XV e XVI, os debates entre juristas e teólogos dominicanos e jesuítas concentraram-se em saber em quais casos e sob que condições a liberdade de alguém podia ser retirada ou negociada. Em 1609 e 1680, alvarás régios chegaram a afirmar o princípio da liberdade incondicional para todos os "gentios do Brasil", especialmente para os que haviam se tornado vassalos do soberano português, determinando o modo como eles deviam viver e trabalhar. À promulgação de cada uma dessas leis, confrontos sobre quem deveria cuidar das aldeias ou tutelar os índios davam origem a novas polêmicas que envolviam administradores metropolitanos e coloniais, jesuítas, franciscanos e outros moradores das capitanias, e tocavam novamente na questão da legitimidade da sua escravização.[81] A pressão constante dos colonos para obter escravos fez com que a lei de 1609 fosse atenuada dois anos depois, com o reconhecimento da possibilidade do cativeiro se a guerra contra os índios dos sertões fosse justa e devidamente autorizada. A longa gestação do alvará de 1680, famosa pelos debates que suscitou, proibiu novamente o cativeiro dos índios, reestruturando o sistema dos aldeamentos. Mas algumas brechas legais sempre iam sendo abertas, na tentativa de remediar males e acomodar interesses diversos.[82]

Até o final do século XVII, acostumados secularmente com o tráfico atlântico de escravos e com o cativeiro de homens e mulheres africanos no Reino e nas Conquistas, governantes e letrados portugueses colocavam poucos questionamentos à continuidade da escravidão.[83] Antônio Vieira, por exemplo, que tanto lutou pela liberdade dos índios e pela promulgação do alvará de 1680, proferiu sermões em que criticava os horrores do tráfico e o péssimo tratamento dado aos escravos africanos, mas não deixou de justificar seu cativeiro.[84] No início dos anos 1680, Lourenço da Silva Mendonça chegou a enviar uma petição a Roma pedindo providências contra os abusos praticados no tráfico atlântico de escravos e liberdade para os escravos cristãos maltratados pelos senhores. Discutida pela burocracia eclesiástica, ela obteve o apoio de alguns padres capuchinhos, que referendaram parte de suas considerações e propostas. Sem condenar propriamente a escravidão, propunham meios para adequá-la ao princípio do cativeiro justo e fazer com que o comércio e a posse de escravos fossem regulados por uma "ética cristã". Por isso mesmo, as críticas e a condenação dos abusos puderam ser referendados pelo papa em 1686, num documento que circulou entre bispos e núncios do mundo ibérico.[85]

A partir do final do século XVII e durante todo o XVIII, aceitando a inevitabilidade da instituição, letrados, padres e juristas trataram de propor e promover reformas, sobretudo em relação ao modo como se davam a escravização na África e o transporte para o Brasil e ao tratamento dispensado aos cativos na América. Em seus sermões, justificando a origem divina do cativeiro no mundo, o jesuíta Jorge Benci dedicou-se a expor as regras, normas e modelos necessários ao governo cristão dos senhores sobre os escravos. Se os preceitos que recomendava fossem seguidos, a escravidão se tornaria justa e cristã e não ofereceria nenhum problema moral ou de consciência.[86] Na obra de Antonil, que possui uma temática mais ampla, também a escravidão aparece como algo já dado e não questionado. Nas passagens especificamente dedicadas às relações entre os senhores e seus escravos encontram-se ainda regras e conselhos práticos para o trato com os cativos, que devia ser norteado por critérios de moderação e humanidade cristã.[87]

Em meados do século XVIII, Manoel Ribeiro Rocha afirmou ser a escravidão um estado infeliz, no qual alguns homens ficam sujeitos, possuídos e dominados por outros. No entanto, desde que certas regras e preceitos fossem observados, ele tinha o cativeiro como um procedimento lícito, válido, legítimo e justo. O principal objetivo de seu livro, publicado em 1758, foi mostrar que a escravidão dos africanos, tal como vinha sendo praticada pelos comerciantes portugueses e pelos colonos do Brasil, havia se tornado ilícita e ilegítima. Apontava então os meios através dos quais os comerciantes católicos e os moradores do Brasil podiam, válida e licitamente, sem pecado, encargos ou escrúpulos, continuar a comerciar e a possuir escravos. Entre eles, propunha que os escravos "legitimamente" capturados na África estivessem temporariamente sob domínio dos senhores, até que pudessem "resgatar" sua liberdade. Para isso, teriam que pagar o valor obtido pelos comerciantes na primeira venda, feita do outro lado do Atlântico, ou prestar serviços durante vinte anos (ou trabalhar 25 anos no caso dos ingênuos nascidos durante o cativeiro dos pais). Na verdade, toda a sua argumentação destinava-se a legitimar o cativeiro e manter o comércio de escravos, que tantos benefícios trazia ao Reino e a Deus.[88]

Ao longo da segunda metade do século XVIII, as tensões em torno do tema foram se acirrando. O debate sobre a legitimidade do cativeiro dos índios se reacendeu, em novos termos, sobretudo a partir da bula de 20 de dezembro de 1741, expedida por Benedito XIV, que culminou na promulgação da lei de 6 de junho de 1755 e no alvará de 8 de maio de 1758.[89] Na conjuntura das reformas pombalinas, que incluíram restrições ao cativeiro de chineses em Macau em 1758,[90] certamente surgiram mais "pessoas doutas e timoratas" e com "escrúpulos", para usar as palavras de Ribeiro Rocha, que reprovavam as práticas de negociantes e senhores de escravos.[91]

No final do século, podemos encontrar Luiz Antônio de Oliveira Mendes, um acadêmico da Real Academia das Ciências de Lisboa, debatendo explicitamente o problema do tráfico de escravos entre a costa africana e o Brasil. As palavras que proferiu na Academia em 1793 foram publicadas em 1812, com várias críticas ao modo como eram traficados os cativados nos sertões africanos, acompanhadas de receitas e propostas para remediar esses males. Seguindo os padres e letrados que o antecederam, falava em nome da humanidade e dos interesses da monarquia portuguesa, com o objetivo de eliminar os abusos existentes no tráfico e na escravidão, ambos de "uma rigorosa necessidade [...] para a promoção das nossas fábricas, e estabelecimentos no Brasil [...] e nos quais a real Coroa percebe os seus justos, e devidos direitos".[92]

Nos arquivos da Academia, no entanto, Oliveira Mendes deixou uma "edição emendada", da qual se conhece apenas um único exemplar.[93] Ainda que a legitimidade mais ampla da escravidão não seja questionada, essa versão do texto possui adjetivos mais fortes e pequenos comentários que dão maior colorido às críticas contra os traficantes e senhores ávidos de lucros. O mais importante, no entanto, é o fato de o autor — levado pelo "amor à pátria" e pelo "desejo de querer ser útil [...] à porção mais infeliz da humanidade" — ter acrescentado um projeto de lei municipal destinado a combater as "tiranias" dos que lidavam com os escravos.

Sua proposta era bastante simples: como regra geral, todos os cativos deveriam ficar livres depois de dez anos de escravidão, desde que pagassem o preço de sua liberdade. Uma vez livres (à sua custa ou mesmo quando alforriados pelo senhor), teriam um ano para se assalariarem. Aqueles que não conseguissem provar essa condição em presença de um magistrado voltariam a ser escravos. Seriam colocados em hasta pública e o valor de sua venda seria revertido para libertar outros cativos. Os escravos casados que tivessem quatro filhos também seriam alforriados (embora os filhos permanecessem cativos por mais 18 anos), assim como a escrava que provasse "estar na mancebia com o senhor". Finalmente, a "todo o preto forro, manumitido e livre, que sendo casado mostrasse e provasse ter dez filhos entre varões e fêmeas, lhe seria dado por prêmio para o servir um escravo daqueles que dentro de [um] ano e dia se não achassem assalariados".[94]

Como se vê, mesmo na proposta radical de Oliveira Mendes, a continuidade do tráfico e a da própria escravidão permaneciam praticamente intactas. Certamente, ele o reconhecia, assalariar os "pretos livres" tiraria Portugal da "dependência do transporte dos escravos, com triunfo eterno" da humanidade. Além disso, para os escravos, haveria diferenças importantes, pois a sujeição aos bárbaros senhores se tornaria apenas temporária — ao menos para aqueles que conseguissem amealhar o dinheiro suficiente para pagar suas liberdades e evitassem o risco do retorno à escravidão por falta de salários. Talvez, por isso mesmo, essa proposta tenha sido retirada da versão final, publicada em 1812 — e sua memória tenha se tornado apenas um elenco candente de medidas destinadas a forçar traficantes e senhores a bem tratar e cuidar de seus cativos.

Em seus argumentos, Oliveira Mendes reivindica seguir leis portuguesas anteriores, que previam a concessão da liberdade para os cativos que provassem ser tratados por seus senhores "com tiranias", como fome, falta de vestuário e de assistência nas doenças, ou que fossem açoitados "sem causa".[95] Na verdade, ao longo dos séculos XVI, XVII e XVIII, a Coroa portuguesa legislou sobre vários aspectos da escravidão, mas nunca chegou a interferir no domínio senhorial a esse ponto. No reinado de d. Pedro II, chegaram a ser redigidas duas cartas régias ordenando que os senhores que castigassem desumanamente os escravos fossem obrigados a vendê-los, desde que as denúncias tivessem sido provadas em inquirições verbais e sumárias. Mas isso era bem diferente de conceder a liberdade — e a medida suscitou tantos problemas, que foi anulada menos de um ano depois.[96]

A Coroa também havia legislado sobre o tamanho dos navios, e a necessidade de água, alimentos e capelães nas naus que transportavam os africanos, ou determinando os portos liberados e proibidos para esse comércio. Muitas vezes, os motivos expressos nesses textos legais mencionaram a existência de abusos que precisavam ser remediados, mas nunca se colocou em questão a própria existência do tráfico.[97] Ao contrário: os soberanos portugueses sempre cuidaram ciosamente dos impostos que ele lhes rendia e tomaram inúmeras medidas para evitar descaminhos e contrabandos. O alvará de 19 de setembro de 1761, que proibiu o tráfico de escravos para Portugal, o fez para privilegiar o envio de cativos para a América, onde os "pretos e pretas" faziam "uma sensível falta para a cultura das terras e das minas", ao passo que no Reino eles ocupavam o lugar dos "moços de servir", que, ficando sem trabalho, entregavam-se à "ociosidade" e aos "vícios".[98]

Em 1773, quando se promulgou um alvará com força de lei libertando os filhos e netos das escravas e considerando livres todos os que nascessem dali em diante, nem se cogitou a escravaria existente em outras partes do Império. A intenção real, expressa no texto daquele alvará, era a de evitar que pessoas sem "sentimentos de humanidade e de religião" insistissem em usar estratégias ilícitas para prorrogar a continuidade da instituição no Reino (lucrando com o "abominável comércio de pecados e de usurpações" e os "sucessivos e lucrosos concubinatos" que visavam o nascimento de escravos mestiços, filhos de "pretas" e "negras" cativas).[99] Tratava-se, portanto, de evitar a vilania e a concupiscência no Reino, que também necessitava ter pessoas capazes "para os ofícios públicos, para o comércio, para a agricultura e para os tratos e contratos de todas as espécies" — atividades nem sempre permitidas aos escravos.[100] Mesmo diante dessa observação, o texto não traz uma palavra sequer que dê margem à condenação da prática da escravidão nas Conquistas.

Na América portuguesa, o tema também provocava tensões. No século XVI, os jesuítas Gonçalo Leite e Miguel Garcia, que sustentaram ser injusto o cativeiro de índios e africanos, haviam sido obrigados a voltar para a Europa.[101] No final do século XVIII, o mesmo aconteceu com frei José de Bolonha, um missionário capuchinho italiano residente na Bahia.[102] Preocupado com as idéias desse missionário, que vivia há cerca de catorze anos ali, o governador daquela capitania escreveu em 1794 para Martinho de Melo Castro, contando que o capuchinho

> se persuadiu ou o persuadiram de que a escravidão era ilegítima e contrária à religião, ou ao menos, que sendo esta umas vezes legítima, outras ilegítima, se devia fazer a distinção e diferença de escravos tomados em guerra justa ou injusta, chegando a tal ponto a sua persuasão, que, confessando pela festa do Espírito Santo a várias pessoas, pôs em prática esta doutrina, obrigando-as a que entrassem na indagação desta matéria tão dificultosa, por não dizer impossível de se averiguar, a fim de se dar a liberdade a aqueles escravos que ou fossem furtados, ou reduzidos a uma escravidão injusta.[103]

Não deixa de ser interessante que o governador tenha sido alertado sobre o assunto pelo arcebispo da Bahia, mostrando-se bastante preocupado com a opinião do missionário, "a qual, se se propagasse e abraçasse, inquietaria as consciências dos habitantes desta cidade, e traria consigo para o futuro conseqüências funestas à conservação e subsistência desta colônia". Foram feitas investigações e descobriu-se que essas opiniões tinham se originado do contato que o frei tivera com padres italianos da missão de Goa que se hospedavam no hospício da Palma, "não tanto por malícia e dolo, como por falta de maiores talentos e conhecimentos teológicos, e em razão de uma consciência sumamente escrupulosa". Os padres italianos que vinham de Goa foram confinados ao navio em que viajavam e José de Bolonha acabou proibido de ministrar a confissão, sendo remetido no primeiro navio para Lisboa.

De certo modo, o ponto de partida dos missionários assemelhava-se às dúvidas oferecidas por Ribeiro Rocha, mas com resultados completamente diferentes. O próprio governador da Bahia chegou a afirmar que Bolonha não havia refletido que

> quem compra escravos, os compra regularmente a pessoas autorizadas para os venderem, debaixo dos olhos e consentimento do Príncipe, e que seria inaudito e contra a tranqüilidade da sociedade exigir de um particular quando compra qualquer mercadoria a pessoa estabelecida para a vender, que primeiramente se informasse donde ela provém por averiguações, além de inúteis, capazes sem dúvida de aniquilar toda e qualquer espécie de comércio.[104]

De fato, tratava-se de uma matéria "sumamente delicada, melindrosa", como dizia d. Fernando José de Portugal. Em meados do século XVIII, Ribeiro Rocha havia sido bastante cuidadoso ao propor soluções para remediar os abusos que tornavam ilegítima a escravidão dos africanos, pois não queria ferir suscetibilidades teológicas, jurídico-legais ou monárquicas. No final do século, Oliveira Mendes havia ousado ir um pouco além, mas suas propostas foram atenuadas ao serem publicadas em 1812. No início do século seguinte, a defesa do tráfico de escravos e do cativeiro dos africanos precisou ser cada vez mais ardorosamente realizada,[105] como fez Azeredo Coutinho em duas de suas obras.[106] Com a veemência de quem resiste ao impacto de novas idéias e tenta desesperadamente adaptá-las aos princípios e limites da tradição, ele procurou mais uma vez justificar e, por que não, reformar e aperfeiçoar uma prática que, para ele, era perfeitamente legal e tão necessária à nação. Suas propostas chegaram a enfrentar oposição nos círculos acadêmicos lisboetas do período, mas até mesmo seus contendores não deixaram de admitir a inviabilidade de extinguir o tráfico e o cativeiro dos africanos.[107]

Assim, na maior parte do tempo, a escravidão aparecia como algo dado. Embora algumas vozes criticassem algumas de suas práticas e implicações, o volume dos negócios e a longa tradição do trato com os cativos africanos ainda pareciam garantir por muito tempo sua continuidade nas Conquistas portuguesas. Por isso, certamente o contato com a escravidão em terras americanas deve ter causado surpresa nos estrangeiros, mas não tanto nos que vinham do Reino e estavam acostumados a lidar com os negócios coloniais. Portanto, considerar aquela impressão manifestada pelos recém-chegados um efeito direto do contato com a escravidão pode ser um procedimento demasiado simplista.

O oficial francês que esteve no Rio em 1748 e se surpreendeu com a grande concentração de negros, dizendo que a cidade parecia um "verdadeiro formigueiro", não deixou de registrar que aquela "concentração funesta" de escravos trazia consigo "o constante perigo de uma rebelião".[108] Eis aqui uma boa pista. A condição escrava podia fazer com que a "inumerável multidão de negros" fosse imediatamente percebida como um corpo uno e hostil. O medo de fugas e quilombos era generalizado e constante, mas as dificuldades na destruição do "terrível quilombo" de Palmares haviam impulsionado, desde o início do século XVIII, um aprimoramento nos mecanismos de controle da movimentação dos cativos em busca da liberdade, redimensionando a política de domínio senhorial.[109]

A guerra contra os mocambos palmarinos tinha sido longa e difícil. Os quilombolas haviam resistido aos mais experientes sertanistas baianos e paulistas e a diversas investidas de tropas armadas e sustentadas com grande esforço pelos moradores da região. Por seus danos, perigos e dificuldades, a batalha contra eles chegou a ser muitas vezes comparada ao feito da expulsão dos holandeses das terras pernambucanas. Medidas para evitar de maneira mais eficiente as fugas dos escravos e a formação de quilombos foram discutidas por governadores, ouvidores e vereadores das Câmaras de várias capitanias do Estado do Brasil, além de outras autoridades metropolitanas, ao longo das décadas iniciais do século XVIII. De modo não sistemático nem linear, o debate e as iniciativas então implementadas resultaram na elaboração de uma nova política repressiva para fugitivos e quilombolas.

Os cargos de capitão-do-mato foram regulamentados e o ofício generalizou-se por todo o Estado do Brasil. A palavra "quilombo", que quase não era utilizada para designar os mocambos de negros fugidos,[110] teve seus significados redefinidos pela legislação, a fim de prevenir e evitar a formação de qualquer ajuntamento de escravos dispostos a resistir ou viver sem senhor pelos matos. As novas medidas, olhadas em seu conjunto, mostram sinais evidentes da modificação da postura senhorial com relação à fuga de cativos: havia regras precisas e as Câmaras passaram a nomear agentes especializados no rastreamento de fugitivos, pagos pelos senhores em troca dos serviços prestados. Esse redimensionamento da política repressiva contra as fugas no âmbito local foi acompanhado por medidas mais amplas, nos anos 1730 e 1740, que concederam aos governadores alçada de morte para escravos que matassem seus senhores ou que permitiram marcar com um F a espádua dos fugitivos reincidentes.[111]

Não por acaso, no mesmo período alguns jesuítas e letrados coloniais proferiam sermões e publicavam textos exaltando formas "econômicas" e "cristãs" de manter o controle sobre os escravos.[112] Uma reflexão cuidadosa sobre as dimensões do "governo econômico"[113] dos senhores sobre seus cativos no interior das unidades produtivas também se desenvolveu, redimensionando o significado do castigo. Exemplar e mantendo um equilíbrio pedagógico entre rigor e mercê, ele também podia tornar-se instrumento preventivo de fugas e condição de continuidade do domínio senhorial.[114]

Do mesmo modo, várias autoridades coloniais trocaram cartas sobre as conveniências da homogeneidade ou diversidade étnica da escravaria. Se nas fazendas e lavras minerais os senhores podiam recorrer ao castigo físico e a uma política de domínio paternalista, o manejo da diversidade étnica de seus escravos também começou a ser visto como uma forma interessante de controlar e prevenir ações coletivas. Fruto das contingências do tráfico negreiro, as diversas procedências dos escravos eram avaliadas também desse ponto de vista, assim como as diferenças entre os nascidos no Brasil e os trazidos do outro lado do Atlântico.

Antonil, ao tratar das relações entre os senhores de engenho e seus escravos, explica logo de início que os cativos eram "de nações diversas e uns mais boçais que outros, e de forças muito diferentes", detalhando:

> Os que vêm para o Brasil são ardas, minas, congos, de São Tomé, de Angola, Cabo Verde e alguns de Moçambique, que vêm nas naus

da Índia. Os ardas e minas são robustos. Os de Cabo Verde e de São Tomé são mais fracos. Os de Angola, criados em Luanda, são mais capazes de aprender ofícios mecânicos que os das outras partes já nomeadas. Entre os congos há também alguns bastantemente industriosos e bons, não somente para o serviço da cana mas para as oficinas e para o meneio das casas.[115]

O trecho é interessante sob muitos aspectos. Misturam-se, aqui, critérios diversos para a designação dos grupos, indicando-se ora o porto de origem, ora o reino ou mesmo um etnônimo. A terminologia corresponde ao cruzamento e à superposição da nomenclatura utilizada por administradores e escrivães das feitorias africanas, por populações nativas e mestiças dedicadas à captura e ao transporte de cativos, e por traficantes e administradores coloniais ligados ao tráfico e ao controle dos impostos — sem contar as denominações dos portos de embarque e o conhecimento acumulado por viajantes e outras expedições que tocavam o litoral da África.[116]

Além disso, Antonil recorre a outro procedimento comum no período, definindo cada grupo a partir de suas qualidades morais e da aptidão demonstrada para os serviços a serem desempenhados como escravos. A mesma atitude pode ser observada em Vilhena, que afirma serem os vindos da Costa da Mina "mais bem reputados", já que "mais asseados e caprichosos", embora "mais ásperos e traidores", enquanto os de Angola e Benguela eram considerados "mais amoráveis e dóceis", talvez por falarem e entenderem "melhor e com mais facilidade" o português.[117] Expressos de modos diversos, os critérios de avaliação dos escravos estavam ligados à experiência de traficantes e senhores, mas muitas vezes derivavam também de interesses ou facilidades comerciais e podiam variar ao longo do tempo.[118] E, evidentemente, a preferência por determinados grupos africanos não era exclusiva dos senhores da América portuguesa.[119]

Ao longo do período de vigência da escravidão, vários documentos anotam as diferenças de origem dos escravos. Além da descrição de características físicas (cor dos cabelos, tipo das feições, estatura, defeitos etc.), a indicação da cor da pele e a procedência (o nome de nação ou se eram crioulos) eram elementos importantes em escrituras de compra e venda, autos de hábito e tonsura, termos de prisão, anúncios de fugitivos etc. Assim, apesar do esquecimento dos historiadores, a freqüência dos registros revela amplo conhecimento senhorial da diversidade étnica da escravaria, que era acompanhado por juízos sobre maior ou menor eficiência no trabalho ou sobre melhor ou pior adaptação ao cativeiro, podendo redundar, também, em variações nos seus preços. Isso significa dizer que havia a necessidade de mínimos conhecimentos etnográficos para realizar bons negócios e bem governar os escravos. Diretamente ligada às necessidades de manutenção do domínio senhorial, a diferenciação entre os cativos precisava ser levada em conta: diante dela, recomendava Antonil, era preciso "fazer a repartição [dos escravos] com reparo e escolha e não às cegas".

Esse tipo de preocupação aparece de forma explícita na correspondência entre o governo do Rio de Janeiro e o Conselho Ultramarino em 1725-28, a propósito de uma sublevação de escravos. A Coroa estava preocupada com o perigo desses eventos. Nas Minas Gerais, anos antes, em 1719, uma tentativa de rebelião só não havia acontecido porque entre os levantados havia "a diferença de que os negros de Angola queriam que fosse rei de todos um do seu reino e os minas também de que fosse da mesma sua pátria".[120] A lição parece ter sido aprendida e, em 1725, o soberano português perguntava ao governador do Rio de Janeiro se era conveniente mandar para a capitania somente "os negros de Angola, pois se tem visto que estes são mais confidentes e mais sujeitos e mais obedientes do que os minas a quem o seu furor e valentia pode animar a entrar em alguma deliberação de se oporem contra os brancos".[121] O governador do Rio, já então Luiz Vahia Monteiro, respondeu, ponderando que:

> Os negros minas são os de maior reputação para aquele trabalho, dizendo os mineiros que são os mais fortes e vigorosos, mas eu entendo que adquiriram aquela reputação por serem tidos por feiticeiros e tem introduzido o diabo que só eles descobrem ouro e pela mesma causa não há mineiro que possa viver sem uma negra mina, dizendo que só com elas têm fortuna; mas para evitar as sublevações que se temem não me ocorre meio mais eficaz que o mesmo que mostrou a experiência no caso presente, remediando-se aquela sublevação com as diferenças das nações.[122]

E arrematava, aconselhando o rei a introduzir "negros de todas as nações" nas Minas Gerais, por considerar que "o meio da divisão foi sempre o maior antídoto de semelhantes máquinas, porque o reino em si dividido será desolado e a confusão das línguas foi o que arruinou a Torre de Babel". Ainda que o confronto entre as qualidades de minas e angolas pudesse estar, nesse contexto, diretamente ligado às rivalidades entre portugueses e baianos quanto ao controle do tráfico na Costa da Mina,[123] não deixa de ser importante observar a avaliação sobre os ganhos políticos a serem obtidos com o manejo senhorial da diversidade étnica da escravaria.

O tema das dissensões de origem étnica entre os escravos e sua conexão com o bom governo dos cativos foi motivo de debate entre os senhores em diversas circunstâncias. O oficial francês que esteve no Rio de Janeiro em 1748 observou que, para evitar o "inconveniente" risco de rebelião, os portugueses importavam escravos de "diferentes proveniências" e utilizavam suas rivalidades para manter "a segurança pública".[124] Além das rivalidades entre as nações, acrescentava-se a diferença entre os africanos e aqueles nascidos no Brasil. Vilhena, anos mais tarde, considerou o antagonismo "entre crioulos e os que não o são, assim como entre as diversas nações de que se compõe a escravatura vinda das costas da África", algo benéfico, capaz de compensar a "corporação temível" formada pela grande concentração de cativos.[125] Escrevendo sob o impacto da revolta dos Alfaiates e do levante no Haiti, Vilhena registrou o temor senhorial diante dos ajuntamentos de escravos, recomendando que os "bárbaros" e "horrorosos" batuques não fossem permitidos.[126]

Submissão e adaptação ao cativeiro, bem como a facilidade para o aprendizado de certas habilidades, foram também elementos destacados por muitos senhores para expressar a preferência pelos crioulos, como no caso de Antonil. Além de qualidades que atribuía a cada nação, o jesuíta marcava a distinção entre *boçais* e *ladinos* — entre recém-chegados, que não sabiam falar o português, e os que, ao adquirirem a habilidade lingüística, eram considerados "mais espertos e mais capazes para o que se lhe encomenda".[127] Antonil associava essa diferença a características individuais, recomendando, também aqui, cuidados na distribuição dos cativos pelos ofícios e tarefas. Além disso, há que se atentar ainda para o fato de "os que nasceram no Brasil ou se criaram desde pequenos em casa dos brancos" — chamados *crioulos* — serem julgados melhores que os vindos da África: "levando bom cativeiro, qualquer deles [nascidos no Brasil] vale por quatro boçais".[128]

A percepção senhorial das diferenças culturais da escravaria também adotava, portanto, critérios entrecruzados, acompanhando *grosso modo* as formas de ordenação hierárquica que identificavam e diferenciavam as posições sociais no Antigo Regime. Assim, distinguiam-se os nascidos na África e no Brasil: origem e nascimento eram considerados na qualificação dos escravos. O africano, de início associado ao *gentio* (termo ligado ao universo eclesiástico, designando genericamente os povos a serem convertidos) e referido por expressões de larga abrangência geográfica (como gentio de Guiné), foi sendo diferenciado, ao longo do tempo, por etnônimos baseados na procedência. Ao longo do século XVIII, a notação mais detalhada da *nação* (muitas vezes agregada ao nome das pessoas) acabou desempenhando o mesmo papel, associando o indivíduo assim denominado à condição escrava.[129] Do mesmo modo que as diferenças hierarquizadas na sociedade do Antigo Regime, aquelas entre crioulos e africanos e entre as várias nações eram avaliadas em termos políticos, como elementos capazes de oferecer critérios para melhor governar a escravaria.

O registro das diferenças étnicas entre os cativos interessava ao exercício da dominação. Elas serviam para avaliar as qualidades dos escravos, podiam influir em seus preços. Podiam ser utilizadas até mesmo como instrumento para a continuidade do domínio senhorial, gerenciadas para incentivar rivalidades e prevenir rebeliões. Mas não introduziam nenhuma nuance no fato básico de serem todos eles escravos. Tomados em conjunto, suscitavam cuidados. Como vimos, Vilhena advertiu senhores e autoridades coloniais contra o perigo de "tolerar que pelas ruas e terreiros da cidade [se] façam multidões de negros de um e outro sexo", com seus batuques "bárbaros", cantando canções "gentílicas, falando línguas diversas, e isto com alaridos tão horrendos e dissonantes que causam medo e estranheza".[130] Por isso, advertia ele que "seria muito para desejar que [os escravos] se pusessem num estado de subordinação tal que julgassem quanto ao respeito que qualquer branco era seu senhor".[131]

Eis a dificuldade. A diferença entre brancos e negros não era suficiente para recobrir as necessidades da dominação. "Numa cidade povoada de escravos, cafres e tão bravos como feras", como dizia Vilhena,[132] melhor seria que uma diferença visual, a alvura da pele, fosse capaz de marcar a condição senhorial. O desejo de um mundo dividido apenas em duas cores, a separar senhores e escravos, nunca se realizou. Aquela "concentração funesta" de gente podia assustar, porque nela havia uma grande quantidade de cativos. Ainda que o domínio senhorial pudesse utilizar recursos diversos, havia sempre o perigo da rebelião. O medo, entretanto, não advinha apenas da escravidão. Havia mais gente além de senhores brancos e de escravos negros — gente que não era branca e não estava sob o domínio dos senhores.

Ao fazer um balanço de seu governo e deixar várias recomendações a seu sucessor, o marquês do Lavradio dedicou algumas páginas para avaliar o "caráter das gentes" do Brasil. Não recorreu a muitos elogios:

> O caráter de alguns americanos destas partes da América que eu conheço é de um espírito muito preguiçoso: muito humildes e obedientes, vivem com muita sobriedade, ao mesmo passo que têm grande vaidade e elevação; porém estes mesmos fumos se lhes abatem com muita facilidade; são robustos, podem com todo o trabalho e fazem tudo aquilo que lhes mandam; porém, se não há cuidado em mandá-los, eles por natureza ficarão sempre em inação, ainda a ponto de se verem reduzidos à maior indigência.[133]

A facilidade do governo sobre os "americanos" esbarrava, entretanto, nos europeus que aqui vinham "ter os seus estabelecimentos". Segundo ele, provenientes na maior parte da região do Minho, eram "gente de muita viveza, de um espírito inquieto e de pouca ou nenhuma sinceridade". Açambarcando todo o comércio e deixando de contribuir para a lavoura e as indústrias locais, acabavam colocando "os miseráveis filhos do país [...] de tal forma subordinados pela dependência que têm deles que se sujeitam muitas vezes a cometer alguns excessos sugeridos por aqueles, contra os seus naturais sentimentos". Mesmo assim, por serem "gentes sem princípio e quase todos com uns nascimentos muito ordinários", suas "intrigas e inquietações" nunca chegavam a ter muita força e não era difícil "reduzir cada um a satisfazer as suas obrigações e a obedecer ao que se lhes determina". Por isso, recomendava ele a seu sucessor certo cuidado com as "murmurações", pois inventavam "muitas imposturas e falsidades", tentando subverter as resoluções tomadas pelo governo. Tais características, contudo, não colocavam grandes problemas:

> Em tendo a pessoa que os governa um coração superior a estas ridicularias e conservando-se constante no sistema que tiver formado, eles vêm finalmente a desenganarem-se: assim antes como depois obedecem com mais ou menos satisfação sua.[134]

A avaliação final do marquês era, portanto, positiva. Havia problemas, oriundos de pessoas de "nascimentos ordinários" e pouco "espírito" — mas nada que um bom governo não solucionasse. Em outra passagem, a propósito das tropas coloniais, o marquês voltou a tocar no tema. Ao sugerir a continuidade de sua política em relação aos terços auxiliares, ele ponderou que estes eram bastante úteis para manter os povos subordinados. Era um recurso muito eficiente "em um país tão dilatado, tão abundante, tão rico", no qual "a maior parte dos mesmos povos [compunha-se] de gentes da pior educação, de um caráter o mais libertino, como são negros, mulatos, cabras, mestiços e outras gentes semelhantes". Por isso, para serem governados "com sossego e sujeição", deviam ser agrupados "em pequenas divisões" comandadas por bons oficiais, que lhes dariam bons exemplos "da obediência e respeito", colocando-os "no costume da subordinação".[133]

As duas passagens podem parecer um pouco contraditórias. De um lado, os "americanos", embora preguiçosos, acabam sendo considerados fáceis de governar, bastando eliminar as más influências e manter-se superior às "ridicularias". De outro, a maior parte dos povos do país é composta de "gentes da pior educação", com as quais é preciso ter cuidados e estratégias de governo bastante precisas. A contradição desaparece quando levamos em conta o contexto em que foram feitas. Ao longo de seu extenso relatório, o marquês estava preocupado em indicar para seu sucessor o melhor "sistema de governo", ou seja, um modo adequado às diferentes qualidades de pessoas e aos vários contextos e situações — alertando-o da necessidade de adaptar-se às circunstâncias. Ele mesmo havia passado por idas e vindas, pois "logo que formava um modo [de governar], era necessário [...] alterá-lo e fazê-lo tomar outra figura".[136] Pretendendo que o futuro vice-rei pudesse aproveitar sua experiência, organizou seu texto em temas e tratou de cada um em separado, fazendo recomendações detalhadas.

Por isso, nas duas passagens, o marquês do Lavradio não estava se referindo às mesmas pessoas. Os "americanos" eram os nascidos no país, assim definidos em oposição aos "europeus", e a avaliação foi incluída na parte do relatório "a respeito da cidade [do Rio de Janeiro], o caráter de suas gentes, a qualidade dos comerciantes, o seu comércio e o sistema que segui para os poder governar".[137] Tratava-se, portanto, dos homens bons do Rio de Janeiro ou daqueles que podiam fazer parte do corpo político e econômico da cidade — no qual não estavam incluídos os "negros, mulatos, cabras, mestiços e outras gentes semelhantes". Esse outro contingente, embora composto de homens livres e forros, já que pertenciam aos terços Auxiliares e de Ordenanças, não podia ser contado entre os "americanos".

Criados no contexto da expulsão dos holandeses, no século XVII, os terços dos Henriques se multiplicaram pelas várias capitanias, crescendo em número e volume ao longo do século XVIII. Sua presença nas cidades e nas áreas rurais é ainda pouco estudada, mas sua valiosa participação militar em várias situações pode ser atestada por inúmeras fontes. Contudo, eles representavam também um foco constante de tensões. Muitos os viam como eventuais aliados dos escravos, imaginando solidariedades nem sempre efetivadas; outros tentavam controlar seu poder, zelando para que os postos oficiais desses regimentos fossem sempre ocupados por homens brancos. Em algumas situações, a Coroa tentou reduzir seu número, ou integrá-los aos regimentos dos brancos, sem sucesso. Os apelos que dirigiam aos governadores coloniais ou ao soberano português indicam claramente uma crescente insatisfação com a falta de reconhecimento político e a exigência de tratamentos e privilégios semelhantes ao concedidos aos soldados brancos.[138] Não era à toa que o marquês do Lavradio os enxergava com tão maus olhos. E aqui estamos diante de mais uma pista significativa para a análise que vimos empreendendo.

É interessante observar que, em todo o seu relatório de final de governo, haja apenas uma única (e rápida) referência ao tema da escravidão.[139] O silêncio pode fornecer, entretanto, uma chave importante para a interpretação dos significados daquela impressão inicial com a "inumerável multidão de negros" que ele registrara ao chegar a Pernambuco. Ainda que o impacto pudesse estar de algum modo relacionado à escravidão, aquela surpresa parece ter derivado bem mais da quantidade de homens de pele escura, encontrados deste lado do Atlântico, que não eram cativos. Nos dois contextos em que a palavra "negro" foi utilizada no relatório do marquês do Lavradio, seu sentido parece ter ficado mais perto do universo dos mestiços desqualificados e insolentes do que da escravidão. "Gente da pior educação", de "caráter o mais libertino", que tem dificuldade de colocar-se "em sossego e subordinação": nesse registro, a cor da pele indicava uma "plebe" problemática, mas que podia ter "grande utilidade". Mais que os escravos, eram eles a chamar a atenção do marquês em seu relatório. Essa gente apenas desejava "viver em toda a liberdade, sem sujeição nenhuma", até mesmo aquela necessária "para o seu [próprio] benefício". Bom governo era o que lhes faltava, e era isso o que o marquês recomendava a seu sucessor.[140]

No contexto das ponderações sobre as dificuldades de administrar as "gentes do país", a ênfase na coloração mais escura daqueles homens operava conforme a concepção hierárquica da sociedade no Antigo Regime, para reforçar sua posição inferior. Estavam associados, assim, a homens que não tinham ofícios, súditos que podiam facilmente criar "tumultos" ou agir de forma "ignorante", pondo em perigo o bem comum: gente que precisava ser colocada "no costume da subordinação". Só assim poderiam se tornar bons súditos e leais vassalos.[141]

Embora com algumas nuances, a mesma acepção pode ser encontrada no texto de Vilhena. Na sua primeira carta, ao descrever a população da cidade da Bahia, que julgava ser semelhante a "todo o Brasil", ele começa pelas pessoas de maior qualidade, observando que "a duração dos tempos tem feito sensível confusão entre nobre e abjetos plebeus", com muitos ostentando genealogias forjadas, ricos trajes e grandes séquitos para parecerem mais ilustres do que eram.[142] Do mesmo modo, "os que [...] se acham na repartição militar se fazem insuportáveis, pela pouca inteligência que têm do que é ser homem honrado; qualquer deles de alferes até coronel se julga o *non plus ultra* da nobreza". Há mesmo um ou outro que, "não passando de um doméstico ou agregado à família de algum dos fidalgos, que têm vindo por governadores, quer ser o grão-Tamerlão".[143]

As ácidas críticas orientam-se, também aqui, pelos critérios da governabilidade e das desordens hierárquicas empreendidas pelo desejo de ostentação. Do mesmo modo que no texto do marquês do Lavradio, a avaliação não é de todo desairosa quando os "bons costumes" se impõem ou o domínio se faz presente: "O comum do povo é serem todos ociosos, não trabalhando a maior parte dos artífices, enquanto lhes dura o comer, a tempo que querendo apurar-se são em extremo habilidosos e de comum são bons homens".[144]

Seu desdém, no entanto, torna-se particularmente cruel contra os negros e mulatos livres e forros:

> Quase todos os mulatos ricos querem ser fidalgos, muito fofos e soberbos, e pouco amigos dos brancos e dos negros, sendo diferentes as causas. Os pobres não se têm em menos conta que os brancos, sendo bastantemente atrevidos; e à sua imitação os negros crioulos, dotados todos de habilidade para os empregos a que querem destinar-se. Há muitos negros forros dos que têm vindo da costa da África, os quais não deixam de ser humildes e mais propensos aos brancos do que aos mulatos e crioulos; o que não deixa de concorrer para um profícuo e ponderável equilíbrio; todos os brancos que não têm emprego público, mulatos forros e negros libertos têm praça nos diversos corpos, tanto de tropa de linha, como de milícias urbanas, sendo os destas obrigados a fardar-se à sua custa, logo que assentam praça.[145]

Vilhena volta a ocupar-se deles ao discorrer sobre os males advindos do tráfico e da escravidão, em outra de suas cartas. Nessa passagem, ainda que o comércio de cativos pudesse ser justificado por "arrancar do gentilismo aquela multidão de gente que introduzimos no grêmio da igreja", na verdade poucos eram os escravos realmente convertidos e "não é o espírito de religião, mas o interesse" que preside tais práticas.[146] Além disso, o tráfico era responsável por várias moléstias e epidemias. Os cativos, com seus venenos, ameaçavam a vida de seus senhores; e as famílias e os eclesiásticos se viam corrompidos ao conviverem com a devassidão proporcionada pela facilidade de acesso às escravas. Criava-se assim "uma tropa de mulatinhos e crias que depois vêm a ser perniciosíssimos nas famílias", já que esses bastardos e "mulatos presunçosos, soberbos e vadios" acabavam herdando "muitas das mais preciosas propriedades do Brasil".[147] Além do desperdício econômico, essa "paixão de ter mulatos" oferecia riscos políticos, pois "todas as crias, sejam mulatas ou negras, são criadas com mimo extremoso, motivo por que são todos vadios, insolentes, atrevidos e ingratos, por culpa dos senhores e falta de governo político".[148]

Culpando o governo doméstico e o público, as observações de Vilhena apontam o quanto a riqueza e os privilégios concedidos aos mulatos ofereciam ocasiões para o desarranjo das hierarquias sociais. Ao invés de "humildes" e "obedientes", como convinha a pessoas na condição de bastardos e peões, tornavam-se "soberbos" e "presunçosos".[149] O registro das críticas guarda aqui muitas semelhanças com o da preocupação régia ao legislar contra os "abusos" e "desregramentos" ocasionados pelo excesso de luxo dos trajes e ornamentos. É nesse sentido que menciona um último "prejuízo" decorrente do emprego generalizado dos negros nas "obras servis e artes mecânicas". Por causa disso, "poucos são os mulatos e raros os brancos que nelas se querem empregar". Até os criados preferem "por melhor sorte o ser vadio, o andar morrendo de fome, o vir parar em soldado e às vezes em ladrão, do que servir um amo honrado, que lhes paga bem, que os sustenta, os estima, e isto por não fazerem o que os negros fazem em outras casas".[150]

Como se vê, trata-se de uma situação na qual os lugares sociais estão longe de ser "ordenados e compassados". Do mesmo modo que o "pernicioso luxo" podia causar a "ruína não só da fazenda, mas dos bons costumes", como dizia a pragmática de 1749,[151] a presença generalizada dos negros e a falta de "governo político" sobre os mulatos resultavam no "grande atrasamento em que se acha o Estado do Brasil".[152]

Mas atenção: é preciso cuidado na leitura dessas passagens. Muitas vezes atribuíram-se unicamente à escravidão o envilecimento do trabalho e o atraso do Brasil. Não é essa a acepção das críticas feitas por Vilhena. Até aqui, seu texto refere-se apenas aos negros e aos mulatos; nenhuma palavra indica clara e explicitamente estar tratando da escravidão. Certamente o campo semântico é próximo. Quatro parágrafos adiante, o autor indica que "a inação dos brancos" podia ser "a causa da preguiça dos *pretos*", e conclui que "nenhuma terra se prezaria de mais opulenta e farta que a Bahia se nela tivera havido governo econômico e político; *e* se jamais houveram entrado nela os escravos, causas estas do seu atrasamento e pobreza".[153] A conjunção aditiva, aqui, não pode ser menosprezada. A escravidão aparece como uma causa a mais, que agrava e onera a falta de uma política de domínio eficiente sobre os *pretos e mulatos*, capaz de impor "obediência e respeito", ou levar "a gente do país" a manter-se "no costume da subordinação", como dizia o marquês do Lavradio. A multidão de livres de pele escura (libertos ou de nascimento), capaz de suscitar tantos adjetivos detratores, estava lá, pesando cada vez mais em termos políticos.

Ao longo do século XVIII, os olhares senhoriais e administrativos operavam progressivamente no circuito que identificava a cor (negra) da pele com a condição social (da escravidão). Generalizavam, assim, o significado da palavra "negro", amalgamando escravos e libertos (ou mesmo livres) numa massa indistinta, socialmente inferior e, sobretudo, apartada da liberdade. Esse pode ter sido um movimento quase defensivo, como reação ao incômodo crescente diante da presença cada vez mais expressiva, sobretudo nas cidades, de gente que não era nem branca, nem escrava.

Como vimos, essa associação ainda não se fazia de modo único nem exclusivo. A proximidade e o afastamento do cativeiro podiam ser indicados por referências ao exercício de ofícios e situações de trabalho ou estar apoiados em distinções baseadas na cor e nos graus de miscigenação. As designações "mulato", "cabra" e "pardo", entre tantas outras, eram empregadas para insinuar gradações sociais. Cada vez mais politizadas, elas podiam implicar uma suspeição de ilegitimidade — e avaliações morais desfavoráveis — ou serem reivindicadas positivamente, para estabelecer nuances e individuar grupos ou pessoas na massa de livres, forros ou escravos.

Ainda que, de fato, na maior parte das vezes, libertos e escravos não tivessem se juntado em movimentos de contestação social, a visão desse volumoso contingente populacional podia assustar muita gente — sobretudo quem vinha de fora. Ela podia revelar, de relance, uma contradição gerada pelo próprio funcionamento da escravidão e cujas dimensões iam se tornando cada vez mais explosivas.

4. Espetáculos negros

A presença de muitos homens e mulheres que não eram brancos nos espaços urbanos coloniais foi registrada de diversos modos, em um leque variado de fontes. Muitas vezes, são dados quase inertes, que revelam aspectos demográficos, econômicos ou sociais. Em outros casos, os relatos indicam que ela podia causar surpresa e suscitar temores. Em certas circunstâncias, no entanto, podia ser aplaudida e louvada. Este capítulo focaliza algumas dessas ocasiões, em que a presença negra se transformava em espetáculo. Investiga, ao mesmo tempo, a natureza das fontes que fornecem as informações e os significados que tais acontecimentos podiam ter.

Como vimos no primeiro capítulo, as festas dinásticas eram ocasiões de júbilo em que o espaço urbano transformava-se em palco para festividades compostas por diversos rituais (civis, eclesiásticos e militares) destinados a reavivar o poderio da monarquia portuguesa e a reafirmar os elos da hierarquia social e política no âmbito local. Já analisamos brevemente algumas das celebrações ocorridas em 1760, em Salvador, Santo Amaro e Rio de Janeiro, em homenagem ao casamento da princesa do Brasil com seu tio, o infante d. Pedro. Vamos voltar agora a uma delas: as que foram realizadas na vila de Nossa Senhora da Purificação e Santo Amaro, no Recôncavo baiano, acompanhando o relato que Francisco Calmon escreveu sobre elas, publicado em Lisboa, em 1762.[1]

A notícia daqueles "augustíssimos desposórios" chegou à Câmara de Santo Amaro em outubro de 1760 e logo se mandou divulgar a boa-nova "à nobreza e povo da vila". Os vereadores passaram então a planejar as comemorações. Elas se iniciaram em 1º de dezembro, com pregões públicos que anunciavam ritualmente o acontecimento e as festas que se seguiriam e, depois de seis noites de luminárias, vários dias foram ocupados com a apresentação de danças oferecidas por corporações de ofício. Os oficiais de cutelaria e carpintaria apresentaram uma primeira dança, "vestidos com farsas mouriscas"; os alfaiates fizeram três contradanças pelas ruas, ao som de vários instrumentos; os sapateiros e correeiros não ficaram atrás, saindo com "ricas e vistosas farsas [...] ao som de várias rabecas".

No dia 14, os ourives apresentaram uma "dança dos congos" que, em forma de "embaixada", anunciava o "reinado" — que saiu efetivamente no dia 16. No entremeio, o dia 15 foi ocupado por um *Te Deum* solene, seguido por uma enorme procissão, com a presença de todo o clero, dos membros do Senado da Câmara e do capitão-mor e seu regimento, com cerca de seiscentas Ordenanças. Em seguida, no dia 17, foi a vez de uma "magnífica cavalaria" de oito parelhas, que, com muitos instrumentos musicais, atiraram lanças e simularam "uma bem ordenada e vistosíssima escaramuça". Repetiram-se as apresentações do "reinado dos congos" nos dias 18 e 21, e as da cavalaria nos dias 19 e 20, representando-se também, à noite, uma comédia e uma ópera, que encerrou "a solenidade das festas tão augustas [...] e tão alegres pela íntima satisfação de todos os moradores da vila que sempre aspiraram a distinguir-se no amor e fidelidade aos seus soberanos".[2] Foram, ao todo, 22 dias de festas e comemorações.

O texto de Calmon é bastante rico e grandiloqüente, embora sóbrio em relação a muitos de seus congêneres. Sua descrição da embaixada e do reinado dos congos tem chamado a atenção dos estudiosos. Para uns, preocupados com as origens dos congados no Brasil, esse seria o "primeiro documento conhecido sobre alguns costumes folclóricos brasileiros que se perpetuaram em danças dramáticas pelo século XIX afora".[3] Outros consideram-no o registro mais completo e detalhado de uma das grandes manifestações festivas da comunidade negra no Brasil colonial.[4]

De fato, Francisco Calmon não descreve as várias danças oferecidas pelos diversos oficiais mecânicos, mas dedica bastante atenção a essa, apresentada pelos ourives.[5] Segundo seu relato, no dia 14 de dezembro, eles teriam apresentado uma "dança dos congos [...] em forma de embaixada", que vem assim detalhada:

> Vinha adiante um estado de 16 cavalos ricamente ajaezados, cobertas as selas de preciosos telizes trazidos por fiadores pelas mãos de 16 pajens. Seguiam-se 20 criados custosamente vestidos e montados em soberbos cavalos; depois destes, marchava o embaixador do rei do Congo, magnificamente ornado de seda azul, com uma bordadura formada de cordões de ouro e peças de luzidos diamantes, e na cabeça levava um chapéu da mesma fábrica, com cocar de plumas brancas matizadas de encarnado. O cavalo em que vinha montado correspondia ao demais ornato e preciosidade e se fazia admirar pelo ajustado da marcha, com que, ao som de muitos instrumentos, acompanhava as mãos e os festejos.[6]

No dia 16 teria saído "o reinado dos congos, que se compunha de mais de 80 máscaras, com farsas ao seu modo de trajar, riquíssimas pelo muito ouro e diamantes de que se ornavam, sobressaindo a todos o rei e a rainha". Todo o cortejo foi recebido pelo capitão-mor, juiz e mais membros da vereança, no paço da Câmara. As autoridades locais estavam dispostas conforme suas posições hierárquicas, "em assentos competentes aos seus ofícios e pessoas", destinando-se ao rei e à rainha duas cadeiras ricamente ornamentadas com veludo carmesim e franjas de ouro, colocadas sobre um estrado mais alto e protegidas por um dossel de tecido verde e florões de ouro.

> Vinha o rei preciosissimamente vestido de uma rica bordadura de cordões de ouro matizada de luzidas peças de diamantes. Trazia pendente do cinto um formoso lagarto formado dos mesmos cordões, com tal artifício que parecia natural: na cabeça, coroa de ouro, na mão direita, cetro e na esquerda, o chapéu guarnecido de plumas e dobrões, que o faziam ao mesmo tempo rico e vistoso; nos braços e pernas, manilhas de ouro batido; nos sapatos, bordaduras de cordões e matizes de luzidos diamantes. A capa, que lhe descia pelos ombros, era de veludo carmesim agaloada de ouro e forrada de tela branca com agradáveis florões. Pelo ornato do rei se pode medir o da rainha, que em nada era inferior. Depois de tomarem ambos o assento destinado, lhe fizeram sala os sobas e mais máscaras da sua guarda, saindo depois a dançar as talheiras e quicumbis, ao som dos instrumentos próprios do seu uso e rito. Seguiu-se a dança dos meninos índios, com arco e flecha. Não foi de menor recreação para os circunstantes um ataque que, por último, fizeram os da guarda do rei com seus alfanjes, contra um troço de índios que saíram de emboscada, vestidos de pensas e armados de arco e flecha, com tal ardor de ambas as nações, que com muita naturalidade representaram, ao seu modo, uma viva imagem da guerra.[7]

Como se lê, a embaixada envolveu mais de cinqüenta pessoas, todas ricamente ornadas, com sedas e pedras preciosas, que desfilaram pelas ruas da vila "ao som de muitos instrumentos".

Num cortejo ainda maior, o rei e a rainha se mostravam seguindo costumes, trajes e adornos simbólicos claramente centro-africanos, como o cocar de plumas, as manilhas, o lagarto levado pelo rei, a corte de sobas[8] e a dança dos "quicumbis"[9] acompanhada por "instrumentos próprios do seu uso e rito".

A similitude com embaixadas e cortejos centro-africanos não é difícil de ser verificada e já foi amplamente estudada por Marina de Mello e Souza, que analisa não apenas os elementos tradicionais como também as práticas e hábitos cristãos dos congueses presentes em diversas coroações de reis congos na América portuguesa e no Brasil imperial.[10] A semelhança entre os cortejos reais africanos e o descrito por Calmon pode ser facilmente constatada através da leitura de descrições da cerimônia de eleição dos reis do Congo e de suas aparições públicas, como a oferecida pelo capuchinho Giovanni Antonio Cavazzi da Montecuccolo. Segundo o missionário, elas envolviam uma grande multidão, que se concentrava na praça onde o eleito seria solenemente aclamado. Numa solenidade em que se cruzam elementos tradicionais e práticas advindas da presença portuguesa, o rei era investido das insígnias reais e coroado, enquanto "todo o povo, prostrado no chão", rendia-lhe homenagem.[11]

Frei Raimundo de Dicomano, no final do século XVIII, também faz referência à eleição como forma de escolha do sucessor no reino do Congo. Segundo ele, a cerimônia se realizava no segundo sábado depois da morte do rei. Logo que eleito, o sucessor era levado "para uma praça onde está preparada uma cadeira e o fazem assentar, se lhe prostram de joelhos aos pés, tomam o barro na cara, batem as mãos e gritam viva el-rei, e assim está feito o rei".[12] Havia outros rituais políticos, dos quais o mais importante era o das embaixadas dos chefes tribais ao Mbanza Kongo (o centro do poder do reino no Congo, onde se realizavam as eleições), descritas por vários cronistas.

Cavazzi da Montecuccolo descreve ainda as aparições públicas do rei, depois de tratar das eleições e do modo do governo no reino do Congo:

> Quando ele [o rei] sai em público, é escoltado por guardas armados de arcos, lanças e mosquete. Seguem os tocadores com os seus instrumentos e também com pífaros, que os portugueses ensinaram a tocar e, com tão desconcertante harmonia, alternam os encômios ao valor e à magnificência do rei e dos seus antepassados. Nesta espécie de composições são saudados por certos arautos com clavas de ferro e com sinetas que se ouvem de muito longe. Depois segue a corte baixa, que nós chamaríamos dos palafreneiros, depois os pajens, os oficiais e grande número de cavaleiros da Cruz de Cristo [...]. Por fim comparece o rei, servido por dois escudeiros de sangue nobre e ainda novos, um dos quais leva um grande escudo coberto com pele de tigre e um alfanje ornado de jóias e o outro um bastão coberto de veludo vermelho, enfeitado com ouro e com maça de prata maciça. Ao lado do rei vão dois pajens, que abanam dois rabos de cavalo para afastar as moscas, ofício este que é considerado o mais importante de todos. Depois um dos mais favoritos leva um guarda-sol de damasco carmesim, rendado de ouro, sempre aberto sobre a cabeça do rei.[13]

A descrição de Cavazzi da Montecuccolo (e a de muitos cronistas como ele) é ordenada pelo princípio da tradução, convertendo práticas tradicionais para a terminologia européia. Mesmo assim, ela registra o cortejo processional, anota a presença dos guardas com seus alfanjes e, ao mesmo tempo, documenta a incorporação de usos europeus pela corte do Congo — aspectos fartamente estudados pela bibliografia especializada.[14] Apesar de algumas diferenças no vestuário e nos objetos levados pelos membros do cortejo em relação ao relato de Calmon, ela permite verificar rapidamente semelhanças entre os dois séquitos reais, tornando possível imaginar traços vindos da outra margem do Atlântico para as terras portuguesas na América.

Contudo, é de se perguntar: o que fazia uma corte do rei do Congo nos festejos dinásticos que se realizaram em Santo Amaro? Como explicar que tal comitiva, tão suntuosamente vestida, tenha sido recebida com tanta pompa e circunstância pelas mais altas autoridades daquela vila? Para responder essas perguntas, que parecem simples mas nos levam a muitas reflexões, é preciso considerar pelo menos dois aspectos importantes. O primeiro diz respeito à natureza do texto que nos oferece o relato; o segundo nos encaminha para a discussão dos significados do que está sendo descrito para os sujeitos históricos envolvidos naquele evento. Eis os pontos por onde começa a ser tecido este capítulo.

Publicado com todas as licenças necessárias, no máximo dois anos depois de terminados os eventos na vila de Santo Amaro, o texto de Francisco Calmon segue as práticas retóricas do período. É um opúsculo, de dezesseis páginas (sem contar o frontispício e a dedicatória), redigido por um membro da Academia Brasílica dos Renascidos, que se intitula "fidalgo da casa de sua majestade". Sua obra está dedicada ao capitão-mor das Ordenanças de Santo Amaro, Sebastião Borges de Barros, que, além de membro da mesma academia, era também cavaleiro da Ordem de Cristo, familiar do Santo Ofício e deputado da Mesa da Inspeção.

Como muitos textos panegíricos daquela época, está ordenado por duas linhas cruzadas de elogios: uma dirigida aos membros da casa real, mencionados sempre em tons superlativos; outra endereçada às autoridades locais, financiadoras e organizadoras das comemorações. Não por acaso, o relato principia pela descrição das iniciativas da Câmara e do juiz ordinário, que esteve doente e precisou ser substituído. Todos merecem adjetivos e citações que seguem a praxe do período, como a menção de terem deixado de lado seus cuidados particulares, "preferindo o gosto do público" ao contribuírem para as festas. Mas Sebastião Borges recebe mais que isso: sua saída triunfal para encontrar seu regimento, à frente de um grande número de escravos e lacaios, e ao som de vários instrumentos, ocupa lugar tão destacado no texto quanto a cerimônia do reinado dos congos ou a procissão que envolveu todo o corpo político da vila no dia 16 de dezembro. Também ele vinha "montado em um soberbo cavalo ruço-argentado, ricamente ajaezado", e até seus lacaios "se distinguiam pelas librés da sua casa, de pano alvadio com cabos azuis e plumas nos chapéus", espelhando os panos azuis com frisos encarnados, as plumas nos chapéus e os galões de ouro das fardas dos soldados.[15]

Escrita com claras intenções encomiásticas e transpondo para o papel uma cerimônia que era ordenada pelo princípio da representação das hierarquias sociais, a narrativa segue as prescrições do academicismo português e imita outras representações textuais festivas. Nada aqui pretende descrever o que se poderia chamar de real no sentido empirista, embora haja, evidentemente, um desejo de verossimilhança. Obedecendo a convenções, critérios e tópicas retóricas, o relato reordena elementos, valoriza cores e faz escolhas tendo em vista o objetivo de produzir significados a partir daquilo que está sendo descrito. Trata-se de mostrar realeza e força por meio da escolha de signos (trajes, cores, cenas, personagens e alegorias) que podem ser rapidamente decodificados pelos membros cultos da elite letrada colonial ou metropolitana.[16] Cada ornamento, aqui, funciona como um hieróglifo a ser decifrado.

Seguindo modelos retóricos da representação festiva, textos como esse constituem práticas discursivas correspondentes a rituais que também precisam ser desvendados em seus significados políticos. Para os objetivos deste capítulo, em vez de uma análise formal dos elementos constitutivos desse relato, apenas seguiremos algumas pistas. O escrito de Calmon, por exemplo, enaltece os financiadores das festividades realizadas em Santo Amaro e está dedicado à pessoa descrita como a que mais empenho fez para aquelas festas e para sua publicação pela imprensa.[17] Por isso, para buscar alguns dos sentidos daquele espetáculo negro com traços marcadamente centro-africanos que desfilou pelas ruas de Santo Amaro em 1760, não podemos esquecer que ele foi financiado pela corporação dos ourives.

Ainda que não se disponha de dados sobre os ourives de Santo Amaro nesse período,[18] podemos afirmar que estes, apesar da condição mecânica, provavelmente gozavam de algum prestígio. A ourivesaria era uma das mais distintas dentre as corporações de ofício, justamente por lidar com os metais nobres e trabalhar, muitas vezes, ligada diretamente às atividades fiscalizadoras das Câmaras. Geralmente, era uma categoria integrada por homens brancos casados[19] e sobre a qual pesavam várias restrições.[20] Certamente os de Santo Amaro distinguiam-se dentre os oficiais mecânicos e dispunham de recursos para financiar uma encenação em que os personagens estavam vestidos com sedas, brocados, cordões de ouro e pedras preciosas. Que interesse teriam em dançar ou fazer dançar uma embaixada e um reinado de congos?

Nas festas de júbilo por eventos ligados à casa real e à continuidade da dinastia, era comum a presença das cavalhadas e jogos eqüestres, além de outras danças específicas, como as farsas mouriscas que aconteceram em Santo Amaro. As cavalhadas aparecem em festividades portuguesas desde o século XV e no Brasil pelo menos desde o XVII, mantendo *grosso modo* a mesma forma: dois grupos de cavaleiros rivais (os cristãos, vestidos de azul, e os mouros, de vermelho), acompanhados por seus respectivos pajens, realizavam um torneio que incluía o jogo das canas (no qual cortam canas atiradas ao alto com suas espadas) e o das argolinhas (no qual aros metálicos são retirados com a ponta das lanças), e terminava com escaramuças entre as duas alas.[21] Apresentada ora pela nobreza da terra, ora por membros das corporações de ofício, a encenação retomava, assim, de modo alegórico, as batalhas entre mouros e cristãos e as vitórias da Reconquista.

Assim, poder-se-ia interpretar a embaixada e a dança de congos ocorridas em Santo Amaro num diapasão similar ao da rememoração das vitórias contra os mouros na Reconquista. Nesse caso, elas poderiam relembrar diretamente o êxito da política missionária portuguesa na África, mais especificamente o rápido e vitorioso processo de cristianização do Congo. A escolha teria recaído sobre um evento importante para a política cristianizadora da Coroa portuguesa.

De fato, em fins do século XV, a penetração portuguesa na região do Congo fora logo seguida pela conversão ao cristianismo do *mani* Mvemba-a-Nzinga, que se fez batizar com o nome de Afonso I.[22] A relação entre d. Afonso I e a Coroa está documentada em cartas escritas em português e em várias trocas diplomáticas de presentes e favores, bem como em narrativas de missionários.

Durante o século XVI, a nova religião, assim como hábitos e costumes cristãos, foi incorporada pela nobreza do Congo como meio de distinção e poder. No reinado de d. Afonso, com a ajuda dos portugueses, o Congo expandiu suas fronteiras e tornou-se um reino ainda mais forte e centralizado. Na segunda metade do século, no entanto, uma crescente instabilidade política foi alimentada pelos interesses dos portugueses que se aliavam com chefes locais, tentando expandir o comércio de escravos na região do Ndongo. A coesão interna foi recuperada sob Garcia II

(1641-61), que procurou manter uma política de autonomia em relação aos portugueses, aliando-se aos holandeses. Logo após sua morte, seu filho foi vencido na batalha de Ambuíla, em 1665, e o Congo se esfacelou num longo período de guerras civis. Os conflitos sucessórios terminaram apenas no início do século XVIII, quando d. Pedro IV conseguiu recuperar a capital abandonada.[23]

Decerto, a conversão do reino do Congo havia sido um feito extraordinário, diferente de toda a experiência européia no continente. Além disso, a corte conguesa, convertida ao cristianismo, aportuguesara-se: o rei e seus infantes haviam adotado nomes cristãos e usavam símbolos e rituais similares aos da corte metropolitana. A troca de cartas entre monarcas, os infantes enviados para estudar em Portugal, as missões evangelizadoras e embaixadas entre os dois reinos foram comuns no século XVI. A nobreza do Congo, composta por vários condes, duques e marqueses, havia incorporado costumes europeus e vestia sedas da China e outros tecidos finos, transformados em sinais de distinção e diferenciação social — hábitos que vigoraram até o século XVIII.[24]

Assim, apesar das flutuações do domínio português sobre o Congo, sobretudo a partir de meados do século XVII (com as guerras de penetração portuguesa na região do Ndongo ou de expulsão dos holandeses), a embaixada e o reinado encenados em Santo Amaro recordariam a rápida e vitoriosa cristianização daquele reino. A lembrança da corte conguesa pode também ter constituído para os membros das elites metropolitanas e coloniais, ainda por muito tempo, um exemplo da presença civilizatória dos portugueses no continente africano. Isso, evidentemente, pode explicar a escolha dos ourives daquela vila.

Como a fazer um contraponto às cavalhadas tantas vezes encenadas em outras festas, a escolha do reinado dos congos remetia a um evento marcante da cristandade, capaz de destacar e enobrecer os membros da corporação. Ao rememorar um longínquo êxito missionário na África, podiam aparecer como reis, nobremente vestidos, e ser recebidos pelas autoridades da vila. Mas essa é apenas uma parte da explicação — e que traz outros problemas a serem resolvidos. Como o de entender, por exemplo, os motivos que teriam levado homens que não eram negros — ou ao menos não podiam nem deviam ser negros — a se disporem a imitar uma corte do rei do Congo numa festividade pública...

Segundo Saunders, ao longo do período medieval, as ocasiões oficiais solenes eram muitas vezes assinaladas "pela participação dos povos minoritários subjugados": quando uma embaixada importante passava por uma cidade ou uma procissão era organizada para comemorar um evento feliz, mouros e judeus eram chamados para mostrar suas canções e danças exóticas. A prática parece ter persistido por vários séculos, sendo sempre atualizada: aos grupos medievais juntaram-se outros, com a incorporação das terras de além-mar aos domínios de Portugal.

Assim, em 1451, canarins e negros foram incluídos entre os dançarinos que celebravam nas ruas de Lisboa o casamento entre a infanta d. Leonor e o imperador Frederico III; em 1521, por ocasião da entrada de d. Manuel e sua nova rainha em Lisboa, os irmãos negros do Rosário levaram à cena um entremez.[25] Na entrada de Felipe III em Lisboa, os jesuítas promoveram um teatro para o rei que "impressionava pelo seu aspecto cênico, onde não faltavam reis africanos, da Índia e do Brasil".[26] Em outubro de 1666, no sexto dia de festejos públicos pelo casamento do rei, saíram "os negros (que eram negros naturais) bem a seu modo, vinham nus da cinta para cima e com seus arcos e flechas".[27]

Pouco mais de um século depois, em Vila-Viçosa, também no Reino, diversos festejos foram solenemente realizados em honra ao nascimento da princesa da Beira, d. Maria Teresa, ao longo dos sete primeiros dias do mês de julho de 1793. No terceiro dia houve apresentação de várias danças: depois das cavalhadas e de uma dança americana, "juntou-se mais outra dança de africanos, representando negros desde a cabeça até aos pés; compunham o seu baile e usavam dos seus naturais movimentos ao compasso da música com muita propriedade".[28] Após a festa de ação de graças realizada na manhã do último dia, uma procissão vespertina reuniu a esquadra de cavalaria e diversas figuras alusivas montadas em ornamentados cavalos: a Fama, Mercúrio, Portugal, a Fé, Vila-Viçosa, a Fidelidade, o Brasil, a África, a Ásia. Um "carro triunfante ricamente revestido" levava a Esperança, com três acompanhantes e vários músicos, seguidos finalmente pelas diversas confrarias, conventos, ordens, corporações e membros do Senado da Câmara daquela vila.[29]

Em terras americanas, o costume também se fazia presente. Em Pernambuco, durante os festejos em homenagem ao mártir são Gonçalo Garcia, em 1745, houve uma enorme procissão, com mais de dezesseis carros, muitas alegorias e variadas danças. Logo depois do carro que levava a Senhora do Livramento, seguiu-se "a célebre e plausível dança chamada quicumbi". A "jocosa peripacéssia [*sic*]" era composta de treze figuras, todas vestidas de veludo negro, ricamente adornadas com ouros e diamantes e levando capas de damasco carmesim. Cada uma dessas figuras era acompanhada por um caudatário, "ornado com caprichoso asseio". Na frente de todos ia um guia, também ricamente vestido:

> Cobria-lhe a cabeça uma prateada carranca por divisa, adornada de muitos pendentes de ouro e finíssimos diamantes. Posteriormente ornava-se de um tope de fitas e soberba plumagem. Vestia três fraldões, o primeiro de brocado de ouro carmesim, o segundo de seda encarnada de ouro, o último de finíssimas rendas. Ao som de violas e pandeiros, cantando e dançando ao modo etiópi-

co, louvores entoavam ao Santo Gonçalo, que certamente era deste um dos espectadores mais célebres e sonoros que continha todo este festival triunfo.[30]

Em certas festividades, havia também grupos indígenas que ocupavam lugares similares àqueles dos africanos. Durante os festejos pernambucanos em homenagem a são Gonçalo, em 1745, depois do carro triunfal da Senhora do Bom Parto,

> se via a graciosa dança de caboclinhos, composta de nove rapazes índios do país, ricamente ornados e nus da cintura para cima ao modo pátrio. Cobriam-lhes as cabeças capacetes lavrados de cordões de ouro matizados de broches de diamantes com tremulante plumagem na parte posterior. Vestiam saiotes de seda e tisso [*sic*] de ouro agaloado com rendas e franjas do mesmo. [...] Guiavam-se de um seu semelhante, que só diferia na cor e custo que com diversidade dos mais vestia. Voava-lhe sobre a cabeça um papagaio artificiosamente fingido, com naturalidade. Vários giros e voltas entrecadentes, com passo uniforme, faziam todos pelo centro de uns arcos de cipó, ornados e pintados de várias cores e penas.[31]

Três anos depois, durante os luxuosos festejos da instalação do bispado de Mariana, mais precisamente por ocasião da "felicíssima posse e pomposa entrada do seu meritíssimo primeiro bispo", saíram às ruas muitos carros, diversas mascaradas e outras tantas danças, entre elas a dos "carijós ou gentio da terra":

> Era esta [dança] ajustada de onze mulatinhos de idade juvenil, nus da cintura para cima, a qual cingiam várias plumas cinzentas caídas até os joelhos, formando saiote: rodeavam as cabeças penachos das mesmas plumas e outros fingidos de papel pintado e latas crespas; nos braços e pernas tinham várias prisões de fitas, maravalhas e

> guizos; na variedade das mudanças usavam de uns arcos, com que formavam diversos enleios, cantando ao mesmo tempo célebres toadas ao som de tamboril, flautas e pífaros pastoris, tocados por outros carijós mais adultos que na grosseria natural dos gestos excitavam motivo de grande jocosidade.[32]

Em 1793, na cidade do Porto, no desfile comemorativo de uma efeméride da vida da infanta portuguesa, um carro com ninfas e gênios era precedido por "uma dança de nove americanos pretos [*sic*] da mesma idade [de oito anos] que executavam unidos um jocoso baile".[33] No arraial da Conceição, em Minas Gerais, nas festas realizadas em 10 de agosto de 1801 em honra de Bernardo José de Lorena, chegou-se a simular uma guerra, com avanços e retiradas, saltos e danças, cipós e arcos, ao som de muitos assobios curtos e fortes, e de paus batidos uns contra os outros. Tudo executado por

> uma tropa de pequenos caboclos. Eram todos crianças, muito vivos e ligeiros, pintados de urucum e bem ensaiados, de maneira que imitavam perfeitamente os verdadeiros caboclos. Um monstruoso e conchado jacaré vinha no meio desta maloca e servia de montada ao seu cacique.[34]

Com os integrantes hierarquicamente dispostos em longas e numerosas procissões que desfilavam diante de palanques e camarotes especialmente construídos para a ocasião, tais danças de índios, caboclos ou pretos revestiam-se de um sentido diretamente relacionado às glórias do Império português. Assim como as alegorias dos continentes combinavam com as representações das virtudes da nobreza de sentimentos ou de máximas morais, elas traziam para o contexto laudatório da monarquia um exemplo das gentes das Conquistas e seus costumes. Seguindo o mesmo diapasão, os ourives de Santo Amaro poderiam estar simplesmente repetindo uma longa tradição, escolhendo no interior de um repertório algo que não apenas pudesse encantar e divertir, mas também surpreender e enobrecer.

É preciso observar, no entanto, que esses exemplos aparecem mencionados numa chave retórica específica. Ainda que fossem naturais na cor ou na origem, eram dançadas por pessoas que fingiam trajes, imitavam gestos e simulavam eventos que, não por acaso, remetiam ao ultramar. Com suas particularidades excêntricas, operavam no registro da farsa e ocupavam um lugar ornamental em relação às alegorias que representavam figuras mitológicas, cenas bíblicas, virtudes morais ou ainda os continentes. Eram brincadeiras, traziam diversão, faziam rir: com leveza e graça, contrabalançavam e serviam para evidenciar as cenas mais graves e solenes.

Como já vimos, os reis negros de Santo Amaro não foram nem os primeiros nem os únicos. Em 1760, a Procissão do Triunfo, que em Braga aplaudiu o casamento entre a princesa do Brasil e o infante d. Pedro, incluía uma África trazendo numa das mãos um molho de espigas e acompanhada por um preto com aljava e um arco, levando um elefante; uma América coroada de plumas e acompanhada por um tigre; e uma Europa, "vestida à trágica", coroada de flores e trazendo um touro a seus pés.[35] Em outro carro, "vinha um rei preto e a rainha, acompanhado de muitos pretos, cobertos somente as precisas partes do corpo de vistosas penas de aves, com arcos e flechas, formando seus engraçados e sinceros bailes".[36]

No Rio de Janeiro, em 1762, por ocasião do nascimento do príncipe da Beira, foram os *pardos* que se fantasiaram de congueses para encenar o reinado:

> fizeram [...] um estado imitando o do rei do Congo e constava das figuras seguintes: um rei, um príncipe, dois embaixadores, sete sobas, nove capitães da guarda, três mocambos, um com vestido nu fingindo a África armada de arco e flecha e outras duas serventes do rei e seis caudatários. Seguia-se a isso a dança de um soba mágico composta de vários bichos os quais eram leão, cavalo, camelo, onça, cão, urso, unicórnio, macaco, jacaré, boi com um elefante ricamente vestido, cantando todos em aplauso do sereníssimo senhor príncipe da Beira.[37]

Essa mesma passagem reaparece de modo um pouco diverso, em outra versão. A descrição da festa é muito semelhante, mas variam os comentários e as escolhas narrativas:

> Saíram também num destes dias, com uma farsa à imitação do estado de que em cerimônia se serve o rei dos Congos, esses homens mistos (natural resultado de duas cores opostas) a quem com impropriedade mas por convivência chamam *pardos*. Os gestos, a música, os instrumentos, a dança e o traje tudo muito no uso daqueles africanos, descontentando ao bom senso, não deixavam de divertir o ânimo por estranhos. Ali se refletia que o gosto das coisas também se continha nos limites da opinião. Entre aqueles bárbaros antípodas da Europa, não pelo sítio senão pelos costumes, uma Florinda não faria a perca de um homem: um Egissieli, em vez de estimações conseguiria desprezos. É outra lá a formosura; muito diverso o bom canto. Só a virtude se conforma ao palato de todas as nações. Fizeram-no pois os nossos pardos com toda a propriedade e agenciaram com ela o aplauso que pode franquear-se a uma imitação.[38]

Nas duas versões, as evidências de uma dança teatral, de uma imitação que ao mesmo tempo diverte e aplaude, exibe-se e presta homenagem, são bem mais claras que na narrativa de Francisco Calmon. A imitação, o fingimento e a representação são evidentes: a corte do Congo tem aqui tanta força alegórica quanto aquele pardo que vai "com vestido nu", e leva arco e flecha "fingindo" ser a África. A primeira versão enfatiza a presença dos animais exóticos, como a reforçar a curiosidade, a marcar o estranho mundo dominado pela Coroa portuguesa. A segunda prefere explicitar o estranhamento diante de costumes praticados por aqueles "bárbaros antípodas da Europa".

Em 1777, as festividades lisboetas em homenagem à aclamação de d. Maria I incluíram a apresentação de diversas danças, entre elas as da aurora e dos pescadores, as danças francesa e chinesa, a das colarejas (vendedoras de frutas) e horteloas, a das peixeiras, a das pretas e a dos pretos. A penúltima era composta por

> vinte e cinco figuras que eram vinte de mulheres, uma que figurava rainha e dezenove de dança, todas vestidas de encarnado e negro, fingindo meio corpo nu e a rainha acompanhada de quatro pretos, vestidos todos de negro figurando a nudez dos corpos, cobertos com penas de várias cores nas cinturas, braços e cabeça, levando nas mãos arcos e flechas. Um preto baixo e velho, vestido em figura de macaco, preso de uma cadeia com as visagens que fazia a todos causava muito riso e prazer.[39]

Logo depois vinha a dança dos pretos, que se fazia acompanhar por seis músicos com os instrumentos e máscaras dela característicos e

> constava de vinte homens vestidos de branco com guarnições negras e de prata e na cabeça barretes negros com as armas do Senado e bastões altos nas mãos. O seu guia levava uma bandeira e ia acompanhado de quatro pretinhos com paus de bexigas nas mãos.[40]

Ainda que se trate de reis e rainhas, o registro jocoso da farsa e a rusticidade cômica procurada nessas passagens parecem evidentes. Certamente elas remetem às características centro-africanas dos cortejos congueses: aí estão as comitivas que seguem em procissão, os guardas com seus alfarjes, os sobas e demais dignitários, os cantos e danças. A presença dos animais e, sobretudo, os comentários indicando o riso e o prazer despertados no público colocam essas descrições em posição distante da solenidade impressa ao reinado dos congos de Santo Amaro — e mais longe ainda daquela observada em relatos como o de Cavazzi da Montecuccolo.

As regras da escrita são tão fortes na prescrição das formas de apreensão dos eventos que algumas vezes se tornavam explícitas. As homenagens ao casamento dos príncipes de Portugal e Castela feitas na Bahia foram registradas detalhadamente, em 1727, num *Diário histórico*. Ao descrever a grande procissão que encerrou os festejos (e que incluía catorze danças, um baile, 62 confrarias com seus guiões e bandeiras, além de vários carros com alegorias), seu autor não se conteve:

> Por resolução do Senado da Câmara vestiram os oficiais da República 14 danças, para fazerem plausível esta grande procissão, as quais todas se compunham de muitas e bem trajadas figuras e harmônicos instrumentos cujos novos e inventos me seria fácil expor neste papel, se a jocosidade deles não fizesse menos grave a matéria desta relação.[41]

O engenho da escrita não podia prescindir do equilíbrio. Se a procissão podia vir com seus excessos e grandiosidade, enchendo os olhos de todos com suas "bem trajadas figuras e harmônicos instrumentos", a narrativa, mesmo sendo uma descrição detalhada, demandava cuidados na composição. A celebração solene em papel e tinta parecia precisar de maior contenção que aquela ocorrida ao longo de tantos dias, pelas ruas de Salvador. Nas ruas ou no papel, no entanto, elas constituíam eventos cujo sentido parece ser dado pelo olhar polido dos que organizavam, comemoravam e escreviam esses festejos dinásticos. Longe de serem festas negras, constituíam festas brancas, nas quais os negros, pardos, caboclos e índios apareciam para divertir, fazer surpresa e alegrar o ambiente.

Em comparação com suas congêneres, a pompa e o fausto do reinado dos congos do Recôncavo baiano oferecem grande contraste. Podemos encontrar danças, farsas e máscaras de negros e pardos presentes em várias narrativas, mas não um cortejo negro tão solene e luxuoso, nem uma embaixada e um reinado — como em Santo Amaro. Para seguir novas pistas, na tentativa de decifrar o enigma, teremos que deixar as festas, em busca de eventos nos quais os próprios negros desempenhavam o papel de sujeitos.

A presença de embaixadas africanas não era algo tão extraordinário para as autoridades coloniais no Brasil ou até mesmo no Reino. Eram um instrumento freqüente nas negociações "de Estado para Estado", envolvendo questões de guerra ou acordos comerciais, e recebidas com toda a pompa que tais acontecimentos normalmente requeriam. Já mencionamos as negociações diplomáticas entre a Coroa e o Congo, que resultaram no envio de nobres congueses a Lisboa e em trocas de presentes e rituais de deferência entre os governantes dos dois reinos.[42]

No Brasil, para retomar um exemplo importante do final do século XVII, podemos lembrar das embaixadas enviadas por Ganga Zumba para negociar a paz com as autoridades coloniais, em 1678. Depois das expedições comandadas por Manoel Lopes Galvão e Fernão Carrilho em 1676-8, as autoridades de Pernambuco julgavam ter finalmente destruído os quilombos de Palmares.[43] Houve festas pelas vilas e, para garantir a submissão dos derrotados, o governador da capitania enviou mensageiros para intimar Ganga Zumba a render-se, sob pena de novo e fulminante ataque.

Em junho de 1678, num sábado de tarde, véspera da festa de santo Antônio, o alferes enviado a Palmares pelo governador entrou na cidade "acompanhado de três filhos do rei com 12 negros mais". Eles vinham dispostos a fazer a paz.

> Natural foi o alvoroço que causou a vista daqueles bárbaros, porque entraram com seus arcos e flechas e uma arma de fogo; cobertas as partes naturais como costumam, uns com panos, outros com peles; com as barbas, uns trançados, outros corridos, outros rapados; corpulentos e valentes todos; a cavalo vinha o filho do rei, mais velho, porque vinha ferido da guerra passada; todos se foram prostrar aos pés de d. Pedro de Almeida e lhe bateram as palmas, em sinal de seu rendimento e em protestação da sua vitória; ali lhe pediram a paz com os brancos.[44]

A comitiva foi recebida "com grande demonstração de alegria" e celebrou-se uma missa de ação de graças na matriz do Recife, ricamente adornada e iluminada. Os termos do acordo foram acertados e, em novembro, Ganga Zumba foi pessoalmente ao Recife assinar o acordo de paz.[45] A delegação contava, dessa vez, com quarenta pessoas.

A história de Palmares ainda está por ser mais bem investigada e faltam muitas informações sobre essas duas embaixadas. As descrições produzidas sobre elas são de outra natureza, bem distantes do júbilo narrativo dos textos festivos que examinamos anteriormente, embora mantenham um tom claramente laudatório.[46] Tudo indica, entretanto, que elas seguiram as formalidades da época, incluindo trocas de presentes e amabilidades entre as partes negociantes. Ganga Zumba e seus emissários foram recebidos com festa e entusiasmo pelas autoridades no Recife, e os filhos de Ganga Zumba foram batizados e ganharam nomes cristãos, chegando a auxiliar nos combates contra os liderados por Zumbi.[47] Como embaixadas, obtiveram êxito em sua missão. A delegação foi recebida com honras e negociou cláusulas de um acordo que foi cumprido pelas autoridades, incluindo a concessão das terras de Cucaú, ao norte de Serinhaém.

Houve também embaixadas africanas no Brasil. Talvez as mais antigas de que se tenha notícia sejam as enviadas pelo rei do Congo e seus aliados a Nassau, em 1642.[48] Stuart B. Schwartz menciona uma missão "'quase' diplomática", composta por seis príncipes africanos enviados a Lisboa em 1673 pelo governador de Angola, que esteve na Bahia antes de seguir para o Reino.[49] As mais conhecidas são, entretanto, aquelas mandadas pelos reis da costa ocidental da África, a partir de meados do século XVIII, com claros interesses comerciais. Elas ocorreram entre 1750 e 1811, no contexto da expansão daomeana e das complexas relações entre Portugal, a Bahia e os reinos da Costa da Mina: foram quatro embaixadas enviadas aos portugueses pelo rei do Daomé, duas pelo rei de Onim (atual Lagos) e uma pelo rei de Ardra (atual Porto Novo).[50]

A primeira, em 1751, era composta por um embaixador e dois mensageiros, acompanhados de criados e uma pequena comitiva, que vieram do Daomé para cumprimentar o vice-rei do Brasil e negociar o comércio de escravos com ele. A delegação chegou à Bahia em 29 de setembro de 1750 e ali permaneceu até 12 de abril de 1751. A visita foi precedida de notícias enviadas pelo diretor da fortaleza de Ajudá ao vice-rei, e era patente o interesse na negociação entre a Bahia e o Daomé com vistas à continuidade do tráfico. Os documentos disponíveis sobre essa embaixada são contraditórios e precisam ser lidos com os devidos cuidados.

Segundo um relato escrito por José Freire Monterroyo Mascarenhas e publicado em Lisboa em 1751, ao chegar ao porto baiano, o navio que trazia a delegação daomeana foi logo saudado pela artilharia das fortalezas e seus ilustres passageiros levados ao Colégio da Companhia de Jesus, onde ficaram hospedados na mesma sala destinada aos vice-reis da Índia quando passavam pela Bahia.[51] O conde de Atouguia, vice-rei do Estado do Brasil, querendo aproveitar os festejos do aniversário de dom João V para causar maior impacto na comitiva africana, resolveu conceder a primeira audiência somente no dia 22 de outubro, data de nascimento do monarca e ocasião de júbilo e glória em todo o Império português.[52]

De acordo com Mascarenhas, nesse dia, logo de madrugada os regimentos da infantaria desfilaram, "todos vestidos de gala". No palácio, o vice-rei, sob um luxuoso dossel, estava acompanhado pelo Senado da Câmara e toda a nobreza da Bahia. Logo depois das dez horas, saiu a embaixada, atravessando os festejos destinados a homenagear o rei português. Novamente, o grupo africano causou grande impacto:

> Estava o embaixador vestido com um saial de tela carmesim, todo guarnecido de rendas de ouro crespas, com uma espécie de saia como de mulher, sem cós, a que eles dão o nome de *mayala*, também do mesmo estofo, todo guarnecido de franjas de seda, um cendal curto com borlas pendentes e uma capa com uma grande cauda, como roupa real, de tela furta-cores, forrada de cetim branco e com listas de cores diferentes, turbante magnífico e precioso e os borzeguins dourados. Os dois fidalgos vestiam pela mesma moda, mas com diferença nas cores e nos estofos. Meteram-se nas cadeiras [enviadas pelo vice-rei] e os seguiu a pé a sua comitiva por entre quantidade de plebe, e chegando à esquina da Casa da Moeda se apearam das cadeiras e continuaram o caminho a pé para o

Palácio com os seus criados e as quatro raparigas vestidas ao uso do seu país com lenços envoltos nas cabeças, mas sem camisas.

Chegando à sala das audiências, fizeram-se os cumprimentos:

> Entrou o embaixador na sala com grande confiança, fazendo cortesias para uma e outra parte, observando uma gravidade sem afetação, até chegar ao lugar que o conde vice-rei ocupava; e não distinguindo a sua pessoa entre a magnificência que divisava em todos, perguntou pelo seu intérprete qual era, e logo, sem perder a soberania do seu aspecto, o cortejou primeiro à portuguesa com três cortesias, feitas com muito ar e imediatamente, ao modo do seu país, prostrando-se por terra com os braços estendidos e as mãos uma sobre outra, e trincando os dedos, como castanhetas, cerimônia com que no Daomé costumam venerar aos seus reis, indicando-lhes deste modo o gosto com que lhes fazem esta prostração.

Por meio dos intérpretes, o vice-rei passou então a ouvir o embaixador, que, depois de vários circunlóquios, entregou-lhe uma carta de seu monarca e ofereceu dois caixões e quatro negrinhas como presentes para o vice-rei e para o rei de Portugal. A audiência encerrou-se com despedidas e cortesias, e os embaixadores voltaram ao colégio dos jesuítas, onde doaram "vinte moedas de ouro" aos negros que os carregaram. Nos dias em que permaneceu em Salvador, a comitiva teria ainda visitado "fortalezas, conventos, igrejas e tudo o mais que é digno de curiosidade".

A narrativa guarda muitas semelhanças com os panegíricos analisados há pouco. Estão presentes aqui as mesmas regras acadêmicas do bem escrever, os mesmos recursos retóricos e escolhas descritivas. É interessante notar, entretanto, que ela não foi elaborada a partir do testemunho pessoal e direto do autor e pode ser considerada uma peça irônica e crítica em relação ao conde de Atouguia.[53] Essa característica é constatável a partir do confronto deste texto com outros documentos.

Uma possibilidade são as cartas trocadas entre o vice-rei, o monarca português e seus conselheiros, que confirmam os acontecimentos narrados por Mascarenhas e a verossimilhança de seu relato. Nelas não há, porém, menção à numerosa comitiva, mas apenas à passagem de dois mensageiros por Salvador. Eles teriam ficado hospedados na Bahia às expensas do Erário Régio.[54] Segundo essa correspondência, o conteúdo da carta daomeana destinada ao monarca português permaneceu secreto e a caixa, que continha panos-da-costa, foi enviada ao Reino juntamente com três das quatro crianças doadas como presente, já que uma ficara cega.

A diferença fundamental entre o relato de Mascarenhas e essas cartas é que o vice-rei, nesta última documentação, parece bem menos amável e solícito para com os emissários africanos. Em carta dirigida ao soberano, Atouguia afirmava ter recebido o embaixador no dia do aniversário real e contava ter respondido a ele que, como o Daomé violara a boa-fé portuguesa, não podia reconhecer seus ministros nem receber mensagens de sua parte. Segundo ele, a recepção não tinha passado de "uma simples demonstração de hospitalidade que sua majestade tem o hábito de oferecer aos estrangeiros que algum acidente ou necessidade comercial fazem vir às suas portas".[55] Variam também os significados envolvidos na escolha da data para realizar a primeira audiência com os embaixadores. Cruzar a recepção a estrangeiros ilustres com a festa pública dinástica era uma boa estratégia, segundo Atouguia: as tropas marchavam em homenagem ao rei, mas diante do colégio onde estava hospedado o embaixador, e ambos eram saudados pelos mesmos canhões e pela artilharia. Associada à festa dinástica, a recepção aos embaixadores africanos revestia-se assim de maior honra e circunstância. Do ponto de vista do governador, a escolha aproveitava uma economia de recursos para impressionar o embaixador e marcar pontos durante as negociações. Por outro lado, a comitiva que passava engalanada pelas ruas onde também desfilavam tropas em trajes de gala, ao som de foguetes e salvas de artilharia, tornava-se parte integrante dos festejos — além de testemunha importante de uma ocasião em que se reverenciava o poder da Coroa portuguesa. De certo modo, o embaixador do Daomé e seu séquito foram colocados pelo vice-rei na posição similar àquela ocupada pelos cortejos de reis e rainhas negros analisados há pouco ou pelas danças de congos que desfilaram pelas ruas de Santo Amaro em 1760. No relato de Monterroyo Mascarenhas, porém, a iniciativa de associar os dois acontecimentos apenas servia para marcar a falta de jeito de Atouguia. Era mais um elemento a ser explorado retoricamente em prol de uma leitura (política) da figura e da atuação do vice-rei.

Apesar dessas divergências, a leitura desses documentos reitera observações feitas anteriormente em relação aos textos panegíricos e permite contextualizar as informações sobre a embaixada do Daomé. Ela revela também que os sentidos dos eventos ocorridos na Bahia certamente não foram unívocos. Podiam ser encarados como atividade diplomática rotineira, parte de uma comemoração dinástica destinada a reafirmar os vínculos entre o monarca e seus vassalos, ocasião para demonstrar a força e o poderio da soberania portuguesa, ou ainda servir de pretexto para uma criação literária bem engendrada e inserida em jogos políticos entre nobres e grandes do Reino. A importância de cada um desses significados pode ter variado conforme a fonte das informações — mas todas atestam a presença de embaixadores africanos recebidos com honras de chefe de Estado na capital do Estado do Brasil.

Em 1795 houve outra embaixada vinda do Daomé, dessa vez composta por dois mensageiros do rei e um intérprete (um escravo pertencente ao diretor do forte de Ajudá que havia fugido e pedido proteção ao rei daomeano).[56] O governador da capitania informa que seguiu os procedimentos adotados anteriormente pelo conde de Atouguia e que a delegação foi recebida por "um capitão de infantaria de um dos regimentos" da cidade, ficando hospedada no convento dos franciscanos às expensas da Fazenda Real. Ele providenciou ainda que "umas roupas compridas de seda" fossem confeccionadas, para que os africanos se apresentassem diante dele como convinha, já que os embaixadores vieram "unicamente cobertos com um pano-da-costa, sem mais alguma roupa e sem pessoa alguma incumbida de os servir, à exceção do mesmo língua escravo". Do mesmo modo, o governador aproveitou uma ocasião solene e festiva do calendário municipal para receber a delegação:

> Chegando o dia de Corpo de Deus, depois de acabada a procissão, vieram dar a sua audiência, escolhendo este dia por se achar a tropa postada à imitação do que praticara o mesmo vice-rei, que destinou para os receber o dia dos anos do senhor rei dom João V, de gloriosa memória.[57]

Cartas foram entregues e presentes trocados, e antes de outubro daquele ano os embaixadores seguiram para Lisboa, onde foram tratar diretamente com a rainha dos interesses do Daomé em estabelecer uma linha privativa de comércio de escravos com a fortaleza de Ajudá. Não parecem ter sido bem-sucedidos quanto à exclusividade comercial, já que a rainha seguiu as opiniões contrárias à proposta daomeana, expressas pelo governador da Bahia. Por outro lado, ela atendeu a alguns pedidos, ao indicar que substituiria o diretor da fortaleza, de quem reclamava Angolô, e manteria em seu posto o tenente-diretor, pois este parecia "ser o favorito do dito rei", julgando "preferível deixá-lo para o momento no mesmo cargo para não escandalizar".[58] Prometia ainda satisfazer o pedido de um bergantim e de um escrivão e enviar um "carregamento de boa seda, de ouro e de prata trabalhada, e todo o resto que pertence a um rei", em breve.[59] Seguindo práticas anteriores, os embaixadores foram batizados e ganharam nomes cristãos. Um deles morreu "de um resfriado que se agravou", mas o outro voltou ao Daomé, com permissão para usar as insígnias do hábito da Ordem de Cristo.

Na viagem de volta permaneceu em Salvador por algum tempo, até o final de 1796, quando finalmente o governador conseguiu colocá-lo em uma embarcação que seguia para o Daomé, juntamente com dois missionários incumbidos de "catequizar o rei e convertê-lo ao cristianismo". Descontente, o governador desabafou:

> Não foram poucas as impertinências, grosserias e incivilidades que sofri do embaixador, apesar da afabilidade e atenção com que sempre lhe falava, já pretendendo que lhe assistisse com dinheiro da real fazenda para manter talvez os seus vícios [...], já demorando-se extraordinariamente nesse palácio [...]; porém a consideração das honras e distinções com que sua majestade o tratou e do caráter de que vinha revestido, posto que dele se não fizesse merecedor, e a reflexão de ter nascido entre bárbaros, aonde se desconhece a civilidade e polidez e aonde só reina a barbaridade e grosseria, me fez fechar os olhar e disfarçar aquelas desordens que obrava, que só se poderiam coibir por meios violentos de que me não resolvi a usar, nem contra ele nem contra o seu intérprete, homem de péssimos costumes.[60]

As negociações entre Portugal e o reino do Daomé continuaram no início do século XIX, com novas embaixadas e trocas de cartas, que não acompanharemos aqui.[61] Por agora, importa observar que o convívio com os embaixadores não era destituído de tensões. Além das disputas comerciais e dos interesses divergentes entre potentados africanos e traficantes baianos, havia o jogo político da própria monarquia portuguesa com relação às suas fortalezas e posições comerciais na África Ocidental. Ao mesmo tempo, a perplexidade diante de gente de costumes tão diferentes impunha dificuldades de outra natureza. As tensões e conflitos aparecem a cada momento, na leitura da documentação.

O relato de Mascarenhas certamente explorou a diferença de usos e costumes em detrimento do conde de Atouguia, salientando a altivez dos embaixadores do Daomé, para acentuar o desajeitamento do conde. Mas havia também uma opacidade no olhar que merece ser observada. Mascarenhas, por exemplo, descreve um ritual celebrado pelos embaixadores enquanto esperavam pela primeira audiência:

> No meio tempo desta demora lhes dava o seu calendário uma festa que eles e os seus celebraram, segundo o rito gentílico que professam. Mataram muitas aves e untando-se com o sangue delas, fizeram banquetes de iguarias ao seu modo e, porque não usam de vinho nem de outras bebidas fortes, brindaram à saúde de seu monarca e da felicidade do seu governo com café e com chocolate que o conde vice-rei lhes mandava todas as manhãs.

A brevidade da descrição, em meio à narrativa dos acontecimentos diplomáticos, bem como a ausência de qualquer comentário além do qualificativo de ser um "rito gentílico", é reveladora — mesmo considerando que a alteridade tenha sido politicamente instrumentalizada contra Atouguia. O tom polido que reconhece rito e governo diversos, modos e usos diferentes, marca uma distância que só pode ser superada pela tradução, pela conversão. Não por acaso os embaixadores de Palmares e do Daomé foram batizados e apadrinhados pelas autoridades coloniais. De certo modo, o desabafo de Fernando José de Portugal diante das "impertinências, grosserias e incivilidades" dos embaixadores de 1796 evidencia as dificuldades da relação com gentes de costumes tão diferentes. Os interesses comerciais e de Estado, no entanto, fizeram com que tais diferenças fossem toleradas, talvez na relação direta com que tenham sido consideradas características de gente nascida "entre bárbaros".

De modos diversos, esses documentos permitem constatar que comitivas negras ou africanas podiam ser recebidas com pompa pelas autoridades coloniais e metropolitanas, e tratadas como delegações de dignitários estrangeiros. A recepção honrosa aos embaixadores talvez pudesse ser associada ou disfarçada por outras festas. Mas é certo que homens africanos passaram engalanados pelas ruas, ficaram hospedados em conventos e palácios e foram recebidos em audiências com as cerimônias necessárias. Em segundo lugar, mostram que, na maior parte das vezes, as embaixadas e os cortejos negros acabavam se inserindo em rituais que enalteciam o poder da Coroa. Reais ou imitadas, elas constituíam uma outra maneira de rememorar a glória do soberano e atualizar seu poder, através da reverência simbólica de gentes vindas de reinos de além-mar que desfilavam pelas ruas das vilas coloniais.

Mesmo nesse registro, nem tudo era festa. As fontes indicam que os costumes africanos integrantes desses préstitos cerimoniais eram pouco compreendidos pelas autoridades metropolitanas e coloniais. Quando não estavam no contexto do exótico, da diversidade que divertia e alegrava, eles introduziam tensões, podiam gerar conflitos e mal-entendidos, que precisavam ser contornados ou, simplesmente, evitados.

* * *

Havia ainda outros cortejos de reis negros que ocupavam com certa freqüência as ruas e praças das vilas e cidades do Império português. Segundo José Ramos Tinhorão, as negociações entre d. Manoel (e depois d. João III, de Portugal) e d. Afonso I (do Congo), bem como a presença de vários nobres congueses no Reino (desde pelo menos 1483), teriam produzido impacto entre os escravos de Lisboa. Assim, aqueles cativos vindos do Congo ou de nações ligadas a ele teriam buscado "de alguma forma o reconhecimento de sua superioridade sobre os demais".[62] A confraria de negros (forros e escravos) devota de Nossa Senhora do Rosário, que havia sido criada em Lisboa por volta de 1520, teria então começado a realizar o auto de coroação dos reis de congos, diante de sua capela.[63]

A relação causal entre os eventos pode oferecer alguns problemas,[64] mas o fato é que há referências a eleições de reis negros em Lisboa desde meados do século XVI. Em outubro de 1730, por exemplo, nos festejos do Rosário, os negros da igreja do Salvador, naquela cidade, elegeram um rei e os dignitários de sua corte. Nessa mesma ocasião, o rei de Angola dirigiu uma carta em "língua de preto"[65] convidando o rei mina a cantar na procissão e a dançar durante a festa, que foi celebrada com grande aparato: "No adro [da igreja] estava um rancho com instrumentos, com uma bizarra dissonância, porque estavam três marimbas, quatro pífaros, duas rabecas do peditório, mais de 300 berimbaus, pandeiros, congos e ganzás".[66]

No Estado do Brasil, a indicação mais antiga referente à coroação de reis negros sob responsabilidade de uma irmandade aparece nos livros de receitas e despesas da igreja de Nossa Senhora do Rosário dos Homens Pretos do Recife, referentes aos anos de 1674 e 1728. Ali, junto às despesas de eleição dos juízes e demais cargos da mesa diretora da irmandade para os anos de 1675 e 1676, estão anotados os gastos com a eleição de reis e rainhas angolas e crioulos.[67] O relato de um viajante que esteve no Recife, no entanto, indica que as eleições ocorriam bem antes dessa data:

> No domingo 10 de setembro de 1666 teve lugar a sua festa em Pernambuco. Depois de [os negros] terem ido à missa, em número de cerca de 400 homens e 100 mulheres elegeram um rei e uma rainha, marcharam pelas ruas cantando e recitando versos por eles improvisados, precedidos de atabaques, trombetas e pandeiros. Vestiam roupas de seus senhores e senhoras, trazendo correntes de ouro e pérolas, alguns estavam mascarados. Os gastos da cerimônia lhes custaram 100 escudos. Durante toda a semana o rei e os seus oficiais não fizeram outra coisa senão passearem gravemente pelas ruas, de espada e punhal ao cinto.[68]

As informações sobre a eleição de reis negros na América portuguesa, no entanto, tornam-se mais consistentes para o final do século XVIII.[69] Mesmo assim, há pouquíssimas descrições diretas desses eventos, que, contudo, podem ser constatados através de documentos eclesiásticos e da correspondência entre as autoridades coloniais.

Em dezembro de 1748, a irmandade do Santo Rei Baltazar da cidade do Rio de Janeiro, afirmando que o imperador, rei, rainha e "mais adeptos da nação do santo rei Baltazar" costumavam sair nos domingos e dias santos para tirar esmolas "por meio de danças e brinquedos que fazem com todo recato e sossego", pedia licença para fazer a festa de coroação do rei de nação rebolo.[70] No Dia de Reis, realizaram-se as festas em homenagem ao santo Baltazar e a coroação do rei eleito, de nome Antônio. Segundo Mello Morais, o campo de São Domingos amanheceu repleto de gente e lá pelas dez horas o som dos sinos misturou-se ao das caixas e chocalhos que precediam o majestoso cortejo real:

> O rei e a rainha, com seus mantos de belbutina escarlate de estrelas, com suas vestiduras cintilantes de lantejoulas e agaloadas, aquele com seu cetro dourado e esta com seu diadema resplandecente, pisavam garbosos à frente de sua corte, levando dois vassalos as duas coroas, vestidos de capa e espada, ostentando na cabeleira carapinhada e no pontudo topete fios de corais e miçangas que lhes desciam em voltas como um casco de capacete.[71]

Vinham seguidos de grande corte, compostas por príncipes e vassalos, e de um feiticeiro que, "envergando vestimenta de peles e rubro cocar", levava uma enorme cobra enrolada ao pescoço e muitos colares de miçangas com figas e talismãs nos braços. Todos seguidos por grande multidão, que também bailava e dançava.

Apesar da diferença temporal, os exemplos do Recife e do Rio de Janeiro guardam vários aspectos em comum. A coroação era precedida por uma eleição que escolhia o rei e a rainha. Em alguns casos, nessa ocasião também eram eleitos outros membros da mesa administrativa da irmandade ou da corte real (duques, condes e outros nobres).[72] As cerimônias eram realizadas no interior das igrejas e, depois da coroação, um cortejo saía pelas ruas, acompanhado de danças e desfiles ao som de muitos instrumentos. Nesses dias, os reis, rainhas e suas cortes saíam incorporados, isto é, vestidos com ricos trajes e usando mantos, cetros e coroas. As solenidades de coroação geralmente ocorriam no dia do santo de devoção das irmandades, ou nos dias subseqüentes, quando as bandeiras das confrarias ficavam hasteadas e realizavam-se missas solenes e procissões.[73]

Sem dúvida, esse era o ponto máximo das atividades dos reis. Diversas fontes indicam que as folias (como também eram chamadas) podiam sair às ruas várias vezes por ano, de acordo com os recursos e as vontades dos reis. Algumas vezes iam simplesmente em busca de esmolas para as obras das igrejas e para as festas de seus oragos, outras saíam de forma mais solene, como nos dias de coroação e festa do santo.

Nem todas as irmandades tinham reis e rainhas. Eles eram freqüentes sobretudo nas que congregavam homens pretos, escravos ou livres. Em alguns casos, havia determinação nos compromissos das irmandades para que esses cargos fossem exclusivos de uma etnia ou nação, outras vezes nenhum requisito era enunciado, podendo haver grande variação entre as irmandades e ao longo do tempo.

O compromisso da irmandade de Nossa Senhora do Rosário e São Benedito dos Homens Pretos da cidade do Rio de Janeiro, de 1759, previa a eleição anual de um rei e uma rainha. Pelas contribuições ali estipuladas, pelo local de suas sepulturas na igreja e pelo número de missas por suas almas, o posto situava-se abaixo dos juízes e juízas da irmandade — mas acima de outros cargos da mesa administrativa (como os de juízes de ramalhete, por exemplo).[74] Nesse caso, não havia nenhuma indicação restritiva para a escolha do rei, ao contrário do que acontecia no compromisso da irmandade de Nossa Senhora dos Homens Pretos do Recife, cujo capítulo 28 prescrevia:

> Que se faça rei de Congo e rainha e ambos serão alistados na eleição; e cada um dará de esmola de seu cargo quatro mil réis e quando se eleger o rei seja um dos irmãos desta irmandade do gentio do reino de Angola, isento de escravidão, casado, de bons costumes e temente a Deus [...]. Será obrigado a mandar tirar esmola pelas suas nações nas quatro festas do ano para ajuda das obras da igreja.[75]

Como se pode observar, esses reinados negros estavam diretamente ligados à vida confraternal. Nos últimos anos, as irmandades de homens pretos e pardos na América portuguesa têm sido cada vez mais estudadas.[76] Vários autores têm mostrado como elas constituíam instrumentos importantes para a construção de laços de solidariedade, identificação étnica e integração dos africanos e afro-descendentes. Assim como suas congêneres de homens brancos, eram agremiações leigas, organizadas em torno da devoção a um santo padroeiro, que possuíam regras específicas aprovadas pelas autoridades eclesiásticas e, a partir de 1765, também pela Mesa de Consciência e Ordens.[77]

Além das atividades devocionais, cuidavam de seus membros em diversas situações, prestando ajuda material e espiritual: enterravam os mortos, rezavam missas pelas almas dos irmãos, assistiam os doentes, ofereciam apoio em casos legais, emprestavam dinheiro em várias ocasiões, inclusive como forma de auxílio na compra de alforria para os irmãos escravos.[78] Por isso mesmo, elas se configuraram como importantes espaços de sociabilidade, solidariedade e coesão grupal, e eram muito populares. Estudos referentes ao final do século XVIII e início do XIX indicam que cerca de 80% da população negra e mulata da Bahia pertencia ao menos a uma irmandade.[79] Examinando especificamente as confrarias de escravos, Patricia Mulvey afirma não ser exagero dizer que em cada paróquia no Brasil colonial havia uma delas, ligada a uma igreja ou convento.[80]

Cada irmandade possuía uma mesa dirigente (composta por juiz, procurador, escrivão e tesoureiro, no mínimo), além de vários cargos honoríficos e irmãos eleitos que administravam os recursos e as atividades da confraria. Assim como no caso das irmandades brancas, havia aquelas exclusivas de negros (livres ou escravos) e algumas que congregavam apenas homens pardos. Havia também outras nas quais as diferenças de cor, procedência e condição não eram requisitos para a admissão dos membros. As irmandades do Rosário concentravam maior número de negros, crioulos ou de procedência centro-africana, mas muitas vezes eram integrados também por grupos vindos de outras regiões. Talvez esse seja o motivo de terem sido as mais importantes dentre todas, chegando a constituir 52% de todas as 165 irmandades negras fundadas entre o final do século XVII e ao longo do XVIII.[81] As diferenças étnicas entre as agremiações ou internas a cada uma delas, entre seus membros, podiam gerar conflitos, mas alguns estudiosos indicam que essas divergências culturais tenderam a diminuir no final do século XVIII e início do XIX.[82]

Todas tinham suas festas específicas, dedicadas aos santos de devoção, quando realizavam diversas procissões pelas ruas das vilas e cidades, saindo incorporadas, isto é, compostas de forma hierárquica, com seus estandartes e os membros da mesa administrativa perfilados e vestindo roupas especiais.[83] Em algumas ocasiões, como nas festas do Corpo de Deus, que anualmente envolviam todas as autoridades civis, militares e eclesiásticas das vilas, as irmandades negras ocupavam um lugar importante, posicionando-se nos cortejos conforme sua antigüidade e hierarquia.[84] Integravam-se, assim, ao corpo político das cidades.

Ao mesmo tempo, podiam abrigar valores e práticas bem distantes do mundo branco. Embora algumas irmandades declarassem expressamente em seus compromissos que realizar feitiços e portar amuletos eram infrações passíveis de expulsão, vários autores mencionam que muitas práticas religiosas, tradições e costumes africanos puderam florescer sob o abrigo das confrarias.[85] Marina de Mello e Souza, apoiada na bibliografia africanista, defende a existência de um catolicismo negro (ou luso-afro-brasileiro, como quer Linda Heywood), desenvolvido na África e na diáspora, que foi capaz de dar consistência às irmandades negras e esteve na base das coroações dos reis de congos e de outras nações na América portuguesa. Produto do encontro de diferentes culturas no contexto da exploração colonial, ele congregava símbolos e práticas religiosas que foram sistematicamente decodificados de modos diversos pelos vários grupos envolvidos.[86]

Desde os estudos clássicos de Julita Scarano e Caio Boschi, a bibliografia tem discutido se as irmandades constituíam instrumentos do domínio colonial ou espaços de resistência das comunidades negras no Novo Mundo.[87] Certamente eram as duas coisas ao mesmo tempo, amortecendo tensões, mas também servindo como canal de identidades e solidariedades entre homens e mulheres africanos e afro-descendentes. Russell-Wood vai ainda mais longe, considerando que as irmandades, praticamente as únicas associações comunitárias dirigidas pelos homens de cor que foram permitidas na América portuguesa, tornaram-se (juntamente com os terços de pardos e negros) porta-vozes das aspirações e demandas dos negros e mulatos libertos e livres.[88]

Do ponto de vista da Igreja, as irmandades negras eram um incentivo à conversão e à difusão do catolicismo. Do ponto de vista dos africanos e seus descendentes na América portuguesa, livres ou escravos, eram instituições organizadas e dirigidas por eles, que serviam — numa sociedade escravista — como importante canal de preservação e expressão de seus valores e anseios religiosos, sociais e políticos.

O impacto político dessas associações foi expressamente reconhecido por autoridades eclesiásticas das Minas Gerais em uma representação datada de 1794. Ali os vigários mineiros afirmam:

> Desde o descobrimento das Minas até o tempo presente, do indiscreto e inconsiderado estabelecimento das irmandades dos pretos e pardos, estes eram humildes e moderados. Os pretos não ousavam levantar os olhos ou responder com tom mais alto a seus senhores, nem ainda a qualquer branco. Os pardos tinham por gran-

> de honra quando algum branco se servia deles e louvava o seu préstimo. Todos reconheciam a humildade e o abatimento da sua condição e o respeito que deviam aos brancos. [...]
>
> Porém, depois que se estabeleceram as ditas irmandades, animaram-se do espírito de intriga, revestiram-se de arrogância, e mudaram a humildade e o abatimento que lhes é próprio em soberba e desaforo. [...] As irmandades dos pretos e pardos são as mais arrogantes, soberbas e descomedidas, já porque muitos dos pardos são abundantes e dotados de préstimos com que adquirem a benevolência e proteção de pessoas poderosas, já porque muitos dos pretos têm a proteção e a assistência de seus senhores que fazem timbre e ponto de honra de sustentar e defender as pretensões das irmandades em que os seus escravos são irmãos, de sorte que estes indivíduos destituídos por sua condição de figurarem ou terem autoridade alguma se consideram em uma grande figura quando se alinham.[89]

Congregados nas irmandades, os negros e pardos constituíam um corpo político e social que expressava valores e reivindicações que certamente podiam desagradar e preocupar muitos senhores e autoridades coloniais. Não é à toa que Carlos Drummond de Andrade, ao comentar a história das irmandades negras mineiras, afirma que elas serviam de abrigo para a "luta contínua de pretos contra brancos". Sua alma de poeta o leva a interpretar cristalinamente a conquista da capela do Alto da Cruz, em Vila Rica, pelos pretos do Rosário como parte da "luta de classes — luta civil, urbana, longe dos quilombos".[90] Ainda que nem sempre integrassem diretamente as mesas dirigentes das irmandades, reis e rainhas negros, ligados a elas, tinham impacto político semelhante. Atuando em vários momentos da vida confraternal e exercendo posição de liderança entre seus membros, constituíam importantes pólos aglutinadores da comunidade africana e afro-descendente na América portuguesa. Assim, de modo bem diverso dos reinados descritos nos textos panegíricos, no caso das eleições, coroações e festas de reis e rainhas negros nas irmandades estamos diante de formas de coesão social entre escravos e libertos e de reativação de tradições africanas (e especialmente centro-africanas) nas Américas.[91]

As irmandades, suas festas e as eleições dos reis e rainhas negros também despertavam sentimentos opostos entre senhores e autoridades civis e eclesiásticas, sendo reconhecidas e algumas vezes usadas para garantir a continuidade do domínio senhorial. Antonil chegou a recomendar aos senhores que deixassem seus escravos "criarem seus reis, cantar e bailar por algumas horas honestamente em alguns dias do ano", como forma de mantê-los sossegados.[92] Em alguns casos, o apoio senhorial era incentivado pelas autoridades, como se lê na provisão que aprovou o compromisso da irmandade do Rosário de São Paulo, em 1778, ao admoestar os senhores dos escravos que "os ajudem a serem irmãos, a servirem a Senhora do Rosário", pois a "escravidão foi [permitida pelo pontífice] para lhes não tirarem os gentios as vidas e para os católicos lhes solicitarem salvar as almas das que hão de seus senhores dar tão bem conta a Deus".[93]

Em outros, a ajuda podia ser mais terrena, com doações e esmolas. Marcos Aguiar menciona uma interessante correspondência entre duas senhoras mineiras sobre uma dança de congos que seria oferecida na festa em homenagem a Nossa Senhora das Mercês. Haviam pedido a uma delas que cedesse "um crioulo [...] para servir de rainha" naquela dança, mas ela queixava-se de não ter "trastes suficientes" para vesti-lo de rainha. Por isso pedia à amiga que lhe emprestasse "todo o necessário, que é roupa preta, a saber saia preta e roupão preto e o mais lavrados para o peito".[94]

Assim, tais festas e atividades podiam ser aceitas, incentivadas ou simplesmente toleradas, para reiterar o princípio da igualdade entre cristãos, reforçar o proselitismo católico, ou serem utilizadas como parte das estratégias para acomodar tensões entre escravos e senhores ou integrar cativos e libertos à ordem social. No mais das vezes, porém, o sentimento era de preocupação e desagrado. Nas Minas Gerais, o conde de Assumar comentava com apreensão, em correspondência de 1719, que os negros tinham nomeado "rei, rainha, príncipe e oficiais militares". Pensava ele que isso podia ser "alguma ridicularia dos negros", mas confessava sua aflição quando teve notícia de que tais eleições ocorriam em várias vilas da capitania.[95]

Em 1728, os "reinados da gente preta" foram considerados pelo governador do Estado do Brasil um dos principais "abusos" que se haviam estabelecido na cidade da Bahia. Observava ele que, "para fazerem aquele ato com grandeza", altares eram roubados e escravos que se achavam "em troncos ou reclusos em castigo das suas desenvolturas" eram retirados das casas dos moradores. Por isso, o governador resolveu determinar que não houvesse mais "função alguma de reinados, podendo só os juízes e juízas de Nossa Senhora do Rosário fazer na sua igreja as suas festas". As penas eram graves, já que os "pretos que entrarem naquele festim" seriam "açoitados a[o pé da] coluna, servindo nas galés por tempo de um ano", e "as pretas" seriam "presas a meu arbítrio".

Para o governador, as festas eram, obviamente, expressão de liberdades intoleráveis conseguidas pela escravaria de Salvador. Ele julgava que consentir tais costumes era atitude de "terríveis conseqüências". Além de estarem ligadas a uma afronta ao poder senhorial (na medida em que escravos eram retirados de seus castigos), estavam associadas a outros "abusos", como o aluguel de casebres para os escravos ou os ajuntamentos "com atabaques e outros instrumentos em vários lugares da cidade". Resolveu então tomar providências e, através de um bando, proibiu todas essas práticas, penalizando os oficiais de justiça e sargentos que não efetuassem as prisões.[96]

Preocupação semelhante pode ser encontrada em uma carta do governador da Bahia dirigida ao rei, em 1765, a respeito de uns "ilhéus" congregados numa confraria do Espírito Santo. Andavam eles "vestidos de foliões com tambor e pandeiros pelas ruas de Salvador, acompanhados de alguns mulatos que entre si admitiam para as cantigas e facécias de palavras e obras e um fazendo a farsa de imperador".

Ainda que a ocasião fosse de folia, como o cortejo era seguido por "muitos mulatos e pretos" que reverenciavam outro soberano que não o de Portugal, o governador mandou que eles se fizessem acompanhar "só dos brancos, irmãos da confraria". Ponderava ele que

> em Lisboa, ainda a ínfima plebe se compunha de homens brancos, criados entre o temor e o respeito das leis e da cristandade, o que não sucedia na Bahia, onde a ínfima plebe era de mulatos insolentes e presumidos e de pretos brutos, sem consideração alguma, por isso que daqueles folguedos nada se podia esperar mais que mortes entre uns e outros.[97]

Vistas como ocasiões para crimes e outros desregramentos, essas práticas de negros e mulatos precisavam, aos olhos de várias autoridades coloniais, ser coibidas. A associação entre tais festividades e o enfrentamento, direto ou indireto, do poder senhorial é mais que evidente nesses textos, que expressam grande pragmatismo político. Em alguns casos, os significados mais profundos dessa afronta chegaram a ser explicitados de forma bastante direta.

Em 1771, o vigário colado de São Sebastião de Mariana reclamava do "desaforo e agressividade dos negros" da irmandade do Rosário dos Pretos da sua freguesia, que exigiam homenagens e deferências (como tirar o chapéu, curvar-se diante da passagem do cortejo ou ter assentos privilegiados na igreja) e todo um "fingido aparato" que, para ele, eram inadmissíveis.[98] Ele também considerava ser "indecente, abominável e incompatível" que aquelas pessoas se revestissem "das insígnias de majestade — coroa e cetro". E insistia:

> Tem mostrado a experiência que, depois de ser rei algum escravo é tal a sua presunção que não serve mais a seu senhor com satisfação, o que será sendo forro; todos os pretos ficam tratando sempre como reis velhos. [...] Em São Sebastião, ao rei reeleito o reconhecem os pretos por verdadeiro rei, o têm por oráculo, rendem-lhe obediência, tratam-no como adivinhador; é procurado de diversas partes pelos seus calundus e adivinhações, e fortunas que promete. [...] Tantas venerações aos tais reis nesta terra, onde é tão superior o corpo dos negros ao número dos brancos, facilmente pode produzir as funestas conseqüências por eles tantas vezes ameaçadas.[99]

Além dos crimes e dos desregramentos religiosos, os reinados negros aparecem aqui associados a práticas africanas e afro-americanas. Transcendendo a esfera religiosa, eram percebidos também como atos políticos desestabilizadores, que precisavam ser reprimidos. Mais que uma "ridicularia" dos negros, havia ali uma liderança política e religiosa que era ameaçadora. A posição do vigário de Mariana ecoa as muitas e conhecidas ordens contra os ajuntamentos de escravos, a proibição de batuques, bailes, calundus e outras "ações indecentes e escandalosas".[100] Como vimos no capítulo anterior, os senhores e as autoridades coloniais nem sempre entravam em acordo quanto à necessidade de reprimi-las ou incentivá-las, embora todos estivessem preocupados com a eficácia dos meios para a manutenção da ordem e do controle social.

Havia, certamente, uma avaliação branca e senhorial das manifestações negras, escravas, forras ou livres. O parecer de um ex-governador de Pernambuco escrito em junho de 1780 explicita essa diferença, mostrando a aceitação daquelas que podiam ser "traduzidas" ou associadas a práticas portuguesas e o repúdio das que permaneciam completamente opacas. O conde de Povolide diferenciava "duas castas de bailes" existentes naquela capitania: as "danças supersticiosas" e aquelas não totalmente reprováveis.

> Os pretos divididos em nações e com instrumentos próprios de cada uma dançam e fazem voltas como arlequins e outros dançam com diversos movimentos de corpo, que ainda que não sejam os mais inocentes, soam como os fandangos de Castela, as fofas de Portugal e os lundus dos brancos e pardos daquele país; os bailes que entendo serem uma total reprovação são aqueles que os pretos da Costa da Mina fazem às escondidas ou em casas e roças com uma preta mestra com altar de ídolos adorando bodes vivos e outros feitos de barro, untando seus corpos com diversos óleos, sangue de galo, dando a comer bolos de milho depois de diversas bênçãos supersticiosas fazendo crer aos rústicos que naquelas unções de pão dão fortuna, fazem querer bem mulheres a homens e homens a mulheres.[101]

O contraste e o juízo de valor presentes na fala do conde parecem certeiros. Mas nem sempre as autoridades coloniais podiam distinguir com clareza quais eram as práticas reprováveis. A triagem podia se tornar difícil diante das danças de pretos e dos reinados de congos das festas das irmandades. Ainda que as suspeitas do vigário de Mariana indicassem a associação entre os reinados e uma liderança religiosa distante do catolicismo europeu, estes e os cortejos negros, mesmo não sendo "os mais inocentes", podiam ser tolerados. Afinal, eram bem semelhantes a outros muitos reinados, embaixadas e cortejos negros que atravessavam as ruas e praças coloniais.

Por outro lado, é preciso considerar o pragmatismo do governador da Bahia e pensar nos significados que essas e outras festividades tinham para a multidão de pretos e mulatos que se apinhavam nas vilas e cidades da América portuguesa. Ainda que fizesse parte de festejos dinásticos financiados pelas Câmaras e corporações de ofício, e pretensamente se destinasse a glorificar o poder real, o reinado dos congos de Santo Amaro, por exemplo, poderia estar longe de ser entendido como tal. Aos olhos da turba de pele escura que acorreu para ver o espetáculo, os significados daquela encenação podiam remeter às coroações dos reis nas irmandades negras, aos cortejos africanos do Congo ou às embaixadas reais que também eram recebidas com pompa pelas autoridades coloniais.

Como todos conviviam com cortejos negros de várias naturezas, como saber em qual deles havia "soberba e desaforo"? Por isso, a passagem de homens negros ricamente adornados e recebidos com pompa pelas autoridades locais — nas várias situações — podia ser desestabilizadora. A teatralização que reafirmava o poder do monarca em terras coloniais, exibia potências em negociação ou reiterava o júbilo dos fiéis diante de seus santos de devoção podia então configurar-se como um contrateatro. Encenado nas ruas das vilas e cidades, ele possuía um potencial político que era reconhecido e temido por senhores e autoridades coloniais.

Isso nos leva de volta à pergunta inicial, sobre os motivos da escolha feita pelos ourives de Santo Amaro em 1760. De um lado, seguindo as praxes rituais das festas dinásticas, poderiam ter se juntado às celebrações do casamento dos herdeiros do trono português rememorando grandes feitos da monarquia. Trazendo ornamentos exóticos, podiam contribuir com graça e circunstância, alegrando a todos com uma embaixada e um reinado tão extraordinários.

Mas, como lembra Pedro Cardim, dizer que as festas dinásticas eram ocasiões políticas significa também dizer que elas não eram práticas unilaterais, apenas de reafirmação do poder. Mesmo as encenações mais aparatosas podiam ser momentos em que as dissensões políticas se expressavam. Rivalidades e oposições podiam se manifestar através de deslocamentos e inversões de sentido, recorrendo às próprias tópicas retóricas. Muitas vezes eram mensagens de caráter ambíguo, dirigidas a autoridades presentes ou distantes dos eventos, geralmente cifradas aos olhos de hoje.[102] Podemos pensar então que a escolha da corporação dos ourives de Santo Amaro também comportaria outros significados. Como homens mecânicos, podiam ter levado ao centro da festa um reinado capaz de expressar outros poderes. Aproveitando o engenho de saírem como reis, puderam ser recebidos solenemente por vereadores, juízes e capitães. A Câmara e as autoridades, que lhes impunham restrições e impedimentos pela condição mecânica, podiam — ao menos por uns dias — reverenciá-los. Recorrendo à popularidade dos reinados negros das irmandades, talvez tenham pensado ainda em agradar à plebe negra e mulata, e fazer a apresentação — ou a própria causa — mais memorável daquele mês de dezembro.

O que eles talvez não considerassem é que a encenação feita naqueles dias podia querer dizer muitas coisas. Desfilando em ruas e praças coloniais, os reinados de congos das festas públicas dinásticas podiam rememorar outros reis negros, na longínqua África ou bem mais próximos, líderes de muitos irmãos e confrades pretos. Ao se associarem com outros rituais negros, podiam angariar a admiração e o respeito da multidão de negros e mulatos (cativos ou libertos), mas também despertar medo. Nas cidades da América portuguesa, os espetáculos negros podiam ser vistos e entendidos de formas opostas. Divertidos, gloriosos e solenes, podiam também colocar outros poderes em evidência, amedrontar e alarmar os olhares brancos e senhoriais.

5. Os povos das Conquistas

Em dezembro de 1786, aproveitando a corveta que seguia para a Bahia, o governador de Moçambique enviou ao governador daquela capitania umas "galanterias da Ásia" e lhe pediu alguns favores. Estava remetendo um casal de anões para a corte e queria que o colega baiano cuidasse bem deles. Junto iam umas caixas, que também deviam ser mandadas "com toda a segurança na primeira ocasião que houver de navio para Lisboa". Embora preocupado, ele confiava que o presente enviado à corte iria agradar, "visto que pelos seus extravagantes feitios não hão de deixar de ter grande estimação". Ele havia recomendado ao capitão da corveta que levara os anões à Bahia que só os apresentasse ao governador quando estivessem vestidos "no traje do seu próprio país", para que "pela equipação [fossem] mais vistosos". Insistindo na estratégia, pedia ao governador da Bahia que também ordenasse ao capitão do navio que os conduziria a Lisboa a adoção do mesmo procedimento, quando fosse a hora de entregá-los ao secretário da Marinha e Ultramar, Martinho de Melo e Castro — a quem se destinavam.[1]

Pediu também a ajuda do governador para fazer chegar até seu irmão dois caixotes que iam pelo mesmo navio, acompanhando outros caixotes e o saco com as cartas dirigidas à corte portuguesa. Muito gentil e cheio de elogios, terminou sua carta ao governador da Bahia colocando-se à disposição, se o colega quisesse alguma coisa de Moçambique, já "que todos os anos passa por este porto, para este, o navio de viagem da Índia", e ele sabia ser preferido "a mil pessoas" para qualquer solicitação, tal o "empenho [que tinha] de lhe obedecer".

Cuidadoso, fez uma relação de tudo o que estava sendo remetido para a cidade da Bahia, às ordens do governador:

> um anão por nome Sebastião; uma anã por nome Ana; um saco de pano branco [...] dentro do qual vão as vias das cartas do serviço de sua majestade (uma delas à rainha nossa senhora pelo seu Conselho Ultramarino, uma dita ao ilustríssimo e excelentíssimo senhor Martinho de Melo e Castro, uma dita ao ilustríssimo e excelentíssimo senhor marquês de Angeja, uma dita ao ilustríssimo e excelentíssimo senhor dom Rodrigo José de Meneses [governador da Bahia], uma dita para a Casa da Índia; um canudo de folha de flandres enrolado em pano branco com sobrescrito ao ilustríssimo e excelentíssimo senhor Martinho de Melo e Castro; quatro caixotes, um dos quais é mais pequeno, com produções naturais para o Real Gabinete com sobrescrito ao mesmo senhor, pelo primeiro até o quarto com marca R; dois barris com a marca R com o letreiro "Para o Real Gabinete de Sua Majestade".[2]

Escrita em tom polido, a carta em tudo segue as regras da boa etiqueta nas relações entre as autoridades encarregadas da administração do Império. As mesuras retóricas foram acompanhadas de presentes aos hierarquicamente superiores e o pedido de favores foi seguido por ofertas e empenhos de obediência. Perdida no meio de maços da correspondência oficial, ela parece não ter grande importância, diante dos graves assuntos tratados nesse tipo de documentação, mas nos permite flagrar um aspecto interessante da administração colonial na segunda metade do século XVIII. Ao lado dos textos que lidavam com os assuntos do governo sobre terras e gentes do Império seguiam também caixotes e barris com espécies naturais e curiosidades enviadas como presentes pessoais ou hierárquicos.

Os caixotes com espécimes de plantas e minerais seguiam para o Museu de História Natural, ligado ao Jardim do Palácio da Ajuda, também conhecido naquela época como "gabinete",[3] uma das mais importantes instituições dedicadas aos estudos naturalistas em Portugal no final do século XVIII.[4] Não por acaso situado num dos palácios de residência real, o museu fora criado durante o período pombalino e recolhia coleções de plantas, sementes, amostras minerais e animais vindas de várias partes do Reino e, especialmente, das colônias. Essa carta registra, portanto, um pequeno flagrante do envolvimento da Coroa com a busca de maior conhecimento sobre as áreas coloniais, associando os interesses naturalistas e dos acadêmicos às necessidades de revigorar a economia imperial.

Essas relações entre ciência e poder não constituíam novidade em Portugal. Fora assim no início dos tempos modernos, no período dos descobrimentos, e continuava agora, ao longo do século XVIII. Durante o reinado de d. João V, as artes e as ciências haviam ganhado patrocínio especial, financiado pelas riquezas vindas do Novo Mundo. Os debates filosóficos, políticos e científicos entre letrados "castiços" e "estrangeirados", nas academias ou em casas nobres, como a do conde da Ericeira, foram reforçados por iniciativas institucionais, e os conhecimentos científicos e militares (que incluíam a engenharia e a cartografia) se desenvolveram, em estreita ligação com as necessidades de defender o território e mapear as potencialidades do Reino e suas Conquistas.[5]

Foi somente no tempo de d. José I, no entanto, que um conjunto de iniciativas, somadas a oportunidades bem aproveitadas e intervenções políticas bem planejadas, redesenhou o panorama político e cultural no Império português. Evidentemente, não é este o espaço para traçar um balanço do período pombalino, cujas dimensões políticas e econômicas mais amplas têm sido bastante exploradas pela bibliografia.[6]

Também é certo que essa não foi obra de um só homem, nem o impulso reformista foi interrompido pela "viradeira" do início do reinado de d. Maria I, continuando sob a égide de d. Rodrigo de Sousa Coutinho. Mas, de modo breve, pode-se observar que, unindo o ideário ilustrado aos princípios mercantilistas, o período em que Sebastião José de Carvalho e Melo esteve à frente do governo português foi constituído por reorientações na política econômica no Reino que visaram fortalecer o poder monárquico e reordenar o equilíbrio entre as forças e as instituições governamentais.[7] Eliminando oposições (com o enquadramento de parte da nobreza e de alguns setores da economia reinol, e com a expulsão da Companhia de Jesus), a ação pombalina compreendeu uma miríade de reformas em diversos planos, cuja avaliação ainda hoje desperta controvérsias.[8] As várias medidas então postas em prática pretendiam ainda redimensionar as relações entre a metrópole e seus domínios ultramarinos, com providências importantes para combater o contrabando, ampliar o comércio entre as regiões do Império, diversificar a pauta de exportações coloniais e fortalecer o domínio e a exploração metropolitana na área colonial.[9]

Associando saber e poder, a maior parte dessas determinações apoiou-se em diagnósticos científicos e políticos que envolveram homens de ciência e estadistas, novidades do conhecimento ilustrado e inovações nos meios de controle da administração imperial. A intensa produção de memórias econômicas e políticas misturava-se ao grande número de instruções detalhadas de governo, dirigidas aos administradores coloniais, ao longo de toda a segunda metade do século XVIII.[10] Era preciso conhecer melhor o mundo ultramarino para dele poder tirar melhor proveito, assim como era preciso instruir bem os administradores para que o domínio colonial se tornasse cada vez mais eficaz.[11]

A historiografia brasileira tem enfocado esse movimento de um ponto de vista nacional, mas ele não foi exclusivamente português ou luso-brasileiro, envolvendo outras partes do Império. Certamente a América portuguesa constituía então o principal centro de convergência dos interesses portugueses no ultramar, como havia reconhecido d. Luís da Cunha, que chegou até mesmo a aconselhar a transferência da corte para o Brasil, para que nele tomasse "o título de imperador do Ocidente".[12] A proposta não vingou, apesar de sugestões semelhantes ao longo da segunda metade do século XVIII, mas revela bem a importância das riquezas aqui produzidas. Ao mesmo tempo, muitos letrados nascidos em terras brasileiras participaram ativamente desse processo, como observam vários estudos.[13]

Contudo, como dizia Azeredo Coutinho, é preciso não esquecer que o Brasil estava "situado no meio do mundo":[14] a economia brasileira não funcionava sem escravos, vindos em grande parte das costas atlânticas da África Central, e estes não eram comprados sem os tecidos asiáticos, tão necessários aos negócios nos sertões angolanos, por exemplo.[15] Os significados mais amplos das relações entre o conhecimento e o domínio sobre terras e gentes das áreas coloniais precisam ser analisados, portanto, nessa perspectiva. No caso do Brasil, é preciso pensar, ao menos, em termos do Atlântico sul.[16] É com essa intenção que começamos a puxar os fios deste capítulo.

* * *

A expulsão dos jesuítas certamente facilitou a reforma da educação, anunciada pelo famoso livro de Verney.[17] A criação do Real Colégio dos Nobres (1761), a presença da Real Mesa Censória no reordenamento da educação básica (a partir de 1771) e a reforma na Universidade de Coimbra, concluída em 1772, com seus novos professores e novas dinâmicas de ensino, constituem facetas importantes de um movimento que não se restringiu aos aspectos educacionais. Acompanhando mudanças similares em outros países, houve uma renovação nos quadros intelectuais portugueses, acompanhada pela criação de importantes instituições culturais e científicas. Em parte fruto de uma política deliberada da Coroa e em parte balizadas pela contribuição individual de algumas personalidades marcantes, como Domingos Vandelli (em Coimbra a partir de 1764), essas transformações tiveram grande impacto na formação de jovens intelectuais — muitos deles vindos do Brasil, como Alexandre Rodrigues Ferreira, seu irmão Bartolomeu e Manuel Galvão da Silva (oriundos da Bahia); Joaquim José da Silva e João da Silva Feijó (do Rio de Janeiro), e Joaquim Veloso de Miranda (das Minas Gerais).[18]

Ainda que parte da bibliografia tenha enfatizado a "defasagem" ou o "atraso" da ilustração portuguesa,[19] essa geração de naturalistas mantinha contato com os novos conhecimentos produzidos em outras partes da Europa.[20] E esteve também diretamente ligada aos interesses da Coroa portuguesa, às vezes participando ativamente da administração ultramarina. Vinculados ao Jardim do Palácio da Ajuda e ao Museu de História Natural, eles realizavam viagens de campo em Portugal e expedições a diversas partes do Império. Seguiam as indicações de Lineu, mas também serviam às necessidades diretas da Coroa de conhecer e explorar melhor as riquezas do Reino e de suas Conquistas.[21] Tais nexos tornaram-se patentes durante o governo pombalino e estenderam-se ainda pelo reinado de d. Maria I, sobretudo pela continuidade da presença de Martinho de Melo e Castro como secretário da Marinha e Ultramar, até sua morte, em 1795. O novo ocupante do cargo, d. Rodrigo de Sousa Coutinho, deu seqüência a essas diretrizes políticas.[22]

A viagem de Alexandre Rodrigues Ferreira ao Pará, ideada por Domingos Vandelli e patrocinada pela Coroa, é um bom exemplo dessa mescla de interesses. O plano inicial de Vandelli era bastante amplo, prevendo uma expedição composta por naturalistas e matemáticos que deveria abranger o Pará e também a costa do Rio de Janeiro. A morte de d. José I, em 1777, e as mudanças no governo alteraram as propostas e a expedição só se realizou em 1783, com significativa redução de pessoal. No final do ano de 1782, Joaquim José da Silva e Manuel Galvão da Silva, dois dos graduados que deveriam integrar o grupo, haviam sido designados secretários para os governos de Angola e Moçambique, respectivamente. Como João da Silva Feijó já havia sido nomeado, poucos meses antes, para as ilhas do Cabo Verde, Alexandre Rodrigues Ferreira acabou liderando um pequeno grupo de artistas e botânicos, em uma expedição que durou quase dez anos.[23]

Ferreira devia coletar espécies vegetais e animais, realizar estudos sobre a agricultura, confeccionar mapas populacionais e verificar as condições materiais das vilas e fortalezas. Além de registrar e embarcar para Lisboa o material reunido e redigir um diário da viagem, tinha que noticiar as descobertas para a Real Academia de Ciências e a Secretaria dos Negócios da Marinha e Domínios Ultramarinos. Seguia os ensinamentos mais recentes da ciência natural, mas também tratava de averiguar as potencialidades dessa parte do Império lusitano.[24] Ferreira desempenhou muito bem sua incumbência, produzindo inúmeras memórias, enviando vários carregamentos com espécies para Lisboa e realizando diversas expedições locais, algumas até não previstas inicialmente.

Seus colegas que estiveram em Cabo Verde, Angola, Goa e Moçambique seguiram na mesma direção, mas não tinham assistentes e acumulavam cargos administrativos com as tarefas de investigação. Talvez por isso os relatos das expedições que fizeram pelo interior de Angola e Moçambique tenham se resumido a cartas descritivas ou diários, sem resultar em memórias detalhadas. Ambos adotavam os procedimentos de Lineu para elaborar inventários de conchas, insetos, mamíferos, peixes e ervas, plantas e raízes medicinais. Enviaram espécies para o Reino, muitas vezes acompanhadas de armas nativas, peles e esqueletos, e algumas aquarelas. Com atuação mais limitada em virtude dos encargos administrativos, concentravam-se em alguns aspectos, e as coleções que remeteram para Lisboa eram bem menores e menos significativas que as mandadas por Rodrigues Ferreira.[25]

Trabalhando sob a supervisão direta do secretário da Marinha e Ultramar e sob as ordens dos governos locais, os dois Silva também empreenderam diversas expedições pelo interior africano, realizaram desenhos, levantamentos geográficos e investigações de importância inegável. Galvão da Silva explorou o sertão dos Rios de Sena e as terras do Tete, em busca de jazidas minerais, mas também para regulamentar a concessão de terras na região e inspecionar os prazos (aforamentos especiais concedidos pela Coroa nas capitanias de Moçambique, Sofala e Rios de Sena),[26] produzindo relatos detalhados de suas expedições. Joaquim José da Silva visitou Cabinda, a região do Dande do rio Cuanza e os sertões do rio Cunene, avaliando a qualidade das reservas minerais, mas também com intenções de retomar os planos de estabelecer uma ligação com Moçambique — de grande interesse estratégico para o controle do comércio em toda a área centro-africana.[27]

Como naturalistas, desempenharam suas tarefas lidando com as dificuldades locais; como funcionários régios, trabalharam nas secretarias de governo em funções diversas. Muitas vezes, colocaram a fidelidade aos interesses do Estado português acima dos procedimentos científicos. Leais súditos da Coroa lusitana, permaneceram quase sempre ligados à burocracia metropolitana ou à administração nas áreas coloniais. Constituem exemplos de uma associação de interesses significativa para o entendimento da política ultramarina portuguesa do final do Setecentos, sobretudo aquela voltada para as regiões que haviam se tornado o coração do Império.

Ao despachar suas encomendas e cartas, em 1786, o governador de Moçambique também foi cuidadoso em descrever as roupas e objetos pertencentes aos anões, que ele havia mandado confeccionar e enviava ao secretário da Marinha e Ultramar, em Lisboa. Para cada um havia três conjuntos: as de "uso português", as de "uso cafrial" (*sic*), além das "armas" de Sebastião e as "jóias" de Ana. Assim, na primeira categoria, ele levava "oito camisas, seis ceroulas, quatro coletes e calções compridos de Chel, duas vestes e dois calções de linha, uma veste e um calção de baeta azul, sete lenços, dois brancos e dois encarnados e um chapéu". Ana, por sua vez, trazia "seis camisas, seis anáguas brancas, dois vestidos de chita, quatro saias e quatro roupinhas de linha, uma saia e uma roupinha de baeta, uma saia e uma roupinha de miçanga ou continhas de *coré* ao gosto do país e quatro lenços brancos". Como se pode observar, eram roupas simples, feitas de tecidos baratos, havendo apenas um pequeno toque regional com as "continhas de *coré*".

Os outros dois conjuntos são mais interessantes. Sebastião levava "um pano branco que depois de atravessado em aspa nas costas e peito chama-se *moconguro*, um pano de *gety*, um dito de *tocory* do Porto, uma pele de onça; dois barretes, um de penas e outro de cabelos do porco montês a que no país chamam *gara*";

e como armas tinha "uma aljava com setas, um arco das mesmas, duas zagaias e uma machadinha". Ana, por sua vez, levava "um pano de miçanga, uma *muixeca* mesma, um *quissambe* da dita, uma capinha da dita, um cinto da dita, dois *quissambes* de lenços brancos pintados que vêm a ser dois lenços pegados um a outro, um pano de *gety* fino, um dito de dito mais inferior de uso cotidiano, um dito de *tocory* de uso cotidiano". Suas jóias eram: "uma arelhana de miçanga, uma cadeia de seis voltas da dita, uma capela da dita, dois afogadores da dita, seis *chimpotes* da dita que costumam trazer à roda da cintura, um rosário da dita, dois pares de braçais ou pulseiras, três pares de brincos de orelhas de prata, um alfinete de beiço também de prata que no país chama-se *tona*, seis brincos mais de orelhas de ouro, um alfinete de beiço também de ouro".[28]

De fato, deviam ficar "vistosos" com qualquer desses trajes. O presente tinha, portanto, características exóticas que deviam ser valorizadas: por isso precisavam ser vestidos à maneira "cafrial" ao serem apresentados ao governador, na Bahia, e ao secretário, em Lisboa. Mais uma vez, as palavras e seus significados fornecem pistas importantes.

"Cafre" é um termo que aparece em vários textos da correspondência entre autoridades africanas de Angola e Moçambique e a corte portuguesa, usado para designar de maneira genérica os negros daquela região, sobretudo aqueles menos ligados aos portugueses.[29] O diário da expedição liderada por Francisco José de Lacerda e Almeida, que pretendia "descobrir a possibilidade de comunicação das duas costas, oriental e ocidental, de África", em 1798, por exemplo, nomeia "cafres" todos os povos das terras "até agora não pisadas por portugueses".[30]

Tal significado converge com o anotado por Raphael Bluteau no início do século, que indica haver várias definições para o termo "cafre": segundo alguns, a palavra teria origem árabe, designando aqueles "que negam a unidade de um Deus"; outros dizem ser "o nome que no reino do Congo se dá aos que nos seus casamentos não reparam em grau algum de consangüinidade"; mas "na opinião de outros, *cafre* que dizer *sem lei* e a estes povos se deu este nome como a gente bárbara que não tem lei, nem religião" — ainda que, "pelas relações modernas", haja notícia de "alguns cafres" que têm reis, príncipes, leis e religião.[31] Apesar da indeterminação, a palavra parece ter tido abrangência semântica semelhante à caracterização dos gentios como gente "sem fé, sem lei e sem rei". O afastamento das práticas civilizadas e cristãs servia como um denominador comum, que permitia agrupar gente diferente, de origem incerta, sob uma mesma rubrica genérica, assim como havia acontecido com a palavra "tapuia" no início do processo de colonização da América portuguesa.[32] O indicador de barbárie, aliás, foi o que prevaleceu, ao longo do século, já que no dicionário de Moraes Silva, elaborado no final do século XVIII, cafre aparece designado simplesmente como "homem rude, bárbaro, desumano, como os moradores da Cafraria" — que, por sua vez, não é definida em lugar algum dessa obra.[33]

No *Vocabulário* de Bluteau, Cafraria indicava uma região relativamente imprecisa. Era chamada assim

> a costa dos cafres, na parte mais meridional da Etiópia, habitada por aqueles a que antigamente chamavam *Antropophagi aethiopes*. Segundo alguns, começa a Cafraria pelo Cabo Negro, da banda do Congo e acaba no rio de Cuma, que separa a Cafraria do Zanguebar. Querem outros que tenha a Cafraria o seu princípio no Trópico do Capricórnio. Tem toda esta região algumas mil e duzentas léguas de comprimento. Tem por limites uma grande cordilheira de montes em que se encerram os Estados do Monomotapa. Chamam os portugueses *Picus fragosos* aos montes mais altos que vizinham mais com o Cabo de Boa Esperança.[34]

Além da referência indireta à barbárie, a indefinição geográfica não era nem acidental, nem destituída de critério: a descrição é aproximada, mas corresponde sempre ao interior do continente, na sua parte central, compreendendo aproximadamente a região entre o Equador e o trópico de Capricórnio. Ela é reveladora do pequeno conhecimento português das terras africanas e de sua população, em contraste com a habilidade demonstrada nas negociações a respeito do tráfico de escravos, do comércio dos outros gêneros (sobretudo ouro e marfim). Nesse sentido, tem relação com a amplitude variada de significados do termo "Guiné" ao longo de todo o período moderno,[35] e das diversas e infrutíferas iniciativas para estabelecer uma ligação entre o reino de Angola e Moçambique durante o século XVIII, mencionadas antes.

O casal de anões, vestido à moda "cafrial", configurava desse modo um duplo registro. De um lado, atraía pelo exotismo de costumes diferentes; suas roupas marcavam uma origem diversa, gente vinda de regiões bárbaras e pouco conhecidas. Por outro, a menor estatura tornava evidente a variação das formas humanas; com sua bizarria, podiam divertir e valorizar os modos cortesãos.[36] Como presentes de súditos interessados em mostrar fidelidade e deferência, agradavam ao soberano ao oferecer-lhe exemplos da diversidade humana e de seres exóticos vindos de terras distantes que estavam sob seu domínio.

A diversidade da natureza e o exotismo caracterizavam também outros presentes enviados dos domínios ultramarinos ao Reino, como se pode rapidamente depreender pela correspondência entre o governador de Angola, d. Francisco Inocêncio de Sousa Coutinho, e a Corte, entre 1764 e 1772. Essa documentação permite acompanhar, por exemplo, as várias etapas e peripécias do envio à corte de uma zebra, de uma abada (que fora pedida "viva ou empalhada"), de papagaios brancos do Congo e de uma onça, bem como de pássaros, galinhas, macacos e outros animais. O fluxo respondia às vezes a solicitações feitas com ênfase, pela própria rainha e por outros membros da corte; outras vezes, os bichos eram remetidos por iniciativa das autoridades coloniais, como presentes para membros da casa real; ou ainda "raridades" que seriam, depois, reenviadas a aliados portugueses, como o rei da Sardenha.[37]

O exotismo servia de sinal de distinção para a nobreza, constituindo uma moda que caminhou paralelamente ao desenvolvimento do interesse pela história natural. No Reino, era sinal de prestígio ter em casa animais e plantas de lugares tropicais. Os gabinetes de curiosidades que se espalhavam pela Europa também se faziam presentes em Portugal, tornando evidente aos olhos de todos que a "ignorância não era mais um complemento de todo nobre português".[38] Era comum que membros da nobreza e ocupantes de altos cargos administrativos mantivessem bibliotecas especializadas e trocassem informações e espécies de suas coleções particulares de história natural não só entre portugueses ou destacados moradores nas Conquistas, mas também com naturalistas do exterior.[39] Alguns podiam conseguir certo prestígio, como Luís de Albuquerque de Melo Pereira e Cáceres, que era governador do Mato Grosso quando da viagem de Rodrigues Ferreira. Sua biblioteca era vasta o suficiente para servir de apoio a Ferreira quando este esteve em Vila Bela, em 1790, preparando suas memórias e relatórios. Ao voltar a Portugal, manteve um extenso gabinete, trocou espécies que havia coletado com o Museu do Palácio da Ajuda e correspondeu-se com colecionadores da Inglaterra.[40]

Paralelamente aos interesses acadêmicos, a atenção dada pelos nobres portugueses à história natural se expressava também por uma verdadeira mania de colecionar coisas. Em uma de suas memórias, lidas na Academia de Ciências de Lisboa na década de 1780, Alexandre Rodrigues Ferreira, criticou, por exemplo, o diletantismo científico dos colecionadores de conchas — uma moda que causava furor naqueles tempos em Lisboa. Ele concordava que os estudiosos das conchas não se cansavam de admirar "a beleza das suas cores, o lustro brilhante do seu polido, as repartições regulares que geometriza a natureza". Por isso, "uma ciência que sabe unir o útil ao deleitável" merecia ser "estudada e protegida" e não ter "abandonados seus progressos a um gosto depravado", resultante do "abuso dos estudos deste gênero" empreendidos pelos "particulares".[41]

O modismo atingia também outros tipos de coleção. William Beckford, que esteve em Portugal entre maio e setembro de 1787, registrou em seu diário de viagem que, mesmo depois da abolição da escravatura, havia se tornado "de bom-tom [...] andar rodeado de pretinhos africanos, [...] e vesti-los o melhor que se possa". Segundo ele, a própria soberana dava o exemplo: "A família real anda à compita a ver quem é que faz mais mimos e carícias à dona Rosa, a favorita da rainha, preta, beiçuda e de nariz esborrachado".[42] Certamente, nesse contexto, o presente enviado pelo governador de Moçambique fez bastante sucesso.

Sebastião e Ana integraram-se ao conjunto de anões que deleitava a rainha. Participaram de representações alegóricas e de outros divertimentos cortesãos, como a *Mascarada nupcial*, retratada por José Conrado Rosa.[43] Seus trajes "cafriais", com nomes e características estranhos, devem ter chamado a atenção de todos. As explicações sobre seus costumes e modos de vestir, cuidadosamente mencionadas na correspondência vinda de Moçambique, bem podem ter informado conversas de salão entre homens "ilustrados" e orgulhosos do vasto Império dominado pela Coroa à qual estavam ligados.[44]

Na documentação que acompanha o casal de anões, os termos "preto(a)" ou "negro(a)" não foram usados sequer uma vez, nem há descrição de marcas ou outros sinais físicos. Não há indicação a respeito de sua procedência ou qualquer referência a uma identidade que hoje poderíamos chamar étnica. Menciona-se apenas o fato de terem roupas de acordo com os costumes "do país" ou de "uso cafrial": uma alusão genérica e carregada de ambigüidades, como vimos. Certamente, esse não era um simples descuido de autoridades tão ciosas na coleta e remessa de "produções naturais" para o Real Gabinete. Apesar de não termos encontrado menção alguma sobre o conteúdo dos caixotes e barris enviados ao Real Gabinete, não é demais lembrar que foi o secretário Manuel Galvão da Silva quem supervisionou a entrega dos anões, das caixas e do saco de cartas ao capitão da corveta.[45]

Sim, Manuel Galvão da Silva, o baiano que estudara na Universidade de Coimbra e havia freqüentado os círculos naturalistas da corte antes de ser enviado como secretário do governo para Moçambique. É bem provável que tenha sido ele a elaborar a lista das roupas e relacionar as cartas remetidas naquela ocasião. Por isso mesmo, o silêncio sobre a identidade dos anões — chamados apenas por seus nomes cristãos — precisa ser mais bem investigado.

Mesmo depois de séculos de contato com a África, a maior parte dos membros do governo e dos círculos letrados portugueses ainda possuía bem poucas informações sobre as gentes e os costumes daquele continente. O *Vocabulário* elaborado por Bluteau, um ilustre intelectual dos salões da casa do conde da Ericeira no início do século XVIII, é um bom exemplo disso. Por meio de seus verbetes, é possível saber alguns dados sobre a ocupação da fortaleza da Mina por portugueses e holandeses, conhecer um pouco da história da fundação de Angola, mas não há uma entrada específica para o Congo ou Moçambique e é praticamente impossível recuperar os significados para os nomes das regiões e povos mencionados nos textos explicativos que compõem os poucos verbetes relativos à África.[46] As informações sobre os termos referentes a hábitos, trajes e costumes de negros, africanos ou cafres, quando existem, são vagas ou muito sumárias.[47]

Para passar do *Vocabulário* a um exemplo mais próximo dos quadros da política pombalina, que mantinha maior interesse em conhecer e controlar as áreas coloniais, podem-se retomar alguns textos produzidos na segunda metade do século XVIII por seus agentes. Vejamos a correspondência do governador de Angola, d. Francisco Inocêncio de Sousa Coutinho, com algumas autoridades locais e com o secretário Sebastião José de Carvalho e Melo.[48] Suas cartas e bandos tratam principalmente de aspectos políticos e administrativos, cuidando das guarnições militares, dos deslocamentos populacionais, da construção de presídios, da admissão de missionários, das rotas comerciais, do pagamento de dízimos, do fornecimento de água e alimentos, do incremento de atividades extrativistas, da instalação da fábrica de ferro etc.[49] Em suas iniciativas, contou sempre com levantamentos preliminares, exames e pareceres de especialistas, consultados através da correspondência freqüente entre Luanda e Lisboa.

Ao mesmo tempo que investia na ocupação do território e no maior controle sobre o reino de Angola e suas riquezas, ele planejava cursos, realizava obras e previa medidas que promovessem o desenvolvimento de Luanda. Era, sem dúvida, um administrador ilustrado, que implementava a política pombalina em uma região importante das Conquistas.[50] Acreditava na superioridade européia, considerava a África uma região de soberba, vaidade e arrogância, local de "clima mortífero" e "traidor".[51] Por isso mesmo, perseguiu sistematicamente várias práticas africanas, como os *entambes* (reuniões em que se choravam os mortos), os *quicumbes* (casas de iniciação para meninas), a adoração aos "ídolos" e as terapêuticas nativas. Queria civilizar povos "bárbaros" e "ignorantes", proibindo práticas rituais e religiosas que considerava superstições "gentílicas e grosseiras", modos "ridículos", "lutos e nojos desordenados" e costumes "depravados".[52] Podia mandar traduzir seu bando de 1769 contra os *entambes* para o ambundo, para ser mais bem compreendido,[53] mas era — ele mesmo — incapaz de qualquer tradução em sentido contrário. Embora pudesse se corresponder e negociar com os sobas locais, não parece ter tido nenhum interesse pelo conhecimento da cultura e dos hábitos dos povos com os quais estava em contato direto.

Postura semelhante aparece nas breves memórias sobre o reino de Benguela que escreveu em 1773 ou nas detalhadas instruções que deixou para seu sucessor (datadas daquele mesmo ano), onde sobressaem os mesmos interesses de estabelecer relações comerciais, aproveitar bem as riquezas locais e defender assim os "direitos" da Coroa. O conhecimento de territórios ainda não penetrados pelos europeus era decorrente dessa necessidade — e não o contrário. Tal postura já havia aparecido nas recomendações de d. Luís da Cunha (em 1745) sobre a necessidade de se achar o caminho que atravessasse o continente africano. Também estava no relato de Manuel Correia Leitão sobre a expedição que fez a regiões distantes do reino de Angola (especialmente Caçanje e Olos, ao norte do rio Cuango), para verificar as possibilidades de comércio com as gentes daquelas partes remotas. E continuou a estar presente nos textos referentes à fracassada tentativa que fez o naturalista Francisco José de Lacerda e Almeida de chegar ao reino de Angola saindo de Moçambique, em 1798-9.[54]

Tratava-se de um conhecimento geográfico que se limitava a possibilitar o domínio sobre rotas comerciais — quase nada em relação às populações locais. Sobre elas, as instruções eram objetivas: os exploradores deviam investigar se falavam uma língua que pudesse servir de meio de comunicação com os portugueses, se eram amigos ou inimigos etc. Pouco mais que isso podemos encontrar nos textos que deixaram; os dados de caráter etnográfico que podemos retirar deles hoje em dia aparecem ali quase à revelia de suas intenções originais.[55]

Tal postura não foi exclusividade dos representantes metropolitanos na África Central. Como vimos no capítulo anterior, em 1795 o rei do Daomé havia enviado dois embaixadores a Lisboa para negociar questões do tráfico de escravos entre a Bahia, seu reino, Lisboa e a fortaleza de Ajudá. Depois da escala na Bahia, os embaixadores seguiram para Lisboa, onde foram batizados e receberam nomes cristãos. Um deles morreu, mas o outro retornou à sua terra, acompanhado de dois missionários que tinham a incumbência de converter e batizar o rei do Daomé. Um dos religiosos faleceu durante a viagem, mas o outro, o padre Vicente Ferreira Pires, visitou o Daomé e retornou a Portugal em 1799.[56] Alguns documentos indicam que o padre Ferrreira Pires havia recebido instruções para observar a costa africana,[57] e o relato que redigiu e dedicou ao príncipe regente é bastante detalhado quanto à viagem, contendo também uma descrição da história do Daomé e de vários acontecimentos e cerimônias a que assistiu ao visitar os reinos a leste do castelo de São Jorge da Mina.

Ainda que volte sua atenção para aspectos sociais e políticos, descrevendo, por exemplo, os rituais de enterramento do rei, morto no contexto de uma conspiração palaciana, seu enfoque não deixa de ser opaco em relação aos significados culturais dos costumes diferentes que presenciou. No prólogo, explicita a intenção de pôr-se na condição de observador de "usos novos de povos novos" e colocar "diante dos olhos tempos, países e gentes remotíssimas". Mesmo assim, na carta endereçada ao soberano, que abre o manuscrito, ele afirma que o relato de seus "tristes sucessos é bem capaz de consternar até a alma mais heróica de um príncipe". Por isso, ele teria adotado uma fórmula:

> Misturei antes com os lances mais terríveis outros acontecimentos que conciliam o que há de triste e compassivo com jocoso estilo

> de pilhéria; não porque os meus apoucados conhecimentos se gloriam de poder entreter um príncipe, mas os mesmos sucessos, usos e costumes daqueles bárbaros povos e indômitos são bem capazes pelo seu extravagante código de provocar em parte o riso e em parte o horror e comiseração.

Riso ou horror e comiseração. Era isso que devia despertar a "cantarola desafinadíssima que junta aos tons que dimanam dos negrais instrumentos [que] formavam acentos os mais discordes", empreendida por uma "turba dançatriz" observada por ele em São Jorge da Mina, durante uma cerimônia de homenagem do novo potentado local ao diretor da fortaleza. Seu texto contém ainda muitas referências do mesmo porte, como a menção aos "gritos e alaridos" da "canalha" que acompanhava uma das autoridades locais — e que quase deixaram "de todo surdo" o pobre padre, que também não cansou de zombar das "ridicularias" (como chamou os gestos cerimoniais usados para reverenciar o soberano) e das "superstições" ou "feitiços" (como denominou as práticas religiosas) daqueles povos do Daomé.[58]

Trata-se de um olhar civilizado, que pouco se interessa pelo outro, mas o desdenha e acentua-lhe a barbárie para enaltecer sua própria superioridade. São textos e relatos que também seguem uma ordem retórica precisa, próxima das narrativas panegíricas examinadas no capítulo anterior, que temperam assuntos graves com adornos e complementos mais leves.[59] As extravagâncias das gentes "bárbaras" podem tanto aparecer sob essa chave como também indicar certa curiosidade sobre os povos daquelas terras conquistadas, mas não completamente dominadas pela Coroa. De todo modo, combinam com a maneira como tais conhecimentos eram fruídos pela elite portuguesa. Havia, certamente, interesse na leitura dessas descrições e na sua produção. Mas esse interesse era relativamente circunscrito: uma vontade menos de saber que de ridicularizar, menos de conviver que de colecionar espécies, comerciar e manter sob controle.

Instrumental do ponto de vista dos interesses metropolitanos e servindo como complemento de ostentação para a nobreza e mesmo para os letrados que integravam os círculos ilustrados, esse conhecimento possuía canais específicos de circulação. A maior parte dos textos produzidos não chegou a ser publicada. Algumas vezes eram fólios manuscritos ricamente encadernados, como o do padre Ferreira Pires, doados ao rei e guardados em bibliotecas particulares.[60] Outras vezes constituíam breves relatos em meio à correspondência oficial, como os de Francisco Inocêncio de Sousa Coutinho. Outras ainda configuravam memórias e diários endereçados simultaneamente ao rei e às instituições acadêmicas, como no caso de Rodrigues Ferreira, Manuel Galvão da Silva e vários de seus colegas naturalistas. O aproveitamento de pessoas recém-formadas na nova Universidade de Coimbra e a associação entre os interesses dos naturalistas das academias e os da Coroa não deixam de ser reveladores. Os olhos que buscavam novidades — mesmo aqueles orientados para uma observação científica — viam poucas coisas além das riquezas materiais, dos espécimes minerais ou animais, dos exemplares da fauna e flora que podiam ser conhecidos mas também aproveitados para povoar e explorar as regiões coloniais.

Paralelamente ao olhar dos naturalistas, houve ainda outra categoria de gente a perscrutar os territórios ultramarinos na segunda metade do século XVIII: os engenheiros a serviço da Coroa, que se espalharam por todos os cantos do Império a mapear costas e interiores, a desenhar fortalezas e planejar vilas capazes de defender as terras conquistadas. O interesse no mapeamento dos territórios havia sido reforçado sob d. João V, somando-se à renovação do ensino nas academias militares e à publicação dos tratados de Manoel de Azevedo Fortes, que uniformizaram as representações gráficas nas plantas e mapas portugueses.[61] Engenheiro-mor do Reino e membro da Academia Real de História, Fortes fora convocado pelo monarca para promover o mapeamento das terras sob domínio português e tratar das questões geográficas das províncias do Reino e de suas Conquistas. Urgia conhecer os territórios da América portuguesa, para melhor controlá-los, sobretudo diante das recentes descobertas de ouro no interior e das pretensões espanholas no Centro-Sul.[62] Diante da falta de cartógrafos portugueses, padres matemáticos foram enviados ao Brasil para mapear as capitanias e recolher dados que permitissem apoiar medidas administrativas.[63] Prestava-se atenção às informações dos relatos fornecidos pelos sertanistas, e investigações sobre rios e outros marcos geográficos eram ordenadas para diversos funcionários régios.[64]

Ao longo do século, o ensino nas Aulas Militares de Lisboa e em alguns centros urbanos nas Conquistas (desde o final do século XVII) foi se desenvolvendo e formou quadros importantes para sustentar uma política de demarcação de limites dos territórios portugueses na América.[65] O interesse no mapeamento territorial e na construção de uma rede de vilas e cidades para garantir a ocupação das terras sob domínio português foi responsável pelo aumento considerável da documentação cartográfica ao longo do século XVIII. E também por uma significativa mudança na produção das cartas geográficas, que passaram a ser elaboradas a partir de diretrizes técnicas e segundo um sistema de códigos e procedimentos padronizados.[66] Assim como seus colegas naturalistas, os engenheiros militares empreendiam expedições pelos sertões, investigavam e anotavam acidentes geográficos, desenhavam cartas e faziam levantamentos topográficos, redigindo diários e relatórios que eram enviados aos governadores das capitanias ou ao secretário da Marinha e Ultramar.

Na primeira metade do século XVIII, a conjuntura internacional e a rivalidade com a Espanha determinaram uma atenção redobrada na fortificação das principais cidades do litoral e promoveram um avanço no povoamento das terras do interior, especialmente nas regiões Norte e Nordeste da América portuguesa. Pesavam na mesma direção os interesses em controlar a ocupação daquelas terras e seus moradores, bem como a necessidade de criar uma estrutura eficiente de fiscalização, cobrança de direitos e escoamento da produção.[67] Sob o reinado de d. José I, tal política ganhou impulso redobrado, podendo ser observada tanto no programa de construção de novas vilas no Amazonas quanto nas obras de fortificação e melhoramentos urbanos no Rio de Janeiro e em Salvador, como vimos no primeiro capítulo.

Formados nas academias e aulas do Reino ou da América, muitos foram os engenheiros militares que excursionaram pelos domínios portugueses na América, diretamente associados às expedições demarcatórias motivadas pelos tratados de Madri (1750), El Pardo (1761) e Ildefonso (1777). Contrapondo a ocupação do arquipélago das Filipinas e das ilhas Marianas pelos espanhóis, no Oriente, à ocupação das regiões do interior americano onde se havia descoberto ouro, a política de fixação de limites para o território brasileiro correspondia a interesses mais amplos da Coroa portuguesa.[68] Preocupados em garantir territórios para a Coroa, muitos engenheiros vieram ao Brasil (como Miguel Ângelo Blasco, José Custódio de Sá e Faria e José Fernandes Alpoim) para chefiar as comissões demarcatórias e aqui permaneceram, executando diversas obras de engenharia civil e militar, além de outros levantamentos topográficos a serviço dos governadores locais.

Dentre os vários mapas, perspectivas e levantamentos feitos na segunda metade do século XVIII, há duas pranchas que, por suas características intrínsecas, chamam a atenção. Ambas foram desenhadas, cartografadas e ilustradas por Carlos Julião. Vêm reproduzidas no caderno de imagens coloridas sob os números 33 e 34. A primeira não possui título e contém quatro prospectos "da entrada da barra de Goa", da "praça de Diu vista do mar", da "entrada do Rio de Janeiro em distância de meia légua do mar" e da "ilha de Moçambique, estando em seu porto". O que diferencia esse trabalho cartográfico de muitos outros produzidos no período é o fato de que, além do desenho tradicional das perspectivas e das legendas com os nomes das edificações e principais pontos geográficos, há logo abaixo dos desenhos duas faixas com várias figuras humanas aquareladas, identificadas por pequenas referências textuais.[69]

Tudo indica que, estando na Bahia em 1779, Julião tenha ali desenhado a "elevação e fachada" de Salvador, vista a partir do mar.[70] Como se pode observar na ilustração número 34, como bom engenheiro militar e seguindo as atribuições que presidiram sua visita à Bahia, incluiu numa segunda faixa do papel desenhos relativos às nove fortificações que guardavam a cidade. Numa terceira faixa do papel desenhou figurinhas humanas, identificadas através de legendas. Finalmente, seguindo outra prática corrente entre seus colegas de ofício, colocou o título de sua obra e listou o nome das principais edificações (igrejas, fortalezas, palácios, conventos etc.) que aparecem na elevação da cidade.

O exame detalhado dessas duas pranchas ocupará agora o centro da análise: desvendar suas características e analisar seus elementos nos ajudarão a entender o modo como os portugueses do Reino e as autoridades coloniais apreendiam e lidavam com as gentes que viviam nas áreas coloniais.

Assim como muitos outros jovens europeus do período, Carlos Julião, nascido Carlo Juliani em Turim, em 1740, havia se alistado em busca de fortuna, iniciando sua carreira militar no exército português por volta dos 23 anos.[71] Serviu em Mazagão, feitoria lusitana na costa marroquina, esteve na Índia por seis anos, visitou a China, realizando um levantamento cartográfico da região de Macau por ordem do secretário de Estado português, e andou pelo Brasil por diversas vezes, fazendo levantamentos topográficos ou vistoria de fortificações. Tornou-se tenente em 1764, chegando a capitão alguns anos depois; por volta de 1795, entrou para o serviço do Arsenal Real do Exército. Foi promovido a coronel em 1805, ano em que foi nomeado deputado inspetor das oficinas do Arsenal Real do Exército. Transferiu-se juntamente com a corte de Bragança, na primeira década do século XIX, para o Rio de Janeiro, onde deve ter falecido em 1811. Além de suas atividades como cartógrafo e oficial de artilharia militar, Julião traduziu duas memórias de Carlo Antonio Napione, uma sobre o uso do bronze em peças de artilharia (publicada pela tipografia do Arco do Cego em 1801) e outra sobre as propriedades físicas de várias madeiras, à qual acrescentou observações suas sobre as espécies brasileiras, publicada em *O Patriota*, em 1814. Engenheiro, especialista em metalurgia, mineralogia e química, viveu a maior parte de sua vida nos quadros do Império português.[72]

Seus desenhos seguem os ensinamentos das academias militares reformadas no início do século XVIII, onde provavelmente adquiriu conhecimentos de aritmética, matemática e geometria e aprendeu "o método de tirar as plantas e cartas topográficas com seus perfis, elevações e fachadas e o modo de as desenhar" com base nos tratados de Azevedo Fortes. Os vários elementos de seus desenhos estão bem divididos, separados por linhas e molduras firmes e padronizadas, segundo as diretrizes de Fortes. Não há dados precisos sobre quando e onde o conjunto das quatro perspectivas foi desenhado, mas é bem provável que as elevações tenham sido levantadas pelo próprio Julião, que deve ter estado em todos esses lugares. Rio de Janeiro, Moçambique, Goa e Diu eram portos de escala nas viagens transoceânicas pelo Império português e cidades importantes nas regiões visitadas por ele a serviço do rei. No caso do panorama baiano, embora a legenda indique ter sido feito "na ocasião [em] que foi na nau Nossa Senhora da Madre de Deus em maio [de] 1779", ele provavelmente se apoiou no desenho feito por José Antônio Caldas em 1756. A comparação entre as duas perspectivas revela que, de fato, guardam muitas semelhanças.

A estratégia adotada por Julião para ilustrar seus panoramas reúne características que podem ser encontradas, aqui e ali, em vários desenhos do mesmo período. De certo modo, ao ornamentar seu trabalho cartográfico com figurinhas, Julião seguia a velha tradição de iluminar mapas com alegorias humanas referidas aos lugares retratados. Uma tradição que remontava sobretudo ao século XVII, tanto na sua vertente européia,[73] como no caso dos mapas de W. J. Blaeu, quanto na oriental, como nos biombos *nambam*. Julião deve ter tido contato com ambas, seja por sua formação nas academias militares, seja por sua viagem ao Oriente.[74] Nessas duas tradições, porém, as imagens possuíam caráter mais ornamental. Ilustram, é certo, aspectos humanos dos lugares mapeados, mas possuíam um lugar secundário, lateral ou marginal em relação ao desenho cartográfico.

Julião podia também estar seguindo o exemplo de outros militares, que inseriam figurinos com os uniformes das guarnições sediadas nas fortalezas ou portos que desenhavam, como no caso da "Planta da Vila Boa, capital da capitania geral de Goiás". Desse modo, as figuras desenhadas por ele para acompanhar as perspectivas urbanas desempenhariam o mesmo papel que os uniformes das guarnições de Goiás, ajudando a identificar os lugares retratados, servindo para caracterizar os moradores daquelas terras distantes.

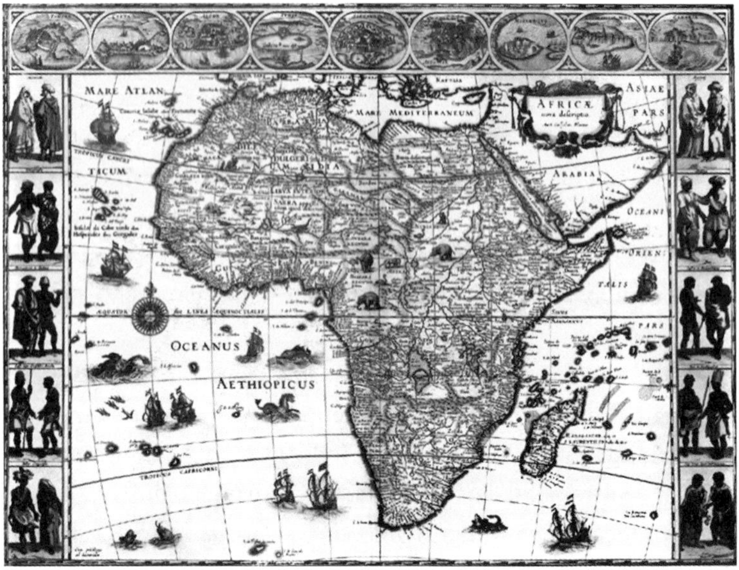

1. *W. J. Blaeu,* Africae nova descriptio, *por volta de 1635.*

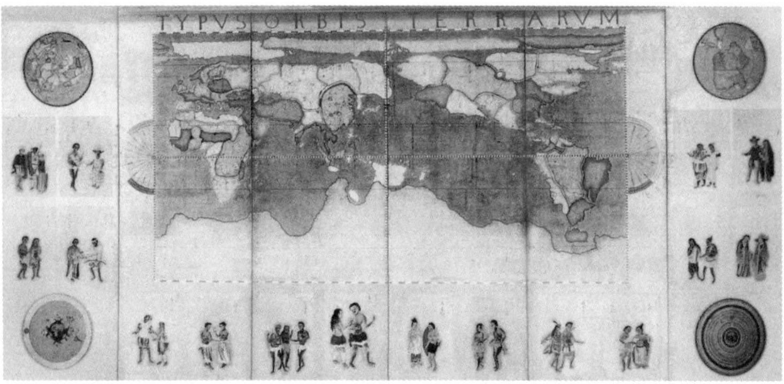

2. *Detalhe de biombo* nambam, *início do século XVII.*

Tal vínculo aparece explicitamente indicado na relação estabelecida entre a elevação da cidade do Salvador, seus fortes e as legendas que acompanham as imagens humanas ali desenhadas: a referência à Bahia aparece em quatro das cinco legendas, como

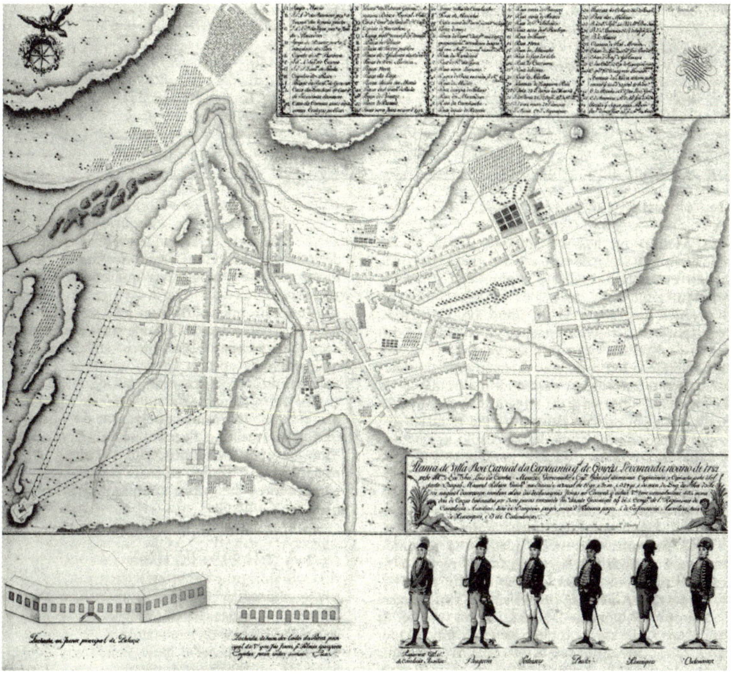

3. Manoel Ribeiro Guimarães, planta da Vila Boa de Goiás, 1782.

a repetir enfaticamente que todos os desenhos e pinturas — de modo quase único e exclusivo — dizem respeito à capital baiana. Isso não se dá, porém, com as figuras que acompanham os prospectos de Goa, Diu, Rio de Janeiro e Moçambique. E, diferentemente do que acontece com os uniformes nos mapas militares, nessas duas pranchas de Julião as representações humanas ocupam lugar mais evidente, dominando todo o desenho. Em vez de ilustrar, em segundo plano, um aspecto auxiliar na identificação (militar) do local cartografado, com suas cores e tamanho, chamam mais a atenção.

É provável que Julião tenha aprendido a desenhar pessoas segundo o antigo método de copiar à exaustão mãos, pés, rostos e braços a partir de modelos convencionais.[75] Esse era um aprendizado complementar ao treinamento tradicional dos engenheiros, em função da possibilidade do desenho de uniformes. Mas também era utilizado como recurso freqüente em outro gênero iconográfico importante no período, o *registro de costumes*. Essa forma de representação remonta aos primórdios da época moderna e caracterizava-se por desenhos de imagens estáticas (com gestos e posturas convencionais) e isoladas (sem um cenário para contextualizá-las). Assim retratadas, serviam de suporte para trajes e objetos que identificavam origem (pessoas de uma região do país ou de uma nação), atividade ou ofício (camponeses, carpinteiros etc.) ou condição social (nobres, fidalgos, citadinos). Diferenciando homens e mulheres através de trajes, costumes e objetos, o registro de costumes construía tipos genéricos: imagens que não descreviam realidades empiricamente observadas, mas que continham os elementos necessários para distinguir as várias categorias de pessoas numa sociedade ou num país: quem pertencia a certa região fazia parte de um grupo específico ou ocupava determinados lugares sociais.[76]

As características formais das figuras humanas que acompanham os panoramas desenhados por Julião permitem a associação direta entre suas aquarelas e essa linguagem iconográfica. A relação torna-se mais evidente diante de um terceiro grupo de imagens produzidas por Julião, provavelmente no último quartel do século XVIII: um álbum intitulado *Figurinhos dos uzos do Rio de Janeiro e Serro do Frio*.[77] Composto por 43 pranchas aquareladas, o conjunto contém geralmente representações humanas isoladas ou agrupadas lado a lado, mostrando uniformes militares (em cinco delas),[78] indumentárias femininas ou masculinas e costumes e hábitos locais (outras 24 pranchas).[79] Além disso, há uma alegoria com arco do triunfo, quatro pranchas que apresentam cenas que reiteram tópicas retóricas (a despedida do soldado, o velho galanteador, a separação dos amantes e a caça), e ainda mais nove que retratam situações de trabalho coletivo ou ocasiões festivas.[80]

Na maior parte das imagens que integram o álbum e naquelas que acompanham os panoramas, o desenho segue rigorosamente o mesmo estilo, confirmando o padrão de representação do corpo humano característico do registro de costumes. Assim como as figuras que acompanham os prospectos de Goa, Diu, Rio de Janeiro e Moçambique e a elevação da cidade de Salvador, mesmo quando aparecem agrupadas ou dispostas lado a lado, compondo um conjunto, não há nenhum cenário que lhes sirva de contexto, apenas um "chão" com algumas pedras e folhas, um cachorro ou um pequeno arbusto, como se pode ver em várias reproduções coloridas que integram este livro.[81] A única diferença marcante fica por conta de quatro pranchas do álbum que retratam o trabalho na área de mineração: nelas temos cenas propriamente ditas, com personagens contextualizadas geograficamente, integradas a uma paisagem que também compõe o desenho e não apenas lhe serve de fundo. Distante do gênero pictórico do registro de costumes, o corpo dos escravos aparece tratado sintomaticamente de modo diverso, apresentando maior volume e posições menos estáticas, como se pode observar na ilustração 18 do caderno colorido.

Tais observações permitem concluir que duas tradições iconográficas se cruzam nas imagens elaboradas por Julião: de um lado, a tradição dos cartógrafos das academias militares; de outro, a do registro de costumes. Em ambas há um procedimento similar, que estabelece um nexo entre as figuras humanas desenhadas e os lugares geográficos representados, entre os trajes e objetos usados por certas pessoas e as posições sociais ou ofícios que as caracterizam.

A primeira leitura possível dos três conjuntos iconográficos pode ser, portanto, a que estabelece uma relação de determinação entre as figurinhas desenhadas numa prancha e as cidades ali cartografadas: Goa, Diu, Rio de Janeiro e Moçambique, numa delas; e Salvador, na outra. Do mesmo modo, aquelas pintadas no álbum estão relacionadas com os lugares mencionados no seu título: Rio de Janeiro e Serro do Frio. Ou seja, à primeira vista, tudo parece indicar que as figuras ilustram ou mostram características de lugares específicos e determinados.

Essa chave interpretativa, no entanto, deve ser examinada com mais cautela. É preciso investigar quais gentes, usos e costumes são representados e qual a natureza do vínculo entre pessoas e lugares que é operado nesses registros. Com relação ao primeiro aspecto, há algumas observações importantes a serem feitas.

Em primeiro lugar, é significativo o grande número de mulheres. Nas dezenove figuras que acompanham os prospectos de Goa, Diu, Rio de Janeiro e Moçambique há 26 pessoas desenhadas, das quais apenas oito são homens, além de um menino. Nove são constituídas por imagens femininas isoladas e quatro representam duplas ou grupos, nos quais as mulheres geralmente aparecem em situação predominante. Dentre as que vão junto com a elevação da cidade de Salvador, apenas uma representa um homem. Ali, das cinco figuras humanas, em três as mulheres aparecem de forma isolada e em uma como centro das atenções, sendo transportada em sua cadeirinha.

No álbum referente ao Rio de Janeiro e ao Serro do Frio, a desproporção entre os gêneros é similar. Do total de 46 pranchas, apenas sete representam exclusivamente homens: além da cena alegórica, com apenas um cavaleiro, e das cinco pranchas com uniformes militares, que são obviamente masculinos, há somente mais uma, com dois negros. Também são constituídas por maioria de homens as quatro cenas de trabalho. Há ainda onze pranchas com casais, nas quais estão computadas as quatro representações de tópicas retóricas. Nas 22 restantes, em apenas cinco há mais homens que mulheres. Ou seja: do total de 43 pranchas, em 32 há imagens femininas.

Essa predominância pode ser explicada pela linguagem do registro de costumes. Se tomarmos as pranchas do álbum que retratam exclusivamente o vestuário, seguindo de forma explícita o padrão desse gênero iconográfico (excluindo, portanto, os desenhos referentes a festividades ou hábitos de transporte em redes ou cadeirinhas), podemos contar 21. Nelas há um total de 44 imagens humanas, das quais trinta são mulheres. Com exceção dos uniformes militares, foi sobretudo através dos trajes femininos, bem mais complexos e com mais elementos do que os masculinos, que Julião registrou os "usos do Rio de Janeiro e Serro do Frio". Os homens em trajes civis são, na maioria, representados cobertos por grandes capas, que escondem praticamente todo o corpo. É bem verdade que há figuras femininas que aparecem da mesma maneira, mas isso acontece apenas em três pranchas compostas por casais brancos, nas quais há uma similitude explícita entre os trajes masculinos e femininos, como se pode observar nos exemplos reproduzidos nos números 7 e 12 do caderno de ilustrações coloridas.

Em segundo lugar, se Julião cuidou de retratar desproporcionalmente homens e mulheres, também o fez com relação a brancos, mestiços e negros. Os dois últimos constituem significativa maioria das figuras desenhadas. Na prancha com os prospectos de Goa, Diu, Rio de Janeiro e Moçambique, há apenas uma "moça" que pode ser classificada como branca num total de 26 pessoas representadas. Todos os outros são designados nas legendas como "pretos", "mulatos", "chinas", "canarins" etc.

Os não-brancos também aparecem em quatro das cinco sessões que acompanham a elevação de Salvador e estão presentes em 21 das 43 pranchas do álbum referente ao Rio de Janeiro e ao

Serro do Frio.[82] O mesmo se dá quanto ao conjunto de 21 pranchas deste álbum que registram exclusivamente o vestuário. Nas cinco que retratam uniformes militares, há apenas um negro (que aparece na ilustração número 14 do caderno colorido) — desproporção talvez explicável pelos poucos oficiais de pele escura nos terços de pardos e negros. Depois temos três pranchas com casais brancos (como nas ilustrações 7 e 12 do caderno colorido), outras três com onze imagens de mulheres brancas (como na ilustração 8, também do caderno colorido). Nas dez restantes, há vinte imagens de pessoas negras, dezesseis do sexo feminino e quatro do masculino.

Assim, as figuras humanas pintadas por Julião para acompanhar seus panoramas ou compor o álbum, representadas individualmente ou em pequenos grupos, são em sua maior parte mulheres e têm características físicas diferentes das dos brancos. Ainda que o gênero do registro de costumes possa fornecer alguma explicação sobre a predominância feminina, o mesmo não se dá em relação à forte preferência por desenhar pessoas de tez mais escura, por registrar e explicitar a presença de negros e pretos, mestiços e mulatos.

Uma explicação possível poderia ser dada pelo interesse por costumes diferentes mencionado há pouco. A hipótese merece ser examinada e mais bem qualificada. A relação entre as imagens e as legendas fornece elementos importantes.

Na prancha referente à Bahia, podemos notar uma senhora sendo transportada em sua cadeirinha por dois escravos — costume que já observamos ser específico das áreas coloniais, em particular do Brasil. Há também uma "moça" que dança o lundu, "de bunda à cinta": a expressão, cujo significado completo desconheço, reforça o exotismo da dança, de clara origem africana. Nas outras três figuras, as legendas indicam que Julião se importou em registrar o traje e os hábitos de pessoas nomeadas pela cor de sua pele: podemos então ver o "modo de trajar das *mulatas* da cidade da Bahia", um "*preto* que vende leite na Bahia" e o "traje das *pretas* minas da Bahia, quitandeiras". A "mulata" aparece de forma estática, apresentando seu modo de vestir — e apenas pela legenda pode ser diferenciada dos brancos. Mas os dois "pretos" estão claramente a trabalhar, vendendo leite ou quitandas; as marcas corporais e os pés sem sapatos reforçam sua evidente condição de escravos. Hábitos peculiares, trabalho escravo e uma maioria de gente de cor escura: eis o que caracteriza a Bahia.

No caso da prancha com os prospectos de Goa, Diu, Rio de Janeiro e Moçambique, temos duas repetições em relação à prancha da Bahia: a moça que dança o lundu e o costume "dos americanos" de se fazerem transportar por escravos — neste caso, numa rede, forma ainda mais específica do Brasil. Além dessas figuras e da que mostra o "ermitão pedindo esmola", as outras dezesseis apresentam atividades e trajes ou identificam pessoas claramente relacionadas ao mundo das Conquistas. Mesmo que possamos encontrar "pretas do Rosário" ou forros e cativos como caiadores, vendedores de rua ou transportando águas servidas em Lisboa, aqui, as cenas e indivíduos são bem diferentes dos encontrados costumeiramente na metrópole.[83] Mas não temos apenas trabalhadores de pele escura ou hábitos diferentes. Há ainda as "mulheres *salvagens*",[84] o casal de "*tapuias* já domesticados", as "*nhonhas* de Macau", a "*bai* de Goa", o "*faraz de mancila*" ou o "canarim": todos apresentados em trajes característicos, em atitudes por vezes estranhas, como apontando "o sol da Índia" ou tirando frutas do coqueiro, como a atestar particularidades significativas.[85]

Ao desenhar gente de terras distantes e de costumes diferentes, que só podiam ser encontradas nas Conquistas, Julião aponta para a diversidade que caracterizava o mundo colonial. Significativamente, não encontramos no panorama da Bahia senhores de engenho, comerciantes de tabaco ou traficantes de escravos, mas, sim, gente relacionada ao mundo do trabalho, predominantemente negros e mestiços. No caso dos prospectos de Goa, Diu, Rio de Janeiro e Moçambique, os desenhos registram um leque mais amplo de pessoas: de índios selvagens a tapuias domesticados, de carregadores seminus a damas ricamente vestidas, de pretas escravas a negras luxuosamente adornadas. Há vários representantes das camadas sociais intermediárias e superiores, mas eles são claramente marcados pelo signo da diferença em relação aos costumes e trajes metropolitanos. A distância espacial e a diferença cultural complementam o registro predominante de mulheres e de negros e mestiços para acentuar a condição colonial: seguindo os critérios hierárquicos do Antigo Regime, todos esses elementos configuram indícios seguros de subalternidade.[86]

De certo modo, as escolhas realizadas por Julião podem se aproximar do interesse pelo exótico que atraía grande parte da nobreza portuguesa setecentista. Não se trata, porém, apenas da curiosidade por aquilo que é estranho, como plantas e animais tropicais, anões em roupas "cafriais" ou outras espécies a serem mostradas e colecionadas. Há algo mais: seus desenhos revelam um olhar diretamente voltado para as Conquistas e suas gentes. Como no caso dos naturalistas e administradores ilustrados de Angola e Moçambique, ou do padre Ferreira Pires, seu olhar também contém certo desdém em relação ao outro. Não deixa de ser significativo que a primeira figura da série que ilustra a prancha das quatro perspectivas se aproxime iconograficamente da cena representativa de uma tópica retórica, na qual um velho ermitão pede esmolas a uma jovem que se mostra tímida. Dessemelhante de suas companheiras, essa figura inicial introduz uma chave jocosa que não pode passar despercebida.[87] Ela abre o desfile das gentes de além-mar, proporcionando ao observador a mesma mistura reivindicada pelo padre Ferreira Pires, que queria temperar seu relato de "lances mais terríveis" com outros acontecimentos tristes e compassivos e com o "jocoso estilo de pilhéria".

* * *

Todavia, ao mesmo tempo em que registrava diferenças, retratando diversidades coloniais, Julião efetuou uma interessante operação homogeneizadora. Várias das figuras que compõem os três conjuntos de imagens são muito semelhantes, como se pode verificar nos detalhes reproduzidos a seguir. Nada diferencia especialmente as "pretas" que ilustram os perfis das cidades de Goa, Diu, Rio de Janeiro e Moçambique e aquelas da Bahia: usam o mesmo tipo de saia, o xale é colocado do mesmo modo, os turbantes são amarrados de maneira semelhante. A única diferença entre a moça que "dança o lundu" no panorama da Bahia e aquela do conjunto dos quatro prospectos é a substituição do lenço no pescoço por um colar e um escapulário. Isso, aliás, acontece com diversas imagens, que aparecem tanto referidas à Bahia (por estarem desenhadas acompanhando a elevação daquela cidade e legendadas como tal) quanto estão presentes no álbum do Rio de Janeiro e Serro do Frio. Os escravos que carregam uma senhora baiana em sua cadeirinha, por exemplo, são idênticos aos que aparecem representados em uma das pranchas daquele álbum referente a cariocas e mineiros.

A bela figura negra cuja legenda na prancha da elevação da cidade do Salvador indica mostrar o "traje das pretas minas da Bahia, quitandeiras", aparece desenhada do mesmo modo e acompanhada pelos mesmos objetos no álbum referente ao Rio de Janeiro e Serro do Frio. No caso, a repetição amplia a abrangência da referência geográfica que deveria identificar a imagem: ela tanto pode representar um *gênero* de vestuário, associado a uma atividade específica (das quitandeiras), exercida em um lugar determinado (a cidade do Salvador), quanto ser simplesmente incluída em um conjunto genérico, compondo uma mostra de roupas e costumes típicos do Centro-Sul do Estado do Brasil.

4. *Figurinhos dos uzos do Rio de Janeiro e Serro do Frio.*

5. *Prospectos de Goa, Diu, Rio de Janeiro e Moçambique.*

6. *Prospectos de Goa, Diu, Rio de Janeiro e Moçambique.*

7. *Elevação e prospecto da cidade do Salvador.*

8. *Elevação e prospecto da cidade do Salvador.*

9. *Figurinhos dos uzos do Rio de Janeiro e Serro do Frio.*

10. Elevação e prospecto da cidade do Salvador.

11. Figurinhos dos uzos do Rio de Janeiro e Serro do Frio.

Dentre as várias repetições há, até mesmo, o caso de uma prancha do álbum sobre o Rio de Janeiro e Serro do Frio que reproduz, à esquerda, uma imagem pertencente ao conjunto dos quatro prospectos, onde aparece como sendo uma "preta com tabuleiro de doce e gorgoleta de água", e, à direita, uma que acompanha a elevação da cidade do Salvador, que vem legendada como "preto que vende leite na Bahia".

Como explicar o aparente descuido em relação à geografia num modo de representação que procura associar tipos humanos a lugares específicos? A resposta pode ser buscada através de dois caminhos.

O primeiro seria observar que a repetição e a cópia de figurinhas eram muito comuns no gênero do registro de costumes.[88] A diferença de escala e de técnica pictórica entre as figuras que acompanham os prospectos de Goa, Diu, Rio de Janeiro e Moçambique deve resultar muito provavelmente dessa prática de repetir padrões e desenhos transformados em modelos: ao colocar lado a lado "cópias" de originais diversos, teria havido dificuldade em manter um padrão no registro dos tamanhos das pessoas. O fato de todos os elementos coloridos dessa prancha serem colados sobre um suporte único (procedimento às vezes empregado pelos cartógrafos do período) pode reforçar essa hipótese.[89]

Seguindo a praxe dos cartógrafos, Julião poderia estar repetindo "tipos" humanos, utilizando-os como ilustrações para seus trabalhos mais técnicos. Mas isso não explica a aparente desatenção para com as determinações geográficas, sobretudo no interior de uma linguagem que articula tipos humanos e espaços geográficos, políticos ou sociais. É preciso, portanto, seguir um segundo caminho, e investigar as bases da operação que, num aparente paradoxo, torna possível ligar tipos característicos a lugares determinados e, ao mesmo tempo, usar figuras idênticas ou muito semelhantes para identificar locais diversos.

Uma pista inicial para desvendar o princípio fundador desse procedimento é oferecida pelo próprio Julião. Ao mesmo tempo em que ele era preciso, indicando, como no título da elevação da cidade do Salvador, a latitude e a longitude de sua localização na América Meridional, adotava palavras genéricas, como na legenda da cena com a rede na prancha com os prospectos de Goa, Diu, Rio de Janeiro e Moçambique, que diz ser um costume usado pelos "americanos". Mais que referenciar costumes particulares, de um único lugar, essa ambivalência entre precisão e generalidade pode indicar que o militar estaria anotando hábitos e gentes referidas a uma unidade maior que certa cidade ou local específico: sua pena e seus pincéis pretendiam captar costumes daqueles que viviam em uma *parte* dos domínios portugueses, em terras da América, nesse caso.

12. *Figurinhos dos uzos do Rio de Janeiro e Serro do Frio.*

13. *Prospectos de Goa, Diu, Rio de Janeiro e Moçambique.*

14. *Elevação e prospecto a cidade do Salvador.*

O procedimento não pode ser considerado extraordinário. Ambivalências e traduções na percepção do outro na época moderna são temas bastante estudados por diversos autores.[90] Discutindo a "administração das diversidades" inerente ao Império colonial português, Cláudio C. Pinheiro observou que ela envolveu não apenas a constituição de um aparato administrativo, mas também a "invenção de comunidades". Para lidar com uma quantidade e variedade de gentes, foram criadas formas de classificação e discriminação de grupos populacionais que receberam tratamentos específicos, como os "mouros", os "gentios", os "degredados", os "órfãos" etc., assim como os africanos de várias etnias e origens diversas foram agrupados e nomeados genericamente em várias nações.[91]

Algo semelhante pode ser observado nos desenhos de Julião, mas com uma particularidade importante em relação ao modo como ele constrói a homogeneidade entre as diferenças. Seu procedimento não é único e pode ser observado também nos escritos e desenhos produzidos por Alexandre Rodrigues Ferreira. De modo diverso de seus colegas naturalistas administradores que estiveram no interior do continente africano, cuja atenção, como vimos, estava mais voltada para as potencialidades agrícolas e minerais das regiões visitadas, ou da maior parte dos engenheiros militares interessados nas demarcações de fronteiras, cujos relatórios enfatizam a descrição espacial, ele dedicou atenção especial às gentes dos lugares coloniais que visitou.

Alexandre Rodrigues Ferreira deixou um significativo registro textual e iconográfico sobre as populações indígenas da Amazônia.[92] A expedição produziu mais de mil desenhos e aquarelas, sobre vários temas, que foram depois copiados ou gravados em Lisboa. Tudo indica que o material iconográfico estava sendo preparado para uma edição mais sistematizada das memórias, que nunca aconteceu. Além de apontamentos específicos sobre várias etnias (cambebas, caripunas, catauixis, guanás, guaicurus, mauás etc.), Ferreira redigiu em Vila Bela, em 1790, uma extensa memória sobre os *tapuias*.[93] Devidamente classificados como uma variação americana do gênero humano, esses índios são ali descritos em sua diversidade e em sua unidade. Ao mesmo tempo em que distinguia os domésticos dos selvagens (por sua vez divididos em inimigos e aliados),[94] o naturalista investiu também no detalhamento das particularidades de cada grupo. Mas todos, para além dos hábitos e costumes diversos, das nações e grupos variados, foram considerados tapuias: uma categoria tão genérica quanto o sistema classificatório que subsumia todas as diversidades na idéia de um "homem americano".[95]

O mesmo movimento aparece nos desenhos e aquarelas feitos pelos riscadores da expedição José Joaquim Codina e Joaquim José Freire e nas gravuras elaboradas posteriormente pelos copistas em Lisboa. Provavelmente formados nas mesmas escolas que Julião, os riscadores e copistas também seguiram padrões rígidos na representação do corpo humano.[96] Como bem salientou Almir Diniz de Carvalho Júnior, apesar do registro de várias nações, aparentemente etnográfico, eles conceberam e desenharam um "índio genérico": um "nativo universal" pensado e construído a partir da imagem dos índios domésticos. Assim, mais que um padrão universal, eles registraram aqueles que estavam submetidos ao domínio colonial — uma "humanidade domada", por meio da qual se pretendia transformar o diferente em semelhante.[97]

Um segundo indício para explicar o aparente paradoxo dos desenhos de Julião está no fato de que, na prancha que contém os prospectos de Goa, Diu, Rio de Janeiro e Moçambique, diversamente daquela referente à cidade de Salvador, as legendas não permitem identificar com certeza a qual dos portos retratados as figuras desenhadas estariam vinculadas. Como saber se as "pretas do Rosário" dizem respeito ao Rio de Janeiro, a Moçambique ou a Goa? Que fazem nesse conjunto as imagens que mostram trajes das "nhonhas" ou dos "chinas" de Macau", se essa localidade nem sequer fica próxima a algum dos quatro lugares desenhados?[98] Como identificar a referência geográfica para a imagem simplesmente legendada como "preta que leva o jantar na cuia" ou para a "mestiça ministrando canja"?[99]

O gênero do registro de costumes opera quase sempre no sentido de reiterar conhecimentos prévios, traduzindo iconograficamente uma representação genérica de "tipos" humanos já conhecidos de antemão. Por isso, as imagens destinam-se mais a possibilitar um reconhecimento do que efetivamente a instruir ou registrar descobertas e novidades direta e empiricamente observadas. Assim como o desenho do perfil litorâneo que constitui esses panoramas poderia ajudar o marinheiro a *confirmar* seu rumo, traçado previamente, o vínculo específico entre cada figura e o local a que ela se refere dependia de um saber que era, aqui, apenas reiterado.

Certamente, mais que registrar e preservar novas informações, coletadas em primeira mão, as figuras desenhadas por Julião necessitavam de conhecimentos prévios para serem decodificadas. É preciso saber de antemão, por exemplo, que os elementos que caracterizam esta "preta" são "típicos" do Rio de Janeiro e não de Goa, que tais trajes são usados por moradores do Estado do Brasil e não da Índia. Ou que os trajes da "mestiça" que leva a sopa não podem ser encontrados no Rio de Janeiro, mas, sim, no Oriente. As penas de aves que vestem a mulher "selvagem" poderiam indicar tratar-se de alguém proveniente dos sertões da América, sobretudo se a associarmos aos "tapuias já domesticados". Mas é preciso lembrar também que Bluteau informa que "selvagem" ou "salvagem", como a palavra era mais utilizada no século XVIII, era uma "espécie de sátiro que se acha no reino de Angola", com feições de homem, "nariz chato [...] cabeça grossa, peito sem cabelo" e que "sabe pôr-se de pé e quase sempre anda direito"; a "fêmea" teria "peitos e ventre a modo de mulher". "Metaforicamente", diz o dicionarista ilustrado, a palavra "salvagem" poderia ser atribuída "a um homem rude, áspero, vilão, rústico, de costumes bárbaros".[100] Como ter certeza de que Julião estava se referindo ao Rio de Janeiro, se ele não usou a palavra "índio", que, segundo o *Vocabulário*, era mais indicada para designar os "povos da América"?[101]

A dificuldade diante das palavras, mesmo as que nos parecem mais familiares, talvez possa ser transposta para os contemporâneos de Julião. Será que todos os que vissem aquelas pranchas saberiam exatamente o que significava um "faraz de mancila" ou uma "bai" de Goa? Talvez os homens acostumados com as lides nas Conquistas no Oriente pudessem estar familiarizados com algumas dessas palavras; mas isso também significa que os desenhos de Julião documentam tipos humanos e costumes já descritos e referenciados em outras obras, relatos e desenhos que tratassem das gentes existentes no mundo colonial; gente diferente de terras distantes da Europa. As figuras e legendas reiteravam, portanto, um conhecimento de certo modo acumulado, nos círculos militares, letrados e administrativos, sobre as Conquistas. Não por acaso, esse era o universo no qual suas pranchas deviam circular.

Certamente, as figuras humanas retratadas são distintas entre si por seus trajes e gestos. Ainda que não possam imediatamente ser relacionadas a Goa, Diu, Rio de Janeiro ou Moçambique, as dezenove figuras que acompanham os prospectos dessas cidades são distintas umas das outras e pertencem a mundos diversos. No caso da prancha com a elevação de Salvador, as legendas insistentemente reafirmam que os desenhos dizem respeito à Bahia. Na outra, com as quatro perspectivas, acontece exatamente o contrário: as referências geográficas não estão claramente marcadas e até mesmo são mais amplas que os lugares ali cartografados. Isso indica que elas podiam ser tomadas de forma equivalente, sendo unificadas e homogeneizadas numa mesma condição. A indistinção caminhava junto com aquela diversidade.

Se era possível reconhecer diferenças entre os povos coloniais — claramente registradas através de trajes e "usos" variados —, elas apareciam simultaneamente equalizadas e subsumidas pela condição colonial. O fato de pertencerem inescapavelmente às Conquistas permitia aquela generalização, capaz de anular a multiplicidade e dispensar as referências geográficas. Apesar de suas diferenças, são povos das Conquistas que se encontram ali registrados: seus usos e trajes marcavam um diferencial que ultrapassava qualquer localização geográfica precisa, para indicar uma condição mais ampla de inferioridade e submissão ao domínio colonial.[102] Há, portanto, uma leitura política subjacente à cartografia e aos desenhos de Julião.

Tal generalização pode ser encontrada em documentos de outra natureza, produzidos no mesmo período. Diversas cartas legais, por exemplo, determinaram normas para todas as Conquistas portuguesas. É o caso da pragmática de 1749, sobre o uso de tecidos, ornamentos e outros hábitos suntuários, já analisada no capítulo 2. Como vimos, a determinação régia, de caráter amplo e aplicável a todo o Império, dedicava um de seus capítulos — o de número IX — inteiramente aos "negros e mulatos das Conquistas". Sob essa rubrica estavam englobados livres, forros ou escravos, homens e mulheres. A proibição do luxo para "os negros e mulatos, filhos de negro ou mulato, ou de mãe negra" (livres, libertos ou escravos) tentava evitar as "inconveniências" resultantes do desregramento no manejo da linguagem simbólica do vestuário como expressão de distinções sociais nos domínios ultramarinos.[103]

No caso desse dispositivo, não havia nenhuma referência explícita a um local preciso no interior das Conquistas: ele se aplicava às possessões da América, África, Índia ou Ásia. Diferenças físicas, sociais, culturais e geográficas apareciam aqui diluídas pela condição colonial. Todos — gentes e terras — estavam submetidos ao mesmo rei, pertenciam aos seus *domínios ultramarinos.*[104] Mais que uma indicação "racial" (nos termos do século XIX ou XX), a expressão "negros e negras das Conquistas" indicava uma associação entre cor (os que não são brancos) e condição subalterna — tanto em termos sociais quanto no contexto do Império. De certo modo, do ponto de vista do legislador metropolitano, "americanos", "negros", "pretos", "chinas", "bais" e "canarins" estavam nela compreendidos. Trata-se de processo semelhante ao que ocorria na América portuguesa, que cada vez mais associava escravos, libertos e livres sob a designação — ao mesmo tempo política e social — de *negros*, como vimos no capítulo 3.

O espaço genérico das colônias, designado sempre a partir de sua posição política de submissão (Conquistas ou domínios ultramarinos), impunha uma equivalência que diluía as diversidades, permitindo que as figurinhas de Julião pudessem ser intercambiadas. Está subjacente a essa operação uma divisão do mundo em partes, que separa "tipos" sociais e culturalmente diversos, caracterizados por seus trajes, objetos e situações. Ao mesmo tempo e não paradoxalmente, essa divisão aproximava os vários tipos identificados, desprezando sua multiplicidade para tomá-los, de forma simples e genérica, como povos das Conquistas.

Essa categoria podia ser semelhante às classes mais amplas do sistema proposto por Lineu (que permitia subdivisões em ordens, gêneros e comportava ainda variações),[105] mas operava sobretudo nos quadros sociais e culturais informados pelas tradições do Antigo Regime. Ela mantém relação com dois outros movimentos da segunda metade do século XVIII, que ampliam seus significados políticos.

O primeiro diz respeito ao processo de incorporação de novas categorias sociais ao corpo político da monarquia, que se desenvolve nesse período. Desde o início da época moderna, a legislação portuguesa não apenas distinguiu legalmente as várias ordens sociais, aplicando castigos diversos para nobres e plebeus, como criou categorias específicas do ponto de vista jurídico, como cristãos-novos, ciganos, mouriscos, negros e mulatos, tratando-as de modo específico.

A distinção entre cristãos-novos e cristãos-velhos, instituída desde a conversão forçada dos judeus em 1497, é um bom exemplo. Ela foi reforçada pela atuação da Inquisição e por ordens régias como a de 1588, que determinou a exclusão de todos os indivíduos com ascendência cristã-nova (do quarto ao sétimo grau, conforme o caso) dos cargos eclesiásticos, militares e administrativos. Em 1671, aquela discriminação foi reiterada e alargada para incluir os que tivessem sangue "mourisco" ou mulato ou que fossem casados com alguma mulher nessas condições.[106] Os mesmos princípios foram reiterados pelas Constituições do arcebispado da Bahia, de 1707, ao determinar que todos os padres deviam ser isentos de qualquer "defeito de sangue" até o quarto grau de parentesco.[107] Como no caso das mulheres, loucos, crianças e escravos — para os quais as várias autonomias e liberdades estavam proibidas —, o acesso a privilégios, isenções e benefícios também era vedado àquelas pessoas.

Muitos homens e mulheres morreram nas malhas do Santo Ofício, acusados de judaísmo, e vários foram impedidos de assumir cargos públicos ou receber privilégios por serem suspeitos de alguma gota de sangue judeu, mouro ou africano em suas veias. Tais medidas visavam, porém, apenas aos considerados vassalos do Reino. Nobres congueses podiam ser educados em Lisboa, participar da corte portuguesa e até serem ordenados padres, sem que a diferença da cor da pele lhes causasse impedimentos. Na

Índia e na África, nativos e mestiços podiam ser admitidos como noviços e ordenados padres, como parte da política que buscava a formação de um clero indígena que facilitasse a penetração do cristianismo em terras distantes. Dependendo dos interesses da Coroa e do jogo de alianças políticas em cada caso, como acontecia em relação às restrições impostas aos candidatos às ordens militares, dispensas podiam ser conseguidas e havia várias estratégias para burlar as regras.[108] Assim, ao lado de pronunciamentos sobre a "estupidez" e os "vícios" dessas gentes "bárbaras", em muitas situações a Coroa precisou contar com e integrou gente das chamadas "raças infectas", ignorando eventuais manchas de nascimento.

Na segunda metade do século XVIII, no entanto, o quadro se altera, com a promulgação de várias leis que incorporam categorias de pessoas não brancas, de diversas partes do Império, à condição de vassalos da monarquia portuguesa. É o caso, por exemplo, da legislação pombalina relativa à liberdade dos índios do Pará, Maranhão e Brasil. Ela foi largamente analisada em termos do impacto que teve na ocupação e colonização dos sertões amazônicos e nos processos de aculturação e resistência dos povos indígenas.[109] Mas é importante ressaltar, como fez Ângela Domingues, que o projeto colonial definido na segunda metade do século XVIII implicava o reconhecimento dos índios como vassalos e súditos da Coroa.

A lei da liberdade dos índios, de 6 de junho de 1755, esteve diretamente articulada a duas outras. De um lado, ao alvará de 7 de junho de 1755, que aboliu o poder dos missionários de qualquer religião sobre a administração temporal dos índios. As aldeias passavam a ser administradas então por governadores e principais indígenas e seus habitantes a participar dos mesmos circuitos administrativos, jurídicos e institucionais dos outros colonos da América portuguesa. Isso significava tanto pagar impostos quanto ter direito a salários, e escolher onde, como e para quem trabalhar.[110] De outro, associa-se a elas um alvará anterior, de 4 de abril daquele ano, determinando que os vassalos portugueses que casassem com as índias da América não sofreriam de "infâmia alguma", mas receberiam a "real atenção", seriam "preferidos para aqueles lugares e ocupações que couberem na graduação das suas pessoas" e seus filhos tornavam-se "hábeis e capazes de qualquer emprego, honra ou dignidade", sem necessidade de nenhuma dispensa.[111]

Impedindo que os "vassalos casados com índias ou seus descendentes" fossem tratados "por nome de caboclos ou outro semelhante que possa ser injurioso", essas medidas articulavam-se com outras, relativamente contemporâneas, referentes a partes distintas do Império. Em abril de 1761, por exemplo, o rei ordenou ao vice-rei da Índia que os súditos asiáticos e africanos orientais que fossem cristãos deviam ser tratados e considerados do mesmo modo que os brancos nascidos em Portugal, pois "sua majestade não distingue os seus vassalos pela cor, mas pelos méritos de cada um".[112] Ainda que essa lei não tenha sido imediatamente cumprida, foi reiterada várias vezes por Pombal, que chegou a instruir o governador José Pedro da Câmara, em 1774, determinando que todos os nascidos na Índia portuguesa e nos domínios da Ásia deviam ser considerados "igualmente nobres e qualificados para todos os postos e cargos, sejam militares, sejam políticos, sejam civis [...] sendo todos os brancos e pardos igualmente vassalos de sua majestade".[113] Em 1779, Martinho de Melo e Castro reiterava a ordem, determinando que se devia confiar o exercício das funções públicas "aos nativos, ou aos seus filhos e netos, independentemente do fato de a cor da sua pele ser mais clara ou mais escura", pois todos eram vassalos do rei e iguais perante Deus.[114]

Seguindo o mesmo movimento, um alvará de 24 de janeiro de 1771, registrado em segredo, já indicava a necessidade de suprimir a distinção entre cristãos-novos e cristãos-velhos. A medida só ganhou amplitude e força legal com a lei de 25 de maio de 1773, que aboliu a exigência de pureza de sangue para a ocupação de cargos e acabou definitivamente com aquela distinção. Castigos severos foram estabelecidos para quem usasse aqueles termos e os antigos decretos de 1507 e 1524 que haviam declarado essa diferenciação odiosa foram reabilitados.[115]

Do mesmo modo, a lei de 1773 que libertou filhos e netos de escravos em Portugal determinou que os nascidos daquela data em diante fossem considerados

> por benefício dela inteiramente livres, posto que as mães e avós hajam sido escravas; e que todos os sobreditos por efeito desta minha paternal e pia providência libertados fiquem hábeis para todos os ofícios, honras, e dignidades, sem a nota distintiva de libertos, que a superstição dos romanos estabeleceu nos seus costumes e que a união cristã e a sociedade civil faz hoje intolerável no meu Reino, como o tem sido em todos os outros da Europa.[116]

Certamente isso não significava assimilação ou igualdade. Assim como as demais distinções permaneceram, os novos súditos foram geralmente incorporados às hierarquias sociais mais baixas, como "pessoas miseráveis", simples e rústicas, que necessitavam de cuidado e proteção.[117] Não se tratava mais de burlar a regra da limpeza de sangue de um modo individual e casuísta, mas de um processo mais amplo, que pretendia atribuir direitos e retirar infâmia de grandes contingentes populacionais dos domínios ultramarinos ou a eles diretamente associados. Essas medidas indicam que, pouco a pouco, alterava-se o estatuto de muitos habitantes das áreas coloniais no corpo político da monarquia portuguesa.

Mas essa incorporação não incluiu, certamente, os negros e os mulatos. Aqui, onde a escravidão presidia a ordem social, e era maciçamente africana, o crescimento do contingente de negros e mulatos libertos tensionava cada vez mais as relações sociais. E as tensões se exprimiam de forma cada vez mais racializada: a discriminação contra os *mulatos* (forros e livres) se desenvolvia paralelamente à tendência de associar todos os pretos, pardos, mulatos e mestiços à escravidão, chamando-os simplesmente de *negros*, como vimos no capítulo 3.

O segundo movimento diz respeito ao surgimento de identidades coletivas que também começavam a se fazer presentes em várias partes do Império, a partir de meados do século XVIII. Para ficar com exemplos mais significativos da América portuguesa, basta lembrar as diferenciações fundamentadas em localismos rivais, que se juntaram à separação inicial entre os "que de lá vieram" e os "que cá nasceram", ou entre reinóis e mazombos.[118] Essas distinções, baseadas na história, no modo da ocupação territorial ou em particularidades naturais, aparecem nas reflexões dos letrados e eruditos que se reuniam nas academias coloniais e nas memórias produzidas por viajantes, naturalistas e engenheiros, informando muitas vezes as medidas de renovação empreendidas pela administração colonial.[119]

Também se faziam presentes em movimentos sociais das últimas décadas do século XVIII. Sem aprofundar o tema, basta lembrar aqui os inconfidentes das Minas Gerais, que, em 1789, pretendiam "separar ou desmembrar [a capitania] do Estado [do Brasil]", criando uma república com sede em São João del Rei.[120] A revolta dos "mineiros" podia alimentar-se de idéias francesas e norte-americanas, procurar conexões e financiamento no Rio e até na Bahia, mas pensava sobretudo em livrar as Minas Gerais dos impostos, das dívidas e do jugo político da Coroa portuguesa.[121]

Poucos anos depois, foram os "baianos" que, em 1798, se rebelaram contra autoridades e soberano que consideravam tirânicos. A nobreza da terra juntou-se a soldados das tropas de linha e das milícias, além de alguns clérigos e oficiais mecânicos, para reivindicar igualdade social e política para todos, sem distinção de raça ou cor, além de melhor remuneração para os soldados e outros direitos.[122] Mesmo com a presença de muitos pardos e negros e propósitos mais radicais, falavam em nome do "povo bahiense" e sua infelicidade nascia da sujeição ao trono, não ao domínio propriamente português.[123]

Eram, antes de tudo, filhos das Minas ou da Bahia; gente nascida em partes diversas da América que se contrapunha, a partir de um ponto de vista local e regional, aos interesses e diretrizes do Reino. Como bem observaram István Jancsó e João Paulo Pimenta, não se tratava de brasileiros ou de alguma identidade política coletiva que ultrapassasse o regional.[124] Mas eram, como mostrou Stuart B. Schwartz, diferentes dos portugueses nascidos na metrópole — e esse sentimento se expressava de modos variados.[125] A ele correspondia um sentimento inverso, por parte dos portugueses. Russell-Wood observa que a correspondência da corte com os vice-reis e governadores do Brasil estava recheada de expressões pejorativas contra os nascidos no Brasil, retratados como preguiçosos, imorais e perdulários — caracterizações associadas às suspeitas de falhas na "pureza de sangue".[126]

De certo modo, era como se houvesse uma suspeição de que todos os nascidos na colônia pudessem ser mestiços. Os "filhos da terra" tinham menos vez em relação aos "filhos de fora" no acesso a cargos da Justiça e a ordens religiosas.[127] Amalgamados no interior de significados políticos atribuídos geralmente aos não-brancos, eram empurrados para uma posição que dificilmente podia ser aceita pela nobreza da terra ou por seus filhos — sobretudo quando iam a Portugal.[128] Talvez por isso as elites coloniais tenham se tornado cada vez mais ciosas para distinguir-se dos pardos e mulatos, valorizando superlativamente o luxo, as genealogias, os títulos e a ostentação da riqueza.[129]

A generalização presente nos desenhos de Julião dialogava diretamente com esses movimentos, ao propor uma leitura desses processos. Inversamente ao que pretendiam os membros das elites na América portuguesa, ele os excluiu da maior parte de seus desenhos, em especial das pranchas cartográficas. Nelas, fez questão de acentuar a distância geográfica, social e cultural dos habitantes das Conquistas, marcando-os pela diferença da cor e pela presença da mestiçagem. A partir de um olhar exterior (que provavelmente se julgava superior), tomou-os como semelhantes e agrupados num corpo único. Gente diversa entre si, mas sobretudo subalterna, negra ou mestiça: os povos dominados do Ultramar. Criava-se, assim, uma categoria genérica que atribuía um lugar hierarquicamente inferior àqueles vassalos, considerados simples e rústicos, que habitavam as Conquistas.

Arremate

Podemos voltar agora às propostas encaminhadas em 1796 pelo conde de Resende a Luís Pinto de Souza Coutinho sobre os "inumeráveis e prejudiciais inconvenientes" causados pelo "grande número de escravos" ociosos e pela "imensa quantidade de mulatos e pretos forros" vadios existentes na cidade do Rio de Janeiro.[1] Não conheço o impacto dessa longa carta na corte lisboeta. Como secretário dos Negócios Estrangeiros e da Guerra, Souza Coutinho devia andar atribulado com os desdobramentos diplomáticos e militares da Paz de Basiléia, assinada em julho de 1795. Ao que tudo indica, porém, o assunto foi discutido pelos conselheiros da rainha, pois d. Rodrigo de Souza Coutinho, então responsável pela Secretaria da Marinha e Ultramar, sugeriu, em 1798, que as autoridades no Rio de janeiro usassem "de meios indiretos e pouco violentos" para evitar a concentração de "gente vadia" nas cidades e fazer que as terras e lavouras fossem cultivadas.[2]

Em dezembro daquele ano, em resposta às recomendações, o conde de Resende insistia em esclarecer um ponto que ele considerava importante: "os inumeráveis indivíduos" que viviam "sem ocupação séria" pela cidade eram "pessoas indigentes e pela maior parte mulatos e pretos que, nascendo livres ou alcançando dos seus senhores cartas de liberdade abusam desta, entregando-se a toda sorte de vícios". Ele concordava com as prescrições feitas pela corte, voltando a propor o emprego "dessa classe de gente" na agricultura, nas fábricas ou em trabalhos públicos. O principal, já que viviam sem "deverem sujeição a quem vigie sobre a sua conduta", era que fossem corrigidos, para que não pudessem voltar "à sua liberdade e por conseqüência ao seu antigo estado", causando "incômodos" à sociedade.[3]

Como se pode observar, o que parece ser candente para as autoridades metropolitanas é apreendido de modo diferente por aquelas que estão na América. O que é enunciado de forma genérica e ligado a eventuais prejuízos agrícolas, no texto produzido em Lisboa, ganha precisão nas palavras do conde de Resende. Essa "classe de gente" não era composta apenas por vadios, mas por *libertos*: gente que havia alcançado a liberdade e "abusava" dela, vivendo sem "dever sujeição" a pessoa alguma. Ao passar da economia à política, a ênfase ganhava uma dimensão crítica em relação às práticas da alforria no Brasil.

Nem as preocupações do conde de Resende, nem suas idéias eram novidade entre os que se empregaram na administração da América portuguesa. Em 1719, por exemplo, o conde de Assumar chegou a proibir que qualquer senhor das Minas Gerais concedesse carta de alforria a seu escravo sem antes pedir permissão ao governador da capitania, tentando com isso diminuir a quantidade de negros forros, que, segundo ele, dificultavam a manutenção da ordem pública.[4] Anos depois, Lourenço de Almeida solicitava o envio de casais "das terras marinhas do Brasil ou das Ilhas" para povoar aquelas Minas, que se enchiam de mulatos. Para diminuir o poder dessa "má qualidade de gente", pedia também que o rei publicasse uma lei proibindo que os mulatos pudessem herdar de seu pai, mesmo quando não houvesse irmãos brancos.[5] Várias autoridades, ao longo de todo o século XVIII, tentaram eliminar os "vadios" de suas terras, alistando-os em diversos tipos de corpos militares e guardas, enviando-os para o trabalho em obras públicas, em presídios ou lavouras de subsistência, ou usando-os para povoar novas áreas de fronteira.[6]

Essas preocupações também não eram excepcionais em outras partes do Império colonial português. Francisco Inocêncio de Sousa Coutinho, quando governou Angola, já havia proposto criar uma "casa pia" para ensinar ofícios aos mulatos, bem como promover uma política de casamentos e fazer com que os vadios existentes naquele reino se tornassem bons vassalos. De todos os documentos consultados, talvez esse seja o que mais se aproxima das propostas feitas pelo conde de Resende, tanto no modo de diagnosticar o problema quanto no de remediá-lo. Também ali havia a percepção nítida de que a "liberdade dos mulatos, fuscos ou pardos", bem como a dissolução das escravas, gerava desordens e que essa gente precisava ser controlada, ensinada, submetida por meio do aprendizado de ofícios mecânicos e de uma política de casamentos.[7]

O descompasso entre as propostas do conde de Resende e as sugestões vindas da corte pode ser semelhante aos desencontros havidos entre o bispo do Rio de Janeiro e o Conselho Ultramarino em relação às medidas para regular a circulação noturna das pretas e pardas bem-vestidas, analisados no capítulo 2. Mas, nesse caso, eles revelam avaliações políticas diversas da escravidão e, sobretudo, da presença dos negros e mulatos libertos na principal cidade da América portuguesa. Os princípios que ordenam a reflexão do conde de Resende são os que interessam aqui, servindo de fio condutor para arrematar este livro.

A primeira constatação resultante da leitura de sua longa missiva é a de que a escravidão não aparece de modo algum contestada. A posição, adequada a uma importante autoridade colonial, combina com diversas opiniões examinadas no capítulo 3. Para o conde de Resende, o que estava em causa não era o uso dos escravos — que ele defendia e até propunha medidas para incrementar —, nem o fato de ser esta uma prática generalizada, tanto entre os "mais opulentos" quanto entre os "mais necessitados". Como negócio e forma de exercício do poder privado, o cativeiro aparecia como uma relação social legítima e necessária. Os problemas derivavam substancialmente de pelo menos dois desdobramentos da dominação escravista, tal como ela existia no Estado do Brasil. De um lado, estava o mau uso que os senhores faziam de seus escravos. De outro, os frutos gerados pelo próprio funcionamento da escravidão, mas que escapavam ao domínio senhorial.

O número excessivo de escravos, principalmente nas cidades, fazia com que o poder dos senhores não pudesse ser exercido de forma conveniente; como resultado, os escravos ficavam soltos pelas ruas e punham em risco o sossego público. O uso da escravaria como instrumento de ostentação, objeto de tantas lamúrias de padres e autoridades coloniais, como vimos no capítulo 2, aparece aqui associado às críticas à numerosa população cativa que perambulava a vender "coisas insignificantes". Em vez de serem empregados na produção agrícola, os escravos esparramavam-se pela cidade, expondo a fragilidade do governo senhorial. O exagero na quantidade de cativos fazia com que os "moradores" fossem cada vez mais roubados, enganados e vilipendiados por aqueles que deviam manter submissos. Apesar disso, e do perigo de tais comportamentos arruinarem as famílias e os próprios senhores, não havia como interferir no âmbito desse poder, essencialmente doméstico.

O mesmo não acontecia, porém, com os libertos — estes, sim, passíveis de ação pública. Seu grande número derivava, segundo o conde de Resende, do interesse dos escravos em comprarem suas liberdades e, em particular, da própria atitude senhorial, pródiga em relação às crias da casa, muitas das quais bastardas, e generosa nas alforrias testamentárias. O principal problema estava no fato de que, embora literalmente produzidos no interior da escravidão e por concessões senhoriais, os libertos se mostravam pouco ou nada submissos.

Esses temas também não eram novidade. Como vimos no capítulo 3, vários textos produzidos ao longo do século XVIII trataram da necessidade de regrar e disciplinar a relação entre senhores e escravos, de modo a garantir a continuidade da escravidão.[8] Preocupados em tornar o cativeiro justo e legítimo, eles expunham modelos e normas que deviam regular o tratamento a ser dispensado aos cativos na América. Também a alforria foi objeto de cuidados crescentes durante aquele século. Ela é o tema principal de um panfleto anônimo, publicado em Lisboa em 1764.[9] Estruturado na forma de diálogo entre um "letrado" e um "mineiro do Brasil", o texto discute os dilemas das relações entre senhores e escravos e, especialmente, das alforrias. O mineiro possuía um escravo havia dez anos e lhe prometera alforria ao cabo de outros dez, "se continuasse em servir-me bem". O "preto" tornou-se tão bom escravo que o senhor não mais queria cumprir a promessa — e consultava o letrado para saber se estava "obrigado a guardar a palavra que [deu] a um negro seu". A dúvida serve de pretexto para que opiniões "a favor dos negros" ou dos senhores sejam apresentadas e discutidas. Como se vê, um dilema como tantos outros que atravessavam o exercício da política de domínio senhorial, sempre dependente do equilíbrio precário entre rigor e mercê.[10]

Manoel Ribeiro Rocha, que produziu um dos mais completos textos sobre o tema, também julgava necessário realizar ajustes no modo como os senhores deviam possuir e tratar seus escravos. Para ele, a escravidão dos africanos havia se tornado ilícita, pois não era possível ter certeza sobre o processo de escravização realizado na África. Para legitimá-la, era preciso entender que a liberdade dos africanos encontrava-se apenas penhorada com aqueles que haviam se tornado seus senhores. Seu "resgate" devia ser feito pelos próprios escravos, mediante o pagamento do valor da compra inicial ou por meio da prestação de serviços durante vinte anos (e 25 anos de trabalho para os ingênuos nascidos durante o cativeiro dos pais). A proposta visava preservar o comércio negreiro e dar condições de continuidade à escravidão. Mas lidava também com a liberdade. O cativeiro, pensado como transitório, transformava-se em período de educação para a liberdade. Os senhores, ao darem aos escravos o sustento, o vestuário, a doutrina, o cuidado nas enfermidades e o castigo medido, produziam bons cativos, que, depois de libertos, seriam gratos a seus ex-senhores.[11] Uma lógica que operava inteiramente no interior das concepções do paternalismo escravista, que encontrava expressão na idéia da alforria como doação.[12]

Apesar do desejo de tantos letrados coloniais e metropolitanos, a "generosidade" senhorial não conseguira produzir seres agradecidos e submissos, como constatava o conde de Resende. Para além da corrupção dos costumes e do perigo das doenças, como evidencia a carta enviada a Lisboa pelo conde, as alforrias freqüentes (e os nascimentos espúrios) haviam produzido um contingente de homens e mulheres altivos e presunçosos que se tornava uma questão política. Cada vez mais numerosos e escapando do domínio senhorial, os libertos apareciam como um corpo estranho, que precisava ser domado e disciplinado para não colocar em risco o bem comum.

Não por acaso, o problema se aguçava no ambiente urbano. A insubmissão dos forros e libertos se fazia mais preocupante ao somar-se à "soltura" do grande número de escravos de ganho existente nas ruas da cidade. No espaço em que se articulavam as jurisdições e os poderes, esse contingente populacional era desestruturador: homens e mulheres que não tinham senhores e, ao mesmo tempo, não se constituíam como vassalos. Por isso, colocavam em perigo o equilíbrio das relações hierárquicas que ordenavam aquela sociedade, e que o conde de Resende pretendia ver reforçadas no Estado do Brasil.

Há, no entanto, outro elemento importante nesse texto. Se a parte masculina dessa população podia ser constituída por "mulatos, crioulos e pretos forros", as mulheres eram simplesmente designadas como "mulatas". Associando condição social e desregramento, a cor da pele aparece na avaliação empreendida pelo conde de Resende como que a reforçar uma posição intermediária espúria, associada à bastardia e ao desregramento e que se torna ainda mais evidente em relação às mulheres.

O procedimento combina com dois movimentos importantes, examinados ao longo deste livro. O primeiro diz respeito ao alargamento do significado da palavra *negro*, que muitas vezes passou a referir-se indistintamente a todos os que não eram brancos. Mais que designativo de cor, o termo indicava uma condição social, juntando escravos e libertos (ou mesmo livres) numa massa indistinta, socialmente inferior e, sobretudo, apartada da liberdade. Como vimos nos capítulos 2 e 3, em diversas situações, esse era um modo de tentar um controle sobre os libertos, empurrando-os para o mundo da escravidão. O segundo está diretamente relacionado aos sentidos crescentemente pejorativos atribuídos aos *mulatos*, que, com suas "manias de nobreza", abrigados em irmandades e cada vez mais presentes nas vilas e cidades, mostravam possuir uma insubmissão difícil de ser domada. O termo, usado de forma desqualificante, era quase uma resposta à resistência de tantos *pardos* em serem amalgamados numa multidão que muitos esperavam manter "num estado de subordinação tal que julgassem quanto ao respeito que qualquer branco era seu senhor", para retomar a expressão de Vilhena.

A nomenclatura das cores tornava-se, assim, cada vez mais politizada e estava diretamente ligada às tensões presentes naquela sociedade. Certamente, elas derivavam dos embates que permeavam as relações entre senhores e escravos, e das fricções entre os interesses coloniais e metropolitanos. O controle da escravaria era tarefa eminentemente senhorial, mas também envolvia sujeitos diversos, chegando muitas vezes a opor senhores, autoridades coloniais e metropolitanas, principalmente quando os mocambos e quilombos se tornavam mais ameaçadores, como muitos já se encarregaram de demonstrar. Do mesmo modo, os desejos de autonomia diante das cargas fiscais e das práticas da dominação colonial estiveram na base de muitos movimentos insurrecionais ao longo dos séculos XVII e XVIII e se adensavam diante das medidas destinadas a reforçar o controle metropolitano. Havia, porém, outra tensão, decorrente das pressões exercidas por esses homens e mulheres egressos da escravidão. Interna à sociedade colonial, estava relacionada ao modo como havia se estruturado a escravidão na América portuguesa e se somava àquelas outras, tornando-se mais aguda conforme avançava o século XVIII.

A presença massiva de homens negros e mulatos libertos apresentava, sem dúvida, um potencial político eminentemente disruptivo. Como bem indicou o conde de Resende, ela fazia saltar aos olhos os desarranjos e desregramentos operados no interior das próprias relações entre senhores e escravos; colocava em risco as teias da hierarquia social (pelo aumento da bastardia) e evidenciava as dificuldades do domínio senhorial (pela falta de controle sobre os negros de ganho e pelas alforrias). A existência de uma população que não era branca e escapava do domínio escravista demandava uma intervenção pública que mobilizava os administradores coloniais: daí a idéia de promover casamentos, a premência em disciplinar o trabalho, restringir os espaços de autonomia e submeter todos ao controle de instituições públicas, como uma casa de correção, ou de políticas de incentivo à agricultura, como queria o conde de Resende.

Do ponto de vista dos brancos livres, os homens e mulheres que haviam conseguido sair da escravidão só produziam desordens e insolências. Por isso mesmo, eram cada vez mais estigmatizados: a menção à cor morena de sua pele, qualquer que fosse a gradação adotada, indicava uma intenção excludente, funcionava como uma chave capaz de restringir a possibilidade de seu acesso aos privilégios dos "homens bons", de colocá-los abaixo das pessoas de "inferior condição", semelhantes aos escravos. Era uma forma de torná-los "negros", de aproximá-los da escravidão, limitar suas liberdades.

Lutando contra esse movimento e procurando meios para ascender socialmente, sob o abrigo dos terços auxiliares e das irmandades, como bem lembra Russell-Wood, o contingente de libertos, negros e pardos podia às vezes obter guarida junto às elites e autoridades coloniais.[13] Eram temidos, é certo. Mas podiam constituir um contrapeso importante quando se tratava de enfrentar os desígnios metropolitanos, como mostram vários dos movimentos de reivindicação no final do século XVIII, que se tornavam mais radicais conforme a maior presença de gente não branca entre os revoltosos. De certa forma, era como se a advertência realizada por Antonio Rodrigues da Costa em 1732 ganhasse novos contornos e se tornasse mais complexa com o passar do tempo.[14] Os perigos que rondavam o Estado do Brasil não advinham apenas da "força e violência das outras nações" que cobiçavam os tesouros coloniais ou daqueles "que poderão causar os naturais do país", insatisfeitos com o tratamento que recebiam de seus governantes, como na conjuntura das rebeliões havidas no início do século. Além dos escravos numerosos e do descontentamento dos colonos com tributos demasiados e outras vexações, havia a pressão exercida por esses homens soberbos e inquietos, cujas reivindicações tinham tons mais fortes e características mais sociais.

Stuart B. Schwartz levanta a hipótese de que o sentimento de distinção e diferença em relação à Europa nasceu primeiramente entre as populações mestiças e mulatas.[15] Caminhando na mesma direção, acrescento que contra eles pesava não apenas a discriminação dos reinóis, mas também a dos brancos bem-nascidos. Como a mestiçagem tornara-se, ao longo do período colonial, mais mulata que mameluca,[16] passou a carregar consigo as tensões causadas pela liberdade dos libertos. Os conflitos espalham-se em diversas situações, opondo brancos e mestiços, libertos e ex-senhores. Em situações em que podia haver alianças, os movimentos ganhavam maior radicalismo. É o caso da sedição intentada na Bahia em 1798, em que as reivindicações falavam de igualdade social e política para todo o povo, sem distinção de raça ou cor.[17] Não por acaso, foi sobre os pardos e os indivíduos de mais baixa condição que o braço da repressão se fez mais forte.[18]

Esses significados políticos da presença massiva dos libertos e mestiços no mundo colonial combinavam, por sua vez, com uma percepção mais genérica do universo das Conquistas que havia se desenvolvido no mesmo período. Como vimos no capítulo 5, marcados por uma distância geográfica, social e cultural, os habitantes do ultramar eram apreendidos por autoridades e delegados régios sob o diferencial da cor e da mestiçagem. Imbricadas na escravidão, tais marcas eram também lidas de modo cada vez mais politizado, indicando nascimentos pouco regrados, insubmissões e comportamentos inconvenientes. Olhados de fora e a partir do alto, os temores do conde de Resende em relação ao grande número de negros e mulatos forros no Rio de Janeiro podiam se assemelhar ao incômodo metropolitano diante da crescente insatisfação dos moradores das Conquistas.

Internamente às sociedades coloniais, no entanto, tais clivagens ganhavam dinâmicas próprias. Letrados e senhores coloniais estavam longe de se considerarem próximos desses mulatos e mulatas tão "soltos" e atrevidos. Do seu ponto de vista, era preciso colocá-los em seu lugar: reforçar as relações de dominação e marcar diferenças sociais imprescindíveis para aquela sociedade. Alguns podiam pensar na possibilidade de incluí-los no corpo social e político por meio de casamentos e da aprendizagem de ofícios, transformados em seres úteis ao bem comum. Todavia, tais projetos não eliminavam o perigo do desregramento e da insubmissão. Em termos mais amplos, o que se observa é a necessidade de marcar a origem escrava, de considerá-los quase todos como "negros".

Trata-se, evidentemente, de um processo crescente de racialização das relações sociais. Ainda que o termo "racialização" possa oferecer alguns problemas analíticos e introduza certo anacronismo, ele permite descrever um movimento de construção social de significados, indicando como as palavras designativas da cor das pessoas foram ganhando, na segunda metade do século XVIII, acepções indicativas da condição social e de uma situação política. Derivado da dominação escravista *e* colonial, e destinado a subjugar ou excluir determinados grupos sociais, esse processo é diferente do racismo oitocentista. Assim como no século XIX, ele foi companheiro da liberdade: atingiu sobretudo os egressos do cativeiro e trabalhava para manter exclusões e perpetuar o domínio senhorial. De modo diverso, no entanto, não havia se desenvolvido como pensamento sistemático, nem estava fundado em explicações biológicas ou deterministas, ou servia de base para a implementação de políticas públicas. Durante todo o período analisado, as marcações sociais e políticas estavam ordenadas pelas regras do Antigo Regime. Os termos "branco", "preto", "negro", "mulato" ou "pardo" indicavam clivagens cujo sentido se explicava no interior da rede hierarquizada de posições que conformava a sociedade colonial e dependia do jogo de forças da dominação que lhe dava sentido e consistência.

Por isso, o modo como escravos e libertos foram ou não incorporados ao corpo político e social nas Conquistas constitui uma chave interpretativa importante. Como escravos, pretos e pardos, estavam sujeitos ao domínio doméstico dos senhores. Eventualmente podiam se tornar um problema de ordem pública, quando estouravam rebeliões ou o mau governo exigia medidas corretivas. Restabelecida a ordem, a hierarquia da dominação voltava a imperar. A presença cada vez mais saliente dos negros e mulatos forros e livres nas cidades, no entanto, colocava problemas de outra ordem. Não se tratava apenas de tornar "confusos" os estados, como dizia no século XVI o poeta do *Cancioneiro geral*, citado no capítulo 2. Melhor ficar com a imagem do outro poeta, do século XX, mencionado no capítulo 4, e pensar numa "luta de classes — luta civil, urbana, longe dos quilombos" — empreendida por aqueles que estavam *fora* da escravidão.

A historiografia tem refletido bastante sobre o impacto da escravidão na sociedade colonial, mas, de certo modo, pouco se tem perguntado sobre os significados da liberdade. O tema, assim como o da legitimidade do cativeiro dos africanos, preocupou políticos e intelectuais da época moderna. Como vimos no capítulo 3, sem chegar a contestar o domínio escravista, muitos tocaram nas dificuldades impostas pelas alforrias e pelo crescente número de libertos que queriam vivem "na sua inteira liberdade". Do ponto de vista historiográfico, a história dos libertos focalizou geralmente o momento da alforria ou tendeu a vê-los como homens livres pobres.

Marcada pela tradição inaugurada por Caio Prado Jr., parte dos estudos tendeu a espremê-los entre a minoria de senhores e a multidão de cativos: um grupo mal ajustado à sociedade, de "desclassificados", 'inúteis" e "inadaptados", quase uma excrescência na estrutura social da colônia.[19] Laura de Mello e Souza, apoiada em farta documentação da área mineradora, mostrou que havia uma "utilidade" para esses homens, empregados pelas autoridades coloniais na defesa das fronteiras e na ocupação dos espaços.[20] Outros estudiosos, inspirados pelas pesquisas sobre a experiência escrava, tematizaram o mundo dos libertos e as formas de obtenção da liberdade, mostrando como o contingente de forros era significativo do ponto de vista da sociedade urbana colonial.[21] Mais recentemente, as pesquisas têm mostrado a variedade da experiência no processo de obtenção da liberdade — difícil e quase ilusória para os africanos, mais fácil e freqüente entre as mulheres vindas da Costa da Mina.[22]

Foi talvez A. J. R. Russell-Wood quem, de modo mais explícito e conseqüente, considerou o fato de que aqueles homens livres pobres eram africanos ou afro-descendentes e, tanto do ponto de vista social quanto político, ex-escravos. Situando-se na confluência da perspectiva que aborda os homens livres pobres como uma camada intermediária na sociedade colonial com aquela que estuda os libertos no contexto das relações propriamente escravistas, esse autor empreendeu uma análise mais politizada do tema, que enfatizava as tensões provocadas pelas reivindicações crescentes desse contingente populacional, que se expressavam especialmente através das milícias e das irmandades.[23]

Inspirado pela sua análise, este livro experimentou trilhar caminhos que permitissem apreender o ponto de vista dos contemporâneos, conectando o tema aos nexos mais amplos da dominação colonial. Nesse contexto, a presença estruturadora da escravidão e aquela desestruturante dos negros e mulatos libertos oferecem a chave para que se possam compreender as tensões conformadoras da sociedade que, sob domínio português, se desenvolveu nestas terras da América. A discriminação contra os mulatos evidencia um processo crescente de racialização das relações sociais que teve longo curso na história do Brasil.

O modo como o processo da independência passou ao largo dessas tensões talvez possa indicar o quanto o tema era delicado. Preferindo o caminho da acomodação e do compromisso com a metrópole, as elites locais muitas vezes reforçaram laços com a corte reinol, deixando de lado importantes questões sociais e políticas — da continuidade da escravidão à inserção social dos pardos e negros livres e libertos.[24] Tal exclusão talvez possa ajudar a explicar alguns dos conteúdos reivindicatórios dessa massa de africanos e afro-descendentes e escravos, libertos ou livres, que cada vez mais imprimia sua marca na intensa movimentação social que pontuou as décadas iniciais do século XIX.

Certamente, "os homens de cor" tinham outros projetos políticos e queriam se fazer ouvir.[25] Mas essas são hipóteses que já vão muito longe. Paro por aqui, para não começar a falar do futuro.

Notas

LISTA DE ABREVIATURAS UTILIZADAS

ABN — *Anais da Biblioteca Nacional*
ACL — Academia das Ciências de Lisboa
AGCRJ — Arquivo Geral da Cidade do Rio de Janeiro
AHU — Arquivo Histórico Ultramarino
AMS — Arquivo Municipal de Salvador
ANRJ — Arquivo Nacional do Rio de Janeiro
ANTT — Arquivo Nacional da Torre do Tombo
APEB — Arquivo Público do Estado da Bahia
BNL — Biblioteca Nacional de Lisboa
BNRJ-Ico — Biblioteca Nacional do Rio de Janeiro, seção de iconografia
BNRJ-Ms — Biblioteca Nacional do Rio de Janeiro, seção de manuscritos
IEB — Instituto de Estudos Brasileiros, seção de manuscritos
RIHGB — *Revista do Instituto Histórico e Geográfico Brasileiro*
cód. — códice
cx. — caixa
est. — estante
ms. — manuscrito

1. Carta do conde de Resende a Luís Pinto de Souza Coutinho, de 11 de abril de 1796, ANRJ, *Correspondência do vice-reinado para a corte*, cód. 69, vol. 13, fls. 39-42v.

2. Para "aumentar a cultura das terras", o conde de Resende propunha ainda que as Câmaras comprassem "a sua custa seis escravos para os dar a um lavrador pobre e solteiro que se quisesse casar". O lavrador teria o prazo de um ano para pagar os escravos, desde que os empregasse na agricultura. Nas cidades, as Câmaras poderiam decidir estender o benefício "até o número de seis pessoas" de cada vez, quantidade que ficava limitada a quatro ou duas pessoas nas outras vilas. Obviamente, os lavradores seriam selecionados e haveria senhores de engenho ou fazendeiros mais abonados que deveriam supervisionar o andamento do processo. Assim, segundo o conde, "se multiplicaria notavelmente o número de agricultores, [e] cessaria muita parte da indigência que se experimenta", sem contar que o eventual ônus a ser enfrentado pelas Câmaras era mínimo se comparado aos "grandes interesses que deste sistema se poderão originar". De fato, o conde considerava a medida tão boa que imaginava que, se as Câmaras estivessem sem verbas, "não pareceria muito sensível gravame impor ao povo alguma leve contribuição para este fim somente".

3. Patrick Manning, "Migrations of Africans to the Americas: the impact on Africans, Africa and the New World", em P. Manning (ed.), *Slave trades, 1500-1800: globalization of forced labor*, Aldershot, Variorum, 1996, pp. 66-9. O volume do tráfico atlântico de escravos tem sido objeto de muitos debates. Vide, a respeito, Philip D. Curtin, *African slave trade: a census*, Madison, Wisconsin University Press, 1969; Paul Lovejoy, "The volume of the Atlantic slave trade: a synthesis", *Journal of African History*, 23 (1982): 473-501.

4. Dauril Alden, "The population of Brazil in the late eighteenth century: a preliminary study", *Hispanic American Historical Review*, 43, nº 2 (1963): 173-205.

5. As estimativas computam 1,01 milhão de brancos, 252 mil índios, 406 mil libertos, 221 mil pardos escravos e 1,361 milhão de negros escravos. Vide Maria Luiza Marcílio, "Crescimento histórico da população brasileira até 1872", *Cadernos do Cebrap*, 16 (1973): 2-26. Cf. também Maria Luiza Marcílio, "A população do Brasil colonial", em Leslie Bethell (org.), *América latina colonial*, 2ª ed., São Paulo, Edusp/Fundação Alexandre de Gusmão, 1998, vol. 2, pp. 311-38. Para dados ligeiramente diferentes, vide Dauril Alden, "O período final do Brasil colônia: 1750-1808", idem, ibidem, pp. 528-40.

6. Cf. "Resumo total da população que existia no ano de 1779, compreendidas as quatro freguesias desta cidade do Rio de Janeiro", RIHGB, 21 (2ª ed.,

1858): 216-7; "Memórias públicas e econômicas da cidade de São Sebastião do Rio de Janeiro para uso do vice-rei Luís de Vasconcellos por observação curiosa dos anos de 1779 até o de 1789", RIHGB, 47 (1884): 27-9; "Resumo dos fogos e população da cidade do Rio de Janeiro, feito por ordem do ilmo. e exmo. senhor conde de Rezende [...], 1º de dezembro de 1797", IEB, Coleção Lamego, 44.2.A.8.

7. "Resumo total da população que existia no ano de 1779, compreendidas as quatro freguesias desta cidade do Rio de Janeiro" e "Memórias públicas e econômicas da cidade de São Sebastião do Rio de Janeiro para uso do vice-rei Luís de Vasconcellos por observação curiosa dos anos de 1779 até o de 1789".

8. Vide, entre outros, Herbert S. Klein, "Os homens livres de cor na sociedade escravista brasileira", *Dados*, 17 (1978): 4-9; e A. J. R. Russell-Wood, *The black man in slavery and freedom in colonial Brazil*, Nova York, St. Martin's Press, 1982, pp. 31-2 e 46-9.

9. Refiro-me, obviamente, às obras diretamente relacionadas ao período colonial: Gilberto Freyre, *Casa grande e senzala*, [1933] 19ª ed., Rio de Janeiro, José Olympio, 1978, e *Sobrados e mocambos*, [1936] 7ª ed., Rio de Janeiro, José Olympio, 1985; Sérgio Buarque de Holanda, *Raízes do Brasil*, [1936] 8ª ed., Rio de Janeiro, José Olympio, 1975; Caio Prado Jr., *Evolução política do Brasil*, [1933] 9ª ed., São Paulo, Brasiliense, 1975, e *Formação do Brasil contemporâneo*, [1942]. Para uma visão geral dos debates dos anos 1970, vide José Roberto do Amaral Lapa (org.), *Modos de produção e realidade brasileira*, Petrópolis, Vozes, 1980; e Paulo Sérgio Pinheiro (org.), *Trabalho escravo, economia e sociedade*, Rio de Janeiro, Paz e Terra, 1984.

10. A produção acadêmica sobre o período colonial cresce bastante a partir dos anos 1980, sobretudo nos centros de pesquisa e pós-graduação de São Paulo e Rio de Janeiro. Pode-se observar a presença marcante de historiadores que participaram dos debates dos anos 1970, como Fernando Antonio Novais e Ciro S. Flamarion Cardoso, que constituíram importantes referências teóricas para muitos trabalhos de mestrado e doutorado produzidos nas décadas seguintes.

11. A avaliação é constante em muitos balanços bibliográficos sobre esse período. Vide, por exemplo, Stuart B. Schwartz, "Depois da dependência: caminhos novos da historiografia brasileira", *Da América portuguesa ao Brasil. Estudos históricos*, Lisboa, Difel, 2003, pp. 273-304.

12. Cf. Laura de Mello e Souza, "Aspectos da historiografia da cultura sobre o Brasil colonial", em Marcos Cezar de Freitas (org.), *Historiografia brasileira em perspectiva*, 3ª ed., São Paulo, Contexto, 2000, pp. 17-38; e A. J. R. Russel-Wood, "Brazilian archives and recent historiography on colonial Brazil", *Latin American Research Review*, 36, nº 1 (2001): 75-105. Dentre os trabalhos mais significativos publicados na década de 1980, podemos citar Laura de Mello e Souza,

O diabo e a terra de Santa Cruz. Feitiçaria e religiosidade popular no Brasil colonial, São Paulo, Companhia das Letras, 1986; Ronaldo Vainfas, *Trópico dos pecados. Moral, sexualidade e Inquisição no Brasil*, Rio de Janeiro, Campus, 1988; Luiz Mott, *Escravidão, homossexualidade e demonologia*, São Paulo, Ícone, 1988.

13. Dentre todos os campos, talvez o mais significativo seja aquele referente aos estudos sobre as relações de gênero e as experiências femininas. Vide, por exemplo, Maria Odila da Silva Dias, *Quotidiano e poder em São Paulo no século XIX*, São Paulo, Brasiliense, 1984; Mary del Priore, *Ao sul do corpo. Condição feminina, maternidades e mentalidades no Brasil colônia*, Rio de Janeiro, José Olympio/Edunb, 1993; Luciano Figueiredo, *O avesso da memória. Cotidiano e trabalho da mulher em Minas Gerais no século XVIII*, Rio de Janeiro, José Olympio/Edunb, 1993; Luiz Mott, *Rosa Egipcíaca. Uma santa africana no Brasil*, Rio de Janeiro, Bertrand Brasil, 1993; Leila Mezan Algranti, *Honradas e devotas: mulheres da colônia*, Rio de Janeiro, José Olympio/Edunb, 1993.

14. Um balanço dessa diversidade pode ser traçado a partir das teses de mestrado e doutorado defendidas nos diversos programas de pós-graduação no país, nas últimas décadas, catalogadas em Maria Helena Rolim Capelato, *Produção histórica no Brasil, 1985-1994*, São Paulo, 1995, 3 vols. Especificamente para o período colonial, consulte-se o arrolamento feito por Eni de Mesquita Samara, *A colônia na bibliografia recente (1970-1998)*, São Paulo, Humanitas, 1999. Para uma avaliação de algumas dessas tendências, vide Stuart B. Schwartz, "Somebodies and nobodies in the body politic: mentalities and social structures in colonial Brazil", *Latin American Research Review*, 31, nº 1 (1996): 113-34.

15. Um panorama dos principais autores e dos resultados das produções historiográficas francesa e norte-americana sobre o período colonial, bem como de sua integração com os trabalhos produzidos no Brasil, pode ser obtido na leitura dos capítulos referentes ao Brasil e respectivos ensaios bibliográficos escritos por John Hemming, H. B. Johnson, Frédéric Mauro, Andrée Mansuy-Diniz Silva, Stuart B. Schwartz, A. J. R. Russell-Wood e Dauril Alden nos dois volumes de L. Bethell (org.), *América Latina Colonial*. Para um balanço mais específico da produção norte-americana sobre o Brasil colonial, vide A. J. R. Russell-Wood, "United States scholarly contributions to the historiography of colonial Brazil", *Hispanic American Historical Review*, 65, nº 4 (1985): 683-723.

16. Vide, por exemplo, Rogério Forastieri da Silva, *Colônia e nativismo: a história como "biografia da nação"*, São Paulo, Hucitec, 1997. O tema torna-se mais candente nos estudos voltados para o período da independência. Um panorama dos desdobramentos dessa perspectiva pode ser encontrado nos artigos da coletânea organizada por István Jancsó (org.), *Brasil: formação do Estado e da nação*, São Paulo, Hucitec/Editora Inujuí/FAPESP, 2003.

17. Já abordei mais detalhadamente esse tema em "Escravidão no Brasil: balanço historiográfico", *LPH — Revista de História*, 3, nº 1 (1992): 215-44, e em "'Blowin' in the wind': Thompson e a experiência negra no Brasil", *Projeto História*, 12 (out. 1995): 43-56. Vide também Stuart B. Schwartz, "A historiografia recente da escravidão brasileira", *Escravos, roceiros e rebeldes*, Bauru, Edusc, 2001, pp. 21-82, e A. J. R. Russell-Wood, "Preface to the new edition: free and freed persons of African descent in colonial Brazil: trends and historiography, 1982-2002", *Slavery and freedom in colonial Brazil*. Oxford, Oneworld, 2002, pp. xiii-liii (cujas observações foram retomadas e atualizadas em "Epílogo: considerações retrospectivas, atuais e prospectivas". *Escravos e libertos no Brasil colonial* (trad.), Rio de Janeiro, Civilização Brasileira, 2005, pp. 293-360).

18. A presença maciça de estudos voltados para o período oitocentista pode ser facilmente verificada em arrolamentos bibliográficos sobre o tema, como em Luiz Cláudio Barcelos et al (orgs.), *Escravidão e relações raciais no Brasil. Cadastro da produção intelectual (1970-1990)*, Rio de Janeiro, Centro de Estudos Afro-Asiáticos, 1991. Um panorama dos trabalhos recentes sobre a escravidão no período colonial pode ser encontrado na coletânea organizada por Maria Beatriz Nizza da Silva (org.), *Brasil. Colonização e escravidão*, Rio de Janeiro, Nova Fronteira, 2000. Dentre as obras recentemente publicadas, vide, por exemplo, Mariza de Carvalho Soares, *Devotos da cor. Identidade étnica, religiosidade e escravidão no Rio de Janeiro, século XVIII*, Rio de Janeiro, Civilização Brasileira, 2000; Eduardo França Paiva, *Escravidão e universo cultural na colônia. Minas Gerais, 1716-1789*, Belo Horizonte, Editora UFMG, 2001; Júnia Ferreira Furtado, *Chica da Silva e o contratador dos diamantes. O outro lado do mito*, São Paulo, Companhia das Letras, 2003.

19. É o caso, por exemplo, de John Manuel Monteiro, *Negros da terra. Índios e bandeirantes nas origens de São Paulo*, São Paulo, Companhia das Letras, 1994; Maria Regina Celestino de Almeida, *Metamorfoses indígenas: identidade e cultura nas aldeias coloniais do Rio de Janeiro*, Rio de Janeiro, Arquivo Nacional, 2003; Maria Leônia Chaves de Resende, "Gentios brasílicos. Índios coloniais em Minas Gerais setecentista", doutorado, Campinas, Unicamp, 2003.

20. As diferenças étnicas e culturais entre os africanos trazidos como escravos e entre eles e os aqui nascidos têm sido cada vez mais exploradas pela bibliografia sobre a escravidão no Brasil no século XIX. Para um panorama das questões abertas por essa perspectiva para o período colonial, vide especialmente A. J. R. Russell-Wood, "Através de um prisma africano: uma nova abordagem ao estudo da diáspora africana no Brasil colonial", *Tempo*, 12 (2001): 11-50.

21. Para um balanço dessa bibliografia, vide António Manuel Hespanha, "A constituição do Império português. Revisão de alguns enviesamentos corren-

tes", em João Fragoso, Maria Fernanda Bicalho e Maria de Fátima Gouvêa (orgs.), *O Antigo Regime nos trópicos: a dinâmica imperial portuguesa (séculos XVI-XVIII)*, Rio de Janeiro, Civilização Brasileira, 2001, pp. 163-88.

22. Um panorama dos trabalhos realizados nessa direção pode ser encontrado em duas coletâneas recentes: J. Fragoso, M. F. Bicalho e M. F. Gouvêa (orgs.), *O Antigo Regime nos trópicos*; e Júnia Ferreira Furtado (org.), *Diálogos oceânicos. Minas Gerais e as novas abordagens para uma história do Império ultramarino português*, Belo Horizonte, Editora UFMG, 2001.

23. Essas tendências estão presentes nas análises diretamente relacionadas ao tráfico de escravos e às redes comerciais, como em Luiz Felipe de Alencastro, *O trato dos viventes. Formação do Brasil no Atlântico sul. Séculos XVI e XVII*, São Paulo, Companhia das Letras, 2000; e João Fragoso e Manolo Florentino, "Negociantes, mercado atlântico e mercado regional. Estrutura e dinâmica da praça mercantil do Rio de Janeiro entre 1790 e 1812", em J. F. Furtado (org.), *Diálogos oceânicos*, pp. 155-79. Mas também informam estudos sobre revoltas fiscais ou sobre práticas de comércio ambulante em cidades coloniais, como em Luciano Raposo de Almeida Figueiredo, "O Império em apuros. Notas para o estudo das alterações ultramarinas e das práticas políticas no Império colonial português, séculos XVII e XVIII", e Selma Pantoja, "A dimensão atlântica das quitandeiras", ambos em J. F. Furtado (org.), *Diálogos oceânicos*, pp. 197-254 e 45-67, respectivamente.

24. Vide Fernando A. Novais, *Portugal e Brasil na crise do antigo sistema colonial (1777-1808)*, São Paulo, Hucitec, 1979, especialmente pp. 57-106. Para posições teoricamente diversas, mas que também privilegiam o papel estruturante da escravidão, vide Ciro Flamarion Santana Cardoso, "O modo de produção escravista colonial na América", em Theo A. Santiago (org.), *América colonial*, Rio de Janeiro, Pallas, 1975, pp. 89-143; e Jacob Gorender, *O escravismo colonial*, São Paulo, Ática, 1978.

25. A tese, formulada por Caio Prado Jr., foi consolidada por Florestan Fernandes; ela postula a existência de um "esquema básico" fundamentado em uma "ordem estamental [que] tinha validade para os brancos, na sua grande maioria portugueses", e excluía os outros, que formavam um "conglomerado de escravos índios, negros ou mestiços". Com diferenças na terminologia, a mesma posição pode ser encontrada também em Raimundo Faoro e Jacob Gorender, entre outros. Vide Caio Prado Jr., *Evolução política do Brasil*, p. 28; Florestan Fernandes, *Circuito fechado*, São Paulo, Hucitec, 1976, pp. 31-2; Raimundo Faoro, *Os donos do poder*, 2ª ed. revisada e aumentada, Porto Alegre, Globo, 1975, vol. 1, pp. 203-21; e Jacob Gorender, *O escravismo colonial*, p. 287 e *passim*.

26. Resultados preliminares dessa pesquisa foram publicados anteriormente em: "The signs of color: women's dress and racial relations in Salvador and Rio de Janeiro, ca. 1750-1815", *Colonial Latin American Review*, 6, nº 2 (1997): 205-24; "Sedas, panos e balangandãs: o traje de senhoras e escravas nas cidades do Rio de Janeiro e Salvador (século XVIII)", em M. B. N. Silva (org.), *Brasil: colonização e escravidão*, pp. 177-91; "Uma embaixada africana na América portuguesa", em István Jancsó e Iris Kantor (orgs.), *Festa: cultura & sociabilidade na América portuguesa*, São Paulo, Edusp/FAPESP/Imprensa Oficial, 2001, vol. 1, pp. 151-65; "Significados cruzados: um reinado de congos na Bahia setecentista", em Maria Clementina Pereira Cunha (org.), *Carnavais e outras f(r)estas*, Campinas, Editora da Unicamp, 2002, pp. 71-100; "Customs and costumes: Carlos Julião and the image of black slaves in late eighteenth-century Brazil", *Slavery and Abolition*, 23, nº 2 (ago. 2002): 125-46; "O teatro do poder em perspectiva: festas públicas dinásticas no Brasil setecentista", em Martín Lienhard (coord.), *Ritualidades latinoamericanas: un acercamiento interdisciplinario*, Madri/Frankfurt, Iberoamericana/Vervuert, 2003, pp. 107-19.

27. A respeito dos procedimentos tradicionais da história social, vide Natalie Zemon Davis, "Las formas de la historia social", *Historia Social*, 10 (1991): 177-82.

28. Aqui, a referência mais conhecida é Carlo Ginzburg, *A micro-história e outros ensaios*, Lisboa, Difel, 1989. Vide também Jacques Revel (ed.), *Jogos de escalas. A experiência da microanálise*, Rio de Janeiro, Ed. FGV, 1998; e Giovanni Levi, "Sobre micro-história", em Peter Burke, *A escrita da história. Novas perspectivas*, São Paulo, Editora da Unesp, 1992.

29. Refiro-me especialmente à coletânea de ensaios de Robert Darnton, *O grande massacre de gatos e outros episódios da história cultural francesa*, Rio de Janeiro, Graal, 1986, sobretudo o ensaio intitulado "Os trabalhadores se revoltam: o grande massacre de gatos na rua Saint-Severin", pp. 103-39.

30. Cf. M. L. Marcílio, "A população do Brasil colonial", p. 334.

1. O TEATRO DO PODER

1. Padre d. Raphael Bluteau, *Vocabulário portuguez e latino*, Coimbra, Collegio das Artes da Companhia de Jesus, 1712 (ed. fac-símile, CD-ROM, Rio de Janeiro, UERJ, s. d.), verbete "cidade". Raphael Bluteau (1638-1734) era um frade teatino de origem francesa e cultura enciclopédica, grande filólogo e poliglota, que participava ativamente das tertúlias intelectuais na casa dos Ericeira no final do século XVII e início do XVIII. Além do *Vocabulário* (publicado com patro-

cínio de d. João V), Bluteau escreveu as *Prosas portuguesas* em vários volumes. Adepto de Fontenelle, exaltava as ciências (matemática, lógica, física e geometria), correspondia-se com diversas academias científicas de outros países e criticava o peso da escolástica na cultura portuguesa. Cf. Francisco José Calazans Falcon, *A época pombalina*, São Paulo, Ática, 1982, pp. 205-6.

2. R. Bluteau, *Vocabulário*, verbete "vila". A mesma definição aparece também em Antonio de Moraes Silva, *Diccionario da lingua portugueza*, Lisboa, Officina de Simão Thaddeo Ferreira, 1789.

3. R. Bluteau, *Vocabulário*, verbete "termo". No final do século, no *Diccionario* de Antonio de Moraes Silva, a definição aparece de forma mais sintética: termo é o "espaço a que abrange a jurisdição dos seus juízes". Para uma análise mais detida da terminologia e das jurisdições municipais, vide Cláudia Damasceno Fonseca, *Des terres aux villes de l'or. Pouvoir et territoires urbains au Minas Gerais (Brésil, XVIIIe siècle)*, Paris, Fundação Calouste Gulbenkian, 2003, especialmente pp.18-22 e 549-55.

4. Roberta Marx Delson observa que "o verdadeiro significado das cartas régias que conferiam formalmente o título de vila não era o reconhecimento do crescimento físico do arraial ou aldeia, mas sim a percepção pragmática de que, dentro daquela área específica, era preciso assumir determinadas responsabilidades administrativas". *Novas vilas para o Brasil-colônia. Planejamento espacial e social no século XVIII*, Rio de Janeiro, Ed. Alva/Ciord, 1997, p. 5.

5. Tal concepção aparece também na própria definição setecentista de território. Segundo R. Bluteau, a palavra corresponde ao "espaço de terra nos contornos e *jurisdição* de uma cidade", assim como distrito é definido como "o espaço a que se estende qualquer *jurisdição*" ou "toda *jurisdição* do território que foi acrescentado ao termo ou aos primeiros limites da *jurisdição* de uma cidade" (grifos meus). A relação entre o exercício do poder municipal e a conformação do espaço urbano nos séculos XVIII e XIX é explorada por Murillo Marx, também a partir de verbetes de dicionários, em *Cidade no Brasil, em que termos?*, São Paulo, Studio Nobel, 1999.

6. Rui Carita e Helder Carita, "Modelos, instituições e personagens. A urbanização do espaço atlântico nos séculos XV e XVI", *Oceanos*, 41 (jan./mar. 2000): 174-90. Para um balanço das políticas de domínio no Império português, vide António Manuel Hespanha e Maria Catarina Santos, "Os poderes num Império oceânico", em José Mattoso (dir.), *História de Portugal*, vol. 4, *O Antigo Regime (1620-1807)*, Lisboa, Editorial Estampa, 1993, pp. 395-413. Mais especificamente com relação às cidades nas áreas coloniais, vide Maria Fernanda B. Bicalho, "O urbanismo colonial e os símbolos do poder: o exemplo do Rio de Janeiro nos séculos XVII e XVIII", em *Estudos Ibero-Americanos*, 24, nº 1 (jun. 1998): 31-57.

7. Vide, a esse respeito, Nestor Goulart Reis Filho, *Contribuição ao estudo da evolução urbana do Brasil (1500-1720)*, São Paulo, Pioneira/Edusp, 1968; e R. M. Delson, *Novas vilas para o Brasil-colônia.*

8. Cf. Charles Boxer, *O Império colonial português (1415-1825)*, Lisboa, Edições 70, 1969, pp. 305-18; Nuno G. Monteiro, "Os conselhos e as comunidades", em J. Mattoso (dir.), *História de Portugal*, vol. 4, pp. 303-16; Maria Fernanda B. Bicalho, "As Câmaras ultramarinas e o governo do Império", em João Fragoso, Maria Fernanda Bicalho e Maria de Fátima Gouvêa (orgs.), *O Antigo Regime nos trópicos. A dinâmica imperial portuguesa (séculos XVI-XVIII)*, Rio de Janeiro, Civilização Brasileira, 2001, pp. 189-221; e Francisco Bethencourt, "As Câmaras", em Francisco Bethencourt e Kirti Chaudhuri (dir.), *História da expansão portuguesa*, Lisboa, Círculo dos Leitores, 1998, vol. 1, pp. 353-60.

9. Cf. Stuart B. Schwartz, "Magistracy and society in colonial Brazil", *Hispanic American Historical Review*, 50, nº 4 (nov. 1970): 715-16, e também, do mesmo autor, *Burocracia e sociedade no Brasil colonial*, São Paulo, Perspectiva, 1979, especialmente o capítulo 1.

10. Diferente de um simples tronco, o pelourinho situava-se geralmente em nível um pouco mais elevado que o solo, sobre uma base de pedras, e era encimado pelo brasão da Coroa ou outro símbolo do poder régio.

11. Vide, por exemplo, Aroldo de Azevedo, "Vilas e cidades do Brasil colonial (ensaio de geografia urbana retrospectiva)", *Anais da Associação dos Geógrafos Brasileiros*, IX, t. 1 (1954-5): 155-11; Caio Prado Jr., *Formação do Brasil contemporâneo*, 15ª ed., São Paulo, Brasiliense, 1977, p. 302; Raymundo Faoro, *Os donos do poder*, 2ª ed. revisada e aumentada, Porto Alegre, Globo/Edusp, 1975, pp. 146-50; N. G. Reis Filho, *Contribuição ao estudo da evolução urbana do Brasil*, pp. 34-8, e M. Marx, *Cidade no Brasil, em que termos?*, p. 22.

12. Para uma avaliação crítica da presença da oposição entre o rural e o urbano na bibliografia sobre o tema, vide Candice Vidal e Souza, *A pátria geográfica. Sertão e litoral no pensamento social brasileiro*, Goiânia, Editora da UFG, 1997.

13. C. Prado Jr., por exemplo, caracteriza os centros urbanos coloniais como um "apêndice rural, um puro reflexo do campo". *Formação do Brasil contemporâneo*, pp. 292-4. Um dos raros livros inteiramente dedicados à vida urbana no período colonial defende a tese de que as cidades, "pequenas e pobres", serviam para contrabalançar o poder das casas-grandes, enquanto as cidades maiores possuíam uma "missão civilizadora" de difusão da cultura lusitana. Cf. Nelson Omegna, *A cidade colonial*, 2ª ed., Brasília, Ebrasa/INL, 1971. Para uma posição semelhante à de Caio Prado Jr., em obra mais recente, vide Paulo César Garcez Marins, que afirma que "as cidades e vilas brasileiras eram, por assim dizer, quase escravas da agricultura açucareira". *Através da rótula. Sociedade e*

arquitetura no Brasil, séculos XVII a XX, São Paulo, Humanitas/FFLCH/USP, 2001, p. 55.

14. N. G. Reis Filho, *Contribuição ao estudo da evolução urbana do Brasil*, pp. 75-7. Vide, do mesmo autor, "As principais cidades e vilas do Brasil. Importância da vida urbana colonial", *Oceanos*, 41 (jan./mar. 2000): 60-7.

15. Cf. R. M. Delson, *Novas vilas para o Brasil-colônia*. Cf. também Beatriz P. Siqueira Bueno, "Desenho e desígnio: o Brasil dos engenheiros militares (1500-1822)", doutorado, São Paulo, USP, 2001.

16. Vide Renata Malcher de Araújo, *As cidades da Amazônia no século XVIII. Belém, Macapá e Mazagão*, Porto, FAUP, 1998, e C. D. Fonseca, *Des terres aux villes de l'or*. Para um panorama dos estudos recentes sobre as políticas urbanas no período colonial, vide Manuel C. Teixeira (org.), *A construção da cidade brasileira*, Lisboa, Livros Horizonte, 2004.

17. Também é anacrônica, para esse período, a separação entre arquitetura e engenharia. Em Portugal, os dois termos existiam, mas as atividades e a formação dos engenheiros incluíam a arquitetura até bem longe no século XVIII. Para uma análise da formação dos engenheiros militares na América portuguesa dos séculos XVII e XVIII, além da obra de Beatriz P. S. Bueno, citada na nota 15, vide Roberta Marx Delson, "O início da profissionalização no exército brasileiro: os corpos de engenheiros no século XVII" e "Para o entendimento da educação colonial: o papel das academias militares no Brasil colônia", em *Universo urbanístico português, 1415-1822*, Lisboa, CNCDP, 1998, respectivamente pp. 207-23 e 227-42. Na França, diferentemente, a constituição de um corpo de engenheiros ligados ao Estado ocorre a partir de meados do século XVIII, conforme indica Antoine Picon, *Architectes et ingénieurs au siècle des lumières*, Marselha, Éditions Parenthèses, 1988.

18. Sérgio Buarque de Holanda, *Raízes do Brasil*, [1936] 8ª ed., Rio de Janeiro, José Olympio, 1975, cap. IV. Embora a oposição entre o semeador e o ladrilhador tenha um caráter hermenêutico para Holanda, ela muitas vezes foi lida de modo descritivo e acabou sendo uma das bases para a criação do que R. M. Delson chamou de "o mito da cidade brasileira sem planificação", em *Novas vilas para o Brasil-colônia*, p. 1.

19. Refiro-me aqui especialmente à famosa frase de Charles Boxer: "A Câmara e a Misericórdia podem ser descritas, apenas com ligeiro exagero, como os pilares gêmeos da sociedade colonial portuguesa". Charles Boxer, *O Império colonial português (1415-1825)*, p. 305. Para um balanço do tema, em termos mais recentes, vide F. Bethencourt e K. Chaudhuri (dir.), *História da expansão portuguesa*, vol. 2, pp. 343-61; vol. 3, 270-80; sobre a América portuguesa, vide especialmente vol. 3, pp. 228-49, ou ainda Nancy Leonzo, "As instituições", em

Maria Beatriz Nizza da Silva (org.), *O Império luso-brasileiro (1750-1822)*, Lisboa, Editorial Estampa, 1986, pp. 301-28.

20. Além dos textos citados na nota 8, vide, entre outros: Joaquim Romero Magalhães, "Reflexões sobre a estrutura municipal portuguesa e a sociedade colonial brasileira", em *Revista de História Econômica e Social*, 16 (1985): 17-30; Maria Fernanda B. Bicalho, "As Câmaras municipais no Império português: o exemplo do Rio de Janeiro", em *Revista Brasileira de História*, 18 (1998): 251-80; Maria de Fátima Silva Gouvêa, "Poder político e administração na formação do complexo atlântico português (1645-1808)", em J. Fragoso, M. F. Bicalho e M. F. Gouvêa (orgs.), *O Antigo Regime nos trópicos*, pp. 285-315; e, da mesma autora, "Poder, autoridade e o Senado da Câmara do Rio de Janeiro, ca. 1780-1820", *Tempo*, 13 (jul. 2002): 125-6.

21. Cf. Maria de Fátima Silva Gouvêa, "Poder político e administração na formação do complexo atlântico português (1645-1808)", e também M. F. B. Bicalho, "As Câmaras ultramarinas e o governo do Império". É interessante observar, no entanto, que a idéia de que a cidade "sintetiza o exercício da dominação metropolitana sobre a região colonial" já aparecia claramente formulada por Ilmar Rohloff de Mattos, *O tempo saquarema*, São Paulo, Hucitec/INL, 1987, pp. 29-30.

22. Cf. Maria Fernanda B. Bicalho, *A cidade e o Império. O Rio de Janeiro no século XVIII*, Rio de Janeiro, Civilização Brasileira, 2003, cap. 7.

23. M. F. B. Bicalho, *A cidade e o Império*, pp. 24-48; e Maria Regina Celestino de Almeida, *Metamorfoses indígenas: identidade e cultura nas aldeias coloniais do Rio de Janeiro*, Rio de Janeiro, Arquivo Nacional, 2003, pp. 82-96.

24. Baseio-me, aqui e nos dois parágrafos seguintes, na análise e nos dados oferecidos por M. F. B. Bicalho, "O urbanismo colonial e os símbolos do poder", especialmente pp. 43-54.

25. Giovanna Rosso Del Brenna, "Rio de Janeiro. La città e il territorio", em Renata Araújo, Helder Carita e Walter Rossa (orgs.), *Actas do colóquio internacional "Universo urbanístico português, 1415-1822"*, Lisboa, CNCDP, 2001, pp. 447-59.

26. Nireu Cavalcanti, *O Rio de Janeiro setecentista. A vida e a construção da cidade da invasão francesa até a chegada da Corte*, Rio de Janeiro, Jorge Zahar Editor, 2004, p. 29.

27. Luiz Edmundo, *O Rio de Janeiro no tempo dos vice-reis*, 4ª ed., Rio de Janeiro, Conquista, 1956, vol. 3, p. 610.

28. Cf. M. F. B. Bicalho, *A cidade e o Império*, especialmente caps. 7 e 8.

29. Cf. Ernst Pijning, "Controlling contraband: mentality, economy and society in eighteenth-century Rio de Janeiro", doutorado, Baltimore, Johns Hopkins University, 1997, cap. 5. Apud: M. F. B. Bicalho, *A cidade e o Império*, pp. 203-4.

30. Carta do provedor da Fazenda Real ao rei, de 2 de junho de 1741. Apud: M. F. B. Bicalho, "O urbanismo colonial e os símbolos do poder", pp. 53-4. A querela em torno do curral da cidade está detalhadamente analisada em M. F. B. Bicalho, *A cidade e o Império*, cap. 8.

31. N. Cavalcanti, *O Rio de Janeiro setecentista*, p. 72.

32. Idem, ibidem, especialmente cap. III.

33. Cf. Beatriz Piccolotto Siqueira Bueno, "Decifrando mapas: sobre o conceito de 'território' e sua vinculação com a cartografia", *Anais do Museu Paulista*, nova série, 12 (2004): 193-234.

34. Cf. H. Marchitello, "Political maps: the production of cartography and corography in early modern England", em M. J. M. Ezell e K. O'Brien O'Keeffe (eds.), *Cultural artifacts and the production of meaning*, Ann Arbor, University of Michigan Press, 1994, pp. 13-40.

35. Sobre a importância do corpo de especialistas diretamente ligado aos poderes metropolitanos e locais na América portuguesa, vide N. G. Reis Filho, *Contribuição ao estudo da evolução urbana do Brasil*; R. M. Delson, *Novas vilas para o Brasil-colônia*; e B. P. S. Bueno, "Desenho e desígnio".

36. O muro circunscrevia então o núcleo arruado, ligando o morro da Conceição ao do Castelo. O desenho procura indicar o que já havia sido realizado, as obras em andamento e o traço final planejado. Para mais informações, vide Gilberto Ferrez, "Os muros da cidade de S. Sebastião do Rio de Janeiro", RIHGB, 267 (1965): 85-92.

37. Cf. M. F. B. Bicalho, *A cidade e o Império*, pp. 186-9.

38. M. F. B. Bicalho analisa detalhadamente essas e outras polêmicas em torno da construção de muralhas e de edificações além-muro. Cf. *A cidade e o Império*, pp. 189-98.

39. Cf. G. Ferrez, "Os muros da cidade de S. Sebastião do Rio de Janeiro". Nireu Cavalcanti relata em detalhes todos os conflitos envolvendo os diversos projetos de construção de muralhas e valas defensivas na cidade. Cf. N. Cavalcanti, *O Rio de Janeiro setecentista*, pp. 47-54.

40. Marquês do Lavradio, 1776. Apud: Paulo Santos, *Formação de cidades no Brasil colonial*, [1968] Rio de Janeiro, Ed. UFRJ, 2001, p. 99.

41. O aterramento das cinco principais lagoas existentes na região da cidade (Boqueirão, Desterro, Pavuna, Santo Antônio e Sentinela) se fez ao longo de quase duzentos anos. A última a ser aterrada foi a do Boqueirão, no tempo do vice-rei Luís de Vasconcelos e Souza. A malha urbana, inicialmente restrita até a rua da Vala, estendeu-se até o campo de Santana e o centro político deslocou-se do morro do Castelo para o largo do Carmo, com a construção do palácio dos governadores e, depois, dos vice-reis. Cf. N. Cavalcanti, *O Rio de Janeiro setecentista*, p. 30.

42. Evidentemente, tais aspectos precisam ser cotejados e o resultado desses estudos é muito útil aos pesquisadores. Tais procedimentos constituem o primeiro passo para uma análise como a que estamos empreendendo aqui. Destaco, em especial, o trabalho de erudição realizado por Gilberto Ferrez em seus vários livros e artigos e por Nestor Goulart Reis Filho em *Imagens de vilas e cidades do Brasil colonial*, São Paulo, Edusp/Imprensa Oficial do Estado/FAPESP, 2000.

43. Para uma análise dos significados políticos dessas obras durante o governo de Gomes Freire de Andrade, vide Rodrigo Nunes Bentes Monteiro, "O teatro da colonização. A cidade do Rio de Janeiro no tempo do conde de Bobadela (1733-1763)", mestrado, São Paulo, USP, 1993, especialmente p. 61 e seguintes.

44. P. Santos, *Formação de cidades no Brasil colonial*, p. 98, e L. Edmundo, *O Rio de Janeiro no tempo dos vice-reis*, vol. 1, pp.155-6.

45. Essas peças não integram o manuscrito das *Recopilações de notícias soteropolitanas e brasílicas contidas em XX cartas*, guardado pela Biblioteca Nacional, mas a caligrafia e a grafia do título e das legendas são idênticas às de outros mapas e prospectos incluídos nesta obra. Cf. Gilberto Ferrez, "Um panorama do Rio de Janeiro de 1775", RIHGB, 233 (out./dez. 1956), especialmente 5-7.

46. Idem, p. 3.

47. "Carta de amizade escrita [...] a 11 de junho de 1773", marquês do Lavradio, *Cartas do Rio de Janeiro (1769-1776)*, Rio de Janeiro, Instituto Estadual do Livro, 1978, p. 126. Esse trecho do documento é citado também por N. Cavalcanti, *O Rio de Janeiro setecentista*, p. 36, que utiliza outra edição.

48. Cf. P. Santos, *Formação de cidades no Brasil colonial*, p. 100, e Vivaldo Coaracy, *Memórias da cidade do Rio de Janeiro*, 2ª ed. revista e aumentada, Rio de Janeiro, José Olympio, 1965, pp. 38-9.

49. Evidentemente, a destruição causada pelo terremoto dá características especiais ao caso lisboeta, assim como as necessidades de defesa e as várias expedições para delimitação das fronteiras marcam o movimento urbanizador no Rio de Janeiro. Para o caso lisboeta, cf. José Augusto França, *Une ville des Lumières. La Lisbonne de Pombal*, Paris, Bibliothèque Génerale des Hautes Études, 1965, especialmente cap. 3. Walter Rossa, no entanto, argumenta que a remodelação de Lisboa depois do terremoto estava baseada em conhecimentos e propostas do período joanino. Cf. Walter Rossa, "A imagem ribeirinha de Lisboa. Filippo Juvarra em Portugal e as diretrizes do planejamento urbano em Lisboa na época de dom João V", palestra proferida na Unicamp, em 6 de outubro de 2003, como parte das atividades do seminário de estudos "A cena urbana: urbanismo, cenografia e pintura em Portugal no século XVIII. O diálogo com a cultura italiana".

50. P. Santos, *Formação de cidades no Brasil colonial*, pp. 100-1.

51. Uma análise interessante sobre essas relações, para a vilas mineiras do século XVIII, é feita por C. D. Fonseca, *Des terres aux villes de l'or*, pp. 499-523.

52. Robert Conduru, "Geometria bélica: cartografia e fortificação no Rio de Janeiro setecentista", em *Universo urbanístico português, 1415-1822*, pp. 19-141.

53. Cf. Maria Eduarda Castro Magalhães Marques e Vera Beatriz Cordeiro Siqueira, "O Rio de Janeiro setecentista: a história da construção da capital", *Gávea*, 7 (dez. 1989): 188-99. As considerações feitas nesse parágrafo e no seguinte estão baseadas em várias passagens desse artigo.

54. Para uma descrição das ruas do Rio de Janeiro e seus habitantes, vide, também, Selma Alves Pantoja, "O encontro nas terras de além-mar. Os espaços urbanos do Rio de Janeiro, Luanda e ilha de Moçambique na era da Ilustração", doutorado, São Paulo, USP, 1994, pp. 26-40.

55. M. E. C. M. Marques e V. B. C. Siqueira, "O Rio de Janeiro setecentista", p. 191.

56. "Cruzar a vala não foi empreendimento da gente de bem, da gente endinheirada, proprietária de almas e de terras. Esta rumou em direção ao sul, pela praia do Sapateiro (Flamengo) e pelo vale do Catete, para alcançar as margens de Capueruçu (lagoa Rodrigo de Freitas), onde plantou suas fazendas. Desvalorizados, os terrenos do campo da cidade são desmembrados em sítios e chácaras ou ainda em lotes menores, onde a população mais pobre edifica suas residências. Cabe especialmente a irmandades negras a tarefa de povoar essa área insalubre e de foro módico." Idem, p. 192.

57. "Relatório do marquês de Lavradio, vice-rei do Rio de Janeiro, entregando o governo a Luís de Vasconcelos e Sousa, que o sucedeu no vice-reinado" [1779], RIHGB, 4 (1843): 430.

58. Logo depois da chegada da família real, a igreja do Carmo foi transformada em capela real e ali se instalou o cabido.

59. Esse aspecto não é mencionado por M. E. C. M. Marques e V. B. C. Siqueira, "O Rio de Janeiro setecentista", que afirmam uma cisão mais radical entre os espaços sociais da cidade.

60. M. E. C. M. Marques e V. B. C. Siqueira, "O Rio de Janeiro setecentista", p. 197.

61. O conceito que constitui o pano de fundo para esta análise é o das cidades-cenários, utilizado freqüentemente para caracterizar os projetos urbanos do barroco. Para uma síntese dos elementos envolvidos por esse conceito, vide Fernando Chueca Goitia, *Breve história do urbanismo*, Lisboa, Editorial Presença, 1982, cap. 7. É preciso observar, no entanto, que os núcleos urbanos da América portuguesa muito raramente seguiam o traçado convergente para a praça real ou tinham um projeto integrado por grandes eixos. Mesmo assim, a utili-

zação dos espaços urbanos permite a analogia, com o decorrente alargamento do campo conceitual para o terreno da política.

62. Vide Pedro Cardim, "Entradas solenes, rituais comunitários e festas políticas, Portugal e Brasil, séculos XVI e XVII", em István Jancsó e Iris Kantor, *Festa: cultura & sociabilidade na América portuguesa*, São Paulo, Hucitec/Edusp/FAPESP/Imprensa Oficial, 2001, pp. 97-124. Para uma análise do reforço político do fausto monárquico no período joanino, vide Rui Bebiano, *D. João V, poder e espetáculo*, Aveiro, Livraria Estante Editora, 1987. As relações entre essas mudanças e a política ultramarina na América portuguesa nesse período foram tratadas por Rodrigo Bentes Monteiro, *O rei no espelho. A monarquia portuguesa e a colonização da América, 1640-1720*, São Paulo, Hucitec, 2002, especialmente cap. 7.

63. Ana Maria Alves, *Iconologia do poder real no período manuelino*, Lisboa, Imprensa Nacional/Casa da Moeda, 1985, pp. 92-8. Cf. também Diogo Ramada Curto, "Ritos e cerimônias da monarquia em Portugal (séculos XVI a XVIII)", em Francisco Bethencourt e Diogo Ramada Curto (orgs.), *A memória da nação*, Lisboa, Sá da Costa, 1991, pp. 201-65; e Fernando Bouza Álvarez, "Amor parat regna. Memória visual dos afectos na política barroca", em Ângela Barreto Xavier, Pedro Cardim e Fernando Bouza Álvarez, *Festas que se fizeram pelo casamento do rei d. Afonso VI*, Lisboa, Quetzal Editores, 1996, pp. 7-26.

64. Affonso Ávila, estudando a estrutura das festas barrocas mineiras, já indicava que elas se constituíam como um conjunto de signos implícitos em que se cruzavam o sagrado e o profano", expressando de forma metafórica a sociedade colonial. Affonso Ávila, *O lúdico e as projeções do mundo barroco*. 3ª ed., São Paulo, Perspectiva, 1994, vol. 1, pp. 139-80.

65. João Fragoso, Maria de Fátima Silva Gouvêa e Maria Fernanda Bicalho, "Uma leitura do Brasil colonial. Bases da materialidade e da governabilidade no Império", *Penélope*, 23 (2000): 67-88.

66. Rodrigo Bentes Monteiro observa que o aumento de festividades em louvor à monarquia no período de d. João V esteve associado a uma ação colonizadora mais intensa, ao mesmo tempo em que permitiam que um soberano inacessível pudesse ser mais idealizado e venerado. Cf. *O rei no espelho*, pp. 320-322.

67. Um exemplo desses conflitos entre autoridades, para o caso da cidade de Salvador, pode ser encontrado em Stuart B. Schwartz, "Ceremonies of public authority in a colonial capital. The king's processions and the hierarchies of power in seventeenth century Salvador", *Anais de História de Além-Mar*, 5 (2004): 7-26.

68. Deixamos de lado, portanto, o exame das exéquias reais, que possuíam sentido semelhante. Sobre o tema, examinando as exéquias de um governador

colonial no século XVII, vide Stuart B. Schwartz e Alcir Pécora (orgs.), *As excelências do governador. O panegírico fúnebre a d. Afonso Furtado, de Juan Lopes Sierra (Bahia, 1676)*, São Paulo, Companhia das Letras, 2002.

69. Geralmente, a Câmara arcava com os custos desses festejos. Ela financiava a compra da cera para as luminárias, pagava os músicos, os carpinteiros, os que preparavam os fogos de artifício, os carros etc. Nireu O. Cavalcanti, com base em dados de diversos códices do AGCRJ, contabiliza a extensa lista das despesas efetuadas pela Câmara do Rio de Janeiro para as festividades em comemoração ao nascimento do príncipe d. Antônio, realizadas em março de 1795. Cf. *O Rio de Janeiro setecentista*, pp. 441-2. Dados esparsos para outros eventos na cidade do Rio podem ser colhidos ainda nos códices 16-1-5, 6-2-20 e 6-2-19 (para as festividades de 1786, 1790 e 1793), entre outros. Para a cidade de Salvador, várias ordens de pagamento de despesas semelhantes podem ser encontradas no livro *Portarias da Câmara, 1770-1792*, guardado pelo AMS. A correspondência entre o procurador e o tesoureiro do Senado da Câmara de Jaguaripe permite verificar a diversidade e os altos gastos feitos pela Câmara com as festas promovidas naquela vila em 1777. APEB, *Correspondência recebida de autoridades diversas*, cód. 199, doc. 17.

70. A respeito dessa arquitetura efêmera, criada para ocasiões de júbilo e de luto, no Rio de Janeiro da segunda metade do século XVIII, vide. N. Cavalcanti, *Rio de Janeiro setecentista*, pp. 323-339.

71. Cf. M. F. B. Bicalho, "O urbanismo colonial e os símbolos do poder". É bom lembrar que as festas das primeiras décadas do século XIX, embora possuíssem elementos formais semelhantes, agregavam significados políticos distintos. Cf. Iara Lis Carvalho Souza, *Pátria coroada. O Brasil como corpo político autônomo, 1780-1831*, São Paulo, Editora da Unesp, 1999, pp. 207-81, e Emílio Carlos Rodriguez Lopez, "Festas públicas, memória e representação. Um estudo sobre manifestações políticas na corte do Rio de Janeiro, 1808-1822". mestrado, São Paulo, USP, 2001.

72. Como veremos com mais detalhes no capítulo 4, esses textos pertencem a um gênero literário específico e precisam ser lidos com cuidado, pois seguem regras retóricas que impedem serem tomados como simples descrições do real.

73. "Almanaque histórico da cidade de S. Sebastião do Rio de Janeiro, 1799", RIHGB, 267 (abr./jun. 1965): 93-4.

74. Segundo as *Ordenações*, as Câmaras deviam realizar, além da procissão do Corpo de Deus, a da Visitação de Nossa Senhora (2 de julho) e a do Anjo da Guarda (no terceiro domingo de julho). *Ordenações filipinas*, livro I, título LXVI. Cândido Mendes de Almeida (ed.), *Código philippino ou Ordenações e leis do reino de Portugal recopiladas por mandado d'elrey d. Philippe I*, 14ª ed., Rio de

Janeiro, Typographia do Instituto Philomathico, 1870, pp. 152-3. Estudando as festas em Lisboa no período de d. João V, Antonio Lopes e Paulo Guinote computam mais de setenta festas fixas realizadas anualmente, entre comemorações dinásticas e festividades religiosas, sem distinguir as que são ou não de gala. Antonio Lopes e Paulo Guinote, "Os tempos da festa. Elementos para uma definição, caracterização e calendário da festa na primeira metade do século XVIII", em Maria Helena Carvalho dos Santos (org.), *A festa*, Lisboa, Sociedade Portuguesa de Estudos do Século XVIII/Universitária Editora, 1992, pp. 365-89.

75. Em Campos dos Goitacases, por ocasião do nascimento do príncipe da Beira, em 1762, por exemplo, a Câmara determinou que todos os moradores colocassem luminárias "nas suas portas e janelas [...] em quatro dias sucessivos". Os que descumprissem a ordem estavam sujeitos a passar trinta dias na cadeia, pagar 6 mil réis de condenação e ainda serem ainda "tidos por inconfidentes ao seu soberano". Cf. "Edital de 6 de abril de 1762", *Cópia das posturas da Câmara de Campos dos Goitacases, 1756-1788*, BNRJ-Ms, cód. 3-3-1, nº 413.

76. Não localizei nenhum para a cidade do Rio de Janeiro, mas vários deles podem ser encontrados nos livros de circulares da Câmara de Salvador, que sobreviveram até hoje. Cf. AMS, *Circulares da Câmara*, 1685-97 (na verdade 1797), cód. 33.1, e 1726 (na verdade 1795)-1819, cód. 33.2.

77. A de Endoenças, por exemplo, conhecida também como dos Fogaréus, era celebrada na Quinta-Feira Santa, saindo da igreja da Misericórdia, e visitava várias igrejas, num longo percurso. Vivaldo Coaracy dedica todo um capítulo às procissões antigas do Rio. Vide *Memórias da cidade do Rio de Janeiro*, pp. 313-46. Dulce M. Pamplona Guimarães oferece um panorama das festas político-religiosas em São Paulo ao longo do século XVIII em "A festa do colonizado: aspectos das comemorações brasileiras do século XVIII", em M. H. C. Santos (org.), *A festa*, pp. 143-57.

78. Acórdão de 1685. Apud: Vieira Fazenda, *Antiqualhas e memórias do Rio de Janeiro* (volume 140 da RIHGB), Rio de Janeiro, Imprensa Nacional, 1921, p. 132.

79. Cf. Caio César Boschi, *Os leigos e o poder. Irmandades leigas e política colonizadora em Minas Gerais*, São Paulo, Ática, 1986, especialmente cap. 2; e C. D. Fonseca, *Des terres aux villes de l'or*, pp. 81-3.

80. A relação entre as igrejas, irmandades e a ocupação do espaço urbano do Rio de Janeiro é analisada por Fania Fridman, "Geopolítica e produção da vida cotidiana no Rio de Janeiro colonial", em R. Araújo, H. Carita e W. Rossa (orgs.), *Actas do colóquio internacional "Universo urbanístico português"*, pp. 299-319. Para uma análise detalhada dessa relação no caso da ocupação dos sertões nas Minas Gerais, vide C. D. Fonseca, *Des terres aux villes de l'or*, pp. 81-136.

81. No *Vocabulário* de Bluteau, freguesia é sinônimo de igreja paroquial, sendo definida ainda como "o lugar da cidade ou do campo em que vivem os fregueses". Vide também C. D. Fonseca, *Des terres aux villes de l'or*, pp. 84-5.

82. O mesmo acontece com a identificação do solicitante nos requerimentos dirigidos às diversas autoridades. A freguesia é ainda uma das principais unidades utilizadas nos cômputos populacionais durante todo o período colonial.

83. Para uma visão geral sobre o tema, vide Emanuel Araújo, *O teatro dos vícios*, Rio de Janeiro, José Olympio, 1993, pp. 293-310.

84. Um viajante que esteve no Rio em meados do século XVIII informa, por exemplo, que a guarda da cidade realizava exercícios duas vezes por semana, "num belo campo situado a sul, já fora dos limites da cidade". Cf. René Courte de la Blanchardière, *Nouveau voyage fait au Pérou*, Paris, Imprimerie de Dalaguette, 1751, p. 186. Segundo Maria Eduarda Marques e Vera Siqueira, os campos de São Domingos, de Nossa Senhora da Lampadosa, do Capim ou da Forca, dos Ciganos e de Santana prestavam-se especialmente aos exercícios das tropas de linha. Cf. M. E. C. M. Marques e V. B. C. Siqueira, "O Rio de Janeiro setecentista", p. 193.

85. Para uma análise mais detalhada dos painéis pintados por Leandro Joaquim para decorar os pavilhões do Passeio Público, vide Amandio Miguel dos Santos, "Os painéis elípticos de Leandro Joaquim na pintura do Rio de Janeiro setecentista", *Gávea*, 11 (abr. 1994): 131-51.

86. Para uma análise do tema, vide Silvia Hunold Lara, "Introdução", em S. H. Lara (org.), *Ordenações filipinas, livro V*, São Paulo, Companhia das Letras, 1999, pp. 19-44.

87. Acompanho, neste e nos próximos parágrafos, a descrição dos "Últimos momentos dos inconfidentes de 1789 pelo frade que os assistiu de confissão", RIHGB, 44 (1881): 161-86.

88. Acórdão dos juízes da devassa, 18 de abril de 1792. *Autos da devassa da Inconfidência Mineira*, 2ª ed., Brasília, Câmara dos Deputados/Imprensa Oficial de Minas Gerais, 1982, vol. 7, pp. 235-6.

89. "Cerimônias religiosas em regozijo de se ter descoberto a conjuração. Rio de Janeiro, 26 de abril de 1792", *Autos da devassa da Inconfidência Mineira*, vol. 7, pp. 291-2. Esse documento também foi mencionado e analisado por Laura de Mello e Souza, "Tensões sociais em Minas na segunda metade do século XVIII", *Norma e conflito. Aspectos da história de Minas no século XVIII*, Belo Horizonte, Editora UFMG, 1999, pp. 83-5.

90. Pires de Almeida indica ter havido ainda a representação de uma comédia de Molière, precedida por um "bando anunciador do espetáculo" que teria circulado pela cidade com as "três principais figuras do entremez, o gracioso e

dois barbas, o primeiro vestido de arlequim e os segundos enfronhados em negro camisolão burlescamente sarapintado, tendo ambos à cabeça chapéu afunilado". Apud: José Ramos Tinhorão, *As festas no Brasil colonial*, Rio de Janeiro, Editora 34, 2000, pp. 148-9.

91. V. Fazenda, *Antiqualhas e memórias do Rio de Janeiro*, pp. 261-7.

92. Em algumas situações, certos costumes podiam fazer com que a ordem pretendida pela execução fosse invertida. Em 1715, na Bahia, por exemplo, dois negros foram condenados à morte. Quando se foi enforcar o segundo, o braço da forca quebrou e os dois corpos caíram no chão. Seguindo antiga tradição, a Misericórdia jogara sua bandeira sobre o segundo criminoso, ainda vivo, clamando que não mais podia sofrer castigo algum. O meirinho, entretanto, tirou um punhal e o matou. A população indignou-se e tentou linchar o meirinho, parando somente quando este foi preso. Os irmãos da Misericórdia foram até o palácio do governador para pedir que o oficial fosse enforcado. Dois irmãos acabaram presos e a guarda do palácio teve dificuldades em dispersar a multidão. Cf. A. J. R. Russell-Wood, *Fidalgos and philanthropists*, Berkeley, University of California Press, 1968, pp. 257-8.

93. Cf. "Autos de homens de negócio e comerciantes de escravos, 1758-1768". AGCRJ, cód. 6-1-9.

94. "Relatório do marquês de Lavradio", p. 451. No final do século, Luiz Antônio de Oliveira Mendes também criticou o costume dos negociantes de escravos, que mandavam "em lotes a passear pela cidade a escravatura mais para o fim de ser ela amostrada para a venda do que para a fazer participante de um novo ar que a refaça", observando que os escravos recém-chegados eram ainda levados "ao mar e aos lagos e tanques e fontes aonde algumas vezes se lava". Luís Antônio de Oliveira Mendes, *Memória a respeito dos escravos e tráfico da escravatura entre a costa d'África e o Brasil* [1793], Porto, Publicações Escorpião, 1977, p. 52.

95. Idem, ibidem.

96. Bernardino Antônio Gomes, um dos médicos a responder o inquérito, por exemplo, reprovou a concentração de muitos escravos em pequenos quartos ou lojas, em condições imundas. *O Patriota. Jornal litterario, politico, mercantil &c. do Rio de Janeiro*, 2 (fev. 1813): 60. Nireu Cavalcanti analisa o "ideário urbano sanitarista" da Câmara carioca em *O Rio de Janeiro setecentista*, pp. 37-9. Uma análise mais extensa de várias respostas às perguntas da Câmara pode ser encontrada em sua tese original: "A cidade de São Sebastião do Rio de Janeiro: as muralhas, sua gente, os construtores (1710-1810)", doutorado, Rio de Janeiro, UFRJ, 1997, pp. 51-60.

97. "Os patrões tomam fresco sem os chapéus para não serem identificados pelos caixeiros. O muro e as grades resguardam o sossego da selecionada fre-

qüência das pessoas mais qualificadas da cidade. Os vendedores e ambulantes permanecem fora de seus limites, ensaiando-se, assim, uma ordenação social pouco comum à paisagem conturbada dos centros urbanos coloniais". M. E. C. M. Marques e V. B. C. Siqueira, "O Rio de Janeiro setecentista", p. 198.

98. Anna Maria F. Monteiro de Carvalho, "O Passeio Público e o chafariz das Marrecas de mestre Valentim", *Gávea*, 7 (dez. 1989): 83-105. Para uma análise mais detalhada dos elementos arquitetônicos do Passeio Público, vide, da mesma autora, *Mestre Valentim*, Rio de Janeiro, Cosac & Naify, 1999, especialmente pp. 15-33. Hugo M. Segawa afirma ter havido também intenções botânicas na construção do Passeio, tendo em vista o apoio dado por Luís de Vasconcelos e Souza ao desenvolvimento da história natural. H. M. Segawa, "Os jardins públicos no período colonial e o Passeio Público do Rio de Janeiro", *Barroco*, 12 (1982-3), especialmente pp. 154-6.

99. Depois da conclusão do Passeio Público, alargou-se o caminho do Desterro (que se transformou na rua dos Barbonos) e construiu-se o imponente chafariz das Marrecas, inaugurado em 1785. Todo o conjunto revestia-se de grande importância simbólica, a julgar pela inscrição em latim gravada num dos paredões do chafariz, que diz: "Durante o reinado de Maria I e Pedro II [*sic*], secou-se um lago outrora pestífero e converteu-se em forma de passeio, repeliram-se as águas do mar por ingente muralha, aduziram-se fontes em jorrantes bronzes. Derribados os muros, transformou-se o horto em rua, construíram-se casas em admirável simetria. Ao vice-rei Luís de Vasconcelos de Sousa, sob cujos auspícios foi tudo isso realizado, o povo do Rio de Janeiro, em sinal de grato ânimo no dia 31 de julho de 1785". Apud: A. M. F. M. de Carvalho, *Mestre Valentim*, p. 41.

100. Para uma descrição das festas realizadas em Salvador, entre 6 de outubro e 23 de novembro de 1760, vide padre Manuel de Cerqueira Torres, "Narração panegírico-histórica das festividades com que a cidade da Bahia solenizou os felicíssimos desposórios da princesa Nossa Senhora com o sereníssimo senhor infante d. Pedro [...]" [1760], em José Aderaldo Castello (ed.), *O movimento academicista no Brasil: 1641-1820/1822*, São Paulo, Conselho Estadual de Cultura, 1974, vol. 3, tomo 3, pp. 195-227. Cf. também as atas das vereações de 24 de setembro, 1º e 8 de outubro de 1760 e de 4 de março de 1761, em *Atas da Câmara, 1751-1765* (Documentos históricos do Arquivo Municipal), Salvador, Prefeitura do Município do Salvador, 1996, vol. 10, pp. 246-8 e 258. Na vila de Nossa Senhora da Purificação e Santo Amaro, no Recôncavo baiano, as comemorações daqueles "augustíssimos desposórios" duraram 22 dias, em dezembro daquele ano, cf. Francisco Calmon, *Relação das faustíssimas festas* [1762], Rio de Janeiro, MEC/SEC/Funarte, 1982.

101. "Carta de Gomes Freire de Andrade ao secretário de Estado Francisco Xavier de Mendonça Furtado, de 10 de fevereiro de 1761". BNRJ-Ms, cód. 5-3-50, doc. 25. Apud: N. Cavalcanti, *A cidade de São Sebastião do Rio de Janeiro*, p. 531.

102. *Epanáfora festiva ou relação sumária das festas com que na cidade do Rio de Janeiro capital do Brasil se celebrou o feliz nascimento do sereníssimo príncipe da Beira nosso senhor*, Lisboa, Officina de Miguel Rodrigues, 1763. Rodrigo Bentes Monteiro analisa essa festa em "O teatro da colonização: a cidade do Rio de Janeiro no tempo do conde de Bobadela (1733-1763), em M. H. C. Santos (org.), *A festa*, pp. 297-327.

103. Nireu Cavalcanti indica o campo de Santana, mas não há fontes claras para definir essa questão. Cf. N. Cavalcanti, *O Rio de Janeiro setecentista*, p. 329.

104. *Relaçam da aclamação que se fez na capitania do Rio de Janeiro do Estado do Brasil, & nas mais do Sul ao senhor rey dom Ioão o IV, por verdadeiro rey, & senhor do seu Reyno de Portugal* [...], Lisboa, por Jorge Rodrigues, 1641.

105. Idem, ibidem.

106. Documentos sobre o pagamento de várias das despesas realizadas pela Câmara com esses eventos podem ser encontrados em *Relação de verbas, 1772 a 1792*, AGCRJ, cód. 50-4-24, 1786.

107. Idem, ibidem.

108. Antônio Francisco Soares, *Relação dos magníficos carros que se fizerão de arquitetura, prespectiva e fogos* [...] *nesta cidade capital do Rio de Janeiro em 2 de fevereiro de 1786* [...], BNRJ-Ico, cód. Arc. 25-29.

109. O destaque conferido ao vice-rei parece não causar estranheza. Como bem nota Rodrigo Nunes Monteiro, o governador e o bispo do Rio de Janeiro, bem como os desembargadores, corregedores e outras autoridades da cidade, apareciam em primeiro plano nas festividades de 1762 em homenagem ao nascimento do príncipe da Beira. Cf. R. N. Monteiro, "O teatro da colonização", em M. H. C. Santos (org.), *A festa*, p. 311. Contudo, numa atitude de aparência diametralmente oposta, o conde de Bobadela havia se empenhado em explicar ao conde de Oeiras que não tivera a "mínima parte" na iniciativa da Câmara da cidade do Rio de Janeiro de pendurar seu retrato na sala de sessões, "para estímulo e exemplo dos governadores seus sucessores". Cf. "Avisos de 13 de agosto de 1760 e de 15 de outubro de 1761", ANRJ, cód. 952, vol. 40, fl. 110, e vol. 41, fl. 124, respectivamente.

110. Vieira Fazenda afirma que "os préstitos percorreram as ruas da Misericórdia, Cadeia (antiga do Padre Bento Cardoso, atual Assembléia) até o canto do oratório de Nossa Senhora do Monteserrate, Ourives (atual Rodrigo Silva), Barbonos (atual Evaristo da Veiga), Belas Noites (Marrecas) em direção do Passeio". *Antiqualhas e memórias do Rio de Janeiro*, p. 127. As indicações dos nomes

atuais das ruas são dadas a partir de José Ramos Tinhorão, *As festas no Brasil colonial*, p. 115, que também comenta essa festa.

111. AGCRJ, cód. 50-4-24 1786. Apud: N. Cavalcanti, *O Rio de Janeiro setecentista*, p. 330. Para uma comparação, a cera empregada nas três noites de luminária para as festividades em 1760 somou 205$870 réis. Cf. Requerimento de Manoel Pereira dos Santos, AGCRJ, cód. 43-4-15.

112. A. F. Soares, *Relação dos magníficos carros*.

113. Cf. N. Cavalcanti, *O Rio de Janeiro setecentista*, pp. 330-1.

114. É preciso lembrar que estamos falando aqui de uma concepção de governo específica do Antigo Regime. Para um panorama sobre o tema, vejam-se os diversos artigos do volume 4, *O Antigo Regime (1620-1807)*, coordenado por A. M. Hespanha, em J. Mattoso (dir.), *História de Portugal*, em especial Ângela Barreto Xavier e A. M. Hespanha, "A representação da sociedade e do poder", pp. 121-33.

115. Nuno Gonçalo Monteiro, "Os conselhos e as comunidades", em J. Mattoso (dir.), *História de Portugal*, vol. 4, pp. 303-31.

116. É interessante notar que as noções de centro e periferia foram largamente utilizadas para analisar as estruturas administrativas do Antigo Regime em estudos que enfocaram apenas o território português. Vide, por exemplo, A. M. Hespanha, "Centro e periferia nas estruturas administrativas do Antigo Regime", *Ler História*, 8 (1986): 35-60. Mais recentemente, até os estudos sobre a nobreza portuguesa abrangem todo o Império português. Vide, por exemplo, Nuno Gonçalo Monteiro, "Trajetórias sociais e governo das conquistas: notas preliminares sobre os vice-reis e governadores-gerais do Brasil e da Índia nos séculos XVII e XVIII", em J. Fragoso, M. F. Bicalho e M. F. Gouvêa (orgs.), *O Antigo Regime nos trópicos*, pp. 249-83.

117. Ver J. Fragoso, M. F. S. Gouvea e M. F. B. Bicalho, "Uma leitura do Brasil colonial", pp. 67-88, e A. M. Hespanha, "A constituição do Império português. Revisão de alguns enviesamentos correntes", em J. Fragoso, M. F. Bicalho e M. F. Gouvêa (orgs.), *O Antigo Regime nos trópicos*, pp. 165-88.

118. Cf. João Fragoso, "A nobreza da República: notas sobre a formação da primeira elite senhorial do Rio de Janeiro (séculos XVI e XVII)", *Topoi*, 1 (2000): 45-122.

2. DIFERENTES E DESIGUAIS

1. A maior parte desses estudos inspira-se nas análises de Norbert Elias, *A sociedade de corte*, Lisboa, Editorial Estampa, 1987. Por isso, além dos historia-

dores, o tema tem interessado pesquisadores das ciências políticas e da antropologia política.

2. Um panorama dessas novas interpretações pode ser encontrado no volume coordenado por António Manuel Hespanha, *O Antigo Regime (1620-1807)*, em José Mattoso (dir.), *História de Portugal*, Lisboa, Editorial Estampa, 1993, vol. 4; nos diversos artigos do número especial intitulado "A cultura da nobreza" da *Revista de História das Idéias*, 19 (1998); e no dossiê "Nobrezas e aristocracias", *Penélope*, 12 (1993): 7-79.

3. Há algumas exceções, os estudos de motins antifiscais populares empreendidos por Antonio de Oliveira, *Poder e oposição política em Portugal no período filipino (1580-1640)*, Lisboa, Difel, 1990, ou a obra mais antiga de Francisco Ribeiro da Silva, *Absolutismo esclarecido e intervenção popular. Os motins do Porto de 1757*, [1983] Lisboa, Imprensa Nacional/Casa da Moeda, 1990.

4. António Manuel Hespanha, *As vésperas do Leviatã. Instituições e poder político. Portugal, século XVII*, Coimbra, Almedina, 1994, pp. 299-303; e Pedro Cardim, *Cortes e cultura política no Portugal do Antigo Regime*, Lisboa, Ed. Cosmos, 1998, pp. 9-15.

5. Para um balanço dessas questões, vide A. M. Hespanha, "Para uma teoria da história institucional do Antigo Regime", em A. M. Hespanha (org.), *Poder e instituições na Europa do Antigo Regime*, Lisboa, Fundação Calouste Gulbenkian, 1984, pp. 7-89, e, do mesmo autor, "O debate acerca do 'Estado Moderno'", em José Tengarrinha (coord.), *A historiografia portuguesa, hoje*. São Paulo, Hucitec, 1999, pp. 133-45.

6. Refiro-me, aqui, às propostas formuladas por E. P. Thompson em "Patrician society, plebeian culture", *Journal of Social History*, 7 (1974): 382-405, posteriormente em "Eighteenth century English society: class struggle without class?", *Social History*, 3 (maio 1978): 133-65, e retomadas pelo autor em outros textos. A versão mais recente dessas proposições, em português, encontra-se em "Patrícios e plebeus", *Costumes em comum*, São Paulo, Companhia das Letras, 1998, pp. 25-85.

7. Padre d. Raphael Bluteau, *Vocabulário portuguez e latino*, Coimbra, Collegio das Artes da Companhia de Jesus, 1712. (ed. fac-símile, CD-ROM, Rio de Janeiro, UERJ, s. d.), verbete "cortes".

8. Idem, ibidem.

9. Convocar as cortes significava "chamar o Reino", "ouvir o Reino". Cf. P. Cardim, *Cortes e cultura política*, pp. 31-4.

10. R. Bluteau, *Vocabulário*, verbete "povo". A mesma definição, *ipsis litteris*, aparece em Antonio de Moraes Silva, *Diccionario da lingua portugueza* [...], Lisboa, Officina de Simão Thaddeo Ferreira, 1789.

11. P. Cardim, *Cortes e cultura política*, p. 43.

12. R. Bluteau, *Vocabulário*, verbete "pião". No *Diccionario* de A. M. Silva, o termo aparece já na grafia moderna, "peão", e a definição parece ter seu sentido restrito ao campo militar, opondo o "homem de pé na tropa" ao cavaleiro. Em outro dicionário do final do século XVIII, peão aparece simplesmente definido como "homem de pé". Cf. Bernardo de Lima e Melo Bacelar, *Diccionario da lingua portugueza* [...], Lisboa, Officina de Jozé de Aquino Bulhoens, 1783, verbete "peão".

13. P. Cardim, *Cortes e cultura política*, pp. 34-5.

14. Tal pressuposto envolvia, necessariamente, princípios laicos e religiosos, associando as noções de fidelidade e vassalagem, como bem observou Pedro Cardim, "Religião e ordem social. Em torno dos fundamentos católicos do sistema político do Antigo Regime", *Revista de História das Idéias*, 22 (2001): 133-74.

15. R. Bluteau, *Vocabulário*, verbete "nobreza".

16. Idem, ibidem, verbete "nobre". Esse significado se manteve no *Diccionario* de A. M. Silva, que define nobre como aquele "conhecido e distinto pela distinção que a lei lhe dá dos populares e plebeus ou mecânicos". Bacelar define nobre simplesmente como aquele que é "ilustre por nascimento". Bernardo de Lima e Melo Bacelar, *Diccionario da lingua portugueza*, Lisboa, Officina de Joze de Aquino Bulhoens, 1783, verbete "nobre".

17. R. Bluteau define plebe sumariamente como "povo" ou "gente popular"; e mecânico como "baixo e humilde", derivando o termo das "artes mecânicas ou servis", que se ocupam na "fábrica de máquinas [...] e de obras manuais e ofícios necessários para a vida humana". *Vocabulário*, verbetes respectivos. Os mesmos significados são mantidos no final do século. No *Diccionario* de A. M. Silva, mecânico é equivalente a pessoa "não nobre"; "plebe" a "povo miúdo, a gentalha, vulgo". Bacelar entende por mecânico "o que trabalha em máquinas, sem nobreza", e "plebe" é simplesmente equivalente a "gente mecânica". A. M. Silva, *Diccionario;* e B. L. M. Bacelar, *Diccionario*, verbetes respectivos.

18. R. Bluteau, *Vocabulário*, verbete "estado". O mesmo significado aparece em Moraes Silva, que também situa "entre os mecânicos e a nobreza" o "estado do meio", fazendo referência à qualidade de "certas profissões que se fundam em ciências, v. g. o pintor, boticário, escultor, cirurgião" — mas acrescenta que "devem ter cavalo e tratamento decente". A. M. Silva, *Diccionario*, verbete "estado".

19. O mesmo pode ser dito para a comparação entre os verbetes do *Diccionario* de A. M. Silva, ainda que tenha havido ligeiras alterações ou alguma simplificação em vários verbetes, como temos apontado nas notas antecedentes.

20. É assim que R. Bluteau define "estado": "Gênero de vida. Profissão. Modo de viver. Neste sentido, estado é grau de alguma excelência ou ocupação espiri-

tual ou temporal". Moraes Silva indica simplesmente "profissão, modo de vida". R. Bluteau, *Vocabulário*, e A. M. Silva, *Diccionario*, verbetes "estado".

21. Para o caso português, vide Diogo Ramada Curto, "Ritos e cerimônias da monarquia em Portugal (séculos XVI a XVIII)", em Francisco Bethencourt e Diogo Ramada Curto (org.), *A memória da nação*, Lisboa, Sá da Costa, 1991, pp. 201-65.

22. *Ordenações filipinas*, livro V, titulo XXV. Cândido Mendes de Almeida (ed.), *Código philippino ou Ordenações e leis do Reino de Portugal recopiladas por mandado d'elrey d. Philippe I*, 14ª ed., Rio de Janeiro, Typographia do Instituto Philomathico, 1870, pp. 1174-7. O adultério também foi usado como exemplo, num contexto semelhante, por Vitorino Magalhães Godinho, *Estrutura da antiga sociedade portuguesa*, 3ª ed., Lisboa, Arcádia, 1977, pp. 75-8.

23. *Ordenações filipinas*, livro V, título XXXVIII, pp. 1188-9.

24. *Ordenações filipinas*, livro V, título XVIII, pp. 1168-70.

25. Cf. Caio César Boschi, *Os leigos e o poder. Irmandades leigas e política colonizadora em Minas Gerais*, São Paulo, Ática, 1986, especialmente cap. 2.

26. Ângela Barreto Xavier e A. M. Hespanha, "As redes clientelares", em J. Mattoso (dir.), *História de Portugal*, vol. 4, *O Antigo Regime (1620-1807)*, pp. 381-93.

27. Renato Janine Ribeiro, *A etiqueta no Antigo Regime: do sangue à doce vida*, São Paulo, Brasiliense, 1983, p. 8.

28. Para uma ampla análise das leis suntuárias na Europa moderna, vide Alan Hunt, *Governance of the consuming passions. A history of sumptuary law*, Nova York, St. Martin's Press, 1996. Especificamente sobre o vestuário, vide Daniel Roche, *La culture des apparences: une histoire du vêtement, XVIIème-XVIIIème siecles*, Paris, Fayard, 1989, e também Gilles Lipovetsky, "O feérico das aparências", *O império do efêmero*, São Paulo, Companhia das Letras, 1989, pp. 27-68.

29. As cortes de 1472 determinaram, por exemplo, que os cavaleiros podiam usar guarnições douradas nas espadas e punhais, mas a seda de suas roupas devia ser inferior à dos fidalgos. Os escudeiros não podiam usar nenhum dourado e a seda ficava proibida para os mercadores. Cf. A. de Sousa Silva Costa Lobo, *História da sociedade em Portugal no século XV* (ed. fac-símile da edição de 1903, com prefácio de José Mattoso), Lisboa, Ed. Rolim, 1983, p. 398. Cf. também Vitorino Magalhães Godinho, *Estrutura da antiga sociedade*, pp. 78-9.

30. Diz o poema: "Por trajos demasiados/ em que todos são iguais/ são confusos/ os três estados, danados,/ alterados mesteirais/ em seus usos./ Não devemos ser comuns/ senão para Deus amarmos/ e servirmos,/ não sejamos todos uns/ em ricamente calçarmos/ e vestirmos./ [...]/ Nos outros tempos passados/ todos queriam viver/ honestamente,/ ordenados, compassados,/ cada um em

seu valer/ era contente./ [...]/ Todos sem altevidade/ honestamente folgavam/ cada um/ segundo sua qualidade [...]". Apud: V. M. Godinho, *Estrutura da antiga sociedade*, pp. 230-1.

31. Vide, entre outras, as leis de 16 de setembro de 1597, 3 de novembro de 1597, 3 de novembro de 1611, 3 de dezembro de 1611, 29 de janeiro de 1739 e 15 de janeiro de 1759, cujos textos aparecem em várias compilações da legislação sobre o período. Cf. também *Ordenações filipinas*, livro V, título XCII, pp. 1242-4 e 1333-40.

32. Cf. *Ordenações filipinas*, livro V, títulos XXXIV, LXXIX e XCIII, respectivamente pp. 1184, 1225-6 e 1244. Para o uso de armas e insígnias, vide também *Ordençoens do senhor rey d. Manuel*, Coimbra, Real Imprensa da Universidade, 1797 Ed. fac-símile, Lisboa, Fundação Calouste Gulbenkian, 1984, doravante citada como *Ordenações manuelinas*, livro I, título LVII, e livro V, título XXXI, respectivamente vol. 1, pp. 394-8, e vol. 5, p. 90.

33. Vide, entre outras, a lei sobre criados, capuzes e botas, de 19 de novembro de 1566. ANTT, *Livro V das extravagantes*, fls. 85-87v; Lei da Reformação da Justiça de 27 de julho de 1582. *Leys e provisões, que elrei d. Sebastião nosso senhor fez depois que começou a governar*, [1570] Coimbra, Real Imprensa da Universidade, 1816, pp. I-XXXX; lei de 29 de outubro de 1609. ANTT, *Livro VII das extravagantes*, fls. 85-87v; e "Pragmática e lei por que S. A. [...] proíbe os trajes de seda com ouro, guarnições de fitas, ouro, prata, dourados, bordados, coches de seis mulas, e o mais que nela se contém, de 25 de janeiro de 1677". ANTT, *Legislação portuguesa*, vol. I, Série Preta, nº 2.262. Essas determinações legais, no entanto, não parecem estar diretamente ligadas a outras, relativamente contemporâneas, que dizem respeito ao controle social mais especificamente. Refiro-me aqui à legislação que reprime os "que andam embuçados" (isto é, cobertos com véus ou capotes) ou os que andam com armas ofensivas e defensivas sem ter privilégios para isso. Vide alvarás de 20 de agosto e 6 de outubro de 1649 (que, aliás, proíbe às mulheres andar com o rosto coberto por rebuços), de 25 de abril e 20 de setembro de 1674, e a carta régia de 19 de junho de 1626, entre outros. Cf. *Ordenações filipinas*, p. 1225, notas 2 e 3. São valiosos, nesse sentido, os comentários de Cândido Mendes de Almeida a sua edição das *Ordenações filipinas*, pp. 1225 (sobre embuçados) e 1226-30 (sobre armas proibidas), exemplificativamente.

34. Pragmática e lei de 25 de janeiro de 1677. José Luís Cardoso observa que as pragmáticas de 1677, 1688 e 1698 deixam de ser apenas morais ou de defesa de privilégios de determinados grupos sociais para incluir preocupações com a defesa das manufaturas portuguesas. José Luís Cardoso, "Pompa e circunstância: a economia do luxo na época barroca", *Ler História*, 30 (1996): 10-1.

35. "Pragmática de 24 de maio de 1749, em que se regula a moderação dos adornos, e se proíbe o luxo, e excesso dos trajes, carruagens, móveis, e lutos, o uso das espadas a pessoas de baixa condição, e outros diversos abusos [...]". Vide *Appendix das leys extravagantes, decretos e avisos, que se tem publicado do anno de 1747 até o anno de 1760* [...], Lisboa, Mosteiro de São Vicente de Fora, 1760, pp. 19-24.

36. No caso da pragmática de 1749, o debate sobre os prejuízos sociais, morais e econômicos causados pelo excesso no luxo estava associado às críticas à entrada de produtos estrangeiros em Portugal. Cf. J. L. Cardoso, "Pompa e circunstância", pp.11-7, e também V. M. Godinho, *Ensaios II sobre a história de Portugal*, 2ª ed., Lisboa, Sá da Costa, 1978, p. 435, apud: Ana Rosa Cloclet da Silva, "Inventando a nação. Intelectuais ilustrados e estadistas luso-brasileiros no crepúsculo do Antigo Regime português, 1750-1822", doutorado, Campinas, Unicamp, 2000, pp. 65-6. Uma análise específica dos motivos econômicos da pragmática de 1749 (e de alguns de seus efeitos sobre as manufaturas de rendas de linha do Minho) pode ser encontrada em Silvia Escorel, "Vestir poder e poder vestir. O tecido social e a trama cultural nas imagens do traje negro (Rio de Janeiro, século XVIII), mestrado, Rio de Janeiro, UFRJ, 2000, 2-24.

37. A. M. Hespanha, "Para uma teoria da história institucional do Antigo Regime", p. 29.

38. Cf. "Dos mouros e judeus que andam sem sinal", *Ordenações filipinas*, livro V, título XCIV, p. 1.245, que incorpora as determinações da lei de 12 de agosto de 1583.

39. Alvará de 29 de janeiro de 1739. Apud: Luís F. L. Cintra, *Sobre "formas de tratamento" na língua portuguesa*, Lisboa, Livros Horizonte, 1972, pp. 135-8.

40. Carta régia de 23 de março de 1754. BNL, *Alvarás &c.*, cód. 10.787, fls. 177-177v. Cf. também carta do vice-rei ao secretário do rei de Portugal, de 20 de janeiro de 1753, sobre essa sentença, *Anais do Arquivo Público do Estado da Bahia*, 46 (1982): 137.

41. "Bando para que ninguém possa andar com carapuças de rebuço, chapéus desabados ou rebuçados de sorte que não se lhe veja a cara, de 24 de março de 1764". ANRJ, *Vice-reinado. Portarias*, cód. 73, vol.1, fls. 23v-24.

42. Lei de 29 de março de 1719. Manoel Lopes Ferreira, *Pratica criminal expendida na forma da praxe observada neste nosso Reino de Portugal; e ilustrada com muitas ordenações, leys extravagantes, regimentos e doutores*, Lisboa Occidental, Off. Ferreiriana, 1730, tomo I, pp. 110-1.

43. Provisão de 21 de janeiro de 1726. Cf. Silvia Hunold Lara, "Legislação sobre escravos africanos na América portuguesa", em José Andrés-Gallego (coord.), *Nuevas aportaciones a la historia jurídica de Iberoamérica*, Madri, Fundación

Histórica Tavera/Digibis/Fundación Hernando de Larramendi, 2000 (CD-ROM). O pedido do governador foi reiterado em 1727 e analisado novamente no Conselho Ultramarino em 1728. Há pareceres do Conselho Ultramarino de 1731 sobre castigos de escravos que portavam "armas defesas", ministrados por ordem do governador do Rio de Janeiro, sem haver o necessário processo. Idem, ibidem.

44. "Certidão passada pelos oficiais da câmara da vila de São Salvador da Paraíba do Sul [...] em 16 de julho de 1729", IEB, Coleção Lamego, cód. 19, doc. 44.

45. Lei de 24 de janeiro de 1756. Cf. S. H. Lara, "Legislação sobre escravos africanos na América portuguesa". Essa lei, por exemplo, foi enviada ao Brasil por meio da provisão de 12 de março de 1756. Em 11 de janeiro e 11 de março de 1757, duas outras determinações régias voltaram a ordenar a observância dessa lei. Em 2 de maio de 1757, uma provisão reiterou a proibição do uso de certas armas nos sertões das Minas Gerais, apesar de uma representação da Câmara da vila de Sabará em sentido contrário. Idem, ibidem.

46. Outro exemplo pode ser encontrado no bando de d. Francisco Inocêncio de Sousa Coutinho, de 24 de dezembro de 1768, que reiterava a necessidade de executar a lei de 24 de janeiro de 1756, já reforçada por um bando anterior, de 20 de junho de 1764. Nele o governador de Angola mandava "que todos os negros e mulatos cativos que fossem compreendidos no uso de facas levem mil açoites em dez dias interpolados" — um aumento significativo na pena prevista para a infração. O bando também reforçava as proibições da pragmática de 25 de maio de 1749, determinando cem açoites e seis meses de trabalhos em obras públicas para os "negros de tanga" que fossem achados com chapéus. Bando de 24 de dezembro de 1768, IEB, Coleção Lamego, cód. 83, doc. 190, fls. 177-177v.

47. Carta do bispo do Rio de Janeiro [Francisco de São Jerônimo] ao rei, de 20 de setembro de 1702. AHU, Rio de Janeiro, cx. 13, doc. 2666.

48. As *Ordenações* obrigavam os juízes ordinários a mandar os alcaides "tanger o sino de correr" todas as noites, entre oito e nove horas ou nove e dez horas, conforme as estações do ano. Vide *Ordenações manuelinas*, livro I, título XLIV, § 54, vol. 1, p. 305, e *Ordenações filipinas*, livro I, título LXV, § 14, p. 136.

49. Parecer do Conselho Ultramarino de 4 de setembro de 1703. Cf. S. H. Lara, "Legislação sobre escravos africanos na América portuguesa".

50. Trata-se provavelmente de frei d. Manoel da Ressurreição, que chegou à Bahia em maio de 1688 e faleceu em janeiro de 1691, sendo governador interino entre outubro de 1688 e outubro de 1690. Infelizmente, não consegui localizar essa ordem, nem os documentos sobre sua anulação.

51. Os conselheiros referem-se certamente ao título LXXIX do livro V das *Ordenações filipinas*, que trata "Dos que são achados depois do sino de recolher sem armas e dos que andam embuçados". *Ordenações filipinas*, pp. 1225-6.

52. Resolução de 12 de setembro de 1704. Cf. S. H. Lara, "Legislação sobre escravos africanos na América portuguesa".

53. Carta régia a d. Álvaro da Silveira de Albuquerque, de 23 de setembro de 1703. Cf. S. H. Lara, *Legislação*. O texto da carta régia é totalmente apoiado no parecer do Conselho Ultramarino, contendo transcrição quase literal das determinações ali sugeridas.

54. Cartas régias de 20 de fevereiro de 1696, enviadas uma ao governador e capitão-general do Estado do Brasil e outra ao governador do Rio de Janeiro. As penas para os senhores e escravos seriam determinadas pelos governadores, encarregados de publicar editais a esse respeito. Vide S. H. Lara, "Legislação sobre escravos africanos na América portuguesa".

55. Vide parecer do Conselho Ultramarino de 12 de julho de 1709. Cf. S. H. Lara, "Legislação sobre escravos africanos na América portuguesa".

56. Resolução real de 16 de setembro de 1709. Idem.

57. Cartas régias de 23 de setembro de 1709, dirigidas ao governador-geral do Estado do Brasil e ao governador de Pernambuco. Idem, ibidem.

58. Provisão dirigida ao governador e capitão-general do Estado do Maranhão, de 16 de fevereiro de 1734. *Anais da Biblioteca e Arquivo Públicos do Pará*, IV (1900): 224-5.

59. Sobre as tensões entre as autoridades coloniais e metropolitanas, vide Silvia Hunold Lara, *Campos da violência*, Rio de Janeiro, Paz e Terra, 1988, especialmente pp. 29-41.

60. Carta do bispo do Rio de Janeiro ao rei, de 20 de setembro de 1702.

61. Parecer do Conselho Ultramarino de 4 de setembro de 1703.

62. Parecer do Conselho Ultramarino de 12 de julho de 1709.

63. Cartas régias de 23 de setembro de 1709, dirigidas ao governador-geral do Estado do Brasil e ao governador de Pernambuco.

64. Pedro Calmon já havia notado que "a cor [branca] significava nobreza", citando Loreto Couto, que afirmava que "todo aquele que é branco na cor entende estar fora da esfera vulgar". Pedro Calmon, *Espírito da sociedade colonial*, [1935] São Paulo, Martins Fontes, 2000, p. 12.

65. Pragmática de 24 de maio de 1749, p. 22.

66. Como já mencionamos, as leis gerais anteriores limitavam a quantidade de criados e escravos que podiam fazer parte do séquito das pessoas de diferentes "estados, qualidades e condições" ou traziam prescrições sobre a libré de criados e escravos, determinações que são relativas a práticas *senhoriais* e não dos "negros e mulatos das Conquistas", como no capítulo IX da pragmática de 1749.

67. "Parecer que o desembargador do Paço José Vaz de Carvalho deu em 8 de abril de 1749 ao senhor dom João V, quando premeditou fazer a pragmáti-

ca que saiu em 24 de maio daquele ano". ACL, *Legislação sobre alfândegas, 1701 a 1799*, Ms. Azul 28, fls. 109-18v. José Luís Cardoso analisa alguns pareceres que antecederam a publicação da pragmática de 1749, mas não faz referência a debates sobre os trajes dos escravos. J. L. Cardoso, "Pompa e circunstância", pp. 11-7.

68. Nesse sentido, a determinação poderia ecoar ainda outras considerações coloniais, como a feita por Wenceslau Pereira da Silva em parecer enviado ao rei em 12 de fevereiro de 1738. Seu assunto principal era propor medidas para fazer frente à "ruína" da produção de açúcar, tabaco e couros da Bahia. Mas observava também a necessidade de renovar a "justíssima pragmática" de 1677 como forma de lutar contra o luxo nos ornatos e trajes, pois no Estado do Brasil "cada um se regula pelo seu apetite e veste como lhe parece sem diferença alguma no modo e no excesso do imoderado luxo, nos trajes e adornos de ouro, prata e sedas; e com tantas desordens que se não conhecem as pessoas de um e outro sexo pelo ornato dos vestidos, porque estes lhes confundem as qualidades e só pelos acidentes das cores se distinguem uns dos outros, excedendo quase todos em muito as suas possibilidades". Segundo Pereira da Silva, tal prática levava quase todos ao endividamento, a cometer roubos e praticar outros males semelhantes. Parecer de Wenceslau Pereira da Silva de 12 de fevereiro de 1738. ABN, 31 (1913): 29.

69. Cf. S. H. Lara, "Legislação sobre escravos africanos na América portuguesa".

70. Alvará com força de lei de 21 de abril de 1751 modificando e limitando a pragmática de 24 de maio de 1749. BNL, *Leys, alvarás e decretos publicados no reynado do fidelissimo d. Joam V, rey de Portugal* (SC4119A), pp. 13-5.

71. Luiz dos Santos Vilhena, *Recopilação de notícias soteropolitanas e brasílicas contidas em XX cartas*, [1802] Bahia, Imprensa Oficial do Estado, 1921, p. 289.

72. O pedido da Câmara foi reforçado com informações semelhantes dadas pelo governador do Estado da Índia ao Conselho Ultramarino. Vide parecer do Conselho Ultramarino de 12 de dezembro de 1781. AHU, cód. 921, fl. 55v.

73. Vide parecer do Conselho Ultramarino de 12 de dezembro de 1781. AHU, cód. 921, fl. 56v.

74. Vide R. Flecknoe, *A relation of ten years travells in Europe, Asia, Affrique, and America*, Londres, imprensa do autor, ca. 1654, pp. 75-6; Abbé Nicolas Louis de la Caille, *Journal historique du voyage fait au Cap de Bonne-Espérance* [...], Paris, Guilyn, 1763, pp. 119-34; Aeneas Anderson, *Relation de l'ambassade du Lord Macartney à la Chine, dans les années 1792, 1793 et 1794* [...], Paris, Dénne le Jeune, Bucquillon et Poisson, l'an IV, [1795] pp. 34-5; e Thomas Lindley, *Narrativa de uma viagem ao Brasil*, [1804-5] São Paulo, Cia. Ed. Nacional, 1969, pp. 93 (para o Rio de Janeiro) e 177-9 (para Salvador). Vide também

Affonso de E. Taunay, *Visitantes do Brasil colonial, séculos XVI-XVIII*, São Paulo, Cia. Ed. Nacional, 1933; *Na Bahia colonial, 1610-1774*, Rio de Janeiro, Imprensa Nacional, 1925; e *Rio de Janeiro de antanho. Impressões de viajantes estrangeiros*, São Paulo, Cia. Ed. Nacional, 1942.

75. René Courte de La Blanchardière, *Nouveau voyage fait au Pérou*, Paris, Imprimerie de Dalaguette, 1751, pp. 187-8.

76. A. Anderson, *Relation de l'ambassade*, p. 34.

77. T. Lindley, *Narrativa de uma viagem*, p. 178.

78. Cf. relato anônimo transcrito por Pierre Sonnerat, *Voyage aux Indes Orientales et à la Chine*, [1782]. Apud: Jean Marcel Carvalho França, *Outras visões do Rio de Janeiro colonial. Antologia de textos, 1582-1808*, Rio de Janeiro, José Olympio, 2000, pp. 215-6. Sonnerat não esteve no Rio de Janeiro, mas reproduz um relato atribuído a um oficial do navio francês *L'Arc-en-ciel*, que esteve ancorado no Rio de Janeiro em maio de 1748.

79. L. S. Vilhena, *Recopilação*, pp. 43-4. Mary del Priore analisa posições semelhantes nas cartas particulares do marquês do Lavradio, que se referia à cidade do Rio de Janeiro como "uma feira de gente grosseira", e os "americanos", tanto os que vinham de Minas quanto os que moravam na capital, como gente dada a muitas "fofices" e "pataratas". "Descobrindo 'um no outro': o olhar do marquês de Lavradio e os mazombos", RIHGB, 407 (abr./jun. 2000): 109-30. Para outros exemplos referentes ao Rio de Janeiro, vide John Luccock, *Notas sobre o Rio de Janeiro e partes meridionais do Brasil*, [1820] (trad.). Belo Horizonte, Itatiaia/Edusp, 1975, p. 73. A respeito da "presunção de fidalguia" em várias partes da colônia, vide Emanuel Araújo, *O teatro dos vícios. Transgressão e transigência na sociedade urbana colonial*, Rio de Janeiro, José Olympio, 1993, pp. 109-30.

80. A. J. R. Russell-Wood, "Grupos sociais", em Francisco Bethencourt e Kirti Chaudhuri (dir.), *História da expansão portuguesa*, Lisboa, Temas e Debates e Autores, 1998, vol. 2, p. 174.

81. A. J. R. Russell-Wood, "Grupos sociais", pp. 171-2.

82. L. S. Vilhena, *Recopilação*, pp. 47-8. O alto custo dos vestidos de seda e jóias de ouro pode ser comprovado através dos inventários do período. Cf. E. Araújo, *O teatro dos vícios*, pp. 118, e Maria Odila da Silva Dias, *Quotidiano e poder em São Paulo no século XIX*, São Paulo, Brasiliense, 1984, pp. 171-6. Para uma visão geral sobre os trajes nesse período, vide Maria Beatriz Nizza da Silva, *Vida privada e quotidiano no Brasil na época de d. Maria I e d. João VI*, Lisboa, Editorial Estampa, 1993, pp. 227-41.

83. É bem verdade que Ribeiro Rocha utiliza essa máxima para incitar os senhores a vestirem seus escravos, pois "assim como se envergonharia o senhor, se ele próprio aparecesse na rua tão mal vestido; assim se deve envergonhar, de

que nessa forma seja visto o seu escravo". Vide Manoel Ribeiro Rocha, *Etíope resgatado, empenhado, sustentado, corrigido, instruído e libertado*, [1758] (apresentação e transcrição do texto original por Silvia H. Lara), *Cadernos do Instituto de Filosofia e Ciências Humanas*, 21 (1991): 95.

84. Veja-se, a esse respeito L. S. Vilhena, *Recopilação*, pp. 46-7.

85. Vários exemplos podem ser colhidos em Piedade B. Santos, Teresa Rodrigues e Margarida Nogueira, *Lisboa setecentista vista por estrangeiros*, Lisboa, Livros Horizonte, 1987, especialmente 45-9 e 58-64. Para alguns relatos diretos, vide *Portugal nos séculos XVII e XVIII. Quatro Testemunhos*, Lisboa, Lisóptima Edições, 1989; e Castelo Branco Chaves (ed.), *O Portugal de d. João V visto por três forasteiros*, Lisboa, Biblioteca Nacional, 1983.

86. "Description de la ville de Lisbonne [...]", [1730]. Apud: C. B. Chaves (ed.), *O Portugal de d. João V*, pp. 59-60.

87. "Lettres et voyages de monsieur César de Saussure en Allemagne, en Hollande et en Anglaterre, 1725-1729", apud: C. B. Chaves (ed.), *O Portugal de d. João V*, p. 273.

88. J. B. F. Carrère, *Voyage en Portugal et particulièrment à Lisbonne ou tableau moral, civil, politique physique et religieux de cette capital, etc.*, Paris, Deterville, 1798.

89. No geral, entretanto, os viajantes estrangeiros surpreendiam-se com a presença de escravos de origem africana em Lisboa. No século XVI, eles chegaram a constituir cerca de 10% da população da cidade. Embora os dados demográficos sobre a população escrava e liberta em Lisboa na segunda metade do século XVIII sejam bastante precários, é possível estimar a existência de 15 mil indivíduos de origem africana naquela capital no final do século, quase 7% do total de 220 mil habitantes. Cf. Didier Lahon, "Esclavage et confréries noires au Portugal durant l'Ancien Régime (1441-1830)", doutorado, Paris, EHESS, 2001, especialmente cap. 2; e Claude Maffre, "A imagem do negro em Lisboa no final do século XVIII", em Zilá Bernd e Francis Utéza, *Produção literária e identidades culturais — estudos de literatura comparada*, Porto Alegre, Editora Sagra Luzzato, 1997, pp. 51-65.

90. R. C. de La Blanchardière descreve assim essas mantilhas: "As mulheres só aparecem na igreja, onde vão vestidas como em Cadis, com um véu de tafetá negro que é amarrado por trás nas suas cinturas e cai sobre suas cabeças cobrindo-lhes o rosto, à exceção de uma fresta por meio da qual elas vêem sem serem vistas". R. C. de La Blanchardière, *Nouveau voyage*, p. 187.

91. Vide, a esse respeito, Renato Pinto Venâncio, "A madrinha ausente: condição feminina no Rio de Janeiro, 1750-1800", em Iraci del Nero da Costa (org.), *Brasil: história econômica e demográfica*, São Paulo, IPE/USP, 1986, pp. 95-102; e

Leila Mezan Algranti, *Honradas e devotas: mulheres da colônia*, Rio de Janeiro, José Olympio/Edunb, 1993, especialmente capítulos 2 e 3.

92. Para uma análise das roupas usadas pelos escravos no Rio de Janeiro no século XVIII, vide S. Escorel, "Vestir poder e poder vestir", especialmente pp. 85-106. Para os trajes de escravos em áreas rurais no mesmo período, vide S. H. Lara, *Campos da violência*, pp. 208-15.

93. O vestuário compunha, juntamente com a alimentação e o ensino da doutrina cristã, o que os textos coloniais chamavam de "o sustento dos escravos". Sobre o tema, vide Ronaldo Vainfas, *Ideologia e escravidão. Os letrados e a sociedade escravista no Brasil colonial*, Petrópolis, Vozes, 1986; e Rafael de Bivar Marquese, *Feitores do corpo, missionários da mente. Senhores, letrados e o controle dos escravos nas Américas, 1660-1860*, São Paulo, Companhia das Letras, 2004, especialmente cap. 4.

94. Cf. Jorge Benci, *Economia cristã dos senhores no governo dos escravos*, [1705] São Paulo, Grijalbo, 1977; André João Antonil, *Cultura e opulência do Brasil por suas drogas e minas*, [1711] ed. crítica por A. Mansuy, Paris, IHELAL, 1965; e Manoel Ribeiro Rocha, *Etíope resgatado, empenhado, sustentado, corrigido, instruído e libertado*, [1758].

95. A. J. Antonil, *Cultura e opulência do Brasil*, p. 126.

96. Cf. "Relatório do marquês do Lavradio, vice-rei do Rio de Janeiro, entregando o governo a Luiz de Vasconcellos e Sousa, que o sucedeu no vice-reinado", [1779], RIHGB, 4 (1843): 450-1.

97. Marquês do Lavradio, "Carta escrita ao conde de Prado [...] em 21 de julho de 1768", *Cartas da Bahia*, Rio de Janeiro, Arquivo Nacional, 1972, p. 29. Em carta dirigida a outro primo, escrita no Rio de Janeiro anos mais tarde, Lavradio volta ao tema das "dulcinéias", em tom muito semelhante; vide "Carta de amizade escrita ao sr. Antônio de Melo em 20 de fevereiro de 1770", *Cartas do Rio de Janeiro, 1769-1776*, Rio de Janeiro, Arquivo Nacional, 1978, p. 20.

98. L. S. Vilhena, *Recopilação*, p. 47. T. Lindley também anotou que "o vestuário comum das senhoras é uma saia, que usam sobre uma camisa. Esta é feita de musselina mais fina, sendo geralmente muito trabalhada e enfeitada. É tão larga no busto que resvala pelos ombros ao menor movimento, deixando o busto inteiramente à mostra. Além disso, é tão transparente que se vê toda a pele". *Narrativa de uma viagem*, p. 177.

99. A respeito do luxo no vestuário feminino nas visitas de cerimônia, vide L. S. Vilhena, *Recopilação*, pp. 47-8, e T. Lindley, *Narrativa de uma viagem*, p. 177. Luccock descreve com sabor uma destas ocasiões: vide *Notas sobre o Rio de Janeiro*, pp. 82-5.

100. O termo, já utilizado no século XVII, é uma das designações para as prostitutas. Cf. E. Araújo, *O teatro dos vícios*, p. 162.

101. O tema vem sendo abordado por alguns estudiosos, geralmente com um olhar mais antropológico, que dispensa pouca atenção a diferenças temporais. Para uma visão geral do tema, são interessantes os artigos da coletânea editada por Hildi Hendrickson, *Clothing and difference. Embodied identities in colonial and pos-colonial Africa*, Durham, Duke University Press, 1996.

102. Cf. Joseph C. Miller, *Way of death. Merchant capitalism and the Angolan slave trade, 1730-1830,* Madison, The University of Wisconsin Press, 1988, pp. 8183; e John Thornton, *Africa and Africans in the making of the Atlantic world, 1400-1680*, Cambridge, Cambridge University Press, 1992, pp. 48-52. Para uma análise mais detalhada dos vínculos entre o comércio de tecidos e o tráfico de escravos no âmbito do Império português, vide Roquinaldo Ferreira, "Dinâmica do comércio intracolonial: geribitas, panos asiáticos e guerra no tráfico angolano de escravos (século XVIII)", e Luís Frederico Dias Antunes, "Têxteis e metais preciosos: novos vínculos do comércio indo-brasileiro (1808-1820)", em João Fragoso, Maria Fernanda Bicalho e Maria de Fátima Gouvêa (orgs.), *O Antigo Regime nos trópicos: a dinâmica imperial portuguesa* (*séculos XVI-XVIII*), Rio de Janeiro, Civilização Brasileira, 2001, respectivamente pp. 339-78 e 381-420.

103. Ilídio do Amaral, *O reino do Congo, os mbundu* (*ou ambundos*), *o reino dos "ngola"* (*ou de Angola*) *e a presença portuguesa, de finais do século XV a meados do século XVI*, Lisboa, Ministério da Ciência e Tecnologia, 1996, pp. 24-9.

104. Giovanni Antonio Cavazzi da Montecuccolo, *Descrição histórica dos três reinos do Congo, Matamba e Angola*, [1687] (trad. e notas de Graciano Maria de Leguzzano), Lisboa, Junta de Investigação do Ultramar, 1965, pp. 166-8.

105. O termo é utilizado por Mariza de Carvalho Soares, *Devotos da cor. Identidade étnica, religiosidade e escravidão no Rio de Janeiro, século XVIII*, Rio de Janeiro, Civilização Brasileira, 2000, especialmente pp. 114-27, para indicar os escravos africanos provenientes de um mesmo porto de embarque, que possuíam semelhanças culturais, mas nem sempre pertenciam a uma única etnia. Trata-se de uma identidade originada pelo tráfico, mas que podia incorporada e adotada (ainda que com significados diferentes) também pelos grupos africanos no Brasil.

106. Entre as escravas provenientes do Congo, por exemplo, era comum o uso de pulseiras de metal dourado com motivos geométricos (denominadas *malungas*), "cujo número variava segundo a condição hierárquica, de sua possuidora, dentro do grupo tribal". Cf. Sígrid Pôrto de Barros, "A condição feminina e a indumentária feminina no Brasil-colônia", *Anais do Museu Histórico Nacional*, VIII (1947): 142-3.

107. O alerta é explicitado por Shane White e Graham White, "Slave clothing and African-American culture in the eighteenth and nineteenth centuries", *Past and Present*, 148 (ago. 1995): 149-86.

108. Vide, por exemplo, a já citada tese de S. Escorel, "Vestir poder e poder vestir", e também, da mesma autora, "Cultura negra no Rio de Janeiro do século XVIII: tramas e tecidos", RIHGB, 162 (out./dez. 2001): 55-76. Discutindo especificamente sobre o vestuário colonial, há também o trabalho de Tina Hammer-Stroeve, "Civiele kleding in koloniaal en koninklijk Bazilie (1700-1821)", doutorado, Amsterdam, Universidade de Amsterdam, 1983.

109. Cf. Arthur Ramos, *As culturas negras no Novo Mundo*, 4ª ed. São Paulo, Cia. Ed. Nacional, 1979, p. 198, e Nina Rodrigues, *Os africanos no Brasil*, 5ª ed. São Paulo, Cia. Ed. Nacional, 1977, p. 118-9, como exemplo de descrições dos trajes das "baianas"; e Raul Lody, *Pencas de balangandãs da Bahia. Um estudo etnográfico das jóias-amuletos*, Rio de Janeiro, Funarte/Instituto Nacional do Folclore, 1988, pp. 26-9, para as relações entre os trajes de "beca", "de crioula" e os de candomblé.

110. O vocábulo possui algumas variantes (barangandã, berenguendem, belenguendem, balançançam) e designa uma coleção de miniaturas em prata, ou às vezes em ouro, reunidas numa fivela ornamentada de formato especial e ligada a uma corrente. A penca de balangandãs é usada presa à cintura, do lado esquerdo. Analisando bens e doações testamentárias de mulheres forras das Minas Gerais na segunda metade do século XVIII, Eduardo França Paiva descreve vários desses berloques e analisa os significados de alguns deles em *Escravidão e universo cultural na colônia. Minas Gerais, 1716-1789*, Belo Horizonte, Editora UFMG, 2001, pp. 215-38.

111. R. Lody, *Pencas de balangandãs*, p. 22

112. Cf. Menezes de Oliva, "Tentativa de classificação dos balangandans", *Anais do Museu Histórico Nacional*, II (1941/43): 37-47, que oferece uma descrição geral dos balangandãs com base na análise de cerca de 1,5 mil peças. O autor chama a atenção para a existência de alguns berloques, como os cilindros de prata abertos nas duas extremidades, cuja significação pode estar associada à conquista da alforria. A interpretação é baseada em uma passagem de Koster que menciona o fato de os escravos de ganho guardarem o dinheiro amealhado cotidianamente para formação do pecúlio para a liberdade em cilindros feitos com gomos de bambu. A miniatura de prata de forma semelhante encontrada em várias pencas de balangandãs representaria então a perseverança ou a conquista da liberdade. Ewbank, que esteve no Rio de Janeiro em 1846, apresenta uma detalhada descrição dos amuletos vendidos na rua dos Ourives. Thomas

Ewbank, *A vida no Brasil*, Belo Horizonte/São Paulo, Itatiaia/Edusp, 1976, pp. 103-5 e 185-90.

113. Voltaremos mais detalhadamente a esse tema no capítulo 3.

114. T. Lindley, *Narrativa de uma viagem*, pp. 63-4.

115. "Petição de Manoel de Carvalho e Melo ao vice-rei, despachada em 19 de setembro de 1752", apud: Julio Feydit, *Subsídios para a história dos Campos dos Goitacases*, 2ª ed., Rio de Janeiro, Ed. Esquilo, 1979, p. 255.

116. Cf. carta do rei ao governador do Rio de Janeiro, de 30 de maio de 1753, apud: A. J. R. Russell-Wood, *The black man in slavery and freedom in colonial Brazil*, Nova York, St. Martin's Press, 1982, p. 68. Russell-Wood menciona ainda o caso de um pardo que, tendo permissão para carregar armas à cinta, pedia para usar pistolas e um preto para carregar outras armas "porque se os seus escravos vissem que o suplicante andava sem armas zombariam dele". Idem, ibidem, p. 221. Interessante, em sentido inverso, é a história de um escravo em Luanda, que foi preso diversas vezes por andar bem-vestido. Suas roupas caras eram bem conhecidas na cidade, mas ele foi diversas vezes acusado de roubar tecidos e ter dinheiro de origem desconhecida. Em 1771 ele foi finalmente preso, processado e condenado por usar armas proibidas. Selma Pantoja, "Aberturas e limites da administração pombalina na África: os autos da devassa sobre o negro Manoel de Salvador", *Estudos Afro-Asiáticos*, 29 (1996): 143-60.

117. De fato, os riscos eram grandes. Para a mesma região, há uma história exemplar, ocorrida em fins do século XVIII. Lino de Sousa foi preso por um capitão-do-mato, sob suspeita de ser um cativo em fuga, e permaneceu na cadeia por quase um mês. Dezenove dias depois de ser solto, voltou à prisão, só que desta vez conduzindo — ele mesmo — dois escravos fugitivos. Cerca de quatro anos depois, Lino foi preso novamente, agora por uma ronda noturna, por trazer uma faca de ponta aguda na cintura. Demorou cerca de seis meses para provar que não era um escravo e que, como soldado de capitão-do-mato, era-lhe permitido andar à noite e portar armas. Cf. Arquivo do Cartório do Segundo Ofício de Campos (RJ), "Traslado de uns autos crimes de Lino de Sousa cabra que vão remetidos deste Ofício Ordinário para o Tribunal da Relação da cidade do Rio de Janeiro", [1800]. Voltarei a tratar desse tema no próximo capítulo.

118. Não se trata, porém, de propor nenhuma inversão entre o Reino e as Conquistas, nem de opor valores estamentais a mercantis, nem de uma eventual adaptação de critérios de distinção. A presença em massa da escravidão, imbricada na teia hierárquica do Antigo Regime, acresce a ela significados inexistentes no Reino, já que o objetivo, aqui, é marcar a liberdade. Nesse sentido, embora com pontos semelhantes, minha análise se distancia da realizada por Marco

Antonio Silveira, *O universo do indistinto. Estado e sociedade nas Minas setecentistas (1735-1808)*, São Paulo, Hucitec, 1996, especialmente cap. 2.

3. A MULTIDÃO DE PRETOS E MULATOS

1. "Relâche du vaisseau *L'Arc-en-ciel* à Rio de Janeiro, 1748", apud: Jean Marcel Carvalho França, *Visões do Rio de Janeiro colonial. Antologia de textos, 1531-1800*, Rio de Janeiro, José Olympio, 1999, p. 83. A expressão só aparece em uma das transcrições desse relato anônimo; outra, publicada por Pierre Sonnerat em 1782, pode ser encontrada em J. M. C. França, *Outras visões do Rio de Janeiro colonial. Antologia de textos, 1582-1808*, Rio de Janeiro, José Olympio, 2000, pp. 207-20.

2. James Cook, *The three voyages of captain James Cook round the world*, Londres, Longamn, Hurst, Rees, Orme and Brown, 1821, vol. 1, p. 35.

3. Friedrich L. Langstedt, *Reisen nach Sudamerika, Asien und Africa*, Hildesheim, Joh. Crist. Lud. Tuchfeld & Co., 1789, apud: C. H. Oberacker Jr., "O Rio de Janeiro em 1782 visto pelo pastor F. L. Langstedt", RIHGB, 299 (1973): 11.

4. "Carta de amizade a meu tio o arcebispo regedor em 21 de julho de 1768 [...]", em marquês do Lavradio, *Cartas da Bahia, 1768-1769*, Rio de Janeiro, Arquivo Nacional, 1972, pp. 33-4.

5. "Ofício do vice-rei Luiz de Vasconcellos e Souza com a cópia da relação instructiva e circunstanciada para ser entregue ao seu sucessor [...]", [1789], RIHGB, 4 (1842): 34.

6. Luís dos Santos Vilhena, *Recopilação de notícias soteropolitanas e brasílicas contidas em XX cartas*, [1802] Bahia, Imprensa Oficial do Estado, 1921, p. 49.

7. "Resumo total da população que existia no anno de 1779 [...]", RIHGB, 21 (2ª ed., 1858): 216-7.

8. "Memórias públicas e econômicas da cidade de São Sebastião do Rio de Janeiro para uso do vice-rei Luís de Vasconcellos por observação curiosa dos anos de 1779 até o de 1789", RIHGB, 47 (1884): 27-9.

9. "Resumo dos fogos e população da cidade do Rio de Janeiro, feito por ordem do ilmo. e exmo. senhor conde de Rezende [...], 1º de dezembro de 1797", IEB, Coleção Lamego, 44.2.A.8.

10. A. J. R. Russell-Wood, *The black man in slavery and freedom in colonial Brazil*, Nova York, St. Martin's Press, 1982, p. 48. Stuart B. Schwartz afirma que, na Bahia, "em princípios do século XIX, os cativos eram cerca de um terço dos 500 mil habitantes da capitania, atingindo até 70% nas regiões dos engenhos".

Cf. *Segredos internos. Engenhos e escravos na sociedade colonial*, São Paulo, Companhia das Letras, 1988, p. 280.

11. François Froger, que esteve no Rio de Janeiro em 1695, por exemplo, expressou opiniões parecidas com as registradas acima. Em 1714, François Frésier descreveu a Bahia como uma "nova Guiné", apud: A. J. R. Russell-Wood, *The black man in slavery and freedom*, p. 1

12. Dauril Alden, "The population of Brazil in the late eighteenth century: a preliminary study", *Hispanic American Historical Review*, 43, nº 2 (1963): 173-205; e Maria Luiza Marcílio, "Evolução da população brasileira através dos censos até 1872", *Anais de História*, VI (1974): 115-37.

13. Vide, por exemplo, Herbert Klein, *O comércio atlântico de escravos. Quatro séculos de comércio esclavagista*, Lisboa, Replicação, 2002, pp. 34-7. Os dados mais amplos sobre o tráfico podem ser encontrados em Philip D. Curtin, *African slave trade: a census*, Madison, Wisconsin University Press, 1969, com algumas revisões realizadas por David Eltis, *Economic growth and the ending of the transatlantic slave trade*, Nova York, Oxford University Press, 1987. Para uma análise mais detalhada do caso do Rio de Janeiro, vide Manolo Garcia Florentino, *Em costas negras. Uma história do tráfico atlântico de escravos entre a África e o Rio de Janeiro (séculos XVIII e XIX)*, Rio de Janeiro, Arquivo Nacional, 1995.

14. Vide, entre outros, James H. Sweet, "Manumission in Rio de Janeiro, 1749-54: an African perspective", *Slavery and Abolition*, 24, nº 1 (2003): 54-70; Sheila de Castro Faria, "Mulheres forras — riqueza e estigma social", *Tempo*, 9 (2000): 65-92, e, da mesma autora, "Sinhás pretas, damas mercadoras. As pretas minas nas cidades do Rio de Janeiro e de São João del Rey (1700-1850)", tese para concurso de titularidade, Niterói, UFF, 2004.

15. Vide, entre outros, Herbert S. Klein, "Os homens livres de cor na sociedade escravista brasileira", *Dados*, 17 (1978): 4-9; e A. J. R. Russell-Wood, *The black man in slavery and freedom*, pp. 31-2 e 46-9.

16. A análise que empreendo a seguir foi inspirada pela leitura do segundo capítulo da tese de Ivana Stolze Lima, *Cores, marcas e falas: sentidos da mestiçagem no Império do Brasil*, Rio de Janeiro, Arquivo Nacional, 2003, especialmente pp. 98-102, que analisam as categorias de mapas e censos nos anos 1830-40.

17. Obviamente, os critérios não são rígidos e variam conforme os interesses dos que encomendam o levantamento de dados. A ordem dada em 1776 para que o bispo da Bahia contasse anualmente os habitantes da capitania justificava-se pelo fato de o monarca querer saber "o número de vassalos que habitam os seus domínios". Talvez por isso, a população deveria ser dividida em "dez classes" separadas por idade, sem distinguir livres, libertos ou escravos, nem casados, viúvos ou solteiros. Cf. Carta de Martinho de Melo e Castro para

Manoel da Cunha de Meneses, de 21 de maio de 1776, em *Mapa da população das províncias, 1815-1844*, ANRJ, Ministério do Reino e Império, cx. 761, pt. 1, doc. 1. Esse documento é comentado por D. Alden, "The population of Brazil", pp. 177-80.

18. Padre d. Raphael Bluteau, *Vocabulário portuguez e latino*, Coimbra, Collegio das Artes da Companhia de Jesus, 1712 (ed. fac-símile, CD-ROM, Rio de Janeiro, UERJ, s. d.), verbete "família". A mesma acepção aparece em Antonio de Moraes Silva, *Diccionario da lingua portugueza* [...], Lisboa, Officina de Simão Thaddeo Ferreira, 1789, que define família como "as pessoas de que se compõe a casa e mais propriamente as subordinadas aos chefes ou pais de família".

19. A família, e não o indivíduo, era então considerada a matriz da ordem social. Célula unitária onde pontificava o *pater familias*, ela servia de modelo para outras relações de poder, como aquela do soberano com seus súditos, por exemplo. Cf. Pedro Cardim, "Religião e ordem social. Em torno dos fundamentos católicos do sistema político do Antigo Regime", *Revista de História das Idéias*, 22 (2001): 153-4 e 159-60.

20. Estariam, portanto, abaixo das pessoas de baixa condição, sem possibilidade de expressão social e política. Os critérios de inclusão e exclusão dos indivíduos no corpo político e social nesse período foram tratados no capítulo anterior.

21. Como já observei, os critérios não são fixos. O "Mapa da total população do distrito dos Campos dos Goitacases", elaborado em agosto de 1790, adota categorias semelhantes às dos censos do Rio de Janeiro que examinamos, computando o número de fogos e separando homens e mulheres livres por suas idades, enquanto registra o número de escravos e de escravas em separado. O "Mapa da população, fábricas e escravaturas de que se compõem as diferentes freguesias de São Salvador dos Campos dos Goitacases no ano de 1799", no entanto, está estruturado em três grandes categorias (brancos, pretos e mulatos), adotando critérios semelhantes para todas. Discrimina, portanto, para os pretos e mulatos, os homens das mulheres e os casados dos solteiros e viúvos, tanto para livres quanto para escravos. Cf. respectivamente ANRJ, cód. 67, vol. 25, fl. 187, e IEB, Coleção Lamego, cód. 19, doc. 69.

22. Tomo aqui o censo de 1779 apenas como exemplo. O mesmo raciocínio aplica-se ao censo de 1797, segundo o qual pouco mais de 34% da população são escravos e quase 19% são libertos. Cf. "Resumo dos fogos e população da cidade do Rio de Janeiro [...] 1797".

23. No "Resumo total da população" são contados 28 390 livres e 14 986 escravos, perfazendo um total de 43 376 pessoas em 1779. Nas "Memórias públicas e econômicas da cidade de São Sebastião do Rio de Janeiro [...]", em 1789, contam-se 21 900 livres e 16 807 escravos, num total de 38 707 pessoas. Em

1797, chegou-se a um total de 32 553 pessoas, sendo 11 182 escravos e 21 371 livres. Evidentemente não houve um descenso populacional e a diferença explica-se pelo modo de circunscrever o que era então a cidade e pelos próprios procedimentos adotados na apuração dos números.

24. Como fez, por exemplo, Florestan Fernandes em "A sociedade escravista no Brasil", *Circuito fechado*, São Paulo, Hucitec, 1976, pp. 11-93.

25. Vide S. B. Schwartz, *Segredos internos*, pp. 209-13, e A. J. R. Russell-Wood, *The black man in slavery and freedom in colonial Brazil*, pp. 76-9.

26. R. Bluteau, *Vocabulário*, verbete "branco".

27. Idem, ibidem, verbete "escravo".

28. Idem, ibidem, verbetes "negra" e "negro".

29. "Negro. Infausto. Desgraçado. Da cor negra, que é a mais escura de todas, tomamos motivo para chamarmos negro toda a coisa que nos enfada, molesta e entristece, como quando dizemos *Negra ventura, negra vida etc.* Nesta expressão imitamos aos latinos, que usam do adjetivo *ater, atra, atrum* quando falam em coisas funestas e tristes." Idem, ibidem, verbete "negro".

30. Não deixa de ser interessante observar que o verbete remete para uma diferenciação entre os negros do sertão e os africanos (que teriam perdido "sua natural braveza"). O verbete "africano", no entanto, apenas indica que o termo refere-se àquele que é "natural da África". Idem, ibidem.

31. Essa explicação vale também para os "tapuias e outro gentio do Brasil", que são cor de bronze, para os povos da China, de "cor de azeitona e [com] outras singularidades no rosto", e "até para negros a que chamam brancos, porque [mesmo] com cor branca têm nariz chato [e] beiço caído". Idem, ibidem, verbete "negro".

32. Ambrósio Fernandes Brandão, *Diálogos das grandezas do Brasil*, [1618] (intr. de Capistrano de Abreu; notas de Rodolfo Garcia), São Paulo, Melhoramentos/INL, 1977, p. 81.

33. "Nova e curiosa relação de hum abuzo emendado, ou evidencias da razão; expostas a favor dos homens pretos em hum dialogo entre hum letrado, e hum mineiro", em Charles R. Boxer, "Um panfleto raro acerca dos abusos da escravidão negra no Brasil" [1764], *Anais do congresso comemorativo do bicentenário da transferência da sede do governo do Brasil da cidade de Salvador para o Rio de Janeiro*, Rio de Janeiro, Departamento de Imprensa Nacional, 1967, vol. III, pp. 177-8.

34. No *Diccionario* de Moraes Silva, por exemplo, a longa discussão sobre as teses explicativas a respeito da origem da variação na cor da pele das pessoas não aparece, ficando apenas as definições mais simples: negro é um "homem preto" e negra, uma "mulher preta".

35. Vide, por exemplo, Simão de Vasconcellos, "Notícias curiosas e necessárias do Brasil", [1668], *Crônica da Companhia de Jesus*, Petrópolis, Vozes, 1977, vol. 1, pp. 92-4; e Alexandre Rodrigues Ferreira, "Observaçõens geraes e particulares sobre a classe dos mammaes observados nos territorios dos trez rios das Amazonas, Negro e da Madeira [...]", [1790], *Revista do Instituto Geográfico e Histórico da Bahia*, 60 (1934): 17-27. Ambos estão preocupados em explicar a cor acobreada dos índios, discutindo várias hipóteses para a diversidade de cor nas peles humanas. Vasconcelos conclui pela importância do calor e do "temperamento do clima", enquanto Ferreira possui uma resposta mais elaborada, mas que depende também da "temperatura do clima", da altura em relação ao nível do mar, dos ventos e outras características ecológicas.

36. "Nova e curiosa relação [...]", pp. 178-80.

37. R. Bluteau, *Vocabulário*, verbete "preto". É interessante observar que, nesse caso, não há o verbete "preta".

38. Alvará de 19 de setembro de 1761. Cf. Silvia H. Lara, "Legislação sobre escravos africanos na América portuguesa", em José Andrés-Gallego (coord.), *Nuevas aportaciones a la historia jurídica de Iberoamérica*, Madri, Fundación Histórica Tavera/Digibis/Fundación Hernando de Larramendi, 2000 (CD-ROM).

39. Aviso de 2 de janeiro de 1767. Cf. S. H. Lara, "Legislação sobre escravos africanos na América portuguesa".

40. R. Bluteau, *Vocabulário*, verbetes respectivos.

41. Souchu de Rennefort, *Relation du premier voyage de la Compagnie des Indes Orientales*, [1668], apud: Isabel de Castro Henriques, "As outras africanas: as reais e as inventadas", *Oceanos*, 21 (jan./mar. 1995): 60-1. A autora menciona ainda relatos semelhantes de La Courbe [1686] e Jean Barbot [1681]. Idem, pp. 59-61.

42. I. C. Henriques afirma ter sido essa uma política deliberada da Coroa portuguesa. Idem, p. 56. Na Senegâmbia e nos rios de Guiné, os que eram obrigados pela Coroa ou dela recebiam permissão para ali permanecer eram chamados "lançados". Ao longo dos séculos XVI e XVII, constituíram elos importantes para as ligações comerciais entre portugueses, moradores das ilhas de Santiago e Cabo Verde e a região. Cf. Alberto da Costa e Silva, *A manilha e o libambo. A África e a escravidão de 1500 a 1700*, Rio de Janeiro, Nova Fronteira/Fundação Biblioteca Nacional, 2002, pp. 229-79. Em Angola, um bom exemplo é dado pelos descendentes de mulheres africanas e colonizadores e comerciantes portugueses na região de Ambaca, que se tornaram importantes intermediários no tráfico de escravos ao longo do século XVIII. Jill R. Dias, "Novas identidades africanas em Angola no contexto do comércio atlântico", em Cristiana Bastos, Miguel Vale de Almeida e Bela Feldman-Bianco (orgs.), *Trânsitos coloniais: diálogos críticos luso-brasileiros*, Lisboa, Editora Imprensa de Ciências Sociais, 2002,

pp. 293-320. Em outras regiões do Império, os vínculos entre os portugueses e as mulheres locais constituíram elementos essenciais do modo de governar e das características da sociedade, como no caso dos casados e seus descendentes no Estado da Índia. Cf. Sanjay Subrahmanyan, *The Portuguese empire in Asia, 1500-1700. A political and economic history*, Londres, Longman, 1993. Para um exemplo em terras brasílicas, vide Ronald Raminelli, "Da vila ao sertão: os mamelucos como agentes da civilização", em *Revista de História*, 129/131 (ago./dez. 1993, ago./dez. 1994): 209-19.

43. Vide Stuart B. Schwartz, "Brazilian ethnogenesis: mestiços, mamelucos, and pardos", em Serge Gruzinski e Nathan Wachtel (orgs.), *Le nouveaux monde, mondes nuveaux*, Paris, Éditions Recherche sur les Civilisations/Éditions de l'École des Hautes Études en Sciences Sociales, 1996, pp. 9-27.

44. R. Bluteau, *Vocabulário*, verbete "mestiço" (grifo meu).

45. A. J. R. Russell-Wood, *The black man in slavery and freedom*, p. 69-79; e também Maria Fernanda Baptista Bicalho, "Mediação pureza de sangue e oficiais mecânicos. As Câmaras, as festas e a representação do Império português", em Eduardo França Paiva e Carla Maria Junho Anastasia (orgs.), *O trabalho mestiço. Maneiras de pensar e formas de viver. Séculos XVI a XIX*. São Paulo, Annablume/PPGH/UFMG, 2002, pp. 307-13. Votarei a esse tema no capítulo 5.

46. A. J. R. Russell-Wood, "Ambivalent authorities: the African and Afro-Brazilian contribution to local governance in colonial Brazil", *The Americas*, 57 n. 1 (2000): 13-36.

47. Na Seção Judiciária do APEB, há oito processos referentes às vilas de Cachoeira e Moritiba, no período entre 1750 e 1800, dos quais um está sem condição de leitura. Dentre os sete restantes, o epíteto de ladrão é a principal injúria proferida em cinco deles, sendo que em um as palavras foram consideradas "tão injuriosas" que se fizeram "indignas" de serem escritas e colocadas diante do juiz. Em apenas dois desses sete processos "mulato" aparece como parte das injúrias proferidas. No AGCRJ há onze processos de injúria referentes a sete conflitos ocorridos entre 1768 e 1774 na cidade do Rio de Janeiro. Destes, dois são motivados por acusações de feitiçaria, tomadas como injúria, e todos os demais incluem, entre outros xingamentos, epítetos de "ladrão" ou de um "roubo" cometido. Exemplar, nesse sentido, é o conflito entre dois ex-sócios. Um deles seguiu o outro da praia do Peixe até a rua da Cadeia, descompondo-o "com altas vozes [...] chamando-lhe torto, filho-da-puta, cachorro, ladrão e cornudo e por fim desafiando-o para que saísse para a rua a contender com ele". Cf. "Autos de um processo de injúrias intentado por Antonio Duarte contra Antonio de Faria Figueira, 1773", AGCRJ, cód. 40-1-3. Para as referências dos demais processos, vide a seção "Fontes", no final do volume.

48. "Autos crime de injúrias: Antonio Rangel, autor contra o alferes Vicente Gomes da Silva, réu, 1768-1770", AGCRJ, cód. 45-1-1.

49. Segundo Bluteau, cabrão é o mesmo que bode, mas pode ser também equivalente a cornudo, consentidor. O xingamento pode tanto insistir na animalização (reiterando o epíteto de "cadela" para a mulher), desqualificar pela associação com os índios (como aumentativo de cabra) ou remeter para o adultério. R. Bluteau, *Vocabulário*, verbetes "cabra" e "cabrão".

50. Marco Antônio Silveira menciona uns versos de um padre pardo de Paracatu, no final do século XVIII, que salientavam ser a cor incapaz de distinguir as pessoas. Um trecho diz: "Onde está o ser branco então?/ Não busques no exterior/ que o acidente da cor/ não é o que dá distinção:/ entra no seu coração;/ vê se tem uma alma nobre,/ gênio ilustre, ainda que pobre,/ ações de homem de bem;/ se nada disto ele tem,/ é negro, por mais que obre". Marco Antônio Silveira, *O universo do indistinto. Estado e sociedade nas Minas setecentistas (1735-1808)*, São Paulo, Hucitec, 1996, pp. 171-3.

51. As mesmas características são observadas por Marcos Magalhães de Aguiar, na análise de processos de injúrias verbais na capitania de Minas Gerais no século XVIII. "Negras Minas Gerais: uma história da diáspora africana no Brasil colonial", doutorado, São Paulo, USP, 1999, pp. 144-9.

52. Outra possibilidade de explicação pode advir do fato de que, na Justiça, poderiam eventualmente obter satisfações que compensassem situações em que eram destratados pelos brancos, sem possibilidade de revide, como no caso dos soldados pardos da Bahia. Vilhena afirma ter testemunhado, por dois anos seguidos, uma desfeita dessas. No dia de revista das tropas, os comandantes (brancos) dos regimentos de linha não haviam prestado a menor atenção nem realizado as costumeiras "continências militares" diante do regimento dos pardos que desfilava no Terreiro de Jesus, com suas "bandeiras largas e batendo a marcha". L. S. Vilhena, *Recopilação*, p. 254. O episódio é comentado por A. J. R. Russell-Wood, *The black man in slavery and freedom in colonial Brazil*, p. 91.

53. Carta do juiz ordinário da vila de Santo Antônio do Urubu, de 5 de novembro de 1763. APEB, *Correspondência recebida de autoridades diversas*, maço 201-1, cx. 77, doc. 03.

54. R. Bluteau, em seu *Vocabulário*, define tapuia como "o mais bravo e bárbaro gentio do Brasil", dando várias explicações sobre seus costumes. Por outro lado, é bom lembrar que a associação com os indígenas poderia ter sentido infamante. Pelo menos é o que se conclui da leitura da lei de 4 de abril de 1755, que promove o casamento entre os vassalos portugueses e as índias. Ela fez questão de afirmar que os que assim procedessem não ficariam "com infâmia alguma", fazendo-se antes "dignos da real atenção" e "preferidos para aqueles

lugares e ocupações que couberem na graduação das suas pessoas". Cf. Alvará de lei de 4 de abril de 1755, AGCRJ, Senado da Câmara, *Vários registros, 1749-1759*, fls, 111-2.

55. A precariedade da condição dos indígenas integrados à sociedade colonial e o modo como foram sistematicamente confundidos com os vários mestiços, sendo chamados muitas vezes também de pardos, bastardos, mulatos, forros etc., estão detalhadamente estudados por Maria Leônia Chaves de Resende, "Gentios brasílicos. Índios coloniais em Minas Gerais setecentista", doutorado, Campinas, Unicamp, 2003, especialmente cap. 3. Sobre o tema, vide também Muriel Nazzari, "Vanishing Indians: the social construction of race in colonial São Paulo", *The Americas*, 57, nº 4 (2001): 497-524.

56. "Libelo crime e cível de injúria atroz, autor Antonio Ribeiro Barbosa, homem branco, contra os réus Matias Pereira e Sebastião Correia, pardos forros. Cachoeira, 1757", APEB, Seção Judiciária, est. 38, cx. 1344, doc. 21.

57. "Libelo cível e crime de injúrias verbais: autor Francisco Gomes da Costa; réu Vicente Ferreira de Moraes. Cachoeira, 1793", APEB, Seção Judiciária, est. 37, cx. 1325, doc. 4.

58. Por isso mesmo, quando um mulato ou pardo pretendia algum cargo ou distinção, tratava de buscar maneiras para que sua ascendência africana e até mesmo a escravidão materna fossem esquecidas ou ocultadas, como se pode ver nos processos de *genere* e de habilitação à Ordem de Cristo do filho mais velho de Chica da Silva, em Júnia Ferreira Furtado, *Chica da Silva e o contratador dos diamantes. O outro lado do mito*, São Paulo, Companhia das Letras, 2003, pp. 58-72.

59. O caso foi analisado no capítulo anterior. Cf. também "Petição de Manoel de Carvalho e Melo ao vice-rei, despachada em 19 de setembro de 1752", apud: Julio Feydit, *Subsídios para a história dos Campos dos Goitacases*, [1900] 2ª ed., Rio de Janeiro, Ed. Esquilo, 1979, p. 255.

60. Cf., para o caso de Minas Gerais, Julita Scarano, *Devoção e escravidão*, São Paulo, Cia. Ed. Nacional, 1976, pp. 115-29; para o caso do Rio de Janeiro, vide Larissa Moreira Viana, "O idioma da mestiçagem: religiosidade e 'identidade parda' na América portuguesa", doutorado, Niterói, UFF, 2004.

61. Há poucos estudos sobre a história militar que atentem para esse dado. Sobre o terço dos Henriques, ver, por exemplo, os artigos de Luiz Geraldo Silva, "Negros patriotas. Raça e identidade social na formação do Estado nação (Pernambuco, 1770-1830)", e Hendrik Kraay, "Identidade racial na política, Bahia, 1790-1840: o caso dos Henriques", em István Jancsó (org.), *Brasil: formação do Estado e da nação*, São Paulo, Hucitec/Ed. Unijuí/FAPESP, 2003, respectivamente pp. 497-520 e 521-46. Para uma análise mais geral das milícias de negros e

pardos, vide A. J. R. Russell-Wood, *The black man in slavery and freedom in colonial Brazil*, cap. 5.

62. L. M. Viana, "O idioma da mestiçagem", especialmente cap. 4.

63. Um bom exemplo, e uma análise instigante, pode ser encontrado em Jocélio Teles dos Santos, "De pardos disfarçados a brancos pouco claros: classificações raciais no Brasil dos séculos XVIII-XIX", *Afro-Ásia*, 32 (2005): 115-37.

64. Segundo o *Vocabulário* de Bluteau, "cabra" é um nome dado pelos portugueses "a alguns índios porque os achavam ruminando como cabras a erva Betel que quase sempre trazem na boca".

65. Quando um escravo fugitivo do qual não se sabe quem é o senhor é levado à cadeia, o tesoureiro dos ausentes precisa adotar vários procedimentos antes de vender o cativo em praça pública, como publicar um edital ou examinar os pedidos de justificação para identificar o dono do fugitivo. Nestes processos, é comum que a nomenclatura para se referir ao escravo varie, com o cativo sendo nomeado ora como "preto", "negro" ou "escravo". Mas há casos em que as alterações são maiores, como no de uma "escrava parda por nome Francisca", presa como fugida na cadeia de Cachoeira em 1788, que aparece designada também como "uma negra por nome Francisca de nação Angola". Cf. "Autos de justificação de embargo, Cachoeira, 1788", APEB, Tribunal da Relação, est. 37, cx. 1317, doc. 19.

66. "Processo crime sobre a morte de Maria Angola, escrava de Miguel Pereira de Brito, por causa de facadas dadas pelo escravo Apolinário do mestre de campo Jerônimo da Costa. Cachoeira, 1785", APEB, Seção Judiciária, Tribunal de Justiça, est. 27, cx. 1001, doc. 03.

67. Cf. "Requerimento de Gonçalo de Jesus [...] de novembro de 1785 e documentos anexos", APEB, *Correspondência recebida de autoridades diversas, Ouvidoria Geral do Crime, 1785-1798*, cód. 177. Exemplar nesse sentido também é o caso do padre Jesuíno do Monte Carmelo, de grande importância na vila de Itu, na capitania de São Paulo, que foi tido como mulato e como branco, conforme as circunstâncias. Vide Magda M. de Oliveira Ricci, "Nas fronteiras da independência: estudo sobre os significados da liberdade na região de Itu, 1750-1821", mestrado, Campinas, Unicamp, 1993.

68. Cf. Silvia Hunold Lara, *Campos da violência*, Rio de Janeiro, Paz e Terra, 1988, especialmente cap. 10. Vide também Patricia Ann Aufderheide, "Order and violence: social deviance and social control in Brazil, 1780-1840", doutorado, Universidade de Minnesota, 1976, pp. 14-21.

69. "Justificação crime de escravo [*sic*]. Cachoeira, 1796", APEB, Tribunal da Relação, est. 37, cx. 1317, doc. 3.

70. "Pedido de certidão de carta de liberdade, Cachoeira, 1798", APEB, Tribunal de Justiça, est. 13, cx. 441, doc. 3.

71. "O Brasil é inferno dos negros, purgatório dos brancos e paraíso dos mulatos e das mulatas." André João Antonil, *Cultura e opulência do Brasil por suas drogas e minas*, [1711] (ed. crítica por A. Mansuy), Paris, IEHAL, 1965, p. 124.

72. "Justificação de escravo [*sic*], Cachoeira, 1791", APEB, Tribunal de Justiça, est. 37. cx. 1317, doc. 25.

73. Para outros exemplos de homens negros e pardos forros presos como escravos fugitivos, vide "Justificação de liberdade de Luís Pinto, Cachoeira, 1784", APEB, Tribunal da Relação, est. 37 cx. 1317, doc. 23; e "Justificação de Manuel da Silva, Cachoeira, 1791", APEB, Seção Judiciária, Autos Crimes, est. 37, cx. 1.317, doc. 25. Não é demais lembrar mais uma vez a história do pardo Lino de Sousa, soldado de capitão-do-mato que chegou a ser preso duas vezes, uma sob suspeita de ser um cativo em fuga e outra por trazer armas que eram proibidas para escravos. Cf. Arquivo do Cartório do Segundo Ofício de Campos (RJ), "Traslado de uns autos crimes de Lino de Sousa cabra que vão remetidos deste Ofício Ordinário para o Tribunal da Relação da cidade do Rio de Janeiro", [1800]. Extraordinária é também a história da parda livre Caetana Franca, nascida na Madeira, que foi vendida como escrava nas Minas Gerais. Cf. A. J. R. Russell-Wood, "Colonial Brazil", em David W. Cohen e Jack P. Greene, *Neither slave nor free*, Baltimore, The Johns Hopkins University Press, 1972, p. 92.

74. Cf. A. J. R. Russell-Wood, *The black man in slavery and freedom*, pp. 24-5.

75. Idem, ibidem e também p. 210.

76. Um bom exemplo é oferecido por Jocélio Teles dos Santos, "De pardos disfarçados a brancos pouco claros: classificações raciais no Brasil dos séculos XVIII-XIX", pp. 125-8. Do mesmo modo, é significativo que muitas vezes os ex-escravos tenham procurado calar sua cor, conforme estivessem mais próximos dos brancos ou houvessem conseguido amealhar maiores recursos. Cf. Sheila de Castro Faria, *A colônia em movimento. Fortuna e família no cotidiano colonial*, Rio de Janeiro, Nova Fronteira, 1998, pp. 135-9.

77. Segundo Perdigão Malheiro, o alvará de 31 de janeiro de 1775 declara livres os expostos de cor preta ou parda "por ser privilégio da ingenuidade e favor da sua liberdade". Cf. *A escravidão no Brasil. Ensaio histórico, jurídico, social*, 2ª ed., Petrópolis, Vozes/INL, 1976, vol. I, p. 98. No final do século XVII há cartas régias e provisões mandando que os religiosos da Companhia de Jesus não excluam de suas escolas os "moços pardos"; uma delas, datada de 20 de novembro de 1686, pode ser encontrada em João Dornas Filho, *A escravidão no Brasil*, Rio de Janeiro, Civilização Brasileira, 1939, pp. 240-1.

78. Cf. A. J. R. Russell-Wood, "Ambivalent authorities", passim.

79. Idem, ibidem, pp. 15-6.

80. Cf. David Brion Davis, *The problem of slavery in Western culture*, Ithaca, Cornell University Press, 1969, cap. 6. Para uma análise específica do caso ibérico, vide Maria do Rosário Pimentel, *Viagem ao fundo das consciências*, Lisboa, Colibri, 1995, pp. 133-43; e também Ronaldo Vainfas, *Ideologia e escravidão. Os letrados e a sociedade escravista no Brasil colonial*, Petrópolis, Vozes, 1986, pp. 65-88.

81. Cf. Beatriz Perrone-Moisés, "Índios livres e índios escravos: os princípios da legislação indigenista do período colonial", em Manuela Carneiro da Cunha (org.), *História dos índios no Brasil*, São Paulo, Companhia das Letras/SCM, 1992, pp. 115-32; e também Mathias C. Kiemen, *The Indian policy of Portugal in the Amazon region, 1614-1693*, Nova York, Octagon Books, 1973. Para exemplo de uma dessas polêmicas e seus efeitos sobre as práticas coloniais, vide Manuela Carneiro da Cunha, "Sobre a servidão voluntária: outro discurso. Escravidão e contrato no Brasil colonial", *Antropologia do Brasil. Mito, história, etnicidade*, São Paulo, Brasiliense/Edusp, 1986, pp. 145-57.

82. John Manuel Monteiro, em *Negros da terra. Índios e bandeirantes nas origens de São Paulo*, São Paulo, Companhia das Letras, 1994, faz uma análise detalhada dos embates entre os diversos interesses coloniais com relação aos índios ao longo dos séculos XVI e XVII e do modo como, na prática, as leis de liberdade eram sistematicamente burladas.

83. Para uma visão geral das relações entre as polêmicas sobre a legitimidade do cativeiro dos índios e o dos africanos, vide A. J. R. Russell-Wood, "Iberian expansion and the issue of black slavery: changing Portuguese attitudes, 1440-1770", *The American Historical Review*, 83, nº 1 (1978): 16-42; e também Luiz Felipe de Alencastro, *O trato dos viventes. Formação do Brasil no Atlântico sul*, São Paulo, Companhia das Letras, 2000, pp. 155-87.

84. Num dos sermões pregados aos membros da Confraria de Nossa Senhora do Rosário, defendendo que a escravidão é desígnio divino, Antônio Vieira afirma: "É particular providência de Deus, e sua, que vivais de presente escravos e cativos para que por meio do mesmo cativeiro temporal consigais muito facilmente a liberdade eterna". Noutro sermão, recomendava que "começando, pois, pelas obrigações que nascem do vosso novo e tão alto nascimento, a primeira e maior de todas é que deveis dar infinitas graças a Deus por vos ter dado conhecimento de si, e por vos ter tirado de vossas terras, onde vossos pais e vós vivíeis como gentios; e vos ter trazido a esta, onde instruídos na fé, vivais como cristão, e vos salveis". Cf. respectivamente, Antônio Vieira, "Sermão XIV" e "Sermão XX", *Obras completas*, Porto, Lello & Irmão Editores, 1993, vol. 4, pp. 1.227 e 750-1. Vide também L. F. Alencastro, *O trato dos viventes*, pp. 183-5; e

Magno Vilella, *Uma questão de igualdade. Antônio Vieira e a escravidão negra na Bahia do século XVII*, Rio de Janeiro, Relume Dumará, 1997.

85. Cf. Richard Gray, "The papacy and the Atlantic slave trade: Lourenço da Silva, the capuchins and the decisions of the Holly Office", *Past and Present*, 115 (1987): 52-68, e Hebe Maria Mattos, "A escravidão moderna nos quadros do Império português: o Antigo Regime em perspectiva atlântica", em João Fragoso, Maria Fernanda Bicalho e Maria de Fátima Gouvêa (orgs.), *O Antigo Regime nos trópicos. A dinâmica imperial portuguesa (séculos XVI-XVIII)*, Rio de Janeiro, Civilização Brasileira, 2001, pp. 141-62.

86. Jorge Benci, *Economia cristã dos senhores no governo dos escravos*, [1705] São Paulo, Grijalbo, 1977. Postura semelhante, embora apresentada de forma mais resumida e concentrada nos aspectos religiosos, pode ser encontrada na narrativa moralizante de Nuno Marques Pereira, *Compêndio narrativo do peregrino da América*, [1728] 6ª ed., Rio de Janeiro, Publicações da Academia Brasileira, 1939, especialmente caps. 11 e 13.

87. André João Antonil, *Cultura e opulência do Brasil por suas drogas e minas*, pp. 106-12 e 120-33.

88. Por isso, o qualificativo de abolicionista *avant la lettre*, muitas vezes atribuído a Manoel Ribeiro Rocha, carece de sentido. Cf. Silvia Hunold Lara, "Dilemas de um letrado setecentista", em Manoel Ribeiro Rocha, *Etíope resgatado, empenhado, sustentado, corrigido, instruído e libertado*, [1758] (apresentação e transcrição do texto original por S. H. Lara), *Cadernos do Instituto de Filosofia e Ciências Humanas*, 21 (1991): 5-25. O texto integral de Ribeiro Rocha está nas pp. 29-149.

89. Cf. Ângela Domingues, *Quando os índios eram vassalos. Colonização e relações de poder no norte do Brasil na segunda metade do século XVIII*, Lisboa, CNPCDP, 2000; e também Rita Heloisa de Almeida, *O diretório dos índios. Um projeto de "civilização" no Brasil do século XVIII*, Brasília, Editora Universidade de Brasília, 1997.

90. A carta régia de 20 de março de 1758 proibiu o cativeiro dos chineses, argumentando que "não podia deixar fazer a Religião Cristã odiosa naquelas regiões". Cf. Francisco C. Falcon e Fernando A. Novais, "A extinção da escravatura africana em Portugal no quadro da política econômica pombalina", *Anais do VI Simpósio Nacional dos Professores Universitários de História*, São Paulo, 1973, vol. 1, pp. 405-31.

91. Analisando a obra de Ribeiro Rocha, Célia M. Azevedo identifica no autor a presença de argumentos que circulavam no contexto mais amplo do Iluminismo e mostra sua contribuição para a formação de um pensamento antiescravista no século XVIII. Célia M. Azevedo, "Rocha's *The Ethiopian redee-*

med and the circulation of anti-slavery ideas", *Slavery and Abolition*, 24, nº 1 (2003): 101-26. Embora o argumento seja interessante, considero necessário focalizar o ambiente português, no qual as eventuais dissidências nunca chegaram a condenar integralmente a escravidão e muitas vezes acabavam sugerindo modos para que ela se tornasse mais humana e legítima.

92. Cf. Luís Antônio de Oliveira Mendes, *Memória a respeito dos escravos e tráfico da escravatura entre a costa d'África e o Brasil*, [1793] Porto, Publicações Escorpião, 1977, pp. 88-9. A obra reproduz a edição feita em Lisboa pela Tipografia da Academia, em 1812, como tomo IV da coleção de "Memórias econômicas da Academia Real das Ciências de Lisboa". Segundo Robert Slenes, é a versão mais conhecida dessa obra. Cf. Robert W. Slenes, "African Abrahams, Lucretias and men of sorrows: allegory and allusion in the Brazilian anti-slavery lithographs (1827-1835) of Johann Moritz Rugendas", em *Slavery and Abolition*, 23, nº 2 (2002): 157-8 e notas 22 a 27.

93. O texto foi publicado como apêndice no livro de Antonio Carreira, *As companhias pombalinas de Grão-Pará e Maranhão e Pernambuco e Paraíba*, 2ª ed., Lisboa, Editorial Presença, 1983, pp. 364-420. Os motivos que levaram às alterações do texto de Oliveira Mendes vêm sendo estudados por Robert W. Slenes, que chamou minha atenção para as duas edições e a quem agradeço muitíssimo por me manter informada sobre suas descobertas. A hipótese de que o texto publicado por Carreira corresponde à memória tal como foi apresentada na Academia em 1793 é dele, com base na análise de vários exemplares originais dessa obra. R. Slenes, "African Abrahams", p. 158 e nota 27. Maria do Rosário Pimentel é dos poucos autores a citar e analisar essa proposta de Oliveira Mendes. M. R. Pimentel, *Viagem ao fundo das consciências*, pp. 259-62.

94. L. A. O. Mendes, "Discurso acadêmico ao programa", em A. Carreira, *As companhias pombalinas*, pp. 417-9.

95. Idem, p. 418. O autor fundamentava ainda sua proposta argumentando que "não há maior razão para que as nossas leis preceituem e mandem que o escravo forro se reduza à escravidão uma vez que foi ingrato, e que o escravo não saia da mesma escravidão quando despendem com ele indizíveis tiranias, barbaridades e hostilidade contra a sua vida, os seus mesmos e próprios senhores".

96. Cf. cartas régias de 20 e 23 de março de 1688 e de 23 de fevereiro de 1689. Cf. S. H. Lara, "Legislação sobre escravos africanos na América portuguesa".

97. Para uma breve análise das pretensões reformistas das leis sobre o modo de traficar os escravos ao longo do século XVIII, vide Thomaz Elias Barnezi, "Projetos, leis e letrados: uma reflexão sobre as reformas no regime da escravidão no Império colonial português na segunda metade do século XVIII", monografia de graduação, Campinas, Unicamp, 2001.

98. Alvará de 19 de setembro de 1761. Cf. S. H. Lara, "Legislação sobre escravos africanos na América portuguesa".

99. Alvará com força de lei de 16 de janeiro de 1773. Idem.

100. Idem, ibidem. Para uma análise dos aspectos gerais envolvidos por essa legislação, vide F. Falcon e F. A. Novais, "A extinção da escravatura africana em Portugal no quadro da política econômica pombalina".

101. Vide Serafim Leite, *História da Companhia de Jesus no Brasil*, Lisboa, Portugalia, 1938, tomo II, pp. 227-30.

102. "Opinião de um frade capuchinho sobre a escravidão no Brasil em 1794", RIHGB, 60 (1897): 155-7.

103. Carta de d. Fernando José de Portugal, governador da Bahia, de 18 de junho de 1794. Idem, ibidem.

104. Idem, ibidem.

105. Ao longo da segunda metade do século XVIII, em várias partes da Europa, os ventos contrários ao tráfico de escravos e à escravidão dos africanos sopravam cada vez com mais força. Para uma análise abrangente desse movimento, vide a obra clássica de D. B. Davis, *The problem of slavery in Western culture*, especialmente parte III.

106. José Joaquim da Cunha de Azeredo Coutinho, *Concordancia das leis de Portugal, e das bullas pontificias, das quaes humas permittem a escravidão dos pretos d'Africa, e outras prohibem a escravidão dos indios do Brazil*, Lisboa, Nova Officina de João Rodrigues Neves, 1808, e "Análise sobre a justiça do comércio do resgate dos escravos da costa de África, novamente revista e acrescentada por seu autor", [1808] em Sérgio Buarque de Holanda (org.), *Obras econômicas de J. J. da Cunha Azeredo Coutinho*, São Paulo, Cia. Ed. Nacional, 1966, pp. 231-307.

107. Cf. Guilherme Pereira das Neves, "Pálidas e oblíquas luzes: J. J. da C. Azeredo Coutinho e a *Análise sobre a justiça do comércio do resgate dos escravos*", em Maria Beatriz Nizza da Silva (org.), *Brasil: colonização e escravidão*, Rio de Janeiro, Nova Fronteira, 2000, pp. 349-70, e também M. R. Pimentel, *Viagem ao fundo das consciências*, pp. 262-74.

108. "Relâche du vaisseau *L'Arc-en-ciel* à Rio de Janeiro, 1748", p. 83.

109. Para uma análise mais detalhada desse tema, vide Silvia Hunold Lara, "Do singular ao plural: Palmares, capitães-do-mato e o governo dos escravos", em João José Reis e Flávio dos Santos Gomes (ed.), *Liberdade por um fio. História dos quilombos no Brasil*, São Paulo, Companhia das Letras, 1996, pp. 81-109.

110. Stuart B. Schwartz, "Mocambos, quilombos e Palmares: a resistência escrava no Brasil colonial", *Estudos Econômicos*, 17, número especial (1978): 83-7.

111. Cf. provisões de 24 de fevereiro de 1731 e 31 de dezembro de 1735 e alvará de 3 de março de 1741. Cf. S. H. Lara, "Legislação sobre escravos africanos na América portuguesa".

112. Refiro-me especialmente às obras de J. Benci, *Economia cristã dos senhores no governo dos escravos*, [1705], A. J. Antonil, *Cultura e opulência do Brasil por suas drogas e minas* [1711], e M. R. Rocha, *Etíope resgatado, empenhado, sustentado, corrigido, instruído e libertado* [1758], mencionadas há pouco. Rafael de Bivar Marquese oferece um amplo painel sobre o tema, analisando vários textos de diferentes períodos. Vide *Administração & escravidão. Idéias sobre a gestão da agricultura escravista brasileira*, São Paulo, Hucitec/FAPESP, 1999, especialmente caps. 1 e 2.

113. O termo é utilizado explicitamente por L. S. Vilhena, *Recopilação*, p. 189, mas há outros similares em J. Benci, *Economia cristã dos senhores*, e em M. R. Rocha, *Etíope resgatado, empenhado, sustentado, corrigido, instruído e libertado*. Analisei os significados dessa expressão, enfocando sobretudo a questão dos castigos, em S. H. Lara, *Campos da violência*, pp. 51-6 e também pp. 183-5. Rafael Bivar Marquese adverte ser necessária uma distinção entre o "governo econômico" e o "governo cristão" dos escravos, diferenciando os autores do início e do final do século XVIII. Contudo, embora concordando com a diferença nas ênfases, considero que a preocupação com a lucratividade e a dominação esteve presente naqueles primeiros escritos, tanto quanto o tema das obrigações recíprocas permeou os últimos textos. De certo modo, o "processo de laicização do pensamento sobre a administração do trabalho escravo" nunca se completou, pois a escravização e a escravidão sempre envolveram dilemas morais que tocavam a ideologia da reciprocidade paternalista, formulada nos termos da moral cristã ou humanista. R. B. Marquese, *Administração & escravidão*, pp. 137-41.

114. Cf. S. H. Lara, *Campos da violência*, especialmente caps. 3 e 5.

115. A. J. Antonil, *Cultura e opulência do Brasil*, p. 159.

116. Cf. Maria Inês Côrtes de Oliveira, "'Quem eram os 'negros da Guiné'? A origem dos africanos na Bahia", *Afro-Ásia*, 19/20 (1997): 73, e Mariza de Carvalho Soares, *Devotos da cor. Identidade étnica, religiosidade e escravidão no Rio de Janeiro, século XVIII*, Rio de Janeiro, Civilização Brasileira, 2000, pp. 95-127.

117. L. S. Vilhena, *Recopilação*, p. 46.

118. Michael Mulin nota que o modo de nomear os africanos podia estar relacionado também a juízos sobre o grau de ameaça que os contemporâneos atribuíam a certos grupos. Cf. Michael Mulin, *Africa in America*, Urbana, University of Illinois Press, 1994, pp. 13-33.

119. Para um panorama referente às colônias inglesas na América e Caribe, vide Darold D. Wax, "Preferences for slaves in colonial America", *The Journal of Negro History*, 58, nº 4 (out. 1973): 371-401.

120. Carla Maria J. Anastasia analisa essa sublevação, que estava marcada para a quinta-feira de Endoenças de 1719, através da correspondência entre d.

Pedro de Almeida Portugal e as autoridades coloniais. *Vassalos rebeldes. Violência coletiva nas Minas na primeira metade do século XVIII*, Belo Horizonte, Editora C/Arte, 1998, pp. 133-4.

121. "Provisão régia de 18 de junho de 1725", *Documentos Interessantes para a História e Costumes de São Paulo*, 50 (1929): 33-4.

122. "Carta do governador do Rio de Janeiro ao rei, de 5 de julho de 1726", idem, pp. 60-1. Ver também "Parecer do Conselho Ultramarino de 18 de setembro de 1728", em *Documentos Históricos*, 94 (1951): 28-30 ou AHU, cód. 233, fls. 19-19v.

123. Pierre Verger e Maria Inês Oliveira observam que a dúvida real estava diretamente ligada ao conflito entre os interesses baianos e portugueses com relação ao tráfico na Costa da Mina. Em 1637, o castelo de São Jorge fora tomado pelos holandeses, que assumiram o controle daquele território. Os navios portugueses ficaram proibidos de exercer qualquer comércio na área, mas, tendo em vista a importância do fumo produzido na Bahia para o comércio dos escravos, os holandeses passaram a tolerar a presença portuguesa na costa a sotavento da Mina, em troca daquela mercadoria. Essa situação foi formalizada por um tratado entre as duas potências em 1641. Com a invasão holandesa em Angola, o governo português decidiu, em 1644, permitir que os comerciantes baianos levassem o tabaco da Bahia diretamente para a Costa da Mina. A crescente demanda de escravos a partir do descobrimento das minas acirrou a disputa entre traficantes baianos e portugueses, que controlavam o tráfico a partir de Angola e recorreram à Coroa para procurar obstaculizar o tráfico baiano na Costa da Mina. No final do século XVII, a Coroa buscou recuperar o controle sobre esse comércio, submetendo o tráfico com a Costa da Mina a companhias monopolistas. Nesse contexto, a oposição entre as "qualidades" dos mina e dos angola aparece relacionada não apenas às questões da dominação, mas sobretudo a esses conflitos comerciais. Pierre Verger, *Fluxo e refluxo do tráfico de escravos entre o golfo do Benin e a Bahia de todos os Santos dos séculos XVII a XIX*, 2ª ed., São Paulo, Corrupio, 1987, pp. 19-52 e 329-30; e M. I. C. de Oliveira, "Quem eram os 'negros da Guiné'?", pp. 45-7. Cf. também Corcino Medeiro dos Santos, "A Bahia no comércio português da Costa da Mina e a concorrência estrangeira", em M. B. N. da Silva (org.), *Brasil: colonização e escravidão*, pp. 221-38.

124. "Relâche du vaisseau *L'Arc-en-ciel* à Rio de Janeiro, 1748", pp. 83-4.

125. L. S. Vilhena, *Recopilação*, pp. 135-6.

126. O juízo sobre o efeito dos batuques na união ou desunião dos cativos variava conforme o contexto e a avaliação política que dele faziam os governantes coloniais. No contexto das revoltas de escravos na Bahia nas primeiras déca-

das do século XIX, contrariando as determinações do conde da Ponte, o conde dos Arcos sugeria, por exemplo, que os batuques deviam ser tolerados, pois obrigavam "os negros, insensível e maquinalmente, de oito em oito dias, a renovar as idéias de aversão recíproca que lhes eram naturais desde que nasceram e que todavia vão se apagando pouco a pouco com a desgraça comum". Apud: Nina Rodrigues, *Os africanos no Brasil*, [1906] 5ª ed., São Paulo, Cia. Ed. Nacional, 1977, p. 156. Para uma avaliação mais ampla das dissensões a respeito das políticas de controle dos governantes baianos nesse contexto, vide João José Reis, "Nas malhas do poder escravista: a invasão do candomblé do Accú", em J. J. Reis e Eduardo Silva, *Negociação e conflito. A resistência negra no Brasil escravista*, São Paulo, Companhia das Letras, 1989, pp. 37-43, e, do mesmo autor, "Tambores e temores: a festa negra na Bahia na primeira metade do século XIX", em Maria Clementina P. Cunha (org.), *Carnaval e outras f(r)estas. Ensaios de história social da cultura*, Campinas, Editora da Unicamp/Cecult, 2002, pp. 101-55.

127. R. Bluteau, *Vocabulário*, verbete "ladino".

128. A. J. Antonil, *Cultura e opulência do Brasil*, p. 160. Ira Berlin nota que as categorias africano e crioulo também podiam indicar estratégias culturais criadas e transformadas no contato entre europeus e africanos, no contexto do tráfico e da escravidão atlântica. Cf. Ira Berlin, "From Creole to African: Atlantic Creoles and the origins of African-American Society in mainland North America", *The William and Mary Quarterly*, 53, nº 2 (abr. 1996): 251-88.

129. M. I. C. de Oliveira, "Quem eram os 'negros da Guiné'?", p. 37.

130. L. S. Vilhena, *Recopilação*, p. 136.

131. Idem, ibidem.

132. Idem, ibidem.

133. "Relatório do marquês do Lavradio", p. 452. O uso da palavra "americanos", aqui, não significa referência aos índios, tema totalmente ausente desse documento.

134. Idem, p. 453.

135. Idem, p. 424.

136. Idem, p. 467.

137. Idem, p. 452.

138. Vide a interessante síntese sobre esse tema apresentada por A. J. R. Russell-Wood, *The black man in slavery and freedom*, cap. 5. Sobre o tema, vide também Hendrick Kraay, "The politics of race in independence-era Bahia: the black militia officers of Salvador, 1790-1840", em Hendrick Kraay (ed.), *Afro-Brazilian culture and politics. Bahia, 1790s to 1840s*, Armonk, M. E. Sharpe, 1998, pp. 30-56.

139. Trata-se da passagem referente à mudança do desembarque dos africanos recém-chegados ao Valongo, já examinada no capítulo 1. Nem mesmo os

assuntos do tráfico ou da cobrança de impostos aparecem discutidos no corpo desse extenso relatório.

140. "Relatório do marquês do Lavradio", pp. 424-5.

141. R. Bluteau, *Vocabulário*, verbetes "peão", "plebe", "súdito" e "vassalo". Para uma discussão dos significados políticos de "povo", "vassalo" e "súdito", vide Pedro Cardim, *Cortes e cultura política no Portugal do Antigo Regime*, Lisboa, Ed. Cosmos, 1998, pp. 34-5.

142. L. S. Vilhena, *Recopilação*, pp. 43-4.

143. Idem, ibidem, pp. 44-5.

144. Idem, ibidem, p. 46.

145. Idem, ibidem.

146. Idem, ibidem, p. 137.

147. Idem, ibidem, pp. 138-9. Esse é, segundo o autor, um problema grave, que pede a real atenção, "porque a não se obviar o virem os engenhos e grandes fazendas a cair nas mãos destes pardos naturais, homens comumente estragados e que estimam aquelas incomparáveis propriedades em tanto quanto lhes custam elas, pelo decurso dos tempos lhes hão de vir a cair todas nas mãos e por conseqüência a perder-se". O assunto já havia sido discutido pelo Conselho Ultramarino em agosto de 1723, a partir de um pedido do governador das Minas, para que os mulatos não pudessem herdar de seu pai, mesmo que não tivessem outro irmão branco. Cf. AHU, cód. 233, fls. 284-6.

148. L. S. Vilhena, *Recopilação*, p. 139

149. Lindley, em 1805, observava criticamente que certos costumes portugueses (como batizar os escravos e permitir-lhes certas "familiaridades") os tornavam "atrevidos e licenciosos no mais alto grau". Além disso, acrescentava: "Os negros sentem que sua importância aumenta por causa do grande número dos que são alforriados, [...] os quais, naturalmente, passam a *senhores*, assumindo, freqüentemente, os modos de seus antigos donos, agindo, em toda a plenitude, com igual desenvoltura". Thomas Lindley, *Narrativa de uma viagem ao Brasil*, [1804-5] São Paulo, Cia. Ed. Nacional, 1969, pp. 176-7.

150. L. S. Vilhena, *Recopilação*, p. 140. Do mesmo modo, "as filhas do país têm um timbre tal que a filha do homem mais pobre, do mais abjeto, a mais desamparada mulatinha forra, com mais facilidade irão para o patíbulo do que servir, ainda a uma duquesa, se na terra as houvesse". Idem, ibidem.

151. Vide S. H. Lara, "Legislação sobre escravos africanos na América portuguesa".

152. L. S. Vilhena, *Recopilação*, pp. 141-2.

153. Idem, ibidem, p. 142. O grifo é meu.

4. ESPETÁCULOS NEGROS

1. Francisco Calmon, *Relação das faustíssimas festas que celebrou a Câmara da vila de Nossa Senhora da Purificação e Santo Amaro, da comarca da Bahia, pelos augustíssimos desposórios da sereníssima senhora dona Maria, princesa do Brasil, com o sereníssimo senhor dom Pedro, infante de Portugal*, Lisboa, Oficina de Miguel Menescal da Costa, 1762. Utilizamos aqui a transcrição moderna: Francisco Calmon, *Relação das faustíssimas festas*, [1762] (intr. e notas de Oneyda Alvarenga), Rio de Janeiro, MEC/SEC/Funarte, 1982.

2. F. Calmon, *Relação das faustíssimas festas*, p. 25.

3. A expressão é de Oneyda Alvarenga, na "Introdução" ao texto de F. Calmon, *Relação das faustíssimas festas*, p. 11. Para outras análises que relacionam a descrição de Calmon aos congados, vide, por exemplo, Mello Moraes Filho, *Festas e tradições populares do Brasil*, São Paulo, Edusp, 1979, pp. 109-16; Alfredo João Rabaçal, *As congadas no Brasil*, São Paulo, Secretaria da Cultura, Ciência e Tecnologia, 1976; e Mário de Andrade, *Danças dramáticas do Brasil*, [1947] 2ª ed., Belo Horizonte, Itatiaia/INL, 1982, vol. 2, pp. 17-48 (o texto de Calmon é mencionado na p. 39).

4. Mary del Priore, *Festas e utopias no Brasil colonial*, São Paulo, Brasiliense, 1994, p. 82.

5. José Ramos Tinhorão observa que o relato de Calmon indica explicitamente que os ourives apresentaram apenas "a dança dos negros que acompanham a figura do embaixador", diferenciando-a do espetáculo do reinado de congos, auto dramático cuja encenação atribui aos "negros africanos e seus descendentes crioulos". José Ramos Tinhorão, *As festas no Brasil colonial*, Rio de Janeiro, Editora 34, 2000, p. 127. Discordamos dessa avaliação, por motivos que serão explicitados mais adiante.

6. F. Calmon, *Relação das faustíssimas festas*, p. 22.

7. Idem, ibidem, p. 24.

8. Padre d. Raphael Bluteau, *Vocabulário portuguez e latino*, Coimbra, Collegio das Artes da Companhia de Jesus, 1712 (ed. fac-símile, CD-ROM, Rio de Janeiro, UERJ, s. d.), registra que "antigamente [...] cada soba era soberano senhor dos seus Estados, ainda que debaixo da proteção do rei do Congo"; com a presença portuguesa, os "sobas das províncias sujeitas aos portugueses não possuem as terras em que vivem, senão com o título de vassalos, [e] todos os anos pagam ao português, governador de Angola, um tributo de escravos e têm a obrigação de ter na sua vila ou aldeia um capelão para lhe dizer missa e para batizar". Verbete "soba".

9. A palavra "quicumbi" (grafada hoje cucumbi) também não está dicionarizada e é objeto de várias interpretações etimológicas, como se pode verificar pelas notas de Oneyda Alvarenga, "Introdução", pp. 30-2. Há uma descrição anterior e mais detalhada dessa dança, publicada em 1753 por Sotério da Silva Ribeiro, "Súmula triunfal da nova e grande celebridade do glorioso e invicto mártir são Gonçalo Garcia, [...] com uma coleção de vários folguedos e danças, [...] em Pernambuco no primeiro de maio do ano de 1745", [1753], em José Aderaldo Castello (ed.), *O movimento academicista no Brasil: 1641-1820/22*, São Paulo, Conselho Estadual de Cultura, 1974, vol. 3, t. 2, pp. 38-9.

10. Marina de Mello e Souza, *Reis negros no Brasil escravista. História da festa de coroação de rei congo*, Belo Horizonte, Editora UFMG, 2002.

11. Giovanni Antonio Cavazzi da Montecuccolo, *Descrição histórica dos três reinos do Congo, Matamba e Angola*, [1687] (trad. e notas de Graciano Maria de Leguzzano), Lisboa, Junta de Investigação do Ultramar, 1965, pp. 222-9.

12. Antonio Brásio, "Informação do Reino do Congo de frei Raimundo de Dicomano [ca. 1798]", *Stvdia*, 34 (jun. 1972): 30. Frei Gualberto de Miranda observou em 1781 a coroação do rei d. José I, praticamente três anos depois de sua eleição. Infelizmente sua descrição não traz detalhes sobre a cerimônia. Luís Silveira, *Um missionário português no Congo nos fins do século XVIII*, Lisboa, Agência Geral das Colônias, 1943, p. 28.

13. G. A. Cavazzi da Montecuccolo, *Descrição histórica dos três reinos*, pp. 227-8.

14. A troca de presentes e as embaixadas entre chefes políticos faziam parte dos costumes tradicionais congueses e se mantiveram como instrumentos importantes nas relações comerciais entre os europeus e os poderes centro-africanos. Com relação aos diversos significados da incorporação de práticas européias pelos africanos, vide M. M. Souza, *Reis negros no Brasil escravista*, pp. 54-71 e 85-95, onde se comentam as posições divergentes de W. G. L. Randles, Wyatt MacGaffey e John Thornton.

15. F. Calmon, *Relação das faustíssimas festas*, p. 23.

16. Para uma análise da estrutura formal e temática desses textos, vide João Adolfo Hansen, "A categoria 'representação' nas festas coloniais dos séculos XVII e XVIII", em István Jancsó e Iris Kantor (orgs.), *Festa: cultura & sociabilidade na América portuguesa*, São Paulo, Edusp/FAPESP/Imprensa Oficial, 2001, pp. 735-55, e, do mesmo autor, "Teatro da memória: monumento barroco e retórica", *Revista do Ifac*, 2 (dez. 1995): 40-54. Vide também Solange Aparecida Cardoso, "Práticas de representações festivas dos séculos XVII e XVIII: Triunfo Eucarístico (Vila Rica — 1733)", mestrado, São Paulo, USP, 2000; e Ana Paula Torres Megia-

ni, "A escrita da festa: os panfletos das jornadas filipinas a Lisboa de 1581 e 1619", em I. Jancsó e I. Kantor (orgs.), *Festa*, pp. 639-53.

17. F. Calmon, *Relação das faustíssimas festas*, p. 19.

18. Infelizmente, incursões realizadas em vários arquivos baianos resultaram totalmente infrutíferas: não consegui localizar testamentos de ourives de Santo Amaro para esse período no APEB, e as atas de Câmara e demais documentos municipais da vila de Santo Amaro do século XVIII estão desaparecidos, não havendo praticamente nada desse período no arquivo municipal daquela localidade.

19. São poucos os estudos sobre as corporações de ofício na América portuguesa. O estudo clássico é o de Maria Helena Ochi Flexor, *Oficiais mecânicos na cidade do Salvador*, Salvador, Museu da Cidade, 1974, que não dedica atenção especial aos ourives, embora analise os vínculos formais entre as corporações de ofício e as Câmaras. Estudando os artesãos na cidade do Salvador, entre 1680 e 1725, Rae Jean Dell Flory localizou 469 oficiais, dentre os quais havia apenas 22 descritos como negros ou pardos, ocupando os postos mais baixos. Dos 469 oficiais, 9,2% eram ourives. Rae Jean Dell Flory, "Bahian society in the mid-colonial period: the sugar planters, tobacco growers, and artisans of Salvador and the Reconcavo, 1680-1725", doutorado, Austin, University of Texas, 1978, cap. 7. Marieta Alves analisa especificamente os ourives de ouro e prata da Bahia no século XVIII, chegando a fazer pequenas biografias que indicam que vários eram portugueses e muitos os filiados à Santa Casa de Misericórdia, irmandade bastante seletiva quanto ao ingresso de seus membros. Marieta Alves, *Mestres ourives de ouro e prata da Bahia*, Salvador, Museu do Estado da Bahia, 1962, pp. 13-42.

20. Um alvará de 20 de outubro de 1621 havia proibido que negros, mulatos ou índios, ainda que fossem forros, pudessem aprender ou exercer o ofício do ourives do ouro. Em 25 de janeiro de 1652, um alvará reiterou um bando do governo da Bahia, mandando arruar as lojas de ourives, para evitar descaminhos. No entanto, em 30 de julho de 1766, uma carta régia mandou "prender e incorporar nos regimentos [pagos] daquelas cidades [de Minas Gerais, Bahia, Rio de Janeiro e Pernambuco] todos os oficiais e aprendizes do ofício de ourives do ouro ou de prata que fossem solteiros ou pardos forros". A ordem gerou protesto no Rio de Janeiro, mas foi cumprida na Bahia. Cf. M. Alves, *Mestres ourives*, pp. 7-13, e também cônego J. C. Fernandes Pinheiro, "Os últimos vice-reis do Brasil", RIHGB, 28 (1865): 227-9.

21. Cf. Marlyse Meyer, "A propósito de cavalhadas", e José Arthur Teixeira Gonçalves, "Cavalhadas na América portuguesa: morfologia da festa", em I. Jancsó e I. Kantor (orgs.), *Festa*, respectivamente pp. 227-45 e 951-65. Vide

também Emanuel Araújo, *O teatro dos vícios*, Rio de Janeiro, José Olympio, 1993, pp. 138-40.

22. Na verdade, seu pai, o *mani* Nzinga-a-Nkuwu havia se convertido antes disso, adotando o nome de d. João I, mas, pressionado por grupos políticos que não aceitavam a nova religião, abandonou o cristianismo. A luta entre as facções continuou após sua morte, mas Mvemba-a-Nzinga acabou conquistando o trono e reinou de 1507 a 1542. Foi durante seu reinado que o Congo se tornou um reino cristão. Cf. M. M. Souza, *Reis negros no Brasil escravista*, pp. 72-3.

23. Marina de Mello e Souza apresenta um balanço da bibliografia sobre a história do Congo nesse longo período, discutindo as principais tendências interpretativas sobre os diversos eventos, narrados aqui de forma bastante breve. Cf. M. M. Souza, *Reis negros no Brasil escravista*, pp. 54-63. Para informações mais detalhadas sobre a relação entre o cristianismo, a ajuda militar portuguesa e o poder do *mani* do Congo sobre seus subordinados e inimigos, vide John K. Thornton, *The kingdom of Kongo. Civil war and transition, 1641-1718*, Madison, The University of Wisconsin Press, 1983, caps. 6 a 8; Anne Hilton, *The kingdom of Kongo*, Oxford, Oxford University Press, 1985; e Ilídio do Amaral, *O reino do Congo, os mbundu (ou ambundos), o reino dos "ngola" (ou de Angola) e a presença portuguesa, de finais do século XV a meados do século XVI*, Lisboa, Ministério da Ciência e Tecnologia, 1996.

24. Além dos textos indicados acima, vide Carlos Alberto Garcia, "A acção dos portugueses no antigo reino do Congo (1482-1543)", *Boletim Geral do Ultramar*, 513 (1968): 3-30; 515 (1968): 11-36; 516 (1968): 77-89, e Antonio Brásio, "O problema da eleição e coroação dos reis Congo", *Revista Portuguesa de História*, 12 (1969).

25. A. C. de C. M. Saunders, *História social dos escravos libertos negros em Portugal (1441-1555)*, Lisboa, Imprensa Nacional/Casa da Moeda, 1994, pp. 142-3.

26. Ana Maria Alves informa que a peça, intitulada "El-rei d. Manuel conquistador do Oriente", era escrita em latim e, representada pelos estudantes, tinha mais de 350 figurantes, além de animais, aves e monstros marinhos. *As entradas régias portuguesas. Uma visão de conjunto*, Lisboa, Livros Horizonte, s. d., p. 65.

27. Antônio de Sousa Macedo, apud: Antonio Brásio, *Os pretos em Portugal*, Lisboa, Agência Geral das Colônias, 1944, p. 74.

28. *Extracto dos festejos com que o povo de Villa-Viçoza celebrou o feliz nascimento da augusta princeza da Beira, a senhora dona Maria Tereza*, Lisboa, Officina de José de Aquino Bulhões, 1793, p. 8.

29. Idem, pp. 10-20. Eis o trecho sobre a África: "Em um brilhante cavalo ia montada e vestida de roupas matizadas: na cabeça levava um turbante e no

alto dele um véu de volante pregado e caído para trás; botinas encarnadas. Levava uma cadeia lançada de tiracolo e no braço esquerdo uma tarja com esta letra: *jugum meum felicitas mea fuit*. Acompanhava a esta figura outra de pé, vestida até a barriga da perna com roupas amarelas de ramos. Decotada e os braços vestidos até o cotovelo. Na cabeça levava um turbante ornado de pérolas e nos braços muitas manilhas das mesmas. Uma cadeia pendurada na cintura e na mão direita um perfumador. Calçada com meias até a barriga da perna e servilhetas. Levava uma tarja no braço esquerdo, com a seguinte letra: *jugum meum suave est, et onus meum leve*". Idem, pp. 7-8.

30. S. S. Ribeiro, "Súmula triunfal [...] do glorioso e invicto mártir são Gonçalo Garcia", pp. 37-8.

31. Idem, p. 33.

32. "Áureo trono episcopal colocado nas minas de ouro [...]", [1749], em J. A. Castello, *O movimento academicista*, vol. 3, t. 2, p. 163. Essa festa foi analisada em detalhes por Iris Kantor, "Pacto festivo e Minas colonial: a entrada triunfal do primeiro bispo na sé de Mariana", mestrado, São Paulo, USP, 1996.

33. *Relação das festividades com que na cidade do Porto se tem celebrado o feliz successo da Nossa Augusta Princesa*, Lisboa, Officina Simão Thaddeo Ferreira, 1793, p. 4.

34. "Relação dos festejos realizados a 10 de agosto de 1801, no arraial da Conceição, Capitania de Minas Gerais, em homenagem a Bernardo José de Lorena", em J. A. Castello, *O movimento academicista*, vol. 3, t. 5, pp. 138-9.

35. *Relação das festas com que na cidade de Braga celebrou os faustíssimos desposórios da sereníssima senhora princesa do Brasil com o sereníssimo senhor infante dom Pedro, no ano de 1760*, Lisboa, Officina de Francisco Borges de Sousa, 1761, pp. 4-8. A associação desses animais aos continentes parece ter sido bastante freqüente. Ela aparece em uma narrativa escrita em 1709, por ocasião dos funerais de dom Pedro II: "Pelo valor português se via no leão domada a fereza da África; pela sua religião iluminada no elefante a cegueira da Ásia; pela sua política, domesticada no tigre a barbaridade da América; e pela sua soberania subjugado no touro o poder da Europa". Sebastião da Rocha Pita, "Breve compêndio e narração do fúnebre espetáculo que na insigne cidade da Bahia [...] se viu na morte de el-rei dom Pedro II [...]", [1709], em J. A. Castello, *O movimento academicista*, vol. 3, t. 1, p. 92.

36. *Relação das festas com que na cidade de Braga celebrou os faustíssimos desposórios*, p. 4.

37. *Epanáfora festiva ou relação sumária das festas com que na cidade do Rio de Janeiro capital do Brasil se celebrou o feliz nascimento do sereníssimo príncipe*

da Beira nosso senhor, Lisboa, Oficina de Miguel Rodrigues, 1763. O exemplar consultado pertence à ACL.

38. Trata-se de texto de mesmo título e data reproduzido em J. A. Castello, *Movimento academicista*, vol. 3, t. 4, pp. 27-38. A citação está nas pp. 37-8. O mesmo texto se encontra em Diogo de Barbosa Machado, *Genethliacos dos sereníssimos reys, rainhas e príncipes de Portugal*. Apud: Maria Fernanda Baptista Bicalho, "Mediação pureza de sangue e oficiais mecânicos. As Câmaras, as festas e a representação do Império português", em Eduardo França Paiva e Carla Maria Junho Anastasia (orgs.), *O trabalho mestiço. Maneiras de pensar e formas de viver. Séculos XVI a XIX*, São Paulo, Annablume/PPGH/UFMG, 2002, p. 316.

39. *Aplauso festivo dedicado à feliz aclamação da rainha fidelíssima d. Maria I pelo Senado da Câmara da cidade de Lisboa* [...], Lisboa, Officina de Francisco Borges de Sousa, 1778, pp. 19-20.

40. Idem, p. 20.

41. José Ferreira de Matos, "Diário histórico das celebridades que na cidade da Bahia se fizeram em ação de graças pelos felicíssimos casamentos dos sereníssimos senhores príncipes de Portugal e Castela", [1729], em J. A. Castello, *O movimento academicista*, vol. 3, t. 1, pp. 147-64.

42. A presença de membros da família do *mani* do Congo na corte portuguesa é ainda um tema pouco estudado. Algumas informações podem ser encontradas em Ilídio do Amaral, *O reino do Congo, os mbundu* (*ou ambundos*), *o reino dos "Ngola"* (*ou de Angola*).

43. Cf. "Relação das guerras feitas aos Palmares de Pernambuco no tempo do governador d. Pedro de Almeida de 1675 a 1678" e Pedro Paulino da Fonseca, "Memória dos feitos que se deram durante os primeiros anos de guerra com os negros quilombolas dos Palmares, seu destroço e paz aceita em junho de 1678", em Leonardo Dantas Silva (org.), *Alguns documentos para a história da escravidão*, Recife, Fundaj/Massangana, 1988, respectivamente, pp. 27-44 e 45-64.

44. "Relação das guerras feitas aos Palmares de Pernambuco", p. 42. Vide também Ivan Alves Filho, *Memorial dos Palmares*, Rio de Janeiro, Xenon, 1988, pp. 89-90.

45. I. Alves Filho, *Memorial dos Palmares*, pp. 90-1, e Décio Freitas, *Palmares. A guerra dos escravos*, 2ª ed., Rio de Janeiro, Graal, 1978, p. 120.

46. A "Relação das guerras feitas aos Palmares de Pernambuco" que utilizamos é um bom exemplo, provavelmente mandada escrever pelo governador de Pernambuco, d. Pedro de Almeida, para enaltecer as vitórias obtidas em 1678. Dela são conhecidas três versões, guardadas pelo Arquivo Nacional da Torre do Tombo, na Biblioteca Pública Eborense e no Arquivo Histórico Ultramarino. Sobre o tema, e ainda para outra crônica das guerras contra Palmares, vide

Maria Lêda Oliveira, "A primeira Rellação do último assalto a Palmares", *Afro-Ásia*, 33 (2005): 251-324.

47. I. Alves Filho, *Memorial dos Palmares*, pp. 94 e 96.

48. Cf. Gaspar Barléu, *História dos feitos recentemente praticados durante oito anos no Brasil*, [1647] Belo Horizonte, Itatiaia/Edusp, 1974, pp. 254-5. Barléu descreve assim a segunda embaixada, enviada pelo rei do Congo e pelo duque de Bamba: os dois emissários eram "de compleição robusta e sadia, rosto negro, muito ágeis de membros, que ungiam para maior facilidade de movimento. Vimo-lhes as danças originais, os saltos, os temíveis floreios de espadas, o cintilar dos olhos simulando ira contra o inimigo. Vimos também a cena em que representam o seu rei sentado no sólio e testemunhando a majestade por um silêncio pertinaz. Depois vimos a cena dos embaixadores vindos do estrangeiro e adorando ao rei, conforme o cerimonial usado entre suas nações, as suas posturas, a imitação das suas cortesias e mostras de acatamento, coisas que, para divertimento dos nossos, exibiam, um tanto alegres depois de beberem".

49. Stuart B. Schwartz, "Introdução", em Stuart B. Schwartz e Alcir Pécora (orgs.), *As excelências do governador. O panegírico fúnebre a d. Afonso Furtado, de Juan Lopes Sierra (Bahia, 1676)*, São Paulo, Companhia das Letras, 2002, p. 32.

50. Cf. Pierre Verger, *Fluxo e refluxo do tráfico de escravos entre o golfo do Benin e a Bahia de Todos os Santos dos séculos XVII a XIX*, 2ª ed., São Paulo, Corrupio, 1987, especialmente o cap. 7 (pp. 257-92), que analisa as embaixadas vindas da costa ocidental africana em 1770, 1795, 1805, 1807, 1810, 1811 e 1823.

51. José Freire Monterroyo Mascarenhas, *Relaçam da embaixada que o poderoso rei de Angomé Kiay Chiri Broncon, senhor dos dilatadíssimos sertões de Guiné mandou ao ilmo. e exmo. sr. dom Luiz Peregrino de Ataíde, conde de Atouguia* [...], Lisboa, Officina de Francisco da Silva, 1751.

52. Na verdade, nessa ocasião, dom João V já havia morrido, mas a notícia de seu falecimento não havia chegado à Bahia e, segundo a *Relaçam*, "toda a corte da Bahia preparava custosas galas para mostrar, nos excessos de sua despesa, o empenho do seu obséquio".

53. Mascarenhas faz questão de salientar como o conde foi desconsiderado pelos africanos, descrevendo ainda situações em que suas intenções são frustradas pelo desenrolar dos acontecimentos. O tema foi desenvolvido mais detalhadamente no meu artigo "Uma embaixada africana na América portuguesa", em I. Jancsó e I. Kantor (orgs.), *Festa*, vol. 1, pp. 151-65.

54. "Carta do conde de Atouguia a sua majestade, de 29 de junho de 1751". Apud: P. Verger, *Fluxo e refluxo*, pp. 258 e 263.

55. Idem, p. 263.

56. Verger indica que a embaixada fora acertada entre o rei Agonglô e o tenente do forte de Ajudá, mas Clado Lessa afirma ter sido Adarunzá III a enviar a embaixada. Cotejando a documentação referenciada pelos dois autores, não consegui esclarecer essa contradição, embora Verger deixe entrever que a confusão se deve a um erro do padre Vicente Ferreira Pires, que escreveu uma narrativa sobre essa embaixada. Vide P. Verger, *Fluxo e refluxo*, pp. 232-5 e 265; e Clado Ribeiro de Lessa, "Introdução", *Crônica de uma embaixada luso-brasileira a Costa d'África em fins do século XVIII, incluindo o texto da viagem de África no Reino de Daomé escrita pelo pe. Vicente Ferreira Pires no ano de 1800 e até o presente inédita*, São Paulo, Cia. Ed. Nacional, 1957, pp. XXV e também "Conclusão", p. 157.

57. Carta do governador da Bahia, Fernando José de Portugal, ao secretário de Estado, Luiz Pinto de Souza Coutinho, de 21 de outubro de 1795. "Dois embaixadores africanos mandados à Bahia pelo rei do Dagomé", RIHGB, 59 (1896): 413-6. A procissão do Corpo de Deus é data importante em Portugal desde o século XIV. Era realizada sob a responsabilidade das Câmaras e, além da procissão, da qual participavam todas as irmandades e corporações, incluía a revista das tropas. Cf. J. R. Tinhorão, *As festas no Brasil colonial*, pp. 34, 70-1.

58. "Carta de Luiz Pinto de Souza Coutinho para o governador da Bahia, de 5 de janeiro de 1796", apud: P. Verger, *Fluxo e refluxo*, p. 267.

59. "Carta régia de 6 de janeiro de 1796 ao rei do Daomé", apud: P. Verger, *Fluxo e refluxo*, p. 269.

60. Carta de Fernando José de Portugal, governador da Bahia, ao rei, de 31 de dezembro de 1796. "Regresso do embaixador do rei Dagomé para a costa d'África", RIHGB, 59 (1896): 417-9.

61. Elas são descritas e analisadas, com base em vários documentos, por P. Verger, *Fluxo e refluxo*, pp. 271-84.

62. José Ramos Tinhorão, *Os negros em Portugal. Uma presença silenciosa*, Lisboa, Editorial Caminho, 1988, p. 141.

63. Idem, ibidem, pp. 128-34 e 143-6.

64. A hipótese explicativa de Tinhorão está ligada ainda a uma embaixada que o rei português havia pensado em enviar ao papa Júlio II, para declarar espetacularmente a conversão do rei africano ao cristianismo — mas que acabou sendo realizada somente em 1514, sem a participação dos congueses. A dificuldade da hipótese explicativa de Tinhorão reside em tomar eventos significativos para a Coroa portuguesa e inferir que seriam significativos também para os escravos. Marina de Mello e Souza, comentando minhas objeções, acrescenta com fundamento que é necessário ainda incorporar "razões internas às culturas africanas" para explicar as eleições de reis em Lisboa e nas Américas. Cf. M.

M. Souza, *Reis negros no Brasil escravista*, pp. 164-7. Para mais detalhes sobre os eventos referentes à embaixada, vide frei Antonio Brásio, "Embaixada do Congo a Roma em 1514?", *Stvdia*, 32 (jun. 1971): 51-87.

65. "Língua de preto" ou "língua de negro" era o nome dado ao modo de falar o português pelos negros em Portugal. Era particularmente utilizada na literatura, como forma de caracterizar personagens negros em obras dos séculos XV a XVIII. Cf. J. R. Tinhorão, *Os negros em Portugal*, pp. 199-217.

66. *Folheto de ambas Lisboas*, [1730], apud: J. R. Tinhorão, *Os negros em Portugal*, pp. 190-1. Maria do Rosário Pimentel, examinando o mesmo documento, diferencia a importância dos reis do Congo desses outros reis (de Angola e da Mina), que teriam caráter essencialmente festivo. Cf. "El-rei do Congo em Portugal e no Brasil. Da realidade à ficção", em Maria do Rosário Pimentel (org.), *Portugal e Brasil no advento do mundo moderno*, Lisboa, Edições Colibri, 2001, pp. 371-92. Uma análise mais extensa das irmandades negras em Lisboa e das festas que incluíam a coroação de reis e rainhas pode ser encontrada em Didier Lahon, "Esclavage et confréries noires au Portugal durant l'Ancien Régime (1441-1830)", doutorado, Paris, EHESS, 2001, especialmente caps. 8, 10, 11 e 12.

67. Cf. "Manuscritos da igreja de Nossa Senhora do Rosário dos Homens Pretos do Recife", em L. D. Silva (org.), *Alguns documentos para a história da escravidão*, pp. 126-8.

68. Urbain Souchut de Rennefort, *Histoire des Indes Orientales*, Leide, Chez F. Harrung, 1688, apud: José Ramos Tinhorão, *As festas no Brasil colonial*, pp. 88-9.

69. M. M. Souza, *Reis negros no Brasil escravista*, p. 183.

70. Petição dirigida ao desembargador ouvidor-geral do crime em 3 de dezembro de 1748, apud: Mello Moraes Filho, *Festas e tradições populares do Brasil*, p. 225.

71. Mello Moraes Filho, *Festas e tradições populares do Brasil*, pp. 226-7.

72. O número de cargos das irmandades variava bastante, assim como os requisitos para seus ocupantes. Em Pernambuco, no final do século XVIII, além dos reis de nação, havia governadores de determinadas categorias de trabalhadores ou etnias, que estavam subordinados ao rei do Congo, compondo uma intrincada rede de hierarquias. Cf. Luís Geraldo Silva, "Da festa à sedição. Sociabilidades, etnia e controle social na América portuguesa (1776-1814)", em I. Jancsó e I. Kantor (orgs.), *Festa*, pp. 313-35; e Antônia A. Quintão, *Lá vem o meu parente: as irmandades de pretos e pardos no Rio de Janeiro e Pernambuco (século XVIII)*, São Paulo, Annablume/FAPESP, 2002, pp. 180-2.

73. A análise mais completa das eleições e reinados dos reis de congos na América portuguesa é feita por Marina de Mello e Souza, *Reis negros no Brasil escravista*, especialmente caps. 4 e 5. Para a análise de casos mais específicos,

vide, entre outros, Mariza de Carvalho Soares, *Devotos da cor. Identidade étnica, religiosidade e escravidão no Rio de Janeiro, século XVIII*, Rio de Janeiro, Civilização Brasileira, 2000, especialmente pp. 154-61 e 202-23; Elizabeth Kiddy, "Brotherhoods of Our Lady of the Rosary of the Blacks: community and devotion in Minas Gerais, Brazil", doutorado, Albuquerque, University of New Mexico, 1998, pp. 173-87; Marcos Magalhães de Aguiar, "Vila Rica dos confrades. A sociabilidade confrarial entre negros e mulatos no século XVIII", mestrado, São Paulo, USP, 1993, pp. 202-25; A. Quintão, *Lá vem meu parente*, pp. 117-25. Os parágrafos que se seguem estão baseados nas informações oferecidas por essas obras.

74. Compromisso da irmandade de Nossa Senhora do Rosário e São Benedito dos Homens Pretos do Rio de Janeiro, 1759, apud: A. Quintão, *Lá vem meu parente*, p. 59-62. A irmandade era formada de homens negros "de todas as nações" e pardos, mas o estatuto restringia alguns cargos da mesa administrativa (juiz de Nossa Senhora e tesoureiro) para os brancos. Os pardos podiam ocupar o lugar de irmãos da mesa em casos excepcionais, e os postos de procurador, escrivão e juiz de são Benedito eram sempre dos homens pretos. Idem pp. 60 e 97.

75. Compromisso da irmandade de Nossa Senhora do Rosário dos Homens Pretos da vila de Santo Antônio do Recife de Pernambuco, 1758, cap. 28, apud: A. Quintão, *Lá vem meu parente*, pp. 117-8.

76. Além do trabalho pioneiro de Julita Scarano, *Devoção e escravidão*, São Paulo, Cia. Ed. Nacional, 1976, e das obras citadas de Mariza de Carvalho Soares, Marcos Magalhães de Aguiar e Antônia Quintão (vide nota 72), as observações nos parágrafos abaixo estão baseadas também em A. J. R. Russell-Wood, *The black man in slavery and freedom in colonial Brazil*, Nova York, St. Martin's Press, 1982, cap. 5; Patricia A. Mulvey "Black brothers and sisters: membership in the black lay brotherhoods of colonial Brazil", *Luso-Brazilian Review*, 17, nº 2 (1980): 253-79 e, da mesma autora, "Slave confraternities in Brazil: their role in colonial society", *The Americas*, 39, nº 1 (1982): 39-68.

77. Para uma análise mais ampla das irmandades na América portuguesa e suas relações com as diversas instâncias do poder no período colonial, vide Caio César Boschi, *Os leigos e o poder. Irmandades leigas e política colonizadora em Minas Gerais*, São Paulo, Ática, 1986.

78. Ver, por exemplo, J. Scarano, *Devoção e escravidão*, pp. 79-95.

79. Segundo Katia Mattoso e Inês Cortes de Oliveira, entre 1790 e 1830, apenas 21,6% dos libertos e 18,5% das libertas que deixaram testamentos não pertenciam a irmandades. Além disso, era muito comum as pessoas serem membros de mais de uma irmandade. Dados citados por João José Reis, *A morte é uma festa. Ritos fúnebres e revolta popular no Brasil do século XIX*, São Paulo, Companhia das Letras, 1991, p. 54.

80. P. A. Mulvey, "Slave confraternities in Brazil", p. 40.

81. Idem, ibidem, pp. 61 e 66-8. Dentre as 322 irmandades localizadas por Caio Boschi (de todos os tipos, não apenas de irmãos negros e pardos), há 62 dedicadas a Nossa Senhora do Rosário. É a maior quantidade de oragos, perfazendo quase 20% do total. C. Boschi, *Os leigos e o poder*, pp. 187-8. Elizabeth Kiddy anota também que elas eram as mais numerosas e duradouras nas Minas Gerais no período colonial, integrando negros crioulos e africanos provenientes da África Central e Ocidental. E. Kiddy, "Brotherhoods of Our Lady of the Rosary of the Blacks", pp. 140-65. Na Bahia, a associação mais freqüente nas irmandades do Rosário era entre os negros angola e jeje. Cf. Lucilene Reginaldo, "'O Rosário dos Angolas': catolicismos, devoções e irmandades na Bahia colonial", comunicação apresentada no VII Congresso Luso-Afro/Brasileiro de Ciências Sociais, IUPERJ/Universidade Cândido Mendes, Rio de Janeiro, 1º a 6 de setembro de 2002. A importância da participação em irmandades para forros e mulatos livres em Minas pode ser atestada através do caso de Chica da Silva e sua parentela. Vide Júnia Ferreira Furtado, *Chica da Silva e o contratador dos diamantes. O outro lado do mito*, São Paulo, Companhia das Letras, 2003, pp. 163-82.

82. J. J. Reis, *A morte é uma festa*, p. 54-9. O tema é analisado com mais profundidade em João José Reis, "Identidade e diversidade étnicas nas irmandades negras do tempo da escravidão", *Tempo*, 2, nº 3 (1997): 7-33. Mariza Soares estudou um caso interessantíssimo, em que as disputas se deram entre várias nações provenientes da África Ocidental, no interior da irmandade de Santo Elesbão e Santa Ifigênia no Rio de Janeiro, no final do século XVIII. M. C. Soares, *Devotos da cor*, especialmente cap. 6. Para uma discussão dos mecanismos de inclusão e exclusão na composição das irmandades, vide Carlos A. M. Lima, "*Em certa corporação*: politizando convivências em irmandades negras no Brasil escravista (1700-1850)", *História: Questões e Debates*, 30 (1999): 11-38.

83. Para uma descrição das festas nas irmandades do Rosário, como exemplo, vide Célia Maia Borges, *Escravos e libertos nas irmandades do Rosário*, Juiz de Fora, Editora UFJF, 2005, cap. 5

84. Essas ocasiões davam margem a muitos conflitos entre as irmandades ou entre elas e as Câmaras, em virtude das reivindicações de precedência nas procissões. Para uma visão geral das festividades do Corpo de Deus na América portuguesa, vide Beatriz Catão Cruz Santos, "Unidade e diversidade através da festa de Corpus Christi", em I. Jancsó e I. Kantor (orgs.), *Festa*, pp. 521-42.

85. Julita Scarano, *Devoção e escravidão*, pp. 45-7; P. A. Mulvey, "Slave confraternities in Brazil", pp. 43-4; e especialmente Elizabeth W. Kiddy, "*Congados, calunga, candombe*: Our Lady of the Rosary in Minas Gerais, Brazil", *Luso-Brazilian Review*, 37, nº 1 (2000): 47-61.

86. M. M. Souza, *Reis negros no Brasil escravista*, passim. Sobre a importância da cultura congo-angolana na formação de um catolicismo luso-afro-brasileiro, formado na diáspora e mediado pela Igreja católica, vide Linda M. Heywood, "As conexões culturais angolano-luso-brasileiras", em Selma Pantoja (org.), *Entre Áfricas e Brasis*, Brasília, Paralelo 15/Marco Zero, 2001, pp. 51-75. Cf. também John Thornton, "On the trail of voodoo: African christianity in Africa and the Americas", *The Americas*, 55 (1988): 261-78.

87. Cf. J. Scarano, *Devoção e escravidão*, pp. 79-95, e C. Boschi, *Os leigos e o poder*, pp. 168-76.

88. A. J. R. Russell-Wood, *The black man in slavery and freedom*, p. 93. O tema é discutido explicitamente por Elizabeth Kiddy em relação à irmandade de Nossa Senhora do Rosário em Minas Gerais, em "*Congados, calunga, candombe*: Our Lady of the Rosary in Minas Gerais, Brazil", pp. 48-9.

89. Representação dos vigários das igrejas coladas de Minas Gerais de 5 de março de 1794. Apud: A. Quintão, 51-2.

90. Carlos Drummond de Andrade, "Rosário dos homens pretos", em *Passeios na ilha. Divagações sobre a vida literária e outras matérias*, Rio de Janeiro, Edição das Organizações Simões, 1952, pp. 49-50. A afirmação continua com o seguinte comentário: "A irmandade própria, forçando os negros à segregação, como que lhes inspirava um motivo de orgulho, induzindo-os a esmerar-se no adorno de suas capelas e na realização espetacular do culto, em emulação com os brancos. Daí o fausto de que as Mesas procuravam revestir suas festas anuais, onde sagravam rei e rainha, com seu cortejo de príncipes. Enquanto os donos das minas só podiam contar com um rei além do Atlântico, [...] eles, pretos, se davam ao luxo de possuir um casal de monarcas em cada vila onde se instituísse uma irmandade do Rosário, de São Benedito, ou do Amparo".

91. As tradições africanas estão presentes na estrutura da corte e nas hierarquias do reinado, na relação entre símbolos do poder e objetos rituais, entre outros elementos. Cf. M. M. Souza, *Reis negros no Brasil escravista*, pp. 134-5, 194, 207-11 e 217-28. Segundo essa autora, os reis congueses, mesmo tendo perdido grande parte de seu poderio efetivo na África Central, diante do impacto das transformações políticas geradas pelo tráfico de escravos nos séculos XVIII e XIX, continuavam a manter sua força simbólica, como "emblemas [que] permitiam que grupos independentes continuassem a se sentir como partes de um mesmo todo" (pp. 258-62). Para um balanço sobre a presença de reis negros em outras regiões escravistas do Caribe e Estados Unidos, vide William D. Piersen, *Black yankees. The development of an Afro-American subculture in eighteenth-century New England*, Amherst, The University of Massachusetts Press, 1988, pp. 117-28.

92. André João Antonil, *Cultura e opulência do Brasil por suas drogas e minas*, [1711] (ed. crítica por A. Mansuy), Paris, IEHAL, 1965, p. 132.

93. Compromisso da irmandade de Nossa Senhora do Rosário dos Homens Pretos de São Paulo, 1778, apud: M. M. Souza, *Reis negros no Brasil escravista*, p. 199.

94. Correspondência de d. Clara Felícia da Rosa, de 9 de junho de 1779. Casa do Pilar, documentação avulsa, apud: Marcos Magalhães de Aguiar, *Vila Rica dos confrades*, pp. 216-7.

95. Carta do conde de Assumar, de 1719, depositada no Arquivo Público Mineiro, cód. 4. fls. 648, apud: A. Quintão, *Lá vem meu parente*, p. 118. Provavelmente Assumar devia estar também se referindo ao costume de haver reis e rainhas nos quilombos e nas insurreições. Esse foi o caso do levante de 1719, já mencionado no capítulo 3. Para outras referências sobre esses reis negros nos quilombos mineiros setecentistas, vide Flávio dos Santos Gomes, "Seguindo o mapa das minas: plantas e quilombos mineiros setecentistas", *Estudos Afro-Asiáticos*, 29 (1996): 113-42.

96. Bando de 23 de julho de 1728. Essa determinação foi enviada ao Conselho Ultramarino em 10 de setembro de 1728 e aprovada em parecer de 25 de janeiro de 1729, que obteve a concordância real em 13 de abril de 1729. Cf. AHU, Bahia, caixa 27, doc. 88, e caixa 28, doc. 14.

97. "Ofício do governo interino para o conde de Oeiras, no qual informa dos excessos praticados por um grupo de ilhéus que se haviam reunido sob a designação de Irmandade do Espírito Santo [...]", [15 de junho de 1765], em ABN, 32 (1914): 96-8.

98. O mesmo incômodo já havia sido expresso pelo governador da Bahia em 1765 diante da "farsa de imperador" feita pelos ilhéus da confraria do Espírito Santo, que tinham a "insolência de mandar parar a gente na rua para o cortejar" e andavam "de semana com vestidos ridículos a pedir esmolas e fazendo facécias", acompanhados de mulatos e pretos. "Ofício do governo interino para o conde de Oeiras", [15 de junho de 1765], p. 98.

99. Petição do padre Leonardo de Azevedo Castro, vigário colado de São Sebastião de Mariana, de 1771, apud: Carlos Drummond de Andrade, "Rosário dos Homens Pretos", em *Passeios na ilha*, pp. 54-5. Laura de Mello e Souza discute várias práticas divinatórias de origem africana e diversos calundus em *O diabo e a terra de Santa Cruz*, São Paulo, Companhia das Letras, 1986. Para uma descrição mais pormenorizada de um terreiro de calundu, vide João José Reis, "Magia jeje na Bahia: a invasão do calundu do Pasto de Cachoeira, 1785", *Revista Brasileira de História*, 16 (mar./ago. 1988): 57-81.

100. A expressão pertence ao bispo do Rio de Janeiro, usada em uma pastoral contra as festas em homenagem a Maria Santíssima, de 11 de março de 1747, apud: A. Quintão, *Lá vem meu parente*, p. 115. Já tratamos da repressão aos batuques no capítulo 3. Para uma visão geral sobre as práticas religiosas populares, entre as quais os calundus, as bolsas de mandinga e as feitiçarias, vide Laura de Mello e Souza, *O diabo e a terra de Santa Cruz*.

101. "Carta de 10 de junho de 1780", apud: M. C. Soares, *Devotos da cor*, pp. 158-9; e A. Quintão, *Lá vem meu parente*, p. 117. O parecer foi exarado em função de conflitos envolvendo o Santo Ofício, o governador de Pernambuco, José César de Menezes, e dois frades capuchinhos, que haviam invadido casas particulares e destruído vários instrumentos musicais, em 1779. Além do abuso de autoridade, o governador indagava se as danças dos negros do Recife, que haviam servido de pretexto para aquela atitude dos frades, eram "gentílicas" ou "católicas". Cf. Luiz Geraldo Silva, "Ritos gentílicos ou catolicismo barroco? Conflitos de representações na América portuguesa, 1778-1781", *Temas & Matizes*, 1 (2001): 46-51.

102. Pedro Cardim, "Entradas solenes, rituais comunitários e festas políticas, Portugal e Brasil, séculos XVI e XVII", em I. Jancsó e I. Kantor (orgs.), *Festa*, pp. 120-2.

5. OS POVOS DAS CONQUISTAS

1. Carta do governador de Moçambique ao governador da Bahia, 16 de dezembro de 1786, APEB, maço 197, cx. 76, doc. 4.

2. "Relação do que recebeu o capitão da corveta *Nossa Senhora de Belém* Luis Gomes dos Santos nesta secretaria para entregar naquela cidade da Bahia [...] 16 de dezembro de 1786", APEB, maço 197, cx. 76, doc. 5.

3. William Joel Simon, *Scientific expeditions in the Portuguese overseas (1783-1808)*, Lisboa, Instituto de Investigação Científica Tropical, 1983, pp. 8 e 110.

4. Cf. Carlos Almaça, *A natural history museum of the 18th century: the Royal Museum and Botanical Garden of Ajuda*, Lisboa, Museu Bocage, 1996. Naturalistas que visitaram o Museu do Palácio da Ajuda expressam opiniões favoráveis sobre as coleções que ele continha. Observam que não eram tão extensas como se poderia esperar, nem mesmo completas, mas possuíam peças importantes e, no dizer de Heinrich-Friedrich Link, que lá esteve entre 1797 e 1799, o "gabinete de história natural da Ajuda merec[ia] ser visto". Heinrich-Friedrich Link, *Voyage em Portugal depuis 1797*, Paris, 1803, tomo 1, p. 298, apud: W. J. Simon, *Scientific expeditions*, p. 108. Para mais opiniões sobre o gabinete

e suas conexões com naturalistas espanhóis, franceses e ingleses, cf. W. J. Simon, op. cit., pp. 109-11. Sobre este e outros museus e gabinetes de história natural no período, vide também Rômulo de Carvalho, *A história natural em Portugal no século XVIII*, Lisboa, Instituto de Cultura e Língua Portuguesa, 1987, especialmente caps. 3 e 4.

5. J. Cortesão, *Alexandre de Gusmão e o tratado de Madrid* (ed. fac-símile), Brasília, Senado Federal, 2001, especialmente tomo I.

6. O trabalho clássico é sem dúvida o de Francisco José Calazans Falcon, *A época pombalina. Política econômica e monarquia ilustrada*, São Paulo, Ática, 1982. Para um balanço da historiografia sobre o período pombalino, vide a coletânea de ensaios editada por Luís Reis Torgal e Isabel Vasques, *O marquês de Pombal e seu tempo*, como edição especial da *Revista de História das Idéias*, Lisboa, 1982, 2 volumes. Cf. também Kenneth Maxwell, *Marquês de Pombal. Paradoxo do iluminismo*, Rio de Janeiro, Paz e Terra, 1996.

7. Fernando Antonio Novais, *Portugal e Brasil na crise do antigo sistema colonial, 1777-1808*, São Paulo, Hucitec, 1979, pp. 223-4, e Francisco José Calazans Falcon, *A época pombalina*, parte 2.

8. Para um balanço das controvérsias sobre o período pombalino, vide F. C. Falcon, *A época pombalina*, especialmente cap. 5.

9. Cf. F. A. Novais, *Estrutura e dinâmica*, especialmente cap. 4, e Jobson A. Arruda, *O Brasil no comércio colonial, 1796-1808*, São Paulo, Ática, 1980.

10. F. A. Novais, *Estrutura e dinâmica*, pp. 224-39. Uma análise mais extensa do tema foi feita por Ana Rosa Cloclet da Silva, "Inventando a nação. Intelectuais ilustrados e estadistas luso-brasileiros no crepúsculo do Antigo Regime português, 1750-1822", doutorado, Campinas, Unicamp, 2000.

11. O interesse prático e instrumental do conhecimento produzido pelos naturalistas ligados aos interesses metropolitanos é destacado por Ronald Raminelli, "Viagens e inventários. Tipologia para o período colonial", *História: Questões & Debates*, 32 (jan./jun. 2000): 37-43; e também por Ângela Domingues, "Para um melhor conhecimento dos domínios coloniais: a constituição de redes de informação no Império português em finais do setecentos", *História, Ciências, Saúde. Manguinhos*, 8 (2001): 823-82.

12. D. Luís da Cunha, *Instruções políticas*, [1736] (ed. Abílio Diniz Silva), Lisboa, CNCDP, 2001, p. 366. Sobre o tema, vide Maria de Lourdes Viana Lyra, *A utopia do poderoso Império. Portugal e Brasil: bastidores da política, 1798-1822*, Rio de Janeiro, Sette Letras, 1994, pp. 107-16.

13. Jaime Cortesão estudou o grupo dos luso-brasileiros no tempo de dom João V. Cf. J. Cortesão, *Alexandre de Gusmão*, pp. 107-19. Para uma análise específica dos letrados brasileiros em Portugal, vide Maria Odila da Silva Dias,

"Aspectos da Ilustração no Brasil", RIHGB, 278 (jan./mar. 1968): 105-70; Fernando A. Novais, "O reformismo ilustrado luso-brasileiro: alguns aspectos", *Revista Brasileira de História*, 7 (mar. 1984): 105-18; e Maria Beatriz Nizza da Silva, *A cultura luso-brasileira. Da reforma da universidade à independência do Brasil*, Lisboa, Editorial Estampa, 1999, especialmente cap. 1.

14. Joaquim José da Cunha Azeredo Coutinho, *Ensaio econômico sobre o comércio de Portugal e suas colônias*, [1828], apud: A. J. R. Russell-Wood, "A dinâmica da presença brasileira no Índico e no Oriente, séculos XVI-XIX", *Topoi*, 3 (set. 2001): 10.

15. Sobre a integração econômica entre as várias partes do Império português, vide João Fragoso, "Mercados e negociantes imperiais: um ensaio sobre a economia do Império português (séculos XVII e XVIII)", *História: Questões & Debates*, 36 (2002): 99-127. Sobre a presença de mercadorias asiáticas no comércio baiano, vide José Roberto do Amaral Lapa, *A Bahia e a carreira da Índia* (ed. fac-símile), São Paulo, Hucitec/Editora da Unicamp, 2000, especialmente cap. 10. Para uma retomada desse tema, relacionando questões econômicas e políticas, vide A. J. R. Russell-Wood, "A dinâmica da presença brasileira no Índico e no Oriente". Para um exemplo das conexões entre o comércio de tecidos e o tráfico de escravos, vide Roquinaldo Ferreira, "Dinâmica do comércio intracolonial: geribitas, panos asiáticos e guerra no tráfico angolano de escravos (século XVIII)", em João Fragoso, Maria Fernanda Bicalho e Maria de Fátima Gouvêa (orgs.), *O Antigo Regime nos trópicos: a dinâmica imperial portuguesa (séculos XVI-XVIII)*, Rio de Janeiro, Civilização Brasileira, 2001, pp. 339-78.

16. A importância dos vínculos econômicos e políticos entre as regiões dominadas pelos portugueses no Atlântico sul já foi salientada por Luiz Felipe de Alencastro, *O trato dos viventes. Formação do Brasil no Atlântico sul*, São Paulo, Companhia das Letras, 2000.

17. Luís Antonio Verney, *O verdadeiro método de estudar* [1746]. Cf. Antonio Alberto Banha de Andrade, *Verney e a projeção da sua obra*, Venda Nova, Instituto de Cultura Portuguesa, 1980.

18. Sobre esses naturalistas, além de W. J. Simon, *Scientific expeditions*, e das obras citadas na nota 13, vide Ermelinda Moutinho Pataca, "Terra, água e ar nas viagens científicas portuguesas (1755-1808)", doutorado, Campinas, Unicamp, 2006.

19. Vide, por exemplo, F. C. Falcon, *A época pombalina*, p. 197.

20. D. Vandelli, por exemplo, escreveu a Lineu, contando-lhe a respeito da expulsão dos jesuítas e das reformas empreendidas na Universidade de Coimbra. O *Systema naturae* (1755) servia de base para o novo ensino coimbrão. A Academia Científica no Rio de Janeiro, que se reunia para promover a agricul-

tura e estabelecer um jardim botânico, tinha Lineu como sócio correspondente. Cf. M. O. S. Dias, "Aspectos da Ilustração", pp 114-6, e Lycurgo Santos Filho, "Sociedades literárias do século XVIII", RIHGB, 226 (1965): 50-3.

21. A Coroa portuguesa não era a única a promover expedições científicas com interesses políticos e econômicos. A França patrocinou explorações regionais para mapear seus minerais e a Espanha, expedições botânicas a Venezuela, Peru e México — que talvez tenham servido de inspiração para Vandelli. Cf. W. J. Simon, *Scientific expeditions*, p. 9 e 14, respectivamente. Para uma análise das relações entre as expedições científicas e os interesses públicos na utilização dos recursos naturais investigados, no caso francês, vide Lorelai Kury, "Les instructions de voyage dans les expéditions scientifiques françaises (1750-1830)", *Revue d'Histoire des Sciences*, 51 (1998): 65-91.

22. Para um balanço das relações entre as instituições e homens de ciência e os quadros da política portuguesa nesse período, vide A. R. C. Silva, "Inventando a nação", especialmente cap. 2.

23. Acompanho, aqui, as informações oferecidas por W. J. Simon, *Scientific expeditions*, cap. 2. Sobre a expedição de Ferreira, vide ainda Ângela Domingues, *Viagens de exploração geográfica na Amazônia em fins do século XVIII: política, ciência e aventura*, Lisboa, Analecta Transmarina, 1991, pp. 58-71, e Ronald Raminelli, "Ciência e colonização. Viagem filosófica de Alexandre Rodrigues Ferreira", *Tempo*, 3, nº 6 (1998): 157-82.

24. A respeito das diretrizes para as viagens filosóficas, vide Ronald Raminelli, "Do conhecimento físico e moral dos povos: iconografia e taxionomia na viagem filosófica de Alexandre Rodrigues Ferreira", *História, Ciências, Saúde. Manguinhos*, 8 (2001): 968-92. Para uma visão geral das instruções para viagens científicas na Europa, vide L. Kury, "Les instructions de voyage".

25. Sobre essas expedições em Cabo Verde, Angola, Goa e Moçambique, vide W. S. Simon, *Scientific expeditions*, e E. M. Pataca, "Terra, água e ar nas viagens científicas". Mais especificamente sobre João da Silva Feijó, vide Magnus Roberto de Mello Pereira, "Um jovem naturalista num ninho de cobras: a trajetória de João da Silva Feijó em Cabo Verde, em finais do século XVIII", *História: Questões & Debates*, 36 (2002): 29-60; Maria Margaret Lopes e Clarete Paranhos Silva, "Investigações em história natural no Ceará: os estudos do naturalista João da Silva Feijó (1760-1824)", *Revista de Ciências Humanas, Universidade de Taubaté*, v. 9 (2003): 69-75, e "O ouro sob as luzes: a arte de minerar no discurso naturalista de João da Silva Feijó, 1760-1824", *História, Ciências, Saúde. Manguinhos*, 11, nº 3 (2004): 731-50.

26. Alberto da Costa e Silva, *A manilha e libambo. A África e a escravidão, de 1500 a 1700*, Rio de Janeiro, Nova Fronteira/Fundação Biblioteca Nacional, 2002, pp. 671-3.

27. Sobre essas expedições, vide W. J. Simon, *Scientific expeditions*, especialmente caps. 3 e 4.

28. "Relação da roupa pertencente ao anão Sebastião" e "Relação da roupa pertencente à anã Ana", APEB, maço 197, cx. 76, doc. 4, anexos. Mantive, aqui, a grafia original dos termos africanos, que infelizmente não consegui identificar.

29. Sobre outros termos genéricos utilizados pelos administradores coloniais em Angola e Moçambique, vide Selma Alves Pantoja, "O encontro nas terras de além-mar. Os espaços urbanos do Rio de Janeiro, Luanda e ilha de Moçambique na era da Ilustração", doutorado, São Paulo, USP, 1994, pp. 195-8.

30. Cf. "Diário da viagem da vila de Tete, capital dos rios de Sena, para o interior de África [...]", em *Textos para a história da África Austral (século XVIII)*, Lisboa, Publicações Alfa, 1989, p. 81 e passim.

31. Padre d. Raphael Bluteau, *Vocabulário portuguez e latino*, Coimbra, Collegio das Artes da Companhia de Jesus, 1712 (ed. fac-símile, CD-ROM, Rio de Janeiro, UERJ, s. d.), verbete "cafre". Diz ainda o verbete: "Porém pelas relações modernas se sabe que alguns cafres têm seus reis e príncipes a cujas leis obedecem e os mais conhecidos são os reis de Malemba, de Chicanga, de Sedanda de Quietava e de Metavan. Também reconhecem um ente supremo, a que eles chamam Huma, mas de ordinário não o veneram, senão quando lhes manda bom tempo. Há muitas nações de cafres, os mais cruéis de todos são os coonas, que assam vivos aos mesmos cafres de outra nação quando os apanham; são os mais negros de todos eles e trazem cabelo corredio".

32. "Tapuia" era a denominação genérica utilizada para designar os grupos pouco conhecidos dos europeus, em oposição ao termo "tupi", que englobava basicamente todas as sociedades litorâneas. Cf. John M. Monteiro, *Negros da terra. Índios e bandeirantes nas origens de São Paulo*, São Paulo, Companhia das Letras, 1994, pp. 18-20. O sentido se manteve ao longo do tempo, pois Bluteau indica que tapuia significava "o mais bravo e bárbaro gentio do Brasil", valendo o mesmo que "nação contrária". Compreendiam "debaixo de si perto de um cento de línguas diferentes". R. Bluteau, *Vocabulário*, verbete "tapuia".

33. "Cafrice", na mesma obra, é uma "ação própria de cafre", equivalendo a "suma ignorância". Antonio de Moraes Silva, *Diccionario da lingua portugueza*, Lisboa, Officina de Simão Thaddeo Ferreira, 1789, verbetes, "cafra", "cafre" e cafrice".

34. R. Bluteau, *Vocabulário*, verbete "cafraria".

35. R. Bluteau, por exemplo, define Guiné como a "ampla região da África entre a terra dos negros, o mar Atlântico, os reinos de Congo e Biafra e a serra a que chamam Leoa. Divide-se em três partes, a saber *Guiné* (propriamente assim chamada), Malagueta e o Reino de Benin". Cf. R. Bluteau, *Vocabulário*, verbete "Guiné". Para uma análise mais detalhada do tema, vide Mariza de Carvalho Soares, "Descobrindo a Guiné no Brasil colonial", RIHGB, 161, nº 407 (abr./jun. 2000): 71-94, e também Maria Inês Côrtes de Oliveira, "Quem eram os 'negros da Guiné'? A origem dos africanos na Bahia". *Afro-Ásia*, 19/20 (1997): 39-40.

36. Vide, sobre o tema, Mary Lucy Murray del Priore, "Auberon na Lusitânia", *Tempo*, 4 (1997): 124-45.

37. Havia preocupação com as "raridades" a serem remetidas para o rei da Sardenha, pois se suspeitava que os papagaios brancos do Congo, considerados "raros e de trato tão delicado", dificilmente chegariam a seu destino. Ofício de d. Francisco Inocêncio de Sousa Coutinho, de 12 de março de 1768, IEB, Coleção Lamego, cód, 83, doc. 34, fls. 25v-6. Para outros exemplos, vide a carta de 31 de outubro de 1767, sobre o envio de uma onça; carta de 7 de março de 1768, na qual oferece uma zebra "que unicamente escapou das muitas apreendidas" e remete também um viveiro de pássaros; carta de 6 de setembro de 1769, informando a dificuldade de apreender a adaba solicitada pela rainha e mandando "a pele de uma pequena que se matou entre algumas grandes que são souberam conservar os caçadores", além de treze zebras "muito formosas" e um quilengue. IEB, Coleção Lamego, cód. 82, respectivamente docs. 22, 49 e 176, fls. 16v, 39v e 145v-6.

38. Pierre Marie Felicité, barão de Cormatin (duque de Chatelet), *Travels in Portugal*, apud: W. J. Simon, *Scientific expeditions*, p. 20.

39. Vandelli certamente constitui o exemplo mais vivo dessas trocas internacionais, mantendo correspondência com Lineu e naturalistas da Espanha, França, Inglaterra, Suécia — mas outros exemplos significativos podem ser encontrados em W. J. Simon, *Scientific expeditions*, pp. 110-5.

40. W. J. Simon, *Scientific expeditions*, p. 114.

41. Vide *Abuzo da conchyologia em Lisboa para servir de introdução a minha Theologia dos Vermes*, [1781], BNRJ-Ms, 21-2,002, nº 20. Segundo Ferreira, diferentemente do modismo, da "curiosidade superficial e inútil" e do "culto às bizarrias", o estudo das conchas era de interesse de naturalistas e geologistas, sobretudo no caso de fósseis, e tinha relação direta com os debates sobre a antigüidade da Terra. Além disso, as conchas possuíam significado econômico (pois eram utilizadas na cozinha, em tinturas, na cal etc.), além de terem aproveitamento medicinal e proporcionarem outras vantagens. Cf. W. J. Simon, *Scientific expeditions*, p. 16, e também M. O. S. Dias, "Aspectos da ilustração", p. 108. De qualquer modo, não estamos muito longe daquilo que Mary Louise Pratt chamou

de "o estudo cavalheiresco da natureza", em *Os olhos do império. Relatos de viagem e transculturação*, Bauru, Edusc, 1999, p. 59.

42. William Beckford, *Diário de William Beckford*, [1834-35], apud: Teresa Rodrigues, *Cinco séculos de quotidiano. A vida em Lisboa do século XV aos nossos dias*, Lisboa, Edições Cosmos, 1997, p. 67.

43. Vide M. L. M. del Priore, "Auberon na Lusitânia", pp. 140-1.

44. O interesse por objetos preciosos, exóticos ou raros certamente não foi exclusivo da nobreza ilustrada. D. Catarina de Áustria (1507-78), que se casou com o rei d. João III, não colecionava objetos africanos, mas possuía uma famosa coleção de curiosidades com peças vindas da Índia e do Oriente. Os objetos africanos eram mais comuns em coleções de períodos anteriores, acompanhando o descobrimento do continente africano. Cf. Annemarie Jordan Gschwend, "Catarina de Áustria: coleção e *kunstkammer* de uma princesa renascentista", *Oceanos*, 16 (1993): 62-70.

45. "Relação do que recebeu o capitão da corveta *Nossa Senhora de Belém* Luís Gomes dos Santos nesta secretaria para entregar naquela cidade da Bahia [...] 16 de dezembro de 1786", APEB, maço 197, cx. 76, doc. 5.

46. Ao contrário, os verbetes referentes ao Brasil são mais detalhados e em número bem maior. R. Bluteau, *Vocabulário*, verbetes "Mina", "Angola", "Mimo" e "África". Vide também verbetes "Bahia", "Maranhão", "Pará", "Pernambuco" e "Rio Grande", entre outros.

47. Manilha, por exemplo, é definida como "espécie de bracelete que se trazia no colo da mão" (*sic*), aparecendo apenas o costume de que "alguns negros" as usavam "no bucho do braço". R. Bluteau, *Vocabulário*, verbete "manilha". No *Diccionario* de Moraes e Silva, há poucos nomes próprios e os vocábulos referentes a costumes e hábitos africanos são menos presentes ou perderam essa referência inicial. Manilha, por exemplo, é apenas um "bracelete ou argola que *alguns povos* trazem nos braços e outros membros por adorno". A. M. Silva, *Diccionario*, verbete "manilha".

48. Livro copiador da correspondência de d. Francisco Inocêncio de Sousa Coutinho, governador de Angola, junho de 1767 a 1771 e de 1768 a 1769, IEB, Coleção Lamego, respectivamente docs. 82 e 83.

49. Acompanho, aqui, a análise do conjunto da correspondência desse governador existente no IEB, feita por Mônica Tovo Soares Machado, "Angola no período pombalino: o governo de dom Francisco Inocêncio de Sousa Coutinho, 1764-1772", mestrado, São Paulo, USP, 1998, especialmente caps. 2, 3 e 4.

50. R. Ávila de Azevedo afirma que, diante dos problemas que começavam a surgir no comércio de escravos, a metrópole e os governadores pombalinos (d. Antonio Álvares da Cunha e Francisco de Sousa Coutinho) investem numa

política de "fixação" em Angola, que envolvia o reconhecimento geográfico, a ligação entre os estabelecimentos do Índico e do Atlântico, a colonização, melhorias na agricultura de subsistência e de exportação, explorações mineiras e incremento das atividades comerciais. Essa política trazia, segundo o autor, "a idéia implícita de construir na África meridional um novo Brasil". Cf. R. Ávila de Azevedo, "Princípios de uma economia de fixação em África (século XVIII)", *Actas do V Colóquio Internacional de Estudos Luso-Brasileiros, Coimbra, 1963*, Coimbra, 1964, vol. 1, pp. 121-31.

51. Cf. Ofício de d. Francisco Inocêncio de Sousa Coutinho dirigido ao conde de Oeiras, de 10 de agosto de 1767. Há outros exemplos, como na carta particular também dirigida ao conde de Oeiras, de 5 de fevereiro de 1770, em que dizia lutar "contra as tempestades da maligna África, com as ignorâncias de um país tão falto de luz". IEB, Coleção Lamego, cód. 82, respectivamente docs. 15 e 214, fls, 13v-4 e 189v-90v.

52. Cf. Bando do governador de Angola, de 10 de janeiro 1769, e ofício de d. Francisco Inocêncio de Sousa Coutinho ao soba da Barra do Quanza, de 19 de março de 1769. IEB, Coleção Lamego, cód. 83, respectivamente docs. 202 e 225, fls. 197v-9 e 219v-20. Sobre outras medidas de Sousa Coutinho contra o "gentilismo" em Angola, vide S. A. Pantoja, "O encontro nas terras de além-mar", pp. 158-65.

53. A determinação consta do bando do governador de Angola de 10 de janeiro de 1769.

54. Todos esses documentos encontram-se transcritos em *Textos para a história da África Austral (século XVIII)*.

55. A predileção dos naturalistas pelas descrições do espaço e da natureza e seu desinteresse pela presença humana (européia ou nativa) já foram bem analisados por M. L. Pratt, *Os olhos do império*, especialmente cap. 3.

56. Cf. Clado Ribeiro de Lessa, "Introdução", *Crônica de uma embaixada luso-brasileira a Costa d'África em fins do século XVIII, incluindo o texto da viagem de África no Reino de Daomé escrita pelo pe. Vicente Ferreira Pires no ano de 1800 e até o presente inédita*, São Paulo, Cia. Ed. Nacional, 1957, pp. XXV-XLI.

57. C. R. Lessa, "Conclusão", *Crônica de uma embaixada*, p. 151.

58. As diversas citações foram retiradas de padre Vicente Ferreira Pires, "Viagem de África em o Reino de Dahomé", [1800], em C. R. Lessa, *Crônica de uma embaixada*, pp. 18-9, 53, 58, 87, 94, respectivamente.

59. Postura semelhante pode ser observada no *Itinerário filosófico que contém a relação das ilhas de Cabo Verde*, escrito por João da Silva Feijó, que comenta não haver "coisa que mais me provoque o riso que o ver um casamento neste país", antes de descrever a cerimônia realizada pelos habitantes daque-

las ilhas. Apud: M. R. M. Pereira, "Um jovem naturalista num ninho de cobras", pp. 42-3.

60. O manuscrito de Ferreira Pires, que se encontra guardado na Biblioteca da Ajuda, por exemplo, com uma rica encadernação. Cf. C. R. Lessa, "Introdução", *Crônica de uma embaixada*, pp. XV- XVI.

61. Cf. Beatriz Piccolotto Siqueira Bueno, "Desenho e desígnio. O Brasil dos engenheiros militares, 1500-1822", doutorado, São Paulo, FAU/USP, 2001, especialmente pp. 219-70 e cap. 3.

62. A tarefa se fazia urgente diante de uma dissertação e de um mapa elaborados por Guillaume Deslile em Paris, em 1720, que indicavam que a Colônia do Sacramento não pertencia ao território português, como se pensava. Cf. B. P. S. Bueno, "Desenho e desígnio", p. 461, e também Mário Clemente Ferreira, "Uma idéia de Brasil num mapa inédito de 1746", *Oceanos*, 43 (jul./set. 2000): 184-95.

63. Cf. André Ferrand de Almeida, "Os jesuítas matemáticos e os mapas da América portuguesa, 1720-1748", *Oceanos*, 40 (out./dez. 1999): 79-92.

64. Cf. Ferreira, "Uma idéia de Brasil num mapa inédito de 1746". Cf. também Max Justo Guedes, "A cartografia da delimitação das fronteiras do Brasil no século XVIII", em *Cartografia e diplomacia no Brasil do século XVIII. Catálogo da Exposição*, Lisboa, CNCDP, 1997.

65. Roberta Marx Delson, "O início da profissionalização no exército brasileiro: os corpos de engenheiros do século XVII" e "Para o entendimento da educação colonial: o papel das academias militares no Brasil colônia", em *Universo urbanístico português, 1415-1822*, Lisboa, CNCDP, 1998, pp. 207-23 e 227-42.

66. Cf. Beatriz P. Siqueira Bueno, "Desenho e desígnio: o Brasil dos engenheiros militares", *Oceanos*, 41 (2000): 40-58. A maior parte dos desenhos cartográficos utilizados no primeiro capítulo foi produzida segundo essas diretrizes.

67. Roberta Marx Delson, *Novas vilas para o Brasil-colônia. Planejamento espacial e social no século XVIII*, Brasília, Ed. Alva/Ciord, 1997.

68. Inácio Guerreiro, "Fronteiras do Brasil colonial. A política dos limites na segunda metade do século XVIII", *Oceanos*, 40 (1999): 24-42.

69. O original pertence ao Gabinete de Estudos Arqueológicos da Engenharia Militar, Lisboa, sem título, data ou assinatura. O catálogo da exposição *A engenharia militar no Brasil e no Ultramar português antigo e moderno* (Lisboa, 1960) não identifica o autor ou a data desta prancha, mas Nestor Goulart Reis atribui sua autoria a Carlos Julião, datando-a de 1779. Cf. Nestor Goulart Reis Filho, *Imagens de vilas e cidades do Brasil colonial*, São Paulo, Edusp/Imprensa Oficial do Estado/FAPESP, 2000, p. 181. A comparação com outros desenhos assinados por Julião comprova essa atribuição.

70. "Elevasam, e fasada, que mostra em prospeto pela marinha a cidade de Salvador Bahia de todos os Santos na America Meridional [...] tirado por Carlos Julião Capitam de Mineiros do Regimento de Arttilharia da corte na ocasião que foi na Nao N. Sra. da Madre de Deus em majo 1779." O original pertence ao Gabinete de Estudos Arqueológicos da Engenharia Militar, Lisboa.

71. Os dados biográficos sobre Julião são esparsos, fragmentários e algumas vezes contraditórios. Sobre ele, consulte-se especialmente Carlo Burdet, "Il colonello Julião: un versatile e avventuroso torinese nel Portogallo del XVIII secolo", *Studi Piemontesi*, XV, 1 (1986): 197-200; o "Prefácio" de Lygia da Fonseca Fernandes da Cunha à edição do álbum *Riscos iluminados de figurinhos de brancos e negros dos uzos do Rio de Janeiro e Serro do Frio*, Rio de Janeiro, Biblioteca Nacional, 1960, pp. IX-XI; e, especialmente, Maria Manuela Tenreiro, "Military encounters in the 18th century: Carlos Juliao and racial representations in the Portuguese Empire", mestrado (MPhil), Londres, School of Oriental and African Studies, 2006.

72. Carlos Antonio Napione, *Experiencia e Observacoes sobre a Liga dos Bronzes que devem server nas fundicoes das pecas de artilheria*, Lisboa, 1801, e *O Patriota. Jornal litterario, politico, mercantil &c. do Rio de Janeiro*, 6 (nov./dez. 1814): 84-101. Cf. Burdet, "Il colonello Julião", pp. 197-8, e M. M. Tenreiro, "Military encounters in the 18th century", pp. 13-9.

73. Sobre esses temas, vide Svetlana Alpers, *A arte de descrever. A arte holandesa no século XVII*, São Paulo, Edusp, 1999, especialmente cap. 4. Vide também H. Marchitello, "Political maps: the production of cartography and corography in early modern England", em M. J. M. Ezell e K. O'Brien O'Keeffe (eds.), *Cultural artifacts and the production of meaning*, Ann Arbor, University of Michigan Press, 1994, pp. 13-40.

74. Vide Rafael Moreira e Alesandra Curvelo, "A circulação das formas", em Francisco Bethencourt e Kirti Chaudhuri (dir.), *História da expansão portuguesa*, Lisboa, Temas e Debates e Autores, 1998, vol. 2, especialmente pp. 552-8.

75. Em termos mais amplos, o ambiente das belas-artes em Portugal estava bastante ligado a Roma, desde a fundação de uma academia portuguesa naquela cidade, sob o patrocínio de d. João V, em 1725. Os cursos de desenho em Lisboa eram limitados, muitas vezes associados aos cursos de arquitetura civil e militar ou a atividades manufatureiras (ligadas à produção de gravuras ou impressão em faiança). Em Lisboa, até mesmo para os praticantes civis das belas-artes, o recurso aos modelos vivos era bastante limitado no período. Cf. L. Xavier da Costa, *Quadro histórico das instituições acadêmicas portuguesas*, Lisboa, Imprensa Nacional, 1932, e *As belas-artes plásticas em Portugal durante o século XVIII. Resumo histórico*, Lisboa, J. Rodrigues & Companhia Editores,

1935. Para uma análise mais elaborada, vide José-Augusto França, *Une ville des lumières. La Lisbonne de Pombal*, Paris, Bibliothèque Génerale des Hautes Études, 1965.

76. A partir do Renascimento, os livros de trajes e costumes difundiam uma imagem da diversidade do mundo, oferecendo ao leitor a possibilidade de cotejar seus trajes e costumes com os de outros homens, podendo ser comparados às coleções e gabinetes de curiosidades. Ao longo da época moderna, aparecem também "histórias de costumes", com descrições do vestuário através dos tempos e livros de trajes regionais, que se multiplicam no século XIX, apesar das tendências de unificação nacional. Cf. Daniel Roche, *História das coisas banais. Nascimento do consumo, séculos XVII-XIX*, Rio de Janeiro, Rocco, 2000, pp. 258-9. Cf. também Daniel Defert, "Un genre ethnographique profane au XVIe: les livres d'habits (essai d'ethno-iconographie)", em Britta Rupp-Eisenreich (org.), *Histoires de l'anthropologie (XVI-XIX siècles)*, Paris, Klincksieck, 1984, pp. 25-41.

77. Esse álbum faz parte de um conjunto maior, que contém ainda os seguintes itens: "Noticia summaria do gentilismo da Asia com dez riscos illuminados" (texto com 107 parágrafos em português descrevendo deuses e deusas indianos e aspectos do bramanismo, acompanhado de dez pranchas aquareladas com cenas da mitologia indiana) e "Ditos de vasos e tecidos peruvianos" (24 pranchas com desenhos aquarelados de vasos desenhados "dos originais encontrados no galeão espanhol que deu à costa em Peniche [Portugal], e que vinha carregado de prata, no reinado de dona Maria I", juntamente com dez pranchas mostrando tecidos e teares peruanos). O conjunto não está datado nem assinado. Antes de chegar à Biblioteca Nacional, em 1947, esteve em mãos de livreiros em Paris e nos Estados Unidos. Lygia da Fonseca F. da Cunha estima a data das pranchas como posterior a 1776, tendo em vista a alegoria mostrada na primeira delas.

78. José Wasth Rodrigues identificou diversos uniformes em 20 de junho de 1949, como atestam algumas folhas datilografadas anexadas aos originais guardados pela Seção de Iconografia da Biblioteca Nacional do Rio de Janeiro. Ele indica que alguns uniformes pertencem a corpos militares criados nas décadas de 1760 e 1770, mas há um deles (do terço auxiliar dos pretos forros) que data apenas do governo de Luís de Vasconcelos, o que indicaria ser o álbum posterior a 1779.

79. Foi nesse registro que Tina Hammer-Stroeve analisou os desenhos do álbum de Julião, classificando os trajes em categorias que vão do formal ao informal, separando-os ainda pela cor da pele do portador e sua condição social. Sua preocupação central, no entanto, é mostrar a configuração de um traje "tipicamente brasileiro", situado justamente no setor informal. Cf. Tina Hammer-

Stroeve, *De braziliaanse tekeningen van Carlos Julião*, Heiloo, 1986 (ex. mimeo, pertencente à Biblioteca Nacional do Rio de Janeiro, 87 p.), e também, da mesma autora, "Civiele kleding in koloniaal en koninklijk Brazilie (1700-1821)", doutorado, Amsterdam, Universidade de Amsterdam, 1983.

80. No álbum, no entanto, ao contrário das congêneres que ornamentam os panoramas, as figuras não são acompanhadas por identificação textual — apenas o título geral do conjunto as liga a uma região mais delimitada, sem haver indicação para distinguir o Rio de Janeiro do Serro do Frio. Na edição que organizou desse álbum, Lygia da Fonseca F. da Cunha atribuiu legendas e forneceu explicações para a maior parte das pranchas, sem indicar suas fontes. Para a análise de algumas dessas imagens, vide Silvia Escorel, "Vestir poder e poder vestir. O tecido social e a trama cultural nas imagens do traje negro (Rio de Janeiro, século XVIII)", mestrado, Rio de Janeiro, UFRJ, 2000, especialmente cap. 4; e M. M. Tenreiro, "Carlos Julião and the representation of Kongo Royalty in 18th century Brazil", mestrado (MA), Londres, School of Oriental and African Studies, 2005.

81. Silvia Escorel observa que a disposição das imagens na prancha é significativa, obedecendo a uma hierarquia que coloca a personagem socialmente mais graduada do lado direito da página. S. Escorel, "Vestir poder", pp. 127-8.

82. Ainda que possamos, através de uma analogia com as pranchas que contêm os panoramas, identificar algumas figuras mestiças no álbum referente ao Rio de Janeiro e ao Serro do Frio, a falta de legendas impede qualquer precisão. O mesmo acontece com a identificação feita por Wasth Rodrigues em relação ao oficial do terço dos pardos. Por isso, contamos os eventuais mulatos e pardos entre os brancos.

83. Como vimos no capítulo 2, mesmo com o fim do tráfico de escravos africanos para a metrópole em 1761 e a libertação do ventre cativo em 1773, Portugal continuou a contar com um contingente significativo de afro-descendentes, que chamou a atenção dos viajantes. Cf. Claude Maffre, "A imagem do negro em Lisboa no final do século XVIII", em Zilá Bernd e Francis Utéza, *Produção literária e identidades culturais — estudos de literatura comparada*, Porto Alegre, Editora Sagra Luzzato, 1997, pp. 51-65, e também Didier Lahon, *O negro no coração do Império. Uma memória a resgatar, séculos XVI-XIX*, Lisboa, Secretariado Coordenador dos Programas de Educação Multicultural, 1999, pp. 51-6.

84. "Salvagem" era a forma mais utilizada no século XVIII, segundo R. Bluteau, *Vocabulário*, verbetes "salvagem" e "selvagem".

85. *Nhonha* significa "senhora ou dama" no "crioulo português de Macau"; *bayê* é o vocativo do concani baí, feminino de *babá* (moço), que são termos carinhosos para meninos, porém também "para dona da parte dos criados". O

faraz (pl. farazes) *de mancila* deve referir-se aos que se ocupavam em conduzir "machilas", ou seja, aos carregadores de andores ou cadeirinhas, estas conhecidas também como palanquins. Considerados "uma das duas castas ínfimas de Goa", são chamados em português de farazes e muitas vezes aparecem com roupas sumárias, nus da cintura para cima e com panos na cabeça. Canarins são os habitantes locais de Goa, que falam concani. Cf. Monsenhor Sebastião Rodolfo Dalgado, *Glossário luso-asiático* [1919], 2 vols. (ed. fac-símile), Nova Délhi, Asian Educational Services, 1988. Agradeço a John M. Monteiro por essas referências.

86. Manuela Tenreiro observa que Julião retrata, assim, um "mosaico de tipos humanos coloniais", produzindo uma categorização visual baseada nas diferenças raciais que compõem o Império português. M. M. Tenreiro, "Military encounters in the 18th century", especialmente pp. 29 e 36-48.

87. M. M. Tenreiro, "Military encounters in the 18th century", p. 37, observa certo senso de humor no modo como Julião copia e aloca suas imagens.

88. Um exercício comparativo entre os originais de Guillobel e suas várias "cópias" no início do século XIX foi realizado por Eneida Maria Mercadante Sela, "Desvendando figurinhas: um olhar histórico para as aquarelas de Guillobel", mestrado, Campinas, Unicamp, 2001, especialmente cap. 3.

89. Em alguns casos, os cartógrafos desenhavam em folhas separadas edifícios ou navios, que depois eram colados nas pranchas cartográficas. As duas pranchas examinadas aqui possuem todos os seus elementos colados sobre um mesmo fundo, no qual são desenhados apenas os riscos das margens e escritas as legendas.

90. Um panorama das abordagens recentes sobre o tema, com enfoque relacional, pode ser obtido na interessante coletânea organizada por Anthony Pagden (ed.), *Facing each other. The world's perception of Europe and Europe's perception of the world*, Aldershot, Ashgate Variorum, 2000. Para o caso português, vide Antonio Luís Ferronha (coord.), *O confronto do olhar. O encontro dos povos na época das navegações portuguesas. Séculos XV e XVI*, Lisboa, Editorial Caminho, 1991. Uma análise mais específica sobre as transformações operadas na segunda metade do século XVIII com relação à construção da imagem do outro é realizada por Bernard Smith, a partir do material iconográfico produzido pelas viagens de James Cook ao Pacífico. Bernard Smith, *In the wake of the Cook voyages*, New Haven, Yale University Press, 1992, especialmente caps. 3 e 4. Vide também o interessante trabalho de Bronwen Douglas, "Art as ethno-historical text: science, representation and indigenous presence in eighteenth and nineteenth century oceanic voyage literature", em Nicholas Thomas e Diane Losche (ed.), *Double vision. Art histories and colonial histories in the Pacific*, Cambridge, Cambridge University Press, 1999, pp. 65-99.

91. Cláudio C. Pinheiro, "No governo dos mundos: escravidão, contextos coloniais e administração de populações", *Estudos Afro-Asiáticos*, 24, nº 3 (2002): 445-50.

92. Parte desse material pode ser localizada na BNRJ, no Museu Nacional do Rio de Janeiro e no Museu e Laboratório Antropológico da Universidade de Coimbra. Desse conjunto, 243 estampas foram reproduzidas em Alexandre Rodrigues Ferreira, *Viagem filosófica pelas capitanias do Grão-Pará, Rio Negro, Mato Grosso e Cuiabá, 1783-1792. Iconografia*, Rio de Janeiro, Conselho Federal de Cultura, 1971, 2 vols. — entre as quais há cerca de três dezenas de imagens referentes aos índios. As memórias sobre as várias etnias indígenas foram reunidas e publicadas em Alexandre Rodrigues Ferreira, *Viagem filosófica pelas capitanias do Grão-Pará, Rio Negro, Mato Grosso e Cuiabá. Memórias. Antropologia*, Rio de Janeiro, Conselho Federal de Cultura, 1974. Para uma análise detalhada desse material, vide Almir Diniz de Carvalho Jr., "Do índio imaginado ao índio inexistente. A construção da imagem do índio na viagem filosófica de Alexandre Rodrigues Ferreira", mestrado, Campinas, Unicamp, 2000, especialmente caps. 2 e 3; e também Thekla Hartmann, *A contribuição da iconografia para o conhecimento de índios brasileiros do século XIX*, São Paulo, Museu Paulista, 1975.

93. Alexandre Rodrigues Ferreira, *Observações geraes e particulares sobre a classe dos mammaes observados nos territórios dos trez rios das Amazonas, Negro e da Madeira, com as descrições circunstanciadas que de quazi todos elles derão os antigos e modernos naturalistas e principalmente a dos tapuyas*, datada de Vila Bela (GO), 29 de fevereiro de 1790 [o original encontra-se na BNRJ-Ms, cód. I-21,1,11. mas foi publicado pela *Revista do Instituto Histórico e Geográfico da Bahia*, 60 (1934): 3-217]. Essa memória é analisada por R. Raminelli, "Do conhecimento físico e moral dos povos", e A. D. Carvalho Jr., "Do índio imaginado ao índio inexistente", especialmente cap. 2.

94. A distinção entre selvagens e domésticos e entre inimigos e aliados não é novidade, estando presente em toda a legislação indigenista colonial. Vide Beatriz Perrone-Moisés, "Índios livres e índios escravos: os princípios da legislação indigenista do período colonial (séculos XVI a XVIII)", em Manuela Carneiro da Cunha (org.), *História dos índios no Brasil*, São Paulo, Companhia das Letras/SCM, 1992, pp. 115-32.

95. Nesse sentido, a nomenclatura de Alexandre Rodrigues Ferreira afasta-se daquela do início do processo colonizador, que denominava "tapuia" aqueles índios selvagens, em oposição aos chamados "domésticos". Cf. A. D. Carvalho Jr., "Do índio imaginado ao índio inexistente", pp. 106-27, e também R. Raminelli, "Do conhecimento físico e moral dos povos", pp. 974-5.

96. Ronald Raminelli afirma que José Joaquim Codina e Joaquim José Freire certamente estavam mais habilitados para os desenhos técnicos do que para representar as formas anatômicas, desconhecendo técnicas presentes desde a Renascença nas gravuras européias. R. Raminelli, "Do conhecimento físico e moral dos povos", pp. 971-2.

97. Sigo, aqui, a interpretação de A. D. Carvalho Jr., "Do índio imaginado ao índio inexistente", especialmente caps. 2 e 3. De modo diverso, Ronald Raminelli, enfatiza o procedimento taxionômico e particularizador operado por Alexandre Rodrigues Ferreira e seus riscadores. Cf. R. Raminelli, "Do conhecimento físico e moral dos povos", pp. 969-92. Em outro texto, Raminelli chega a afirmar que nas memórias sobre os índios as observações de Ferreira eram "simplórias, destituídas de profundidade, contendo análises apenas superficiais sobre o [seu] cotidiano e comportamento". Assim, as tribos pacificadas teriam sido desprezadas, sendo "praticamente invisíveis aos olhos de Ferreira", ao passo que os mura, considerados os "corsários da floresta", personificavam o que havia de mais bárbaro. Nas *Observações geraes e particulares sobre a classe dos mammaes*, Ferreira teria apenas repetido estereótipos anteriores. R. Raminelli, "Ciência e colonização", pp. 168-71. Observo ainda que a idéia de que os *tapuios*, destribalizados e desaculturados pelas missões e aldeamentos, haviam se transformado em "índios genéricos" já havia sido levantada por Carlos de Araújo Moreira Neto, *Índios da Amazônia. De maioria a minoria (1750-1850)*, Petrópolis, Vozes, 1988, pp. 25-7.

98. É provável que, aqui, Julião tenha tomado Diu e Goa como indicativos do Estado da Índia, que então abarcava administrativa e eclesiasticamente também Timor e Macau. Outra possibilidade explicativa é que, desde o século XVII, havia um circuito comercial que ligava Goa a Macau, Cantão e Nagasaqui. Cf. Francisco Bethencourt e Kirti Chaudhuri (dir.), *História da expansão portuguesa*, vol. 1, pp. 182-8.

99. Como vimos no capítulo 3, R. Bluteau indica que "preto", além de designar uma cor, significava preferencialmente um escravo; "mulato" dizia respeito somente a um nascimento mestiço, sem nenhuma referência à condição social ou a uma procedência específica. No caso do termo "mestiço", o dicionarista indica tratar-se do "nascido de pais de diferentes nações", exemplificando o caso do "filho de português e de Índia, ou de pai índio e de mãe portuguesa". Mas isso nem mesmo chega a ser uma pista, pois índio é definido por ele tanto como sendo o "natural da Índia" quanto o nome atribuído "aos povos da América". Cf. R. Bluteau, *Vocabulário*, verbetes respectivos.

100. R. Bluteau, *Vocabulário*, verbetes "salvagem" e "selvagem". A mesma acepção aparece no *Diccionario* de A. Moraes Silva, que define salvagem como

"homem rude, montezinho, silvestre, de costumes bárbaros", indicando que a forma "selvagem" era preferível por estar "mais conforme a etimologia". A. M. Silva, *Diccionario*, verbetes "salvagem" e "selvagem".

101. R. Bluteau, *Vocabulário*, verbete "índio".

102. Análises semelhantes empreendidas em relação às imagens produzidas por Albert Eckhout no século XVII serviram de inspiração para essas conclusões. Cf. Viktoria Schmidt-Linsenhoff, "The Brazilian body. Constructions of hybridity in Dutch 17th century painting", paper apresentado no congresso "Aguda. Aspects du patrimoine afro-brésilien dans le Golfe du Benin", Porto Novo, 26 a 30 de novembro de 2001 <http://ntskg01.uni-trier.de/cgi-bin/WIRE.pl?Lang=en&Db=Slavery>; e Peter Mason, "Oito grandes quadros com pessoas das Índias Orientais e Ocidentais. A montagem maravilhosa de Albert Eckhout", em *Albert Eckhout volta ao Brasil, 1644-2002*, Copenhague, Nationalmuseet, 2002, pp. 147-54.

103. "Pragmática de 24 de maio de 1749, em que se regula a moderação dos adornos, e se proíbe o luxo, e excesso dos trajes, carruagens, móveis, e lutos, o uso das espadas a pessoas de baixa condição, e outros diversos abusos [...]", em *Appendix das leys extravagantes, decretos e avisos, que se tem publicado do anno de 1747 até o anno de 1760* [...], Lisboa, Mosteiro de São Vicente de Fora, 1760, pp. 19-24.

104. Como vimos no capítulo 2, talvez tenha sido em parte em reação a essa indistinção que essa ordem tenha suscitado discussões em Goa, cujos moradores consideravam que a lei não podia ser ali aplicada, pois o "costume do país" e a miséria da "maior parte da plebe" já impediam a existência daquele luxo. Sobre o pedido da Câmara de Goa, vide parecer do Conselho Ultramarino, de 12 de dezembro de 1781, AHU, cód. 921, fl. 55v.

105. Seguindo os ensinamentos de Lineu, Alexandre Rodrigues Ferreira afirmava, por exemplo, que os índios da Amazônia eram da "classe dos mamíferos 1ª ordem — dos quadrúpedes, 1ª divisão — dos terrestres unguiculados, I — gênero: 1 — *Homo sapiens*, Abá Mira — Homem 1ª variedade *americanus*, tapuia". Apud: R. Raminelli, "Do conhecimento físico e moral", p. 974.

106. Indico aqui apenas os documentos legais mais importantes, mas há uma infinidade de determinações intermediárias. Para um balanço delas, vide Charles R. Boxer, *O Império colonial português*, Lisboa, Edições 70, 1969, especialmente cap. 11, e também, do mesmo autor, *Relações raciais no Império colonial português, 1415-1825*, Rio de Janeiro, Tempo Brasileiro, 1967. O mesmo tema é abordado e exaustivamente analisado do ponto de vista das perseguições aos judeus por Maria Luiza Tucci Carneiro, *Preconceito racial no Brasil colônia. Os cristão-novos*, São Paulo, Brasiliense, 1983.

107. Todo candidato devia ser examinado para se verificar se era batizado e crismado, se não era "herege, apóstata [...], ou filho ou neto de infiéis, hereges, judeus ou mouros, ou que fossem presos ou penitenciados pelo Santo Ofício", se era "legítimo havido de legítimo matrimônio", se tinha "parte de nação hebréia ou de qualquer infecta, ou de negro ou mulato", se era cativo "e sem licença de seu senhor se quer ordenar", se tinha idade suficiente, se não tinha nenhuma deformidade corporal, enfermidade ou doença contagiosa etc. Cf. Sebastião Monteiro da Vide, "Das diligências que se requerem para todas as ordens e da forma com que se devem fazer", *Constituições primeiras do arcebispado da Bahia*, [1707], São Paulo, Typographia 2 de Dezembro de Antonio Louzada Antunes, 1853, livro I, título LIII, pp. 92-4.

108. C. R. Boxer, em *O Império colonial*, menciona vários noviços e padres mestiços e nativos em Goa (pp. 280-7) e na África (pp. 289-90). Com relação à concessão de títulos da Ordem de Cristo a índios e negros, basta lembrar os casos famosos de Filipe Camarão, Henrique Dias e João Fernandes Vieira (idem, p. 293). Fernanda Bicalho, embora reconhecendo que teoricamente os cargos da administração local só podiam ser preenchidos "pela *nobreza da terra* com atestada *pureza de sangue*" ou pelos "principais da terra", afirma que "pessoas menos nobres", valorizando suas atuações como protagonistas da conquista ultramarina, muitas vezes conseguiam ascender àquela categoria, superando eventuais "manchas de sangue" ou "defeitos mecânicos". Cf. Maria Fernanda Baptista Bicalho, "Mediação pureza de sangue e oficiais mecânicos. As Câmaras, as festas e a representação do Império português", em Eduardo França Paiva e Carla Maria Junho Anastasia (orgs.), *O trabalho mestiço. Maneiras de pensar e formas de viver. Séculos XVI a XIX*, São Paulo, Annablume/PPGH/UFMG, 2002, pp. 310-2. Para uma análise de casos de afro-descendentes ocupando cargos públicos na América portuguesa, vide A. J. R. Russell-Wood, "Ambivalent authorities: the African and Afro-Brazilian contribution to local governance in colonial Brazil", *The Americas*, 57, nº 1 (2000): 13-36.

109. O impacto da política pombalina em relação aos indígenas do Brasil é analisado geralmente a partir do *Diretório* de agosto de 1758, que regulamentava as formas de governo e a vida nas povoações indígenas do Pará e Maranhão. Os trabalhos específicos sobre essas determinações de 1758 são os de Rita Heloisa de Almeida, *O diretório dos índios. Um projeto de "civilização" no Brasil do século XVIII*, Brasília, Editora Universidade de Brasília, 1997, e Patrícia Maria Melo Sampaio, "Espelhos partidos. Etnia, legislação e desigualdade na colônia. Sertões do Grão-Pará, c. 1755-c.1823", doutorado, Niterói, UFF, 2001. É contudo o livro de Ângela Domingues que analisa mais detalhadamente as leis de 1755. Ângela Domingues, *Quando os índios eram vassalos. Colonização e*

relações de poder no Norte do Brasil na segunda metade do século XVIII, Lisboa, CNCDP, 2000.

110. A. Domingues, *Quando os índios eram vassalos*, pp. 42-4 e 303-6. Evidentemente, tais direitos foram violentamente contestados por colonos, governadores, clérigos etc. Esses conflitos estão na raiz da promulgação do *Diretório* em 1758 e, depois, da carta régia de 1792. Vide P. M. M. Sampaio, "Espelhos partidos", passim.

111. Vide Antonio Delgado da Silva, *Collecção da legislação portugueza*, Lisboa, Typografia Maigrense, 1830, vol. 1, pp. 367-8. Essa determinação ecoava no parágrafo 10 da lei do *Diretório*, que proibia chamar os índios de negros, pois seria "prejudicialíssimo à civilidade dos mesmos índios este abominável abuso [...] chamar negros a uns homens que o mesmo senhor veio a nobilitar e declara por isentos de toda e qualquer infâmia, habilitando-os para todo o emprego honorífico". Apud: R. H. Almeida, *O diretório dos índios*, p. 184 e apêndice.

112. Decreto de 2 de abril de 1761. Apud: C. R. Boxer, *O Império colonial português*, p. 286.

113. Instruções ao governador José Pedro da Câmara, de 1774, apud: Kenneth Maxwell, *Marquês de Pombal*, p. 138.

114. Carta de Martinho de Melo e Castro ao bispo de Cochim, de março de 1779, apud: C. R. Boxer, *O Império colonial português*, p. 288.

115. Francisco Manoel Trigoso de Aragão Morato, *Colecção oficial de legislação portuguesa*, ACL respectivamente vol. 19, doc. 101, e vol. 20, doc. 87. Cf. C. R. Boxer, *O Império colonial*, pp. 301-2; Falcon, *A época pombalina*, pp. 402-3; e M. L. T. Carneiro, *Preconceito racial*, pp. 182-94. Nas pp. 189-90, a autora apresenta breve balanço das interpretações historiográficas sobre o impacto dessas medidas em Portugal.

116. Alvará com força de lei de 16 de janeiro de 1773. Cf. Silvia Hunold Lara, "Legislação sobre escravos africanos na América portuguesa", em José Andrés-Gallego (coord.), *Nuevas aportaciones a la historia jurídica de Iberoamérica*, Madri, Fundación Histórica Tavera/Digibis/Fundación Hernando de Larramendi, 2000 (CD-ROM).

117. A. Domingues, *Quando os índios eram vassalos*, pp. 43 e 304-13.

118. Cf. Stuart B. Schwartz, "A formação de uma identidade colonial no Brasil", *Da América portuguesa ao Brasil. Estudos históricos*, Lisboa, Difel, 2003, pp. 254-62. Para um exemplo em outras partes do Império português, vide Anita Correia Lima de Almeida, "O veneno do desgosto. A conjuração de Goa em 1787", em Júnia Ferreira Furtado (org.), *Diálogos oceânicos. Minas Gerais e as novas abordagens para uma história do Império ultramarino português*, Belo Horizonte, Editora UFMG, 2001, pp. 337.

119. Cf. Iris Kantor, "A Academia Brasílica dos Renascidos e o governo político da América portuguesa (1759): contradições do cosmopolitismo acadêmico luso-americano", em István Jancsó (org.), *Brasil: formação do Estado e da nação*, São Paulo, Hucitec/Ed. Unijuí/FAPESP, 2003, pp. 328-9. Vide também Iara Lis Schiavinatto, "Imagens do Brasil: entre a natureza e a história", idem, ibidem, especialmente pp. 610-4.

120. Sigo aqui as análises recentes de João Pinto Furtado, *O manto de Penélope. História, mito e memória da inconfidência mineira de 1788-9*, São Paulo, Companhia das Letras, 2002, especialmente cap. 3. Para um balanço das interpretações clássicas de Joaquim Norberto de Souza e Silva, Lúcio José dos Santos, Kenneth Maxwell e Márcio Jardim sobre esse movimento, vide pp. 48-63.

121. J. P. Furtado, *O manto de Penélope*, pp. 135-72.

122. Sigo aqui, *grosso modo*, a análise de István Jancsó, em *Na Bahia contra o Império. História do ensaio de sedição de 1798*, São Paulo, Hucitec/Edufba, 1996. Vide, também, Luiz Henrique Dias Tavares, *História da sedição intentada na Bahia em 1798: a conspiração dos alfaiates*, São Paulo, Pioneira, 1975.

123. István Jancsó e João Paulo G. Pimenta, "Peças de um mosaico. Ou apontamentos para o estudo da emergência da identidade nacional brasileira", *Revista de História das Idéias*, 21 (2000): 410.

124. I. Jancsó e J. P. G. Pimenta, "Peças de um mosaico", p. 402. Cf. também Rogério Forastieri da Silva, *Colônia e nativismo: a história como "biografia da nação"*, São Paulo, Hucitec, 1997.

125. S. B. Schwartz, "A formação de uma identidade colonial no Brasil", pp. 265-70.

126. A. J. R. Russell-Wood, "Precondições e precipitantes do movimento de independência da América portuguesa", em J. F. Furtado (org.), *Diálogos oceânicos*, p. 448. Outros exemplos podem ser colhidos em S. B. Schwartz, "A formação de uma identidade colonial no Brasil", p. 233.

127. S. B. Schwartz, "A formação de uma identidade colonial no Brasil", pp. 254-62.

128. Stuart B. Schwartz menciona o orgulho dos "brasileiros" que iam estudar em Coimbra e, ao mesmo tempo, o "hábito de, em Portugal, se questionar as capacidades brasileiras". S. B. Schwartz, "A formação de uma identidade colonial no Brasil", p. 251. Maria Odila da Silva Dias, ao contrário, assinala a ausência de uma "consciência nacional" entre os estudantes, mas indica o desejo de muitos de "aparecer em plano de igualdade com os estudiosos europeus". M. O. S. Dias, "Aspectos da Ilustração no Brasil", p. 134. Para um período anterior, mas indicativo da possibilidade de significados depreciativos em relação aos "brasileiros", há uma sátira do início do século XVIII contra Bartolomeu de Gusmão,

a propósito de sua passarola voadora, que dizia: "Com que invento queres, baixo idiota,/ com que engenho te atreves, brasileiro,/ a voar no ar, sendo pateiro./ Melhor te fora na região remota/ d'onde nasceste estar com siso inteiro". Apud: Luciano Raposo de Almeida Figueiredo, "Além de súditos: notas sobre revoltas e identidade colonial na América portuguesa", *Tempo*, 10 (dez. 2000): 82.

129. S. B. Schwartz, "A formação de uma identidade colonial no Brasil", pp. 237-9.

ARREMATE

1. Carta do conde de Resende a Luís Pinto de Souza Coutinho, de 11 de abril de 1796, ANRJ, *Correspondência do vice-reinado para a Corte*, cód. 69, vol. 13, fls. 39-42v.

2. Ofício de d. Rodrigo de Souza Coutinho ao presidente da Mesa de Inspeção do Rio de Janeiro, de 27 de setembro de 1798, AHU, Rio de Janeiro, cx. 166, doc. 12377.

3. Ofício do conde de Resende a d. Rodrigo de Souza Coutinho, de 28 de dezembro de 1798, AHU, Rio de Janeiro, cx. 168, doc. 12526.

4. Bando de 21 de novembro de 1719. Apud: A. J. R. Russell-Wood, *The black man in slavery and freedom in colonial Brazil*, Nova York, St. Martin's Press, 1982, pp. 45-6. A medida dependia da aprovação real, que não se sabe ter chegado.

5. Carta de d. Lourenço de Almeida, de 20 de abril de 1723. A proposta foi longamente considerada pelo Conselho Ultramarino, mas não chegou a receber a manifestação real. AHU, cód. 233, fls. 284-6. Em 1805, Basílio Teixeira de Saavedra, em sua *Informação sobre a capitania das Minas Gerais*, também propôs que os mulatos ficassem proibidos de herdar dos brancos e que "muitos deles fossem obrigados a se empregar nos ofícios e artes liberais". Apud: Marco Antônio Silveira, *O universo do indistinto. Estado e sociedade nas Minas setecentistas (1735-1808)*, São Paulo, Hucitec, 1996, pp. 74-5.

6. Laura de Mello e Souza, *Desclassificados do ouro. A pobreza mineira no século XVIII*, Rio de Janeiro, Graal, 1982, especialmente pp. 71-90.

7. Ofício de d. Francisco de Inocêncio de Sousa Coutinho, de 13 de setembro de 1769, IEB, Coleção Lamego, cód, 83, doc. 34, fls. 149v-151.

8. Vide, entre outros, André João Antonil, *Cultura e opulência do Brasil por suas drogas e minas*, [1711] (ed. crítica por A. Mansuy), Paris, IHELAL, 1965; Jorge Benci, *Economia cristã dos senhores no governo dos escravos*, [1705] São Paulo, Grijalbo, 1977; Manoel Ribeiro Rocha, *Etíope resgatado, empenhado, sustentado, corrigido, instruído e libertado*, [1758] (apresentação e transcrição do

texto original por S. H. Lara), *Cadernos do Instituto de Filosofia e Ciências Humanas*, 21 (1991): 28-149.

9. "Nova e Curiosa Relação de hum abuzo emendado, ou evidencias da razão; expostas a favor dos Homens Pretos em hum dialogo Entre hum letrado, e hum Mineiro", em Charles R. Boxer, "Um panfleto raro acerca dos abusos da escravidão negra no Brasil" [1764], *Anais do congresso comemorativo do bicentenário da transferência da sede do governo do Brasil da cidade de Salvador para o Rio de Janeiro*, Rio de Janeiro, Departamento de Imprensa Nacional, 1967, vol. III, pp. 177-8.

10. Cf. Silvia Hunold Lara, *Campos da violência. Escravos e senhores na capitania do Rio de Janeiro, 1750-1808*, Rio de Janeiro, Paz e Terra, 1988, especialmente parte 1.

11. M. R. Rocha, *Etíope resgatado*, especialmente pp. 137-49.

12. A gratidão do alforriado em relação a seu ex-senhor também estava presente em determinações legais. Vide "Das doações e alforria que se podem revogar por causa de ingratidão", *Ordenações filipinas*, livro IV, título LXIII. Cândido Mendes de Almeida (ed.), *Código philippino ou Ordenações e leis do Reino de Portugal recopiladas por mandado d'elrey d. Philippe I*, 14ª ed., Rio de Janeiro, Typographia do Instituto Philomathico, 1870, pp. 863-7.

13. A. J. R. Russell-Wood, *The black man in slavery and freedom in colonial Brazil*, especialmente caps. 4 e 5.

14. "Consulta do Conselho Ultramarino a S. M. no anno de 1732, feita pelo conselheiro Antonio Rodrigues da Costa", RIHGB, 7 (2ª ed. 1866): 498-506.

15. Stuart B. Schwartz, "A formação de uma identidade colonial no Brasil" *Da América portuguesa ao Brasil. Estudos históricos.* Lisboa, Difel, 2003, pp. 217-271.

16. Stuart B. Schwartz, "Brazilian ethnogenesis: mestiços, mamelucos, and pardos", em Serge Gruzinski e Nathan Wachtel (orgs.), *Le nouveaux monde, mondes nuveaux*, Paris, Éditions Recherche sur les Civilisations/Éditions de l'École des Hautes Études en Sciences Sociales, 1996, pp. 9-27.

17. Cf. Luiz Henrique Dias Tavares, *História da sedição intentada na Bahia em 1798: a conspiração dos alfaiates*, São Paulo, Pioneira, 1975; e István Jancsó, *Na Bahia contra o império. História do ensaio de sedição de 1798*, Sao Paulo, Hucitec/Edufba, 1996.

18. Vale lembrar que, dos 33 réus presos e condenados pela devassa instaurada em 1798, dois eram "pardos escuros", quatro "pardos claros", catorze "pardos", dez "brancos", um "pardo trigueiro", um "pardo fusco" e um "preto". Deste mesmo total, onze eram escravos, onze soldados ou oficiais militares e dez artesãos. Cf. L. H. D. Tavares, *História da sedição intentada na Bahia em 1798*, pp. 9-10.

19. Cf. Caio Prado Jr., *Formação do Brasil contemporâneo*, [1942] 15ª ed., São Paulo, Brasiliense, 1977, pp. 278-86 e 359-60. Essa tradição consolidou a compreensão dos homens livres como um grupo social "intermediário", que ocupava uma "situação ambígua" ou configurava uma "categoria heterogênea", para retomar as expressões posteriormente empregadas por Florestan Fernandes e Jacob Gorender. Cf. Florestan Fernandes, *Circuito fechado*, São Paulo, Hucitec, 1976, pp. 31-2; Jacob Gorender, *O escravismo colonial*, São Paulo, Ática, 1978, p. 287.

20. L. de Mello e Souza, *Desclassificados do ouro*.

21. Nesse caso, porém, a maior parte dos estudos está baseada em fontes do século XIX. Para o período colonial, vide, entre outros, Maria Inês Côrtes de Oliveira, *O liberto: o seu mundo e os outros. Salvador, 1790-1890*, Salvador, Corrupio/CNPq, 1988; Maria Odila da Silva Dias, *Quotidiano e poder em São Paulo no século XIX*, São Paulo, Brasiliense, 1984; Luciano Figueiredo, *O avesso da memória. Cotidiano e trabalho da mulher em Minas Gerais no século XVIII*, Rio de Janeiro, José Olympio/Edunb, 1993; Eduardo França Paiva, *Escravos e libertos nas Minas Gerais do século XVIII. Estratégias de resistência através dos testamentos*, São Paulo, Annablume, 1995; Katia M. de Queirós Mattoso, "Être affranchi au Brésil. XVIIIe XIXe siècles", *Diogène*, (jul./set. 1997): 103-21.

22. Vide, respectivamente, James H. Sweet, "Manumission in Rio de Janeiro, 1749-54: an African perspective", *Slavery and Abolition*, 24, nº 1 (2003): 54-70; Sheila de Castro Faria, "Mulheres forras — riqueza e estigma social", *Tempo*, 9 (2000): 65-92, e, da mesma autora, "Sinhás pretas, damas mercadoras. As pretas minas nas cidades do Rio de Janeiro e de São João del Rey (1700-1850)", tese para concurso de titularidade, Niterói, UFF, 2004.

23. Cf. A. J. R. Russell-Wood, "Free and freed persons of African descent in colonial Brazil: trends and historiography, 1982-2002", Slavery and freedom in colonial Brazil, Oxford, Oneworld Publications, 2002 (nova edição de *The black man in slavery and freedom in colonial Brazil*), pp. XIII-LIII, e "Epílogo: considerações retrospectivas, atuais e prospectivas". *Escravos e libertos no Brasil colonial* (trad.), Rio de Janeiro, Civilização Brasileira, 2005, pp. 293-360.

24. Cf. Kenneth Maxwell, "A geração de 1790 e a idéia do império luso-brasileiro", em *Chocolate, piratas e outros malandros. Ensaios tropicais*, Rio de Janeiro, Paz e Terra, 1999, pp. 157-207. Embora com outras nuances interpretativas, a solução de compromisso aparece também na análise de A. J. R. Russell-Wood, "Precondições e precipitantes do movimento de independência da América portuguesa", em Júnia Ferreira Furtado (org.), *Diálogos oceânicos. Minas Gerais e as novas abordagens para uma história do império ultramarino português*, Belo Horizonte, Editora UFMG, 2001, especialmente pp. 459-67.

25. O tema vem sendo cada vez mais explorado pela historiografia sobre o período. Para citar alguns exemplos referentes à Bahia, vide: João José Reis, "O jogo duro do dois de julho: o 'partido negro' na independência da Bahia", em João José Reis e Eduardo Silva, *Negociação e conflito. A resistência negra no Brasil escravista*, São Paulo, Companhia das Letras, 1989, pp. 79-98; Ubiratan Castro de Araújo, "A política dos homens de cor no tempo da independência", *Clio. Revista de Pesquisa Histórica,* 1, nº 19 (2001): 7-27; Hendrick Kraay, "The politics of race in independence-era Bahia: the black militia officers of Salvador, 1790-1840", em Hendrick Kraay (ed.), *Afro-Brazilian culture and politics. Bahia, 1790s to 1990s*, Armonk, M. E. Sharpe, 1998, pp. 30-56. Sobre a racialização da mobilização política no início do século XIX, vide especialmente Ivana Stolze Lima, *Cores, marcas e falas. Sentidos da mestiçagem no Império do Brasil*, Rio de Janeiro, Arquivo Nacional, 2003, capítulo 1.

Fontes e bibliografia

FONTES MANUSCRITAS

Academia das Ciências de Lisboa (ACL)

Francisco Manoel Trigoso de Aragão Morato, *Colecção oficial de legislação portuguesa coligida por...* (870-1836) (43 volumes impr. e ms). Cód. 11.2.

Legislação sobre alfândegas, *1701 a 1799*. Ms. Azul 28.

Arquivo do Cartório do Segundo Ofício de Campos — RJ

"Traslado de uns autos crimes de Lino de Sousa cabra que vão remetidos deste Ofício Ordinário para o Tribunal da Relação da cidade do Rio de Janeiro" [1800].

Arquivo Geral da Cidade do Rio de Janeiro (AGCRJ)

"Autos crime de injúrias: Antonio Rangel, autor contra o alferes Vicente Gomes da Silva, réu, 1768-1770". Cód. 45-1-1.

"Autos de homens de negócio e comerciantes de escravos, 1758-1792". Cód. 6—1-9.

"Autos de processo de injúrias de José da Silva Coutinho contra Clemente José e sua mulher, 1773". Cód. 4-1-14.

"Autos de um processo de injúria a mulher casada intentado por Ana Maria da Conceição e seu marido contra Rita Sebastiana, 1772". Cód. 45-1-15.

"Autos de um processo de injúrias intentado por Antonio Duarte contra Antonio de Faria Figueira, 1773". Cód. 40-1-3
"Autos de um processo de injúrias: Antonio Duarte, autor contra Antonio de Faria Figueira, 1772". Cód. 45-1-13.
"Autos de um processo de injúrias: Rita Sebastiana e Antonio Gonçalves e sua mulher, 1772-1773". Cód. 40-1-4.
"Autos de um processo sobre feitiçaria, Graciana da Silva, autora, contra Bernarda Maria Caetana, ré, 1770". Cód. 43-3-49.
Festividades diversas. Códs. 16-1-5, 6-2-20 e 6-2-19.
Parte de um auto de injúrias que Pedro Francisco Guimarães ofereceu contra João Coelho Marinho, 1771. Cód. 40-1-2
Parte de um processo de agravo em que figuram várias peças do libelo e as razões de apelação do advogado Mariano ..., 1774. Cód. 39-1-32.
Parte de um processo de injúrias de Antonio Gonçalves e sua mulher Ana Maria da Conceição, 1772. Cód. 42-3-49.
"Processo de injúrias em que autor Pedro Francisco Guimarães e réu Joaquim Coelho Marinho, 1772". Cód. 45-1-12.
Relação de verbas, 1772 a 1786. Cód. 50-4-24.
Senado da Câmara, vários registros, 1749-1759. Cód. 43-4-15.

Arquivo Histórico Ultramarino (*AHU*)
Bahia, papéis avulsos.
Rio de Janeiro, papéis avulsos.
Conselho Ultramarino, Livros de Registro de Consultas do Rio de Janeiro, 1711-1807. Códs. 233-235.
Conselho Ultramarino, Pareceres. Cód. 921.

Arquivo Municipal de Salvador (*AMS*)
Atas da Câmara, 1765-76.
Cartas do Senado a sua majestade, 1742-1822.
Cartas do Senado aos governadores das vilas e capitanias, 1686-1805.
Circulares da Câmara, 1685-1697 (na verdade 1797).
Circulares da Câmara, 1726 (na verdade 1795)-1819.
Identidade de pretos, 1776.
Pagamentos pelo Senado, 1750-62.
Portarias da Câmara, 1770-92.

Arquivo Nacional da Torre do Tombo (*ANTT*)
Legislação portuguesa, 1401 a 1832 (15 volumes). Série Preta, 2262 a 2276.

Livro das leis extravagantes copilado per mandado do senhor regedor Lourenço da Sylva, pelo licenciado Duarte Ninez de Liaõ, procurador da Casa da Suplicação, 1566 (7 volumes). [Casa Forte].

Arquivo Nacional do Rio de Janeiro (*ANRJ*)

Cartas régias, provisões, alvarás e avisos, 1750-1821. Cód. 952.

Correspondência da corte com o vice-reinado, 1751-1807. Cód. 67.

Correspondência do vice-reinado para a corte. Cód. 69.

Mapa da população das províncias, 1815-44. Ministério do Reino e Império, cx. 761.

Vice-reinado, Portarias, 1763-1808. Cód. 73.

Arquivo Público do Estado da Bahia (*APEB*)

Seção Colonial e Provincial

Correspondência expedida de autoridades diversas para o rei, 1725-61 e 1762-69. Códs. 133 e 134.

Correspondência recebida de autoridades diversas, Ouvidoria Geral do Crime, 1741-59; 1763-79; 1780-84; 1785-98. Códs. 174 a 177.

Correspondência recebida de autoridades diversas. Câmaras do interior da Bahia, Santo Amaro, 1796-99. Cód. 199.

Correspondência recebida de autoridades diversas. Governos estrangeiros (São Tomé, Daomé, Benguela, Moçambique) 1786-99. Cód. 197.

Correspondência recebida de autoridades diversas. Juiz ordinário de vilas da Bahia, originais, 1755-62. Cód. 201.

Correspondência recebida de autoridades diversas. Juiz ordinário de vilas da Bahia, 1763-98. Cód. 201-1.

Correspondência recebida de autoridades diversas. Petições diversas, 1755-9 e 1769-99. Cód. 201-52.

Correspondência recebida de autoridades diversas. Senado da Câmara da Bahia, 1733-50. Cód. 198.

Correspondência recebida de autoridades diversas. Vice-rei do Estado do Brasil, 1788-99. Cód. 200.

Registro de correspondência expedida do Senado da Câmara de Salvador para o Rei, 1742-1822. Cód. 132.

Seção Judiciária

"Autos crimes de injúria, autor José Álvares dos Reis; réu Felipe Santiago da Mota, Cachoeira, 1799". Est. 03, cx. 108, doc. 02.

"Autos crimes, justificação de Manuel da Silva, Cachoeira, 1791". Est. 37, cx. 1317, doc. 25.
"Autos de culpa formada: a Justiça, autora; Manoel da Silva, réu. Cachoeira, 1787". Est. 7, cx. 231, doc.1.
"Autos de justificação de embargo, Cachoeira, 1788". Tribunal da Relação, est. 37, cx. 1317, doc. 19.
"Justificação crime de escravo (*sic*). Cachoeira, 1796". Tribunal da Relação, Est. 37, cx. 1317, doc. 3.
"Justificação de escravo (*sic*). Cachoeira, 1791". Tribunal de Justiça, est. 37. cx. 1317, doc. 25.
"Justificação de liberdade de Luís Pinto. Cachoeira, 1784". Tribunal da Relação, est. 37 cx. 1317, doc. 23.
"Libelo cível e crime de injúria atroz em que diz como autor Antonio Soares Pereira contra o réu Bento de Brito de Souza. Moritiba, 1763". Est. 21, cx. 752, doc. 09.
"Libelo cível e crime de injúria atroz em que diz como autor José Maria do Desterro, contra Francisco Moreira. Cachoeira, 1800". Est. 39, cx. 1373, doc. 9.
"Libelo cível e crime de injúria atroz. Francisco Xavier da Silva, autor; José Antonio da Rocha Passos, réu. Cachoeira, 1800". Est. 39, cx. 1373, doc. 7.
"Libelo cível e crime de injúrias verbais: autor Francisco Gomes da Costa; réu Vicente Ferreira de Moraes. Cachoeira, 1793". Est. 37, cx. 1325, doc. 4.
"Libelo crime e cível de injúria atroz, autor Antonio Ribeiro Barbosa, homem branco, contra os réus Matias Pereira e Sebastião Correia, pardos forros. Cachoeira, 1757". Est. 38, cx. 1344, doc. 21.
"Pedido de certidão de carta de liberdade, Cachoeira, 1798". Tribunal de Justiça, 1798, est. 13, cx. 441, doc. 3.
"Processo crime sobre a morte de Maria Angola, escrava de Miguel Pereira de Brito, por causa de facadas dadas pelo escravo Apolinário do mestre de campo Jerônimo da Costa. Cachoeira, 1785". Tribunal de Justiça, est. 27, cx. 1.001, doc. 03.
"Traslado dos autos de libelo cível e crime de injúria atroz que vão por apelação para a Relação da cidade da Bahia. Autor: Inácio Fernandes Lucas por cabeça de sua mulher Rosa Maria do Nascimento. Réus: Manoel Francisco da Silva Guimarães por cabeça de sua escrava Francisca crioula. Cachoeira, 1788". Est. 39, cx. 1380, doc. 4.

Biblioteca Nacional de Lisboa (*BNL*)
Alvarás &c. Seção de Reservados. Cód. 10.787.
Antônio da Costa Peixoto, *Alguns apontamentos da língua mina com as palavras portuguesas correspondentes por Antônio da Costa Peixoto em 173.* Microf. F2355.

Leys, alvarás e decretos publicados no reynado do fidelissimo d. Joam V, rey de Portugal. Leitura Geral, SC4119A.

Biblioteca Nacional do Rio de Janeiro, Seção de Iconografia (*BNRJ-Ico*)

Antônio Francisco Soares, *Relação dos magníficos carros que se fizerão de arquitetura, prespectiva e fogos* [...] *nesta cidade capital do Rio de Janeiro em 2 de fevereiro de 1786* [...]. Arc. 25-29.

Carlos Julião, "Noticia summaria do gentilismo da Asia com dez riscos illuminados"; *Ditos de figurinhos de brancos e negros dos uzos do Rio de Janeiro e Serro do Frio*; "Ditos de vasos e tecidos peruvianos". Cód. CI 18.

Prospecto da cidade de S. Sebastião do Rio de Janeiro situada no Estado do Brasil na América Meridional pellos 23 graos de latitude, e 342 graos, e 22 minutos de longitude mericional. Copiado exatamente do que se elevou em 1775.

Biblioteca Nacional do Rio de Janeiro, Seção de Manuscritos (*BNRJ-MS*)

Alexandre Rodrigues Ferreira, *Abuzo da conchyologia em Lisboa para servir de introdução a minha Theologia dos Vermes*, [1781]. Cód. 21-2, 002 nº 20.

Alexandre Rodrigues Ferreira, *Observações geraes e particulares sobre a classe dos mammaes observados nos territórios dos trez rios das Amazonas, Negro e da Madeira, com as descrições circunstanciadas que de quazi todos elles derão os antigos e modernos naturalistas e principalmente a dos tapuyas*, Vila Bela, 29 de fevereiro de 1790. Cód. I-21,1,11.

Cópia das posturas da Câmara de Campos dos Goitacases, 1756-88. Cód. 3-3-1.

Instituto de Estudos Brasileiros, Seção de Manuscritos (*IEB*)

Coleção Alberto Lamego

Livro copiador da correspondência de d. Francisco Inocêncio de Sousa Coutinho, governador de Angola, junho de 1767 a agosto de 1771. Cód. 82.

Livro copiador da correspondência de d. Francisco Inocêncio de Sousa Coutinho, governador de Angola, janeiro de 1768 a julho de 1769. Cód. 83.

"Certidão passada pelos oficiais da câmara da vila de São Salvador da Paraíba do Sul [...] em 16 de julho de 1729". Cód. 19.44.

Quadros demonstrativos relativos às vilas da capitania da Paraíba do Sul. Cód. 19.69

"Resumo dos fogos e população da cidade do Rio de Janeiro, feito por ordem do ilmo. e exmo. senhor conde de Rezende [...], 1º de dezembro de 1797". Cód. 44.2.

Gabinete de Estudos Arqueológicos da Engenharia Militar, Lisboa

"Elevasam, e fasada, que mostra em prospeto pela marinha a cidade de Salvador Bahia de todos os Santos na America Meridional [...] tirado por Carlos Julião Capitam de Mineiros do Regimento de Arttilharia da corte na ocasião que foi na Nao N. Sra. da Madre de Deus em majo 1779".

Prospectos "da entrada da barra de Goa", da "praça de Diu vista do mar", da "entrada do Rio de Janeiro em distância de meia légua do mar", e da "ilha de Moçambique, estando em seu porto", último quartel do século XVIII.

FONTES IMPRESSAS

"Almanaque histórico da cidade de S. Sebastião do Rio de Janeiro, 1799". RIHGB, 267 (abr./jun. 1965): 93-214.

"Carta do governador do Rio de Janeiro ao rei, de 5 de julho de 1726". *Documentos Interessantes para a História e Costumes de São Paulo*, 50 (1929): 33-4.

"Carta do vice-rei ao secretário do rei de Portugal, de 20 de janeiro de 1753". *Anais do Arquivo Público do Estado da Bahia*, 46 (1982): 137.

"Consulta do Conselho Ultramarino a S. M. no anno de 1732, feita pelo conselheiro Antonio Rodrigues da Costa". RIHGB, 7 (2ª ed. 1866): 498-506.

"Discurso de d. Rodrigo de Sousa Coutinho", em Marcos Carneiro de Mendonça, *O intendente câmara*. Rio de Janeiro, Imprensa Nacional, 1933, pp. 268-90.

"Dois embaixadores africanos mandados à Bahia pelo rei do Dagomé". RIHGB, 59 (1896): 413-7.

"Informação do Reino do Congo de frei Raimundo de Dicomano" (prefácio de Antonio Brásio). *Stvdia*, 34 (jun. 1972): 19-42.

"Memórias públicas e econômicas da cidade de São Sebastião do Rio de Janeiro para uso do vice-rei Luís de Vasconcellos por observação curiosa dos anos de 1779 até o de 1789". RIHGB, 47 (1884): 25-60.

"Ofício do governo interino para o conde de Oeiras, no qual informa dos excessos praticados por um grupo de ilhéus que se haviam reunido sob a designação de Irmandade do Espírito Santo [...]". [15 de junho de 1765]. ABN, 32 (1914): 96-8.

"Oficio do vice-rei Luiz de Vasconcellos e Souza com a cópia da relação instructiva e circunstanciada para ser entregue ao seu sucessor [...]" [1789]. RIHGB, 4 (1842).

"Opinião de um frade capuchinho sobre a escravidão no Brasil em 1794". RIHGB, 60 (1897): 155-7.

"Parecer de Wenceslau Pereira da Silva de 12 de fevereiro de 1738". ABN, 31 (1913): 29.

"Parecer do Conselho Ultramarino de 18 de setembro de 1728". *Documentos Históricos*, 94 (1951): 28-30.

"Provisão dirigida ao governador e capitão-general do Estado do Maranhão de 16 de fevereiro de 1734". *Anais da Biblioteca e Arquivo Públicos do Pará*, IV (1900): 224-5.

"Provisão régia de 18 de junho de 1725". *Documentos interessantes para a história e costumes de São Paulo*, 50 (1929): 33-4.

"Regresso do embaixador do rei Dagomé para a costa d'África". RIHGB, 59 (1896): 417-9.

"Relatório do marquês de Lavradio, vice-rei do Rio de Janeiro, entregando o governo a Luís de Vasconcelos e Sousa, que o sucedeu no vice-reinado" [1779]. RIHGB, 4 (1843): 409-86.

"Relatório do vice-rei Luís de Vasconcelos ao entregar o governo a seu sucessor o conde de Resende". RIHGB, 23 (1860): 143-239.

"Resumo total da população que existia no anno de 1779 [...]". RIHGB, 21 (2ªed. 1858): 216-7.

[BRANDÃO, Ambrósio Fernandes] *Diálogos das grandezas do Brasil.* [1618] (intr. de Capistrano de Abreu; notas de Rodolfo Garcia). São Paulo, Melhoramentos/INL, 1977.

ALMEIDA, Cândido Mendes de (ed.). *Código philippino ou Ordenações e leis do Reino de Portugal recopiladas por mandado d'elrey d. Philippe I.* 14ª ed. Rio de Janeiro, Typographia do Instituto Philomathico, 1870.

ANDERSON, Aeneas. *Relation de l'ambassade du Lord Macartney à la Chine, dans les années 1792, 1793 et 1794* [...] (trad.) Paris, Dénne le Jeune, Bucquillon et Poisson, l'an IV (1795).

ANTONIL, André João. *Cultura e opulência do Brasil por suas drogas e minas* [1711] (ed. crítica por A. Mansuy). Paris, IHELAL, 1965.

Aplauso festivo dedicado à feliz aclamação da rainha fidelíssima d. Maria I pelo Senado da Câmara da cidade de Lisboa [...]. Lisboa, Officina de Francisco Borges de Sousa, 1778.

Appendix das leys extravagantes, decretos e avisos, que se tem publicado do anno de 1747 até o anno de 1760 [...]. Lisboa, Mosteiro de São Vicente de Fora, 1760.

Atas da Câmara, 1751-1765. Salvador, Prefeitura do Município do Salvador, 1996 (Documentos históricos do Arquivo Municipal, vol. 10).

Autos da devassa da inconfidência mineira. 2ª ed. Brasília, Câmara dos Deputados/Imprensa Oficial de Minas Gerais, 1982.

BACELAR, Bernardo de Lima e Melo. *Diccionario da lingua portugueza.* Lisboa, Officina de Joze de Aquino Bulhoens, 1783.

BARLÉU, Gaspar. *História dos feitos recentemente praticados durante oito anos no Brasil.* [1647] Belo Horizonte, Itatiaia/Edusp, 1974.

BENCI, Jorge. *Economia cristã dos senhores no governo dos escravos.* [1705] São Paulo, Grijalbo, 1977.

BLANCHARDIÈRE, René Courte de La. *Nouveau voyage fait au Pérou.* Paris, Imprimerie de Dalaguette, 1751.

BLUTEAU, padre. d. Raphael. *Vocabulário portuguez e latino.* Coimbra, Collegio das Artes da Companhia de Jesus, 1712 (ed. fac-símile, CD-ROM, Rio de Janeiro, UERJ, s. d.).

BOXER, Charles R. "Um panfleto raro acerca dos abusos da escravidão negra no Brasil" [1764]. *Anais do congresso comemorativo do bicentenário da transferência da sede do governo do Brasil da cidade de Salvador para o Rio de Janeiro.* Rio de Janeiro, Departamento de Imprensa Nacional, 1967, vol. III, pp. 176-86.

CAILLE, Abbé Nicolas Louis de la. *Journal historique du voyage fait au Cap de Bonne-Espérance* [...]. Paris, Guilyn, 1763.

CALMON, Francisco. *Relação das faustíssimas festas.* [1762] (intr. e notas de Oneyda Alvarenga) Rio de Janeiro, MEC/SEC/Funarte, 1982.

CARRÈRE, J. B. F. *Voyage en Portugal et particulièrment à Lisbonne ou tableau moral, civil, politique physique et religieux de cette capital, etc.* Paris, Deterville, 1798.

CASTELLO, José Aderaldo (ed.). *O movimento academicista no Brasil: 1641-1820/22.* São Paulo, Conselho Estadual de Cultura, 1974, vol. 3, tomos 1, 2, 3, 4 e 5.

CHAVES, Castelo Branco (ed). *O Portugal de d. João V visto por três forasteiros.* Lisboa, Biblioteca Nacional, 1983.

COOK, James. *The three voyages of captain James Cook round the world.* Londres, Longamn, Hurst, Rees, Orme and Brown, 1821, vol. 1.

COUTINHO, José Joaquim da Cunha de Azeredo. *Concordancia das leis de Portugal, e das bullas pontificias, das quaes humas permittem a escravidão dos pretos d'Africa, e outras prohibem a escravidão dos indios do Brazil.* Lisboa, Nova Officina de João Rodrigues Neves, 1808.

CUNHA, D. Luís da. *Instruções políticas.* [1736] (ed. Abílio Diniz Silva) Lisboa, CNCDP, 2001.

CUNHA, Lygia da Fonseca Fernandes (ed.). *Riscos iluminados de figurinhos de brancos e negros dos uzos do Rio de Janeiro e Serro do Frio.* Rio de Janeiro, Biblioteca Nacional, 1960.

DALGADO, Monsenhor Sebastião Rodolfo. *Glossário luso-asiático.* [1919], 2 vols. (ed. fac-símile) Nova Délhi, Asian Educational Services, 1988.

ENNES, Ernesto. *As guerras nos Palmares.* São Paulo, Cia. Ed. Nacional, 1938.

_______. *Os primeiros quilombos. Subsídios para sua história.* S.l.e, s.c.e., s.d.e (mimeo.).

Epanáfora festiva ou relação sumária das festas com que na cidade do Rio de Janeiro capital do Brasil se celebrou o feliz nascimento do sereníssimo príncipe da Beira nosso senhor. Lisboa, Officina de Miguel Rodrigues, 1763.

EWBANK, Thomas. *A vida no Brasil.* (trad.) Belo Horizonte, Itatiaia/Edusp, 1976.

Extracto dos festejos com que o povo de Villa-Viçoza celebrou o feliz nascimento da augusta princeza da Beira, a senhora dona Maria Tereza. Lisboa, Officina de José de Aquino Bulhões, 1793.

FERREIRA, Alexandre Rodrigues. "Observaçõens geraes e particulares sobre a classe dos mammaes observados nos territorios dos trez rios das Amazonas, Negro e da Madeira..." [1790] *Revista do Instituto Geográfico e Histórico da Bahia*, 60 (1934): 3-217.

_______. *Viagem filosófica pelas capitanias do Grão-Pará, Rio Negro, Mato Grosso e Cuiabá, 1783-1792. Iconografia.* Rio de Janeiro, Conselho Federal de Cultura, 1971, 2 vols.

_______. *Viagem filosófica pelas capitanias do Grão-Pará, Rio Negro, Mato Grosso e Cuiabá. Memórias. Antropologia.* Rio de Janeiro, Conselho Federal de Cultura, 1974.

FERREIRA, Manoel Lopes. *Pratica criminal expendida na forma da praxe observada neste nosso Reino de Portugal; e ilustrada com muitas ordenações, leys extravagantes, regimentos e doutores.* Lisboa Occidental, Off. Ferreiriana, 1730, tomo I.

FLECKNOE, Richard. *A relation of ten years travells in Europe, Asia, Affrique, and America.* Londres, imprensa do autor, ca. 1654.

FRANÇA, Jean Marcel Carvalho. *Outras visões do Rio de Janeiro colonial, Antologia de textos, 1582-1808.* Rio de Janeiro, José Olympio, 2000.

_______. *Visões do Rio de Janeiro colonial. Antologia de textos, 1531-1800.* Rio de Janeiro, José Olympio, 1999.

HOLANDA, Sérgio Buarque de (org.). *Obras econômicas de J. J. da Cunha Azeredo Coutinho.* São Paulo, Cia. Ed. Nacional, 1966, pp. 231-307.

LARA, Silvia Hunold (ed.). *Ordenações filipinas, livro V.* São Paulo, Companhia das Letras, 1999.

LARA, Silvia Hunold. "Legislação sobre escravos africanos na América portuguesa", em Andrés-Gallego, José (coord.). *Nuevas aportaciones a la historia jurídica de Iberoamérica.* Madri, Fundación Histórica Tavera/Digibis/Fundación Hernando de Larramendi, 2000 (CD-ROM).

LAVRADIO, marquês do. *Cartas da Bahia, 1768-1769.* Rio de Janeiro, Arquivo Nacional, 1972.

_______. *Cartas do Rio de Janeiro, 1769-1776.* Rio de Janeiro, Arquivo Nacional, 1978.

LESSA, Clado Ribeiro de. *Crônica de uma embaixada luso-brasileira a Costa d'África em fins do século XVIII, incluindo o texto da viagem de África no Reino de Daomé escrita pelo pe. Vicente Ferreira Pires no ano de 1800 e até o presente inédita.* São Paulo, Cia. Ed. Nacional, 1957.

Leys e provisões, que elrei d. Sebastião nosso senhor fez depois que começou a governar. [1570] Coimbra, Real Imprensa da Universidade, 1816.

LINDLEY, Thomas. *Narrativa de uma viagem ao Brasil* [1804-5]. (trad.) São Paulo, Cia. Ed. Nacional, 1969.

LUCCOCK, John. *Notas sobre o Rio de Janeiro e partes meridionais do Brasil* [1820]. (trad.) Belo Horizonte, Itatiaia/Edusp, 1975.

MASCARENHAS, José Freire Monterroyo. *Relaçam da embaixada que o poderoso rei de Angomé Kiay Chiri Broncon, senhor dos dilatadíssimos sertões de Guiné mandou ao ilmo. e exmo. sr. dom Luiz Peregrino de Ataíde, conde de Atouguia* [...]. Lisboa, Officina de Francisco da Silva, 1751.

MELO, Bernardo de Lima e. *Diccionario da lingua portugueza* [...]. Lisboa, Officina de Jozé de Aquino Bulhoens, 1783.

MENDES, Luís Antônio de Oliveira. "Discurso acadêmico ao programa", em Carreira, Antonio. *As companhias pombalinas de Grão-Pará e Maranhão e Pernambuco e Paraíba.* 2ª ed. Lisboa, Editorial Presença, 1983, pp. 364-420.

_______. *Memória a respeito dos escravos e tráfico da escravatura entre a Costa d'Africa e o Brasil.* [1793] Porto, Publicações Escorpião, 1977.

MONTECUCCOLO, Giovanni Cavazzi da [João Antonio Cavazzi de]. *Descrição histórica dos três reinos do Congo, Matamba e Angola.* [1687] (trad. e notas de Graciano Maria de Leguzzano) Lisboa, Junta de Investigação do Ultramar, 1965.

NAPIONE, Carlos Antonio. *Experiencia e Observacoes sobre a Liga dos Bronzes que devem server nas fundicoes das pecas de artilheria.* Lisboa, 1801.

O Patriota. Jornal litterario, politico, mercantil &c. do Rio de Janeiro (1813-4).

OBERACKER Jr., C. H. "O Rio de Janeiro em 1782 visto pelo pastor F. L. Langstedt". RIHGB, 299 (1973).

Ordençoens do senhor rey d. Manuel. Coimbra, Real Imprensa da Universidade, 1797 (ed. fac-símile. Lisboa, Fundação Calouste Gulbenkian, 1984).

PEDREIRA, Pedro Tomás. "Os quilombos dos Palmares e o Senado da Câmara da cidade do Salvador". *Mensário do Arquivo Nacional*, XI, nº 3 (1980).

PEREIRA, Nuno Marques. *Compêndio narrativo do peregrino da América* [1728] 6ª ed. Rio de Janeiro, Publicações da Academia Brasileira, 1939.

PINHEIRO, cônego J. C. Fernandes. "Os últimos vice-reis do Brasil". RIHGB, 28 (1865): 225-73.

Portugal nos séculos XVII e XVIII, Quatro Testemunhos. Lisboa, Lisóptima Edições, 1989.

Relaçam da aclamação que se fez na capitania do Rio de Janeiro do Estado do Brasil, & nas mais do Sul ao senhor rey dom Ioão o IV, por verdadeiro rey, & senhor do seu Reyno de Portugal [...]. Lisboa, por Jorge Rodrigues, 1641.

Relação das festas com que na cidade de Braga celebrou os faustíssimos desposórios da sereníssima senhora princesa do Brasil com o sereníssimo senhor infante dom Pedro, no ano de 1760. Lisboa, Officina de Francisco Borges de Sousa, 1761.

Relação das festividades com que na cidade do Porto se tem celebrado o feliz successo da Nossa Augusta Princesa. Lisboa, Officina Simão Thaddeo Ferreira, 1793.

ROCHA, Manoel Ribeiro. *Etíope resgatado, empenhado, sustentado, corrigido, instruído e libertado* [1758] (apresentação e transcrição do texto original por S. H. Lara). *Cadernos do Instituto de Filosofia e Ciências Humanas*, 21 (1991).

SÁ, J. A. de. *Compêndio de observações que formão o plano da viagem politica e filosofica que se deve fazer dentro da patria.* Lisboa, Officina de Francisco Borges de Sousa, 1783.

SALVADOR, frei Vicente do. *História do Brasil, 1500-1627* [1627]. 5ª ed. São Paulo, Melhoramentos, 1965.

SILVA, Antonio de Moraes. *Diccionario da lingua portugueza* [...]. Lisboa, Officina de Simão Thaddeo Ferreira, 1789.

SILVA, Antonio Delgado da. *Collecção da legislação portugueza.* Lisboa, Typografia Maigrense, 1825-30, 6 vols.

SILVA, Leonardo Dantas (org.). *Alguns documentos para a história da escravidão.* Recife, Fundaj/Massangana, 1988.

SILVEIRA, Luís (ed.). *Obra nova de língua geral de mina de Antônio da Costa Peixoto. Manuscrito da Biblioteca Pública de Évora.* Lisboa, Agência Geral das Colônias, 1944.

_______ (ed.). *Obra nova de língua geral de mina de Antônio da Costa Peixoto. Manuscrito da Biblioteca Pública de Évora e da Biblioteca Nacional de Lisboa.* Lisboa, Agência Geral das Colônias, 1945.

Taunay, Affonso de E. *Na Bahia colonial, 1610-1774*. Rio de Janeiro, Imprensa Nacional, 1925.

_______. *Rio de Janeiro de antanho. Impressões de viajantes estrangeiros*. São Paulo, Cia. Ed. Nacional, 1942.

_______. *Visitantes do Brasil colonial, séculos XVI-XVIII*. São Paulo, Cia. Ed. Nacional, 1933.

Textos para a história da África Austral (século XVIII). Lisboa, Publicações Alfa, 1989.

"Últimos momentos dos inconfidentes de 1789 pelo frade que os assistiu de confissão". RIHGB, 44 (1881): 161-86.

Vasconcellos, Simão de. "Notícias curiosas e necessárias do Brasil" [1668], em *Crônica da Companhia de Jesus*. Petrópolis, Vozes, 1977, vol. 1.

Vide, Sebastião Monteiro da. "Das diligências que se requerem para todas as ordens e da forma com que se devem fazer", em *Constituições primeiras do arcebispado da Bahia* [1707]. São Paulo, Typographia 2 de Dezembro de Antonio Louzada Antunes, 1853.

Vieira, Antônio. *Obras completas*. Porto, Lello & Irmão Editores, 1993, vol 4.

Vilhena, Luís dos Santos. *Recopilação de notícias soteropolitanas e brasílicas contidas em XX cartas*. [1802] Bahia, Imprensa Oficial do Estado, 1921.

BIBLIOGRAFIA

Obras de referência

A engenharia militar no Brasil e no Ultramar português antigo e moderno. Lisboa, Catálogo da exposição, 1960.

Alves, Marieta. *Dicionário de artistas e artífices na Bahia*. Salvador, UFBA/Centro Editorial e Didático/Conselho Estadual de Cultura, 1976.

Barcelos, Luiz Cláudio et al (orgs.). *Escravidão e relações raciais no Brasil. Cadastro da produção intelectual (1970-1990)*. Rio de Janeiro, Centro de Estudos Afro-Asiáticos, 1991.

Barreiros, Eduardo Canabrava. *Atlas da evolução urbana da cidade do Rio de Janeiro: 1565-1965*. Rio de Janeiro, Instituto Histórico e Geográfico Brasileiro, 1965.

Capelato, Maria Helena Rolim. *Produção histórica no Brasil, 1985-1994*. São Paulo, 1995, 3 vols.

Grande enciclopédia portuguesa e brasileira. Lisboa, Editorial Enciclopédia Ltda., 1945.

SAMARA, Eni de Mesquita. *A colônia na bibliografia recente (1970-1998)*. São Paulo, Humanitas, 1999.

SERRÃO, Joel (org.). *Dicionário de história de Portugal*. Lisboa, Iniciativas Editoriais, 1968, 4 vols.

SILVA, Innocencio Francisco da. *Diccionario bibliographico portuguez*. Lisboa, Imprensa Nacional, 1860.

SILVA, Maria Beatriz Nizza da (coord.). *Dicionário da história da colonização portuguesa no Brasil*. Lisboa, Verbo, 1994.

VAINFAS, Ronaldo (dir.). *Dicionário do Brasil colonial: 1500-1808*. Rio de Janeiro, Objetiva, 2000.

Livros e artigos citados

"A cultura da nobreza". *Revista de História das Idéias*, 19 (1998): 7-455.

"Nobrezas e aristocracias". *Penélope*, 12 (1993): 7-79.

A construção do Brasil, 1500-1825. Lisboa, CNCDP, 2000.

AGUIAR, Marcos Magalhães de. "Vila Rica dos confrades. A sociabilidade confrarial entre negros e mulatos no século XVIII". Mestrado, São Paulo, USP, 1993.

_______. "Negras Minas Gerais: uma história da diáspora africana no Brasil colonial". Doutorado, São Paulo, USP, 1999.

AGUILAR, Nelson (org.). *Mostra do Redescobrimento. Negro de corpo e alma*. São Paulo, Associação Brasil 500 Anos Artes Visuais, 2000.

Albert Eckhout volta ao Brasil, 1644-2002. Copenhague, Nationalmuseet, 2002.

ALDEN, Dauril. "The population of Brazil in the late eighteenth century: a preliminary study". *Hispanic American Historical Review*, 43, nº 2 (1963): 173-205.

ALENCASTRO, Luiz Felipe de. *O trato dos viventes. Formação do Brasil no Atlântico sul. Séculos XVI e XVII*. São Paulo, Companhia das Letras, 2000.

ALGRANTI, Leila Mezan. *Honradas e devotas: mulheres da colônia*. Rio de Janeiro, José Olympio/Edunb, 1993.

ALMAÇA, Carlos. *A natural history museum of the 18th century: the Royal Museum and Botanical Garden of Ajuda*. Lisboa, Museu Bocage, 1996.

ALMEIDA, André Ferrand de. "Os jesuítas matemáticos e os mapas da América portuguesa, 1720-1748". *Oceanos*, 40 (out./dez. 1999): 79-92.

ALMEIDA, Maria Regina Celestino de. *Metamorfoses indígenas: identidade e cultura nas aldeias coloniais do Rio de Janeiro*. Rio de Janeiro, Arquivo Nacional, 2003.

ALMEIDA, Rita Heloisa de. *O diretório dos índios. Um projeto de "civilização" no Brasil do século XVIII*. Brasília, Editora Universidade de Brasília, 1997.

ALPERS, Svetlana. *A arte de descrever. A arte holandesa no século XVII.* (trad.) São Paulo, Edusp, 1999.

ALVES Filho, Ivan. *Memorial dos Palmares.* Rio de Janeiro, Xenon, 1988.

ALVES, Ana Maria. *As entradas régias portuguesas. Uma visão de conjunto.* Lisboa, Livros Horizonte, s. d.

_______. *Iconologia do poder real no período manuelino.* Lisboa, Imprensa Nacional/Casa da Moeda, 1985.

ALVES, Marieta. *Mestres ourives de ouro e prata da Bahia.* Salvador, Museu do Estado da Bahia, 1962.

AMARAL, Ilídio do. *O reino do Congo, os mbundu (ou ambundos), o reino dos "ngola" (ou de Angola) e a presença portuguesa, de finais do século XV a meados do século XVI.* Lisboa, Ministério da Ciência e Tecnologia, 1996.

ANASTASIA, Carla Maria J. *Vassalos rebeldes. Violência coletiva nas Minas na primeira metade do século XVIII.* Belo Horizonte, Editora C/Arte, 1998.

ANDRADE, Antonio Alberto Banha de. *Verney e a projeção da sua obra.* Venda Nova, Instituto de Cultura Portuguesa, 1980.

ANDRADE, Carlos Drummond de. "Rosário dos homens pretos", *Passeios na ilha. Divagações sobre a vida literária e outras matérias.* Rio de Janeiro, Edição das Organizações Simões, 1952.

ANDRADE, Mário de. *Danças dramáticas do Brasil.* [1947] 2ª ed. Belo Horizonte, Itatiaia/ INL, 1982, vol. 2

ARAÚJO, Emanuel (org.). *A mão afro-brasileira. Significado da contribuição artística e histórica.* São Paulo, Tenenge, 1988.

ARAÚJO, Emanuel. *O teatro dos vícios. Transgressão e transigência na sociedade urbana colonial.* Rio de Janeiro, José Olympio, 1993.

ARAÚJO, Renata Malcher de. *As cidades da Amazônia no século XVIII. Belém, Macapá e Mazagão.* Porto, FAUP, 1998.

ARAÚJO, Renata; CARITA, Helder e ROSSA, Walter (orgs.). *Actas do colóquio internacional "Universo urbanístico português, 1415-1822".* Lisboa, CNCDP, 2001.

ARAÚJO, Ubiratan Castro de. "A política dos homens de cor no tempo da independência". *Clio. Revista de Pesquisa Histórica*, 1, nº 19 (2001): 7-27.

ARRUDA, Jobson. A. *O Brasil no comércio colonial, 1796-1808.* São Paulo, Ática, 1980.

AUFDERHEIDE, Patricia Ann. "Order and violence: social deviance and social control in Brazil, 1780-1840". Doutorado, Universidade de Minnesota, 1976, pp. 14-21.

ÁVILA, Affonso. *O lúdico e as projeções do mundo barroco.* 3ª ed. São Paulo, Perspectiva, 1994.

AZEVEDO, Aroldo de. "Vilas e cidades do Brasil colonial (ensaio de geografia urbana retrospectiva)". *Anais da Associação dos Geógrafos Brasileiros*, IX, t. 1 (1954-5): 155-61.

AZEVEDO, Célia M. "Rocha's *The Ethiopian redeemed* and the circulation of anti-slavery ideas". *Slavery and Abolition*, 24, nº 1 (2003): 101-26.

AZEVEDO, R. Ávila de. "Princípios de uma economia de fixação em África (século XVIII)". *Actas do V Colóquio Internacional de Estudos Luso-Brasileiros, Coimbra, 1963*. Coimbra, 1964, vol. 1, pp. 121-31.

BARNEZI, Thomaz Elias. "Projetos, leis e letrados: uma reflexão sobre as reformas no regime da escravidão no Império colonial português na segunda metade do século XVIII". Monografia de graduação, Campinas, Unicamp, 2001.

BARROS, Sígrid Pôrto de. "A condição feminina e a indumentária feminina no Brasil-colônia". *Anais do Museu Histórico Nacional*, VIII (1947): 142-3.

BASTOS, Cristiana; ALMEIDA, Miguel Vale de e FELDMAN-Bianco, Bela (orgs.). *Trânsitos coloniais: diálogos críticos luso-brasileiros*. Lisboa, Editora Imprensa de Ciências Sociais, 2002.

BEBIANO, Rui. *D. João V, poder e espetáculo*. Aveiro, Livraria Estante Editora, 1987.

BERLIN, Ira. "From Creole to African: Atlantic Creoles and the origins of African-American Society in mainland North America". *The William and Mary Quarterly*, 53, nº 2 (abr. 1996): 251-88.

BERND, Zilá e UTÉZA, Francis. *Produção literária e identidades culturais — estudos de literatura comparada*. Porto Alegre, Editora Sagra Luzzato, 1997.

BETHELL, Leslie (org.). *América Latina colonial*. (trad.) 2ª ed. São Paulo, Edusp/ Fundação Alexandre de Gusmão, 1998, 2 vols.

BETHENCOURT, Francisco e CHAUDHURI, Kirti (dir.). *História da expansão portuguesa*. Lisboa, Círculo dos Leitores, 1998, 3 vols.

BETHENCOURT, Francisco e CURTO, Diogo Ramada (orgs.). *A memória da nação*. Lisboa, Sá da Costa, 1991.

BICALHO, Maria Fernanda B. "O urbanismo colonial e os símbolos do poder: o exemplo do Rio de Janeiro nos séculos XVII e XVIII". *Estudos Ibero-Americanos*, 24, nº 1 (jun. 1998): 31-57.

_______. "As Câmaras Municipais no império português: o exemplo do Rio de Janeiro". *Revista Brasileira de História*, 18 (1998): 251-80.

_______. *A cidade e o império. O Rio de Janeiro no século XVIII*. Rio de Janeiro, Civilização Brasileira, 2003.

BORGES, Célia Maia. *Escravos e libertos nas irmandades do Rosário*. Juiz de Fora, Editora UFJF, 2005.

BOSCHI, Caio César. *Os leigos e o poder. Irmandades leigas e política colonizadora em Minas Gerais*. São Paulo, Ática, 1986.

BOXER, Charles R. *O império colonial português (1415-1825)*. (trad.) Lisboa, Edições 70, 1969.

_______. *Relações raciais no império colonial português, 1415-1825.* (trad.) Rio de Janeiro, Tempo Brasileiro, 1967.

BRÁSIO, Antonio, "Informação do Reino do Congo de frei Raimundo de Dicomano [(ca. 1798]". *Stvdia*, 34 (jun. 1972): 30.

_______. "Embaixada do Congo a Roma em 1514?". *Stvdia*, 32 (jun. 1971): 51-87.

_______. "O problema da eleição e coroação dos reis Congo". *Revista Portuguesa de História*, 12 (1969).

_______. *Os pretos em Portugal.* Lisboa, Agência Geral das Colônias, 1944.

BUENO, Beatriz P. Siqueira. "Desenho e desígnio: o Brasil dos engenheiros militares", *Oceanos*, 41 (2000): 40-58.

_______. "Desenho e desígnio. O Brasil dos engenheiros militares, 1500-1822". Doutorado, São Paulo, FAU/USP, 2001.

_______. "Decifrando mapas: sobre o conceito de 'território'e sua vinculação com a cartografia". *Anais do Museu Paulista*, Nova série, 12 (2004): 193-234.

BURDET, Carlo. "Il colonello Julião: un versatile e avventuroso torinese nel Portogallo del XVIII secolo". *Studi Piemontesi*, XV, 1 (1986), pp. 197-200.

BURKE, Peter. *A escrita da história. Novas perspectivas.* (trad.) São Paulo, Editora da Unesp, 1992.

CALMON, Pedro. *Espírito da sociedade colonial.* [1935] São Paulo, Martins Fontes, 2000.

CANNY, Nicholas e PAGDEN, Anthony (orgs.). *Colonial identity in the Atlantic world, 1500-1800.* Princeton, Princeton University Press, 1989.

CARDIM, Pedro. "Religião e ordem social. Em torno dos fundamentos católicos do sistema político do Antigo Regime". *Revista de História das Idéias*, 22 (2001): 133-74.

_______. *Cortes e cultura política no Portugal do Antigo Regime.* Lisboa, Ed. Cosmos, 1998.

CARDOSO, José Luís. "Pompa e circunstância: a economia do luxo na época barroca". *Ler História*, 30 (1996): 10-1.

CARDOSO, Solange Aparecida. "Práticas de representações festivas dos séculos XVII e XVIII: Triunfo Eucarístico (Vila Rica — 1733)". Mestrado, São Paulo, USP, 2000.

CARITA, Rui e CARITA, Helder. "Modelos, instituições e personagens. A urbanização do espaço atlântico nos séculos XV e XVI". *Oceanos*, 41 (jan./mar. 2000): 174-90.

CARNEIRO, Maria Luiza Tucci. *Preconceito racial no Brasil colônia. Os cristãos-novos.* São Paulo, Brasiliense, 1983.

CARVALHO Jr., Almir Diniz de. "Do índio imaginado ao índio inexistente. A construção da imagem do índio na viagem filosófica de Alexandre Rodrigues Ferreira". Mestrado, Campinas, Unicamp, 2000.

CARVALHO, Anna Maria F. Monteiro de. "O Passeio Público e o chafariz das Marrecas de mestre Valentim". *Gávea*, 7 (dez. 1989): 83-105.

_______. *Mestre Valentim.* Rio de Janeiro, Cosac & Naify, 1999.

CARVALHO, Rômulo de. *A história natural em Portugal no século XVIII.* Lisboa, Instituto de Cultura e Língua Portuguesa, 1987.

CAVALCANTI, Nireu. "A cidade de São Sebastião do Rio de Janeiro: as muralhas, sua gente, os construtores (1710-1810)". Doutorado, Rio de Janeiro, UFRJ, 1997.

_______. *O Rio de Janeiro setecentista. A vida e a construção da cidade da invasão francesa até a chegada da corte.* Rio de Janeiro, Jorge Zahar Editor, 2004.

CINTRA, Luís F. L. *Sobre "formas de tratamento" na língua portuguesa.* Lisboa, Livros Horizonte, 1972.

COARACY, Vivaldo. *Memórias da cidade do Rio de Janeiro.* 2ª ed. revista e aumentada. Rio de Janeiro, José Olympio, 1965.

COHEN, David W. e Greene, Jack P. (orgs.). *Neither slave nor free. The freedmen of African descent in the slave societies of the New World.* Baltimore, The Johns Hopkins University Press, 1972.

CORTESÃO, Jaime. *Alexandre de Gusmão e o Tratado de Madrid.* (ed. fac-símile) Brasília, Senado Federal, 2001.

COSTA, Iraci del Nero da (org.). *Brasil: história econômica e demográfica.* São Paulo, IPE/USP, 1986.

COSTA, L. Xavier da. *As belas-artes plásticas em Portugal durante o século XVIII. Resumo histórico.* Lisboa, J. Rodrigues & Companhia Editores, 1935.

_______. *Quadro histórico das instituições acadêmicas portuguesas.* Lisboa, Imprensa Nacional, 1932.

CUNHA, Manuela Carneiro da (org.). *História dos índios no Brasil.* São Paulo, Companhia das Letras/SCM, 1992.

_______. *Antropologia do Brasil. Mito, história, etnicidade.* São Paulo, Brasiliense/Edusp, 1986.

CUNHA, Maria Clementina Pereira (org.). *Carnavais e outras f(r)estas.* Campinas, Editora da Unicamp, 2002.

CURTIN, Philip D. *African slave trade: a census.* Madison, Wisconsin University Press, 1969.

DARNTON, Robert. *O grande massacre de gatos e outros episódios da história cultural francesa.* (trad.) Rio de Janeiro, Graal, 1986.

DAVIS, David Brion. *The problem of slavery in Western culture.* Ithaca, Cornell University Press, 1969.

DAVIS, Natalie Zemon. "Las formas de la historia social". *Historia Social,* 10 (1991): 177-82.

DELSON, Roberta Marx. *Novas vilas para o Brasil-colônia. Planejamento espacial e social no século XVIII.* (trad.) Brasília, Ed. Alva/Ciord, 1997.

DIAS, Maria Odila da Silva. "Aspectos da ilustração no Brasil". RIHGB, 278 (jan./mar. 1968): 105-70.

_______. *Quotidiano e poder em São Paulo no século XIX.* São Paulo, Brasiliense, 1984.

DOMINGUES, Ângela. *Viagens de exploração geográfica na Amazônia em fins do século XVIII: política, ciência e aventura.* Lisboa, Analecta Transmarina, 1991.

_______. "Para um melhor conhecimento dos domínios coloniais: a constituição de redes de informação no Império português em finais do setecentos". *História, Ciências, Saúde. Manguinhos,* 8 (2001): 823-82.

_______. *Quando os índios eram vassalos. Colonização e relações de poder no Norte do Brasil na segunda metade do século XVIII.* Lisboa, CNCDP, 2000.

DORNAS Filho, João. *A escravidão no Brasil.* Rio de Janeiro, Civilização Brasileira, 1939.

EDMUNDO, Luiz. *O Rio de Janeiro no tempo dos vice-reis.* 4ª ed. Rio de Janeiro, Conquista, 1956.

ELIAS, Norbert. *A sociedade de corte.* (trad.) Lisboa, Editorial Estampa, 1987.

ELTIS, David. *Economic growth and the ending of the transatlantic slave trade.* Nova York, Oxford University Press, 1987.

ESCOREL, Silvia. "Cultura negra no Rio de Janeiro do século XVIII: tramas e tecidos". RHIGB, 162 (out./dez. 2001): 55-76.

_______. "Vestir poder e poder vestir. O tecido social e a trama cultural nas imagens do traje negro (Rio de Janeiro, século XVIII)". Mestrado, Rio de Janeiro, UFRJ, 2000.

EZELL, M. J. M. e O'KEEFFE, K. O'Brien (eds.). *Cultural artifacts and the production of meaning.* Ann Arbor, University of Michigan Press, 1994.

FALCON, Francisco e NOVAIS, Fernando A. "A extinção da escravatura africana em Portugal no quadro da política econômica pombalina". *Anais do VI Simpósio Nacional dos Professores Universitários de História,* São Paulo, 1973, vol. 1, pp. 405-31.

FALCON, Francisco José Calazans. *A época pombalina. Política econômica e monarquia ilustrada.* São Paulo, Ática, 1982.

FAORO, Raimundo. *Os donos do poder.* 2ª ed. revisada e aumentada. Porto Alegre, Globo, 1975.

FARIA, Sheila de Castro. "Sinhás pretas, damas mercadoras. As pretas minas nas cidades do Rio de Janeiro e de São João del Rey (1700-1850)". Tese para concurso de titularidade, Niterói, UFF, 2004.

_______. "Mulheres forras — riqueza e estigma social". *Tempo*, 9 (2000): 65-92.

_______. *A colônia em movimento. Fortuna e família no cotidiano colonial.* Rio de Janeiro, Nova Fronteira, 1998.

FAZENDA, Vieira. *Antiqualhas e memórias do Rio de Janeiro.* (volume 140 da RIHGB) Rio de Janeiro, Imprensa Nacional, 1921.

FERNANDES, Florestan. *Circuito fechado.* São Paulo, Hucitec, 1976.

FERREIRA, Mário Clemente. "Uma idéia de Brasil num mapa inédito de 1746". *Oceanos*, 43 (jul./set. 2000): 184-95.

FERREZ, Gilberto. "Os muros da cidade de S. Sebastião do Rio de Janeiro". RIHGB, 267 (1965): 85-92.

_______. "Um panorama do Rio de Janeiro de 1775". RHIGB, 233 (out./ dez. 1956): 3-23.

FERRONHA, Antonio Luís (coord.). *O confronto do olhar. O encontro dos povos na época das navegações portuguesas. Séculos XV e XVI.* Lisboa, Editorial Caminho, 1991.

FEYDIT, Julio. *Subsídios para a história dos Campos dos Goitacases.* [1900] 2ª ed. Rio de Janeiro, Ed. Esquilo, 1979.

FIGUEIREDO, Luciano. "Além de súditos: notas sobre revoltas e identidade colonial na América portuguesa". *Tempo*, 10 (dez. 2000): 81-95.

_______. *O avesso da memória. Cotidiano e trabalho da mulher em Minas Gerais no século XVIII.* Rio de Janeiro, José Olympio/Edunb, 1993.

FLEXOR, Maria Helena Ochi. *Oficiais mecânicos na cidade do Salvador.* Salvador, Museu da Cidade, 1974.

FLORENTINO, Manolo Garcia. *Em costas negras. Uma história do tráfico atlântico de escravos entre a África e o Rio de Janeiro (séculos XVIII e XIX).* Rio de Janeiro, Arquivo Nacional, 1995.

FLORY, Rae Jean Dell. "Bahian society in the mid-colonial period: the sugar planters, tobacco growers, and artisans of Salvador and the Reconcavo, 1680-1725". Doutorado, Austin, University of Texas, 1978.

FONSECA, Cláudia Damasceno. *Des terres aux villes de l'or. Pouvoir et territoires urbains au Minas Gerais (Brésil, XVIIIe siècle).* Paris, Fundação Calouste Gulbenkian, 2003.

FRAGOSO, João. "A nobreza da República: notas sobre a formação da primeira elite senhorial do Rio de Janeiro (séculos XVI e XVII)". *Topoi*, 1 (2000). 45-122.

_______. "Mercados e negociantes imperiais: um ensaio sobre a economia do império português (séculos XVII e XVIII)". *História: Questões & Debates*, 36 (2002): 99-127.

FRAGOSO, João; BICALHO, Maria Fernanda e GOUVÊA, Maria de Fátima (orgs.). *O Antigo Regime nos trópicos: a dinâmica imperial portuguesa (séculos XVI-XVIII)*. Rio de Janeiro, Civilização Brasileira, 2001.

FRAGOSO, João; GOUVÊA, Maria de Fátima Silva e BICALHO, Maria Fernanda. "Uma leitura do Brasil colonial. Bases da materialidade e da governabilidade no Império". *Penélope*, 23 (2000): 67-88.

FRANÇA, José Augusto. *Une ville des Lumières. La Lisbonne de Pombal.* Paris, Bibliothèque Génerale des Hautes Études, 1965.

FREITAS, Marcos Cezar de (org.). *Historiografia brasileira em perspectiva.* 3ª ed. São Paulo, Contexto, 2000.

FREYRE, Gilberto. *Casa grande e senzala.* [1933] 19ª ed. Rio de Janeiro, José Olympio, 1978.

_______. *Sobrados e mocambos.* [1936] 7ª ed. Rio de Janeiro, José Olympio, 1985.

FURTADO, João Pinto. *O manto de Penélope. História, mito e memória da inconfidência mineira de 1788-9.* São Paulo, Companhia das Letras, 2002.

FURTADO, Júnia Ferreira (org.). *Diálogos oceânicos. Minas Gerais e as novas abordagens para uma história do império ultramarino português.* Belo Horizonte, Editora UFMG, 2001.

_______. *Chica da Silva e o contratador dos diamantes. O outro lado do mito.* São Paulo, Companhia das Letras, 2003.

GARCIA, Carlos Alberto. "A acção dos portugueses no antigo Reino do Congo (1432-1543)". *Boletim Geral do Ultramar*, 513 (1968): 3-30; 515 (1968): 11-36; 516 (1968): 77-89; *Revista Portuguesa de História*, 12 (1969).

GINZBURG, Carlo. *A micro-história e ouros ensaios.* (trad.) Lisboa, Difel, 1989.

GODINHO, Vitorino Magalhães. *Estrutura da antiga sociedade portuguesa.* 3ª ed. Lisboa, Arcádia, 1977.

GOITIA, Fernando Chueca. *Breve história do urbanismo.* (trad.) Lisboa, Editorial Presença, 1982.

GOMES, Flávio dos Santos. "Seguindo o mapa das minas: plantas e quilombos mineiros setecentistas". *Estudos Afro-Asiáticos*, 29 (1996): 113-42.

GORENDER, Jacob. *O escravismo colonial.* São Paulo, Ática, 1978.

GOUVÊA, Maria de Fátima Silva. "Poder, autoridade e o Senado da Câmara do Rio de Janeiro, ca. 1780-1820". *Tempo*, 13 (jul. 2002): 125-6.

GRAY, Richard. "The papacy and the Atlantic slave trade: Lourenço da Silva, the capuchins and the decisions of the Holly Office". *Past and Present*, 115 (1987): 52-68.

GRUZINSKI, Serge e Wachtel, Nathan (orgs.). *Le nouveaux monde, mondes nouveaux*. Paris, Éditions Recherche sur les Civilisations/Éditions de l'École des Hautes Études en Sciences Sociales, 1996.

GSCHWEND, Annemarie Jordan. "Catarina de Áustria: coleção e *kunstkammer* de uma princesa renascentista". *Oceanos*, 16 (1993): 62-70.

GUEDES, Max Justo. "A cartografia da delimitação das fronteiras do Brasil no século XVIII". *Cartografia e diplomacia no Brasil do século XVIII. Catálogo da exposição*. Lisboa, CNCDP, 1997.

GUERREIRO, Inácio. "Fronteiras do Brasil colonial. A política dos limites na segunda metade do século XVIII". *Oceanos*, 40 (1999): 24-42.

HAMMER-STROEVE, Tina. "Civiele kleding in koloniaal en koninklijk Brazilie (1700-1821)". Doutorado, Amsterdã, Universidade de Amsterdã, 1983.

_______. *De braziliaanse tekeningen van Carlos Julião*. Heiloo, 1986 (ex. mimeo., pertencente à Biblioteca Nacional do Rio de Janeiro, 87 pp.).

HANSEN, João Adolfo. "Teatro da memória: monumento barroco e retórica". *Revista do Ifac*, 2 (dez. 1995): 40-54.

HARTMANN, Thekla. *A contribuição da iconografia para o conhecimento de índios brasileiros do século XIX*. São Paulo, Museu Paulista, 1975.

HENDRICKSON, Hildi (ed.). *Clothing and difference. Embodied identities in colonial and pos-colonial Africa*. Durham, Duke University Press, 1996.

HENRIQUES, Isabel de Castro. "As outras africanas: as reais e as inventadas". *Oceanos*, 21 (jan./mar. 1995): 53-63.

HESPANHA, António Manuel (org). *Poder e instituições na Europa do Antigo Regime*. Lisboa, Fundação Calouste Gulbenkian, 1984.

_______. "Centro e periferia nas estruturas administrativas do Antigo Regime". *Ler História*, 8 (1986): 35-60.

_______. *As vésperas do Leviatã. Instituições e poder político. Portugal, século XVII*. Coimbra, Almedina, 1994.

HILTON, Anne. *The kingdom of Kongo*. Oxford, Oxford University Press, 1985.

HOLANDA, Sérgio Buarque de. *Raízes do Brasil*. [1936] 8ª ed. Rio de Janeiro, José Olympio, 1975.

HUNT, Alan. *Governance of the consuming passions. A history of sumptuary law*. Nova York, St. Martin's Press, 1996.

JANCSÓ, István. *Na Bahia contra o império. História do ensaio de sedição de 1798*. São Paulo, Hucitec/Edufba, 1996.

JANCSÓ, István (org.). *Brasil: formação do estado e da nação*. São Paulo, Hucitec/Editora Inujuí/FAPESP, 2003.

JANCSÓ, István e KANTOR, Iris. *Festa. Cultura & sociabilidade na América portuguesa*. São Paulo, Hucitec/Edusp/FAPESP/Imprensa Oficial, 2001.

JANCSÓ, István e PIMENTA, João Paulo G. "Peças de um mosaico. Ou apontamentos para o estudo da emergência da identidade nacional brasileira". *Revista de História das Idéias*, 21 (2000): 389-440.

KANTOR, Iris. "Pacto festivo e Minas colonial: a entrada triunfal do primeiro bispo na Sé de Mariana". Mestrado, São Paulo, USP, 1996.

KIDDY, Elizabeth. "*Congados, calunga, candombe*: Our Lady of the Rosary in Minas Gerais, Brazil". *Luso-Brazilian Review*, 37, nº 1 (2000): 47-61.

_______. "Brotherhoods of Our Lady of the Rosary of the Blacks: community and devotion in Minas Gerais, Brazil". Doutorado, Albuquerque, University of New Mexico, 1998.

KIEMEN, Mathias C. *The Indian policy of Portugal in the Amazon region, 1614-1693*. Nova York, Octagon Books, 1973.

KLEIN, Herbert S. "Os homens livres de cor na sociedade escravista brasileira". *Dados*, 17 (1978): 3-27.

_______. *O comércio atlântico de escravos. Quatro séculos de comércio escravagista*. (trad.) Lisboa, Replicação, 2002.

KRAAY, Hendrick (ed.). *Afro-Brazilian culture and politics. Bahia, 1790s to 1990s*. Armonk, M. E. Sharpe, 1998.

KURY, Lorelai. "Les instructions de voyage dans les expéditions scientifiques françaises (1750-1830)". *Revue d'Histoire des Sciences*, 51 (1998): 65-91.

LAHON, Didier. "Esclavage et confréries noires au Portugal durant l'Ancien Régime (1441-1830)". Doutorado, Paris, EHESS, 2001

_______. *O negro no coração do império. Uma memória a resgatar, séculos XVI-XIX*. Lisboa, Secretariado Coordenador dos Programas de Educação Multicultural, 1999.

LAPA, José Roberto do Amaral (org.). *Modos de produção e realidade brasileira*. Petrópolis, Vozes, 1980.

_______. *A Bahia e a carreira da Índia*. (ed. fac-símile) São Paulo, Hucitec/Editora da Unicamp, 2000.

LARA, Silvia Hunold. "'Blowin' in the wind': Thompson e a experiência negra no Brasil". *Projeto História*, 12 (out. 1995): 43-56.

_______. "Escravidão no Brasil: balanço historiográfico". LPH, *Revista de História*, 3, nº 1 (1992): 215-44.

_______. "The signs of color: women's dress and racial relations in Salvador and Rio de Janeiro, ca. 1750 — 1815". *Colonial Latin American Review*, 6, nº 2 (1997): 205-24.

LARA, Silvia Hunold. "Customs and costumes: Carlos Julião and the image of black slaves in late eighteenth-century Brazil". *Slavery and Abolition*, 23, nº 2 (ago. 2002): 125-46.

_______. *Campos da violência. Escravos e senhores na capitania do Rio de Janeiro, 1750-1808*. Rio de Janeiro, Paz e Terra, 1988.

LAW, Robin. "Ideologies of royal power: the reconstruction of political authority on the 'Slave Coast', 1680-1750". *Africa*, 57, nº 3 (1987): 322-3.

_______. *The slave coast of West Africa, 1550-1750*. Oxford, Clarendon Press, 1991.

LEITE, Serafim. *História da Companhia de Jesus no Brasil*. Lisboa, Portugalia, 1938, tomo II.

LIENHARD, Martín (coord.). *Ritualidades latinoamericanas: un acercamiento interdisciplinario*. Madri/Frankfurt, Iberoamericana/Vervuert, 2003.

LIMA, Carlos A. M. "*Em certa corporação:* politizando convivências em irmandades negras no Brasil escravista (1700-1850)". *História: Questões & Debates*, 30 (1999): 11-38.

LIMA, Ivana Stolze. *Cores, marcas e falas: sentidos da mestiçagem no império do Brasil*. Rio de Janeiro, Arquivo Nacional, 2003.

LIPOVETSKY, Gilles. *O império do efêmero*. (trad.) São Paulo, Companhia das Letras, 1989.

LOBO, A. de Sousa Silva Costa. *História da sociedade em Portugal no século XV*. (Ed. fac-símile da edição de 1903, com prefácio de José Mattoso) Lisboa, Ed. Rolim, 1983.

LODY, Raul. *Pencas de balangandãs da Bahia. Um estudo etnográfico das jóias-amuletos*. Rio de Janeiro, Funarte/Instituto Nacional do Folclore, 1988.

LOPES, Maria Margaret e SILVA, Clarete Paranhos. "Investigações em história natural no Ceará: os estudos do naturalista João da Silva Feijó (1760-1824)". *Revista de Ciências Humanas, Universidade de Taubaté*, v. 9 (2003): 69-75.

LOPEZ, Emílio Carlos Rodriguez. "Festas públicas, memória e representação. Um estudo sobre manifestações políticas na corte do Rio de Janeiro, 1808-1822". Mestrado, São Paulo, USP, 2001.

LOVEJOY, Paul. "The volume of the Atlantic slave trade: a synthesis". *Journal of African History*, 23 (1982): 473-501.

LYRA, Maria de Lourdes Viana. *A utopia do poderoso império. Portugal e Brasil: bastidores da política, 1798-1822*. Rio de Janeiro, Sette Letras, 1994.

MACHADO, Mônica Tovo Soares. "Angola no período pombalino: o governo de dom Francisco Inocêncio de Sousa Coutinho, 1764-1772". Mestrado, São Paulo, USP, 1998.

MADUREIRA, Nuno Luís. *Lisboa. Luxo e distinção, 1750-1830*. Lisboa, Editorial Fragmentos, 1990.

MAGALHÃES, Joaquim Romero. "Reflexões sobre a estrutura municipal portuguesa e a sociedade colonial brasileira". *Revista de História Econômica e Social*, 16 (1985): 17-30.

MALHEIRO, Perdigão. *A escravidão no Brasil. Ensaio histórico, jurídico, social*. 2ª ed. Petrópolis, Vozes/ INL, 1976.

MANNING, Patrick (ed.). *Slave trades, 1500-1800: globalization of forced labor*. Aldershot, Variorum, 1996.

MARCÍLIO, Maria Luiza. "Crescimento histórico da população brasileira até 1872". *Cadernos do Cebrap*, 16 (1973): 2-26.

_______. "Evolução da população brasileira através dos censos até 1872". *Anais de História*, VI (1974): 115-37.

MARINS, Paulo César Garcez. *Através da rótula. Sociedade e arquitetura no Brasil, séculos XVII a XX*. São Paulo, Humanitas/FFLCH/USP, 2001.

MARQUES, Maria Eduarda Castro Magalhães e SIQUEIRA, Vera Beatriz Cordeiro. "O Rio de Janeiro setecentista: a história da construção da capital". *Gávea*, 7 (dez. 1989): 188-99.

MARQUESE, Rafael de Bivar. *Administração & escravidão. Idéias sobre a gestão da agricultura escravista brasileira*. São Paulo, Hucitec/FAPESP, 1999.

_______. *Feitores do corpo, missionários da mente. Senhores, letrados e o controle dos escravos nas Américas, 1660-1860*. São Paulo, Companhia das Letras, 2004.

MARX, Murillo. *Cidade no Brasil, em que termos?* São Paulo, Studio Nobel, 1999.

MATORY, J. Lorand. "Jeje: repensando nações e transnacionalismo". *Mana*, 5, nº 1 (abr. 1999): 57-80.

MATTOS, Ilmar Rohloff de. *O tempo saquarema*. São Paulo, Hucitec/INL, 1987.

MATTOSO, José (dir.). *História de Portugal*. Lisboa, Editorial Estampa, 1993, vol. 4 [António Manuel Hespanha (org.). *O Antigo Regime* (*1620-1807*)].

MATTOSO, Katia M. de Queirós. "Être affranchi au Brésil. XVIIIe XIXe siècles". *Diogène* (jul./set. 1997): 103-21.

MAURO, Frédéric (coord.). *O império luso-brasileiro, 1620-1750*. Lisboa, Editorial Estampa, 1991.

MAXWELL, Kenneth. *Chocolate, piratas e outros malandros. Ensaios tropicais*. Rio de Janeiro, Paz e Terra, 1999.

_______. *Marquês de Pombal. Paradoxo do Iluminismo*. (trad.) Rio de Janeiro, Paz e Terra, 1996.

MEDINA, João e HENRIQUES, Isabel Castro. *Rota dos escravos. Angola e a rede do comércio negreiro*. Lisboa, Cegia, 1996.

MICELI, Paulo (org.). *O tesouro dos mapas. A cartografia na formação do Brasil.* São Paulo, Banco Santos, 2002.

MILLER, Joseph C. *Way of death. Merchant capitalism and the Angolan slave trade, 1730-1830.* Madison, The University of Wisconsin Press, 1988.

MONTEIRO, John Manuel. *Negros da terra. Índios e bandeirantes nas origens de São Paulo.* São Paulo, Companhia das Letras, 1994.

MONTEIRO, Rodrigo Bentes. *O rei no espelho. A monarquia portuguesa e a colonização da América, 1640-1720.* São Paulo, Hucitec, 2002.

_______. "O teatro da colonização. A cidade do Rio de Janeiro no tempo do conde de Bobadela (1733-1763)". Mestrado, São Paulo, USP, 1993.

MORAES Filho, Mello. *Festas e tradições populares do Brasil.* São Paulo, Edusp, 1979.

MORAES, Antônio Carlos Robert. *Bases da formação territorial do Brasil. O território colonial brasileiro no "longo" século XVI.* São Paulo, Hucitec, 2000.

MOREIRA Neto, Carlos de Araújo. *Índios da Amazônia. De maioria a minoria (1750-1850).* Petrópolis, Vozes, 1988.

MOTT, Luiz. *Escravidão, homossexualidade e demonologia.* São Paulo, Ícone Editora, 1988.

_______. *Rosa Egipcíaca. Uma santa africana no Brasil.* Rio de Janeiro, Bertrand do Brasil, 1993.

MULIN, Michael. *Africa in America.* Urbana, University of Illinois Press, 1994.

MULVEY, Patricia A. "Black brothers and sisters: membership in the black lay brotherhoods of colonial Brazil". *Luso-Brazilian Review*, 17, nº 2 (1980): 253-79.

_______. A. "Slave confraternities in Brazil: their role in colonial society". *The Americas*, 39, nº 1 (1982): 39-68.

NAZZARI, Muriel. "Vanishing Indians: the social construction of race in colonial São Paulo". *The Americas*, 57, nº 4 (2001): 497-524.

NODARI, E.; PEDRO, J. M. e IOKOI, Z. M. G. (orgs.). "História: fronteiras". *Anais do XX Simpósio Nacional da ANPUH.* São Paulo, ANPUH/Humanitas, 1999, 2 vols.

NOVAIS, Fernando A. "Colonização e sistema colonial: discussão de conceitos e perspectiva histórica". *Anais do IV Simpósio Nacional dos Professores Universitários de História.* São Paulo, ANPUH, 1969, pp. 243-68.

_______. "O reformismo ilustrado luso-brasileiro: alguns aspectos". *Revista Brasileira de História*, 7 (mar. 1984): 105-18.

_______ (ed.) *História da vida privada no Brasil.* São Paulo, Companhia das Letras, 1997, vol. 1 [Laura de Mello e Souza (org.). *Cotidiano e vida privada na América portuguesa*].

NOVAIS, Fernando A. *Portugal e Brasil na crise do antigo sistema colonial (1777-1808)*. São Paulo, Hucitec, 1979.

OLIVA, Menezes de. "Tentativa de classificação dos balangandans". *Anais do Museu Histórico Nacional*, II (1941-3): 37-47.

OLIVEIRA, Antonio de. *Poder e oposição política em Portugal no período filipino (1580-1640)*. Lisboa, Difel, 1990.

Oliveira, Maria Inês Côrtes de. "Quem eram os 'negros da Guiné'? A origem dos africanos na Bahia". *Afro-Ásia*, 19/20 (1997): 37-73.

_______. *O liberto: o seu mundo e os outros. Salvador, 1790-1890*. Salvador, Corrupio/CNPq, 1988.

OLIVEIRA, Maria Lêda. "A primeira Rellação do último assalto a Palmares". *Afro-Ásia*, 33 (2005): 251-324.

OMEGNA, Nelson. *A cidade colonial*. 2ª ed. Brasília, Ebrasa/INL, 1971.

PAGDEN, Anthony (ed.). *Facing each other. The world's perception of Europe and Europe's perception of the world*. Aldershot, Ashgate Variorum, 2000.

PAIVA, Eduardo França e ANASTASIA, Carla Maria Junho (orgs.). *O trabalho mestiço. Maneiras de pensar e formas de viver. Séculos XVI a XIX*. São Paulo, Annablume/PPGH/UFMG, 2002.

PAIVA, Eduardo França. *Escravidão e universo cultural na colônia. Minas Gerais, 1716-1789*. Belo Horizonte, Editora UFMG, 2001.

_______. *Escravos e libertos nas Minas Gerais do século XVIII. Estratégias de resistência através dos testamentos*. São Paulo, Annablume, 1995.

PANTOJA, Selma (org.). *Entre Áfricas e Brasis*. Brasília, Paralelo 15/Marco Zero, 2001.

_______. "Aberturas e limites da administração pombalina na África: os autos da devassa sobre o negro Manoel de Salvador". *Estudos Afro-Asiáticos*, 29 (1996): 143-60.

_______. "O encontro nas terras de além-mar. Os espaços urbanos do Rio de janeiro, Luanda e ilha de Moçambique na era da Ilustração". Doutorado, São Paulo, USP, 1994.

PATACA, Ermelinda Moutinho. "Terra, água e ar nas viagens científicas portuguesas (1755-1808)". Doutorado, Campinas, Unicamp, 2006.

PEREIRA, Magnus Roberto de Mello. "Um jovem naturalista num ninho de cobras: a trajetória de João da Silva Feijó em Cabo Verde, em finais do século XVIII". *História: Questões & Debates*, 36 (2002): 29-60.

PICON, Antoine. *Architectes et ingénieurs au siècle des lumières*. Marselha, Éditions Parenthèses, 1988.

PIERSEN, William D. *Black yankees. The development of an Afro-American subculture in eighteenth-century New England*. Amherst, The University of Massachusetts Press, 1988.

PIMENTEL, Maria do Rosário (org.). *Portugal e Brasil no advento do mundo moderno.* Lisboa, Edições Colibri, 2001.

_______. *Viagem ao fundo das consciências.* Lisboa, Colibri, 1995.

Pinheiro, Cláudio C. "No governo dos mundos: escravidão, contextos coloniais e administração de populações". *Estudos Afro-Asiáticos*, 24, nº 3 (2002): 445-50.

PINHEIRO, Paulo Sérgio (org.). *Trabalho escravo, economia e sociedade.* Rio de Janeiro, Paz e Terra, 1984.

PRADO Jr., Caio *Formação do Brasil contemporâneo.* [1942] 15ª ed. São Paulo, Brasiliense, 1977.

_______. *Evolução política do Brasil.* [1933] 9ª ed. São Paulo, Brasiliense, 1975.

PRATT, Mary Louise. *Os olhos do império. Relatos de viagem e transculturação.* (trad.) Bauru, Edusc, 1999.

PRIORE, Mary del. "Descobrindo 'um no outro': o olhar do marquês de Lavradio e os mazombos". RIHGB, 407 (abr./jun. 2000): 109-30.

_______. *Ao sul do corpo. Condição feminina, maternidades e mentalidades no Brasil colônia.* Rio de Janeiro, José Olympio/Edunb, 1993.

_______. *Festas e utopias no Brasil colonial.* São Paulo, Brasiliense, 1994.

_______. "Auberon na Lusitânia". *Tempo*, 4 (1997): 124-45.

QUINTÃO, Antônia A. *Lá vem o meu parente: as irmandades de pretos e pardos no Rio de Janeiro e Pernambuco (século XVIII).* São Paulo, Annablume/FAPESP, 2002.

RABAÇAL, Alfredo João. *As congadas no Brasil.* São Paulo, Secretaria da Cultura, Ciência e Tecnologia, 1976.

RAMINELLI, Ronald. "Ciência e colonização. Viagem filosófica de Alexandre Rodrigues Ferreira". *Tempo*, 3, 6 (1998): 157-82.

_______. "Da vila ao sertão: os mamelucos como agentes da civilização". *Revista de História*, 129/131 (ago./dez. 1993, ago./dez. 1994): 209-219.

_______. "Do conhecimento físico e moral dos povos: iconografia e taxionomia na viagem filosófica de Alexandre Rodrigues Ferreira". *História, Ciências, Saúde. Manguinhos*, 8 (2001): 968-92.

_______. "Viagens e inventários. Tipologia para o período colonial". *História: Questões & Debates*, 32 (jan./jun. 2000): 37-43.

RAMOS, Arthur. *As culturas negras no Novo Mundo.* 4ª ed. São Paulo, Cia. Ed. Nacional, 1979.

REGINALDO, Lucilene. "'O Rosário dos Angolas': catolicismos, devoções e irmandades na Bahia Colonial". Comunicação apresentada no VII Congresso Luso-Afro/Brasileiro de Ciências Sociais, IUPERJ/Universidade Cândido Mendes, Rio de Janeiro, 1º a 6 de setembro de 2002.

REIS FILHO, Nestor Goulart. "As principais cidades e vilas do Brasil. Importância da vida urbana colonial". *Oceanos*, 41 (jan./mar. 2000): 60-7.

_______. *Contribuição ao estudo da evolução urbana do Brasil (1500-1720)*. São Paulo, Pioneira/Edusp, 1968.

_______. *Imagens de vilas e cidades do Brasil colonial.* (exposição impressa) São Paulo, Edusp/Imprensa Oficial do Estado/FAPESP, 2000.

_______. *Imagens de vilas e cidades do Brasil colonial.* São Paulo, Edusp/Imprensa Oficial do Estado/FAPESP, 2000.

REIS, João José e GOMES, Flávio dos Santos (ed.). *Liberdade por um fio. História dos quilombos no Brasil.* São Paulo, Companhia das Letras, 1996.

REIS, João José e SILVA, Eduardo. *Negociação e conflito. A resistência negra no Brasil escravista.* São Paulo, Companhia das Letras, 1989.

REIS, João José. "Identidade e diversidade étnicas nas irmandades negras do tempo da escravidão". *Tempo*, 2, nº 3 (1997): 7-33.

_______. "Magia jeje na Bahia: a invasão do calundu do Pasto de Cachoeira, 1785". *Revista Brasileira de História*, 16 (mar./ago. 1988): 57-81.

_______. *A morte é uma festa. Ritos fúnebres e revolta popular no Brasil do século XIX.* São Paulo, Companhia das Letras, 1991.

RESENDE, Maria Leônia Chaves de. "Gentios brasílicos. Índios coloniais em Minas Gerais setecentista". Doutorado, Campinas, Unicamp, 2003.

REVEL, Jacques (ed.). *Jogos de escalas. A experiência da microanálise.* (trad.) Rio de Janeiro, Ed. FGV, 1998.

RIBEIRO, Renato Janine. *A etiqueta no Antigo Regime: do sangue à doce vida.* São Paulo, Brasiliense, 1983.

RICCI, Magda M. de Oliveira. "Nas fronteiras da independência: estudo sobre os significados da liberdade na região de Itu, 1750-1821". Mestrado, Campinas, Unicamp, 1993.

ROCHE, Daniel. *História das coisas banais. Nascimento do consumo, séculos XVII-XIX.* (trad.) Rio de Janeiro, Rocco, 2000.

_______. *La culture des apparences: une histoire du vêtement, XVIIème- XVIIIème siecles.* Paris, Fayard, 1989.

RODRIGUES, Nina. *Os africanos no Brasil.* [1906] 5ª ed. São Paulo, Cia. Ed. Nacional, 1977.

RODRIGUES, Teresa. *Cinco séculos de quotidiano. A vida em Lisboa do século XV aos nossos dias.* Lisboa, Edições Cosmos, 1997.

RUPP-EISENREICH, Britta (org.). *Histoires de l'anthropologie (XVI-XIX siècles).* Paris, Klincksieck, 1984.

RUSSELL-WOOD, A. J. R. "A dinâmica da presença brasileira no Índico e no Oriente, séculos XVI-XIX". *Topoi*, 3 (set. 2001): 9-40.

_______. "Ambivalent authorities: the African and Afro-Brazilian contribution to local governance in colonial Brazil". *The Americas*, 57, nº 1 (2000): 13-36.

_______. "Através de um prisma africano: uma nova abordagem ao estudo da diáspora africana no Brasil colonial". *Tempo*, 12 (2001): 11-50.

_______. "Centros e periferias no mundo luso-brasileiro, 1500-1808". *Revista Brasileira de História*, 18 (1998): 187-249.

_______. "Iberian expansion and the issue of black slavery: changing Portuguese attitudes, 1440-1770". *The American Historical Review*, 83, nº 1 (1978): 16-42.

_______. "United States scholarly contributions to the historiography of colonial Brazil". *Hispanic American Historical Review*, 65, nº 4 (1985): 683-723.

_______. *Fidalgos and philanthropists*. Berkeley, University of California Press, 1968.

_______. *The black man in slavery and freedom in colonial Brazil*. Nova York, St. Martin's Press, 1982 (*Slavery and freedom in colonial Brazil*. Oxford, Oneworld, 2002) [trad: *Escravos e libertos no Brasil colonial*. Rio de Janeiro, Civilização Brasileira, 2005].

SAMPAIO, Patrícia Maria Melo. "Espelhos partidos. Etnia, legislação e desigualdade na colônia. Sertões do Grão-Pará, c. 1755-c. 1823". Doutorado, Niterói, UFF, 2001.

SANTIAGO, Theo A. (org.). *América colonial*. Rio de Janeiro, Pallas, 1975.

SANTOS Filho, Lycurgo. "Sociedades literárias do século XVIII". RIHGB, 226 (1965): 50-3.

SANTOS, Amandio Miguel dos. "Os painéis elípticos de Leandro Joaquim na pintura do Rio de Janeiro setecentista". *Gávea*, 11 (abril de 1994): 131-51.

SANTOS, Jocélio Teles dos. "De pardos disfarçados a brancos pouco claros: classificações raciais no Brasil dos séculos XVIII-XIX". *Afro-Ásia*, 32 (2005): 115- 37.

SANTOS, Maria Helena Carvalho dos (org.). *A festa*. Lisboa, Sociedade Portuguesa de Estudos do Século XVIII/Universitária Editora, 1992.

SANTOS, Paulo. *Formação de cidades no Brasil colonial*. [1968] Rio de Janeiro, Ed. UFRJ, 2001.

SANTOS, Piedade B.; RODRIGUES, Teresa e NOGUEIRA, Margarida. *Lisboa setecentista vista por estrangeiros*. Lisboa, Livros Horizonte, 1987.

SAUNDERS, A. C. de C. M. *História social dos escravos libertos negros em Portugal (1441-1555)*. (trad.) Lisboa, Imprensa Nacional/Casa da Moeda, 1994.

SCARANO, Julita. *Devoção e escravidão*. São Paulo, Cia. Ed. Nacional, 1976.

SCHMIDT-LINSENHOFF, Viktoria. "The Brazilian body. Constructions of hybridity in Dutch 17th century painting". Paper apresentado no congresso "Aguda. Aspects du patrimoine afro-brésilien dans le Golfe du Benin", Porto Novo, 26 a 30 de novembro de 2001 (http://ntskg01.uni-trier.de/cgi-bin/WIRE.pl?Lang=en&Db=Slavery).

SCHWARTZ, Stuart B. e PÉCORA, Alcir (orgs.). *As excelências do governador. O panegírico fúnebre a d. Afonso Furtado, de Juan Lopes Sierra (Bahia, 1676)*. (trad.) São Paulo, Companhia das Letras, 2002.

SCHWARTZ, Stuart B. "Ceremonies of public authority in a colonial capital. The king's processions and the hierarchies of power in seventeenth century Salvador". *Anais de História de Além-Mar*, 5 (2004): 7-26.

_______. "Magistracy and society in colonial Brazil". *Hispanic American Historical Review*, 50, nº 4 (nov. 1970): 715-6.

_______. "Mocambos, quilombos e Palmares: a resistência escrava no Brasil colonial". *Estudos Econômicos*, 17, número especial (1978): 83-7.

_______. "Somebodies and nobodies in the body politic: mentalities and social structures in colonial Brazil". *Latin American Research Review*, 31, nº 1 (1996): 113-34.

_______. *Da América portuguesa ao Brasil. Estudos históricos*. Lisboa, Difel, 2003.

_______. *Escravos, roceiros e rebeldes*. (trad.) Bauru, Edusc, 2001.

_______. *Segredos internos. Engenhos e escravos na sociedade colonial*. (trad.) São Paulo, Companhia das Letras, 1988.

SEGAWA, Hugo M. "Os jardins públicos no período colonial e o Passeio Público do Rio de Janeiro". *Barroco*, 12 (1982-3): 154-6.

SELA, Eneida Maria Mercadante. "Desvendando figurinhas: um olhar histórico para as aquarelas de Guillobel". Mestrado, Campinas, Unicamp, 2001.

SILVA, Alberto da Costa e. *A manilha e libambo. A África e a escravidão, de 1500 a 1700*. Rio de Janeiro, Editora Nova Fronteira/Fundação Biblioteca Nacional, 2002.

SILVA, Ana Rosa Cloclet da. "Inventando a nação. Intelectuais ilustrados e estadistas luso-brasileiros no crepúsculo do Antigo Regime português, 1750-1822". Doutorado, Campinas, Unicamp, 2000.

SILVA, Clarete Paranhos da e Lopes, Maria Margaret. "O ouro sob as luzes: a arte de minerar no discurso naturalista de João da Silva Feijó, 1760-1824". *História, Ciências, Saúde. Manguinhos*, 11, nº 3 (2004): 731-50.

SILVA, Francisco Ribeiro da. *Absolutismo esclarecido e intervenção popular. Os motins do Porto de 1757.* [1983] Lisboa, Imprensa Nacional/Casa da Moeda, 1990.

SILVA, Ignacio Accioli de Cerqueira e AMARAL, Braz do. *Memórias históricas e políticas da província da Bahia.* Bahia, Imprensa Oficial do Estado, 1925, 2 vols.

SILVA, Luiz Geraldo. "Ritos gentílicos ou catolicismo barroco? Conflitos de representações na América portuguesa, 1778-1781". *Temas & Matizes*, 1 (2001): 46-51.

SILVA, Maria Beatriz Nizza da (org.). *Brasil. Colonização e escravidão.* Rio de Janeiro, Nova Fronteira, 2000.

_______ (org.). *O império luso-brasileiro (1750-1822).* Lisboa, Editorial Estampa, 1986.

_______. *A cultura luso-brasileira. Da reforma da universidade à independência do Brasil.* Lisboa, Editorial Estampa, 1999.

_______. *Vida privada e quotidiano no Brasil na época de d. Maria I e d. João VI.* Lisboa, Editorial Estampa, 1993.

SILVA, Rogério Forastieri da. *Colônia e nativismo: a história como "biografia da nação".* São Paulo, Hucitec, 1997.

SILVEIRA, Luís. *Um missionário português no Congo nos fins do século XVIII.* Lisboa, Agência Geral das Colônias, 1943.

SILVEIRA, Marco Antônio. *O universo do indistinto. Estado e sociedade nas Minas setecentistas (1735-1808).* São Paulo, Hucitec, 1996.

SIMON, William Joel. *Scientific expeditions in the Portuguese overseas (1783-1808).* Lisboa, Instituto de Investigação Científica Tropical, 1983.

SLENES, Robert W. "African Abrahams, Lucretias and men of sorrows: allegory and allusion in the Brazilian anti-slavery lithographs (1827-1835) of Johann Moritz Rugendas". *Slavery and Abolition*, 23, nº 2 (2002): 157-8.

SMITH, Bernard. *In the wake of the Cook voyages.* New Haven, Yale University Press, 1992.

SOARES, Mariza de Carvalho. "Descobrindo a Guiné no Brasil Colonial". RIHGB, 161, nº 407 (abr./jun. 2000): 71-94.

_______. "Mina, Angola e Guinés: nomes d'África no Rio de Janeiro setecentista". *Tempo*, 6 (1998): 73-93.

_______. *Devotos da cor. Identidade étnica, religiosidade e escravidão no Rio de Janeiro, século XVIII.* Rio de Janeiro, Civilização Brasileira, 2000.

SOUZA, Candice Vidal e. *A pátria geográfica. Sertão e litoral no pensamento social brasileiro.* Goiânia, Editora da UFG, 1997.

Souza, Iara Lis Carvalho. *Pátria coroada. O Brasil como corpo político autônomo, 1780-1831*. São Paulo, Editora da Unesp, 1999.

Souza, Laura de Mello e. *Desclassificados do ouro. A pobreza mineira no século XVIII*. Rio de Janeiro, Graal, 1982.

_______. *Norma e conflito. Aspectos da história de Minas no século XVIII*. Belo Horizonte, Editora UFMG, 1999.

_______. *O diabo e a terra de Santa Cruz. Feitiçaria e religiosidade popular no Brasil colonial*. São Paulo, Companhia das Letras, 1986.

Souza, Marina de Mello e. *Reis negros no Brasil escravista. História da festa de coroação de rei congo*. Belo Horizonte, Editora UFMG, 2002.

Subrahmanyan, Sanjay. *The Portuguese empire in Asia, 1500-1700. A political and economic history*. Londres, Longman, 1993.

Sweet, James H. "Manumission in Rio de Janeiro, 1749-54: an African perspective". *Slavery and Abolition*, 24, nº 1 (2003): 54-70.

Tavares, Luiz Henrique Dias. *História da sedição intentada na Bahia em 1798: a conspiração dos alfaiates*. São Paulo, Pioneira, 1975.

Teixeira, Manuel C. (org.). *A construção da cidade brasileira*. Lisboa, Livros Horizonte, 2004.

Tengarrinha, José (coord.). *A historiografia portuguesa, hoje*. São Paulo, Hucitec, 1999.

Tenreiro, Maria Manuela. "Carlos Julião and the representation of Kongo royalty in 18th century Brazil". Mestrado (MA), Londres, School of Oriental and African Studies, 2005.

_______. "Military encounters in the 18th century: Carlos Juliao and racial representations in the Portuguese Empire". Mestrado (MPhil), Londres, School of Oriental and African Studies, 2006.

Thomas, Nicholas e Losche, Diane (ed.). *Double vision. Art histories and colonial histories in the Pacific*. Cambridge, Cambridge University Press, 1999.

Thompson, E. P. "Eighteenth century English society: class struggle without class?". *Social History*, 3 (maio 1978): 133-65.

_______. "Patrician society, plebeian culture". *Journal of Social History*, 7 (1974): 382-405.

_______. *Costumes em comum*. (trad.) São Paulo, Companhia das Letras, 1998.

Thornton, John K. "On the trail of voodoo: African christianity in Africa and the Americas". *The Americas*, 44, nº 3 (jan. 1998): 261-78.

_______. *The kingdom of Kongo. Civil war and transition, 1641-1718*. Madison, The University of Wisconsin Press, 1983.

_______. *Africa and Africans in the making of the Atlantic world, 1400-1680*. Cambridge, Cambridge University Press, 1992.

TINHORÃO, José Ramos. *As festas no Brasil colonial.* Rio de Janeiro, Editora 34, 2000.

_______. *Os negros em Portugal. Uma presença silenciosa.* Lisboa, Editorial Caminho, 1988.

TORGAL, Luís Reis e VASQUES, Isabel (orgs.). *O marquês de Pombal e seu tempo*, edição especial da *Revista de História das Idéias.* Lisboa, 1982, 2 vols.

Universo urbanístico português, 1415-1822. Lisboa, CNCDP, 1998.

VAINFAS, Ronaldo. *Ideologia e escravidão. Os letrados e a sociedade escravista no Brasil colonial.* Petrópolis, Vozes, 1986.

_______. *Trópico dos pecados. Moral, sexualidade e Inquisição no Brasil.* Rio de Janeiro, Campus, 1988.

VERGER, Pierre. *Fluxo e refluxo do tráfico de escravos entre o golfo do Benin e a Bahia de Todos os Santos dos séculos XVII a XIX.* (trad.) 2ª ed. São Paulo, Corrupio, 1987.

VIANA, Larissa Moreira. "O idioma da mestiçagem: religiosidade e 'identidade parda' na América portuguesa". Doutorado, Niterói, UFF, 2004.

VILELLA, Magno. *Uma questão de igualdade. Antônio Vieira e a escravidão negra na Bahia do século XVII.* Rio de Janeiro, Relume Dumará, 1997.

WAX, Darold D. "Preferences for slaves in colonial America". *The Journal of Negro History*, 58, nº 4 (out. 1973): 371-401.

WHITE, Shane e WHITE, Graham. "Slave clothing and African-American culture in the eighteenth and nineteenth centuries". *Past and Present*, 148 (ago. 1995): 149-86.

XAVIER, Ângela Barreto; CARDIM, Pedro e ÁLVAREZ, Fernando Bouza. *Festas que se fizeram pelo casamento do rei d. Afonso VI.* Lisboa, Quetzal Editores, 1996.

Referências e créditos das imagens

Todos os esforços foram feitos para determinar a origem das imagens utilizadas neste livro. Nem sempre isso foi possível e teremos prazer em creditar fotógrafos, acervos e colecionadores não mencionados, caso se manifestem.

CAPÍTULO 1

1. Imagem sem título [Praça principal de Vila Rica], ca. 1780. Coleção Ian de Almeida Prado, códice 23. Arquivo do Instituto de Estudos Brasileiros — USP (São Paulo, Brasil).

2. Autor desconhecido. "Vila de Cachoeira". Detalhe de desenho aquarelado. In: CASTRO, Joaquim de Amorim. *Memória sobre as espécies do tabaco...* (1792). Reproduzido de Nestor Goulart Reis Filho, *Imagens de vilas e cidades do Brasil colonial.* São Paulo, Edusp/Imprensa Oficial do Estado/Fapesp, 2000, p. 55, n. 37. Original pertencente à New York Public Library (Nova York, Estados Unidos)

3. "Vista do Adro. Rio. Esta vista foi feita do adro da igreja da Senhora da Glória em 9 de janeiro de 1772". Reproduzido de Nestor Goulart Reis Filho, *Imagens de vilas e cidades do Brasil colonial.* São Paulo, Edusp/Imprensa Oficial do Estado/Fapesp, 2000, p. 180, n. 189. Original pertencente à Casa da Ínsua (Penalva do Castelo, Portugal).

4. Brigadeiro João Massé, "Planta da cidade de Saõ Sebastiaõ do Rio de Janeiro, com suas fortifficaçoins", ca. 1714. Instituto de Investigação Científica Tropical — Arquivo Histórico Ultramarino (Lisboa, Portugal).

5. André Vaz Figueira, "Carta Topographica da cidade de S. Sebastião do Rio de Janeyro...", [1750]. Acervo da Fundação Biblioteca Nacional (Rio de Janeiro, Brasil).

6. "Planta da cidade do Rio de Janeiro", 1767. Acervo da Mapoteca do Arquivo Histórico do Exército (Rio de Janeiro, Brasil).

7. Francisco João Roscio, "Planta da cidade do Ryo de Janeiro capital dos estados do Brazil, e projeto com que pode ser fortificada", 1769. Instituto de Investigação Científica Tropical – Arquivo Histórico Ultramarino (Lisboa, Portugal).

8. Francisco João Roscio, "Planta da cidade do Ryo de Janeiro capital dos estados do Brazil, como projeto de hua trinxeira ou fortificação ligeyra a parte da campanha", 1769. Mapoteca do Ministério das Relações Exteriores (Rio de Janeiro, Brasil).

9. "Prospecto da cidade de São Sebastião do Rio de Janeiro situada no Estado do Brasil na América Meridional pellos 23 graos de latitude, e 342 graos, e 22 minutos de longitude mericional. Copiado exatamente do que se elevou em 1775". Acervo da Fundação Biblioteca Nacional (Rio de Janeiro, Brasil).

10. Leandro Joaquim, "Revista militar no Largo do Paço", ca. 1785. Museu Histórico Nacional (Rio de Janeiro, Brasil).

11. "Planta da cidade de S. Sebastião do Rio de Janeiro. Levantada por ordem de Sua Alteza Real o Príncipe Regente Nosso Senhor no anno de 1808, feliz e memorável época da sua chegada à dita cidade. Na Imprensa Régia 1812". Acervo da Fundação Biblioteca Nacional (Rio de Janeiro, Brasil).

12, 13 e 14. Antônio Francisco Soares, *Relação dos Magníficos carros que se fizeram de arquitetura, perspectiva e fogos... nas festividades dos desposórios dos sereníssimos senhores infantes de Portugal nesta cidade capital do Rio de Janeiro...* [1786]. Acervo da Fundação Biblioteca Nacional (Rio de Janeiro, Brasil).

CADERNO COR

1. Giuseppe Troni, "A família de d. Maria I", Pormenor do retábulo principal da Capela Real do Paço da Bemposta. Ministério da Defesa Nacional Exército Português — Academia Militar (Lisboa, Portugal).

2. "A Portuguese merchant with his wife and maid servant". James Murphy, *Travels in Portugal.* Londres, A. Strahan, T. Cadell Jr e W. Davis, 1795, p. 204. Biblioteca do Instituto de Estudo Brasileiros — USP (São Paulo, Brasil).

3, 4 e 5. Respectivamente "Liteiras onde são transportadas sem cobertura as mulheres e donzelas portuguesas", "Deste modo se deixam transportar os portugueses que são de ascendência nobre e de posses" e "Representação fiel da feira de Goa, com as suas lojas, mercadorias e comerciantes quotidianos". Jan Huygen van Linschoten, *Itinerário: viagem ou navegação para as Índias Orientais ou Portuguesas* [1596] (ed. Arie Pos e Rui Manuel Loureiro) Lisboa, CNCDP, 1997. Original pertencente à Biblioteca Real de Haia (Haia, Holanda).

6. Lourenço Veloso, "Retrato do coronel Domingos Pires de Carvalho, ministro da Ordem Terceira, entre 1701 e 1706", início do século XVIII. Acervo da Igreja da Ordem Terceira Secular de São Francisco da Bahia (Salvador, Brasil).

7, 8, 10-18 e 23-26. Carlos Julião, "Figurinhos de brancos e negros dos uzos do Rio de Janeiro e Serro do Frio", [depois de 1776-79]. Acervo da Fundação Biblioteca Nacional (Rio de Janeiro, Brasil).

9. Zacharias Wagener, "Mercado de escravos no Recife". *Thier Buch*, fol. 106. Reproduzido de Ana Maria Rodrigues (coord.). *A construção do Brasil (1500-1825).* Lisboa, CNCDP, 2000, p. 26. Original pertencente ao Kupferstich-Kabinet (Dresden, Alemanha).

19. Giovanni Antonio Cavazzi da Montecuccolo, *Missione Evangelica* (Manoscritti Araldi). Reproduzido de Ezio Bassani (ed.), "Un Cappuccino nell'Africa nera del seicento: I disegni dei Manoscritti Araldi del Padre Giovanni Antonio Cavazzi da Montecuccolo" *Quaderni Poro*, n. 4, 1987, prancha 9. Original pertencente à Accademia Nazionale di Scienze Lettere e Arti di Modena (Módena, Itália).

20. Giovanni Antonio Cavazzi da Montecuccolo, *Istorica descrizione de' tre' regni Congo, Matamba et Angola.* Bolonha, por Giacomo Monti, 1687. Cortesia da Melville J. Herskovits Library of African Studies, Northwestern University (Evanston, Estados Unidos).

21. Albert Eckhout. "D. Miguel de Castro, embaixador do Reino do Sonho", 1643. Reproduzido de *Albert Eckhout volta ao Brasil, 1644-2002.* Copenhagen, Nationalmuseet, 2002, p. 60. Original pertencente ao Museu Nacional da Dinamarca (Copenhagen, Dinamarca).

22. Zacharias Wagener, "Escravos africanos dançando ao som de tambores e instrumentos de corda". *Thier Buch*, fol. 105. Reproduzido de *Oceanos.* Lisboa, CNCDP, n. 16, dez. 1993, p. 49. Original pertencente ao Kupferstich-Kabinet (Dresden, Alemanha).

27. José Conrado Rosa, "Retrato dos anões da Rainha Maria I de Portugal", 1787. Reproduzido de Nelson Aguilar (org.), *Mostra do Redescobrimento. Negro de corpo e alma.* São Paulo, Brasil 500 Anos Artes Visuais, 2000, p. 40. Coleção particular.

28, 29, 30 e 31. Respectivamente América, África, Europa e Ásia. José Theóphilo de Jesus, "Alegoria dos quatro continentes", primeira metade do séc. XIX. Acervo do Museu de Arte da Bahia (Salvador, Brasil).

32. Cristóvão de Morais, "Retrato de d. Joana de Áustria", 1553. Reproduzido de *Oceanos*. Lisboa, CNCDP, n. 21, dez. 1995, p. 106. Original pertencente aos Musées Royaux des Beaux-Arts (Bruxelas, Bélgica).

33. Carlos Julião, Prospectos da "entrada da barra de Goa", da "praça de Diu vista do mar", da "entrada do Rio de Janeiro em distância de meia légua do mar", e da "ilha de Moçambique, estando em seu porto", último quartel do século XVIII. Gabinete de Estudos Arqueológicos da Engenharia Militar (Lisboa, Portugal).

34. Carlos Julião, "Elevasam e fasada, que mostra em prospeto pela marinha a cidade do Salvador Bahia de todos os Santos na América Meridional aos 13 gráos de Latitude, e 345 gráus e 36 minutos de longitude, com as plantas e prospetos embaixo em ponto maior de toda a fortificação que defende a dita cidade...", [maio de 1779]. Gabinete de Estudos Arqueológicos da Engenharia Militar (Lisboa, Portugal).

CAPÍTULO 5

1. W. J. Blaeu, *Africæ nova descriptio*, Amsterdam, ca. 1635. Cortesia da Melville J. Herskovits Library of African Studies, Northwestern University (Evanston, Estados Unidos).

2. Detalhe de biombo com mapa-múndi e imagens de estrangeiros, início do século XVII. Reproduzido de Francisco Bethencourt e Kirti Chaudhuri (dir.), *História da expansão portuguesa*. Lisboa, Temas e Debates e Autores, 1998, vol. 2, p. 558. Original pertencente ao Nambam Bunka Kan (Osaka, Japão).

3. Planta de Vila Boa, capital da capitania geral de Goiás, levantada por ordem do governador Luís da Cunha Menezes em 1782 e copiada pelo soldado dragão Manoel Ribeiro Guimarães. Instituto de Investigação Científica Tropical — Arquivo Histórico Ultramarino (Lisboa, Portugal).

4, 9, 11 e 12. Carlos Julião, "Figurinhos de brancos e negros dos uzos do Rio de Janeiro e Serro do Frio", [depois de 1776-79]. Acervo da Fundação Biblioteca Nacional (Rio de Janeiro, Brasil).

5, 6 e 13. Carlos Julião, Prospectos da "entrada da barra de Goa", da "praça de Diu vista do mar", da "entrada do Rio de Janeiro em distância de meia légua do mar", e da "ilha de Moçambique, estando em seu porto", último quartel do século XVIII. Gabinete de Estudos Arqueológicos da Engenharia Militar (Lisboa, Portugal).

7, 8, 10 e 14. Carlos Julião, "Elevasam e fasada, que mostra em prospeto pela marinha a cidade do Salvador Bahia de todos os Santos na América Meridional aos 13 gráos de Latitude, e 345 gráus e 36 minutos de longitude, com as plantas e prospetos embaixo em ponto maior de toda a fortificação que defende a dita cidade...", [maio de 1779]. Gabinete de Estudos Arqueológicos da Engenharia Militar (Lisboa, Portugal).

Índice remissivo

ESTA OBRA FOI COMPOSTA PELO ACQUA ESTÚDIO EM MINION E IMPRESSA
EM OFSETE PELA RR DONNELLEY MOORE SOBRE PAPEL PÓLEN SOFT DA SUZANO
PAPEL E CELULOSE PARA A EDITORA SCHWARCZ EM JULHO DE 2007